東京アンダーワールド

ロバート・ホワイティング
松井みどり　（訳）

角川新書

TOKYO UNDERWORLD
Robert Whiting

プロローグ

アメリカと日本との本格的な関係は、一八五三年に始まった。マシュー・ペリー提督率いる黒船の一団が、世界への扉をかたく閉ざしていた日本に門戸開放を迫り、数世紀にわたる鎖国政策にピリオドを打たせたときからだ。

しかし、その後数十年間は、どの時期をとっても、実際に日本に住みついたアメリカ人の数は、せいぜい数百人。しかも大半は、シルク商人、石油商人、教師、宣教師、大使館付き武官などで、一般の日本人とは、社会的な意味でも地理的な意味でも、隔離されて暮らしていた。

そんな状況を一変させたのが、太平洋戦争だ。

戦争が終わるやいなや、アメリカから五十万人以上の兵士や一般人が、どっとおしよせてきた。日本人は彼らを、いやがおうでも受け入れなければならなかった。

歴史家はこの二文化の出遭いを、「ローマ人のカルタゴ侵攻（紀元前のポエニ戦争）以来の大事件」と呼んでいる。

図書館にいけば、めくるめくような戦後の変遷をしたためた歴史書や、博士論文や、個人の回想録が、数限りなく見つかることだろう。

ニューディール政策に意欲を燃やした〝対日エキスパート〟たちは、目をきらきらさせながら、じつにさまざまな〝改革〟をおこなっている。――新憲法の作成、中途半端な民主主義の導入、〝閉ざされた国家〟から〝グローバルな経済大国〟への、緩慢で苦痛に満ちた変身……。

日本とアメリカが〝仲良し〟になったことで、協会や財団、親善団体、学術部門、シンクタンク、資料施設、寄付金制度、通商協議、条約、姉妹都市などが、雨後のタケノコのように、荒れ野からつぎつぎと芽をふいた。おたがいの平和と繁栄と幸福を、友好的かつ協力的に追求する協定も、たっぷりと結んだ。

しかし、日米友好の陰には、人知れぬ側面がある。表社会とは遊離した層を成し、それ自体が複雑にからみあう、あやしげな集団の世界だ。

暴力団、インチキ実業家、高級売春婦、いかがわしいスポーツ興行主、街のごろつき、秘密諜報員《ちょうほういん》、政治フィクサー、相場師……。

こうした輩《やから》は、彼らなりに日米関係に大きな影響を及ぼしてきた。尊敬すべき上品な人々のそれと比べても、貢献度はまさるとも劣らない。しかも特筆すべきは、前者と後者の境界線が、かならずしも明確でないことだ。

暗い、混沌《こんとん》としたこの世界には、じつにさまざまな名称が与えられている――「アングラ経済」「隠された帝国」「影の政界」「ヤミ社会」……。本著の舞台となった東京では、「トウキョウ・アンダーワールド」という呼び名も、よく耳にする。

暗黒街で、アメリカ人と日本人は、じつに抜け目なくたがいを利用し、食いものにし、ののしりあってきた。ところが、彼らのユニークな奮戦記は、ほとんど歴史に記されていないのが現状だ。

この活発な〝日米交流〟は、じつにさまざまな副産物を産み出している。

過去に例のない「戦後ヤミ市」。アメリカ政府の対日政策をくつがえした、ウォール街の陰謀集団。やみくもな愛国主義に根ざした過激なプロレスブームを、政界のドンと結託して奨励したヤミ社会の親分。隠された過去をもつ、プロレス界の国民的アイドル。アメリカ政府やＣＩＡと極秘に通じ、東京の乗っ取りをはかった朝鮮マフィア。「ゴージャス・マック」の異名をもつ、宝石泥棒兼プロレスラー。国際産業スパイなみの技術を身につけた、ナイトクラブのホステス。あらゆる航空機スキャンダルの先駆けともいうべき、ロッキード事件。経済ヤクザ。ホワイトハウスに侵入寸前までこぎつけた、暗黒街の相場師。各種ペテン師。金塊の密売グループ……。

きわめつきは、ニューヨーク出身の「東京のマフィア・ボス」だ。この男が東京の一角に築きあげた世界的なナイトスポットには、いかがわしい面々がひんぱんに出入りしていた。

本著は、こうしたあやしげな連中の物語である。日米関係の隠された過去を赤裸々につづった、足かけ五十年にわたる強欲、傲慢《ごうまん》、いかさま、報復の寓話《ぐうわ》、とでもいうべきか。

かつてはアメリカから日本へ膨大な富が流出していたが、近年はその方向が逆転している。これを読めば、その二つの経緯が、じつに似かよっていることに気づくだろう。

さらに、戦後の日本をあらたに築き上げていく過程で、アメリカ人と日本人とを結びつけていた共通の感情と、いまだに両者を常習的にへだてている大きな文化の壁が、まざまざと浮き彫りになるはずだ。

ニコラ・ザペッティ。一九八二年、日本国籍の取得を記念し、六本木の〈ニコラ〉にて。（撮影：Greg Davis）

目次

第一章　焼け跡ヤミ市第一号

転換工場並びに企業家に急告！　平和産業への転換は勿論《もちろん》、其《そ》の出来上がり製品は当方自発の〝適正価格〟で大量引受けに応ず、希望者は見本及び工場原価見積書を持参至急来談あれ
　淀橋区《よどばしく》角筈《つのはず》一の八五四（瓜生邸跡《うりう》）新宿マーケット
一九四五年八月十八日　　　　関東尾津組

記録的なスピードである。

終戦のわずか三日後、アメリカの先発隊が日本の土を踏む十日も前に、日本初のヤミ市の広告が新聞に載ったのだ。新聞に一般広告が載ることなどめったにない時代に、しかも空襲で焦土と化した東京で、これほど早く商談の呼びかけがあろうとは、誰が想像しただろう。

日本の首都――木と紙でできた家がところせましと並んでいた、かつての城下町――は、B29のすさまじい集中砲火を浴びて、見渡すかぎり燃えかすと残骸《ざんがい》だらけの広大な廃墟《はいきょ》と化していた。

街の東側にあたる東京湾寄りの人口密集地帯は、今や跡形もない。この地域は、おもに商人や職人たちの生活の場であり、同時に仕事の場でもあった。南に隣接する産業都市川崎も、港町横浜も、大半が焼け野原。

焼け残った数少ない車を運転する人々は、しばしば道に迷う。割れた屋根がわらの山や、焼

けおちた家屋で、道路がほとんど識別できないからだ。ちらほらと焼け残っているのは、首都のビジネス中心街である丸の内、銀座、日本橋あたりの、大理石や石のビルディングばかり。しかしその建物は、占領軍が個人的に使用している。

東京の住人の大半は、地獄のような生活を強いられていた。

数百万人が住む家を失った。ある者は、金網や岩やベニヤ板を組みあわせただけの、吹けば飛ぶようなバラックに住み、ある者は、地下鉄の構内や防空壕《ぼうくうごう》で寝泊まりし、またある者は、道路にぽっかり空いた爆弾の投下跡に身を寄せている。食べる物もろくにないから、数時間かけて地方まで足をのばし、貴重な家宝と引きかえに、農民からわずかばかりの農産物をゆずり受けるしかない。

ところが八月二十日、日本が公式に敗戦を認めてからまだ五日目だというのに、尾津組の青空マーケットは、せっせと開店の準備を進めていた。

立地条件は申し分がない。なにしろ、通勤客の西の玄関口といわれる新宿駅だ。「駅の残骸」というべきか。だいいち、品揃《しなぞろ》えがすごい。鍋《なべ》、釜《かま》、やかん、皿、銀器、食用油、お茶、米、革製品、電気製品、下駄《げた》などが、木枠の中にところせましと並べられている。大量の軍需品や服まである。

マーケットの名は〈光は新宿より〉。

ずいぶんロマンチックな名前だが、商品の大半は軍部からの盗品だ。

アメリカ軍が本土に上陸した場合に備えて、日本軍はひそかに四百万人分の物資を各地に蓄え、敵を迎え討つ準備をしていた。ポツダム宣言によれば、日本政府はそのような物資をすべて放出すべきだった。しかし、降伏後の混乱地獄に、まともな責任者など存在するわけがない。全国の兵站部《へいたん》に蓄えられた軍需品のうち、七〇パーセントあまりが略奪されたと思われる。というわけで、尾津マーケットには、たなぼた式に商品がころがりこんできた。

関東尾津組は、当時の西東京最大の犯罪シンジケートである。日本の暴力団のなかでも、彼らのようなタイプは「テキヤ」と呼ばれ、寺や神社の祭礼のときに境内に店をはる露店商たちを、数世紀にわたってとりしきってきた。

ギャンブラーを意味する「博徒」とは区別される。バクトは、やはり封建時代から存在するヤクザ集団で、やがては港湾労働者、人力車夫、タコ部屋のボスとその下で働く日雇い労働者などに変貌《へんぼう》していく。

用心棒、麻薬密売、借金の強制取りたて、ストライキ破り、脅迫など、かなり不埒《ふらち》な活動に従事しているにもかかわらず、いずれの面々も、「外国の悪党と一緒にするな」と主張する。「おれたちは武士道にのっとって生きているんだ」と。ブシドーとは、謙遜《けんそん》、義務、忠君の倫理を重んじる厳格な騎士道精神のことである。

さらに彼らは、痛み、空腹、前科などの苦痛にストイックに耐えることをモットーとし、壮絶な死を名誉とみなしている。ヤクザたちの古いモットーに、こんなのもあるくらいだ。「強い男はタタミの上では死なぬ」

彼らは長年にわたって右翼勢力とむすびつき、外国と戦争が起これば愛国主義者を任じ、市民運動では抑圧された大衆の味方となって、人気を博してきた。

江戸時代の渡世人、国定忠治《くにさだちゅうじ》は、封建領主にしいたげられていた農民たちのために、刀を振りかざしたと伝えられる。「民衆に惜しまれる死に方をしたい」──そんな名セリフで知られる人物だ。一九〇四年の日露戦争で、テキヤのボスがヒーローとなったケースもある。

しかし同時に、ヤクザの親分たちは、日本の政府高官との共生関係を産み出し、政治献金とひきかえに、ある種の犯罪行為を警察権力に黙認させるようになる。

第二次世界大戦中、暴力団の経営する建設会社は、政府との直接契約のもとに、飛行場の建設や改修工事、トンネル工事、地下工場の建設などを請けおって、かなりの収益をあげた。そして高率の見返り金を、契約者である政府に還元している。

敗戦の色が濃くなると、率先して捕虜収容所の経営を助けた。国内の炭坑で働かせるために、朝鮮半島から強制連行した労働者たちの、監督役もつとめている。

都議会はテキヤの親分たちに、さまざまな権限を与えた。親分たちは政府の代理人として、大いばりで税金を徴収し、価格や流通をコントロールし、違反者をとりしまったものだ。首都警察までもが、時代の流れにさからえず、彼らに便宜をはかるようになる。露店のオーナー全員を、ヤクザ主導の〈東京露天商同業組合〉に強制的に加入させたのもそのひとつ。

戦争が終わるや、復員軍人、戦没者遺族、流民など、数百万人の引揚者がいっせいに首都圏へUターンしはじめた。倫理だの、道徳だの、政府の規制だのと、のんきなことを言ってはいられない状況だ。そのチャンスを、ヤクザたちがのがすはずもなく、ますます東京の経済を牛耳るようになっていく。

通勤電車のあらゆる駅頭に、青空マーケットが開店した。進駐してきたアメリカ兵たちが、ダッフルバッグの紐《ひも》もろくに解かないうちに。

東京を環状に走る山手線の主要駅、上野、東京、新橋、渋谷、新宿には、とりわけ大きな市がたった。わずか数週間で、都内各所に四万五千もの露店が林立し、およそ五十万人が仕事にありついた。その多くを、こわもての尾津組組長、尾津喜之助が仕切っていた。

青空ヤミ市は、日本で初めて民主主義を実践したともいえる。

日本社会には数百年にわたって、社会的にも法律的にも、一種の悪質なカースト制が敷かれていた。皇族と地主貴族を頂点とし、その下にサムライ、農民、職人、商人、被差別民と続く。この序列はしっかりと固定され、日本人は、社会におけるみずからの地位と身分をわきまえ忍従していた。

一八六八年、明治維新によって天皇制が復活したとき、徳川将軍のもとに数世紀続いた封建制度と鎖国政策に、ようやく終止符がうたれた。ところが入れかわりに始まったのは、軍国主義的で官僚的な「藩閥」による圧制だった。

ようするに明治維新は、上に立つ者はあくまで傲岸不遜《ごうがんふそん》、下の者たちはつねにぺこぺこしていなければならないという、きわめて制約の多い社会を、ふたたび作りあげたにすぎない。

しかし、尾津マーケットなどのヤミ市では、社会的ランクなど無用の長物だった。

就職希望者は、地位も、出自も、学歴や国籍も問われない。軍の高官であろうと下級兵士であろうと、土地持ちの華族であろうと借地農民であろうと、大学教授であろうと無職のギャンブラーであろうと、誰でも歓迎される。

全員が平等で、みな同じように道路にむしろを広げ、箱の上に商品を並べることからスタートするのだ。誰もがボロをまとい、よれよれのトタンを張りめぐらしたバラックに寝泊まりし、ドラム缶の風呂《ふろ》につかった。

ジャーナリストの猪野健治《いのけんじ》はのちにこう記している。

〈身分制の呪縛《じゅばく》と差別の長い歴史をもつ日本において、これは画期的なできごとだった〉

九月二日、横浜港に停泊する米国戦艦ミズーリ号の船上で、降伏文書が交わされ、アメリカの占領政策が正式にスタートした。

ＧＨＱ（総司令部）は、皇居に面した要塞《ようさい》のような第一相互ビル（現、第一生命ビル）に置かれ、ＳＣＡＰ（連合軍最高司令官）としての権限を行使した。とはいえ、陣頭指揮にあたったダグラス・マッカーサー最高司令官は、実際には連合軍にほとんど相談することなく、独自の判断で事をすすめた。

占領軍兵士たちは、表面的には秩序をたもっていた。何か問題が起こっても、日本の老練な官僚たちによる傀儡《かいらい》政権が、巧みにもみ消してくれたからだ。

一方、ヤミ市の親分たちはあいかわらずやりたい放題。都の当局も黙認し、それまでどおり、彼らに行政府公認の税金とりたて役をまかせ、半分を報酬として与えた。

図にのったヤクザたちは、都の行政府にかわって消防署をとりしきり、道路清掃や公共交通機関などの業務を、一手に請けおうようになる。建設工事の作業員や港湾労働組合にも幅をきかせた。ぞんざいな工法でいい加減に建てては、続々と開店していく新興のバーやそば屋にも、権力を誇示した。もはや、街全体を手玉にとったも同然だった。

同じころ、GHQは、軍国主義日本の民主化という、遠大かつ困難きわまりない課題をかかえていた。戦争放棄をかかげた新憲法を作成し、帝国軍司令部を解体し、戦犯を逮捕しなければならない。さらに、政治的、宗教的、市民的自由を抑圧するものを一掃するという、途方もない使命だ。

しかし蓋《ふた》をあけてみれば、アメリカ人は日本人に、まったくべつの分野で、さらに具体的な影響を与えることになった。ヤミ経済がそのひとつだ。

マッカーサーは、残虐行為、蛮行、個人的復讐《ふくしゅう》などはいっさい容認しないことを明言している。したがって、占領軍の先発隊六十万人を選ぶにあたっては、太平洋諸島のジャングルで血戦をかさねたことで、日本人に激しい憎悪をいだいている兵士は避けた。

選ばれたのは、戦闘経験などほとんどない、顔にまだあどけなさの残る新兵ばかり。日本占領を「生まれて初めての大冒険」ぐらいに考えている、ティーンエイジャーたちだ。

こうした若い占領軍兵士たちは、日本人が渇望している日用品の、またとない供給源だった。配給制限のきびしいタバコ、砂糖、塩、チョコレート、石鹸《せっけん》、ゴム、ビールなどをはじめ、それよりは入手しやすい缶詰や粉ミルクにいたるまで、軍から湯水のように支給される日用品を、たっぷり持っていたからだ。

新橋に、〈野村ホテル〉と呼ばれる建物があった。オフィスビルをブランケットで仕切り、数百人のアメリカ兵を収容したホテルだ。非公式な調査によれば、そこをねぐらにするGIの九〇パーセントが、連日、非番の時間帯に外へくりだし、ホテルの軍用売店で手に入れたアルコールや日用品を売りさばいていたという。

この統計は、占領軍一般の実態とみていいだろう。

アメリカの豊富な物資を暴力団のヤミ市に送り込む、おもな流通経路となったのは、若い女性の集団だった。〈特殊慰安施設協会（Recreation and Amusement Association）（のちに国際親善協会と改名される）〉と呼ばれる日本政府公認の団体が、アメリカ兵の性の防波堤として急遽《きゅうきょ》かき集めた、数千人の女性たちである。

RAAは、戦争が終わったとたんに結成された。〝うら若き純潔なやまとなでしこ〟の接待によって、ヤンキー（アメリカ人をさす軽蔑的な俗語）たちのおそるべき性欲を満足させるのが目的だ。大半の女性は、少なくとも身分だけは秘密にされた。

協会は、愛国心の名のもとに、女性たちを動員した。空襲で焼けだされたクラブや、バー、置屋の経営者にあたったり、直接、売春宿の扉を叩《たた》いた。そのすばやさといい、集めた人数といい、彼らの動員力には目を見張るものがあった。

九月初旬、長崎県の大村にあるローカル空軍基地を補強するために、沖縄から到着した第四十四海兵師団の先遣隊五十名は、着物姿の女性たちにいそいそと出むかえられ、基地の外のゲイシャハウスへと導かれた。

男たちは二、三週間、ビールをあおったり、火鉢で焼いた魚をつついたり、若い女性たちと遊びたわむれてすごしたものだ。——その結果、被占領民から没収して小型トランクいっぱいに詰め込んだ円を、ホステスたちを通じて日本に返還するハメになる。

九月の下旬に、たまたまGIたちを目撃した海兵パトロールの一人が、一瞬、戦争捕虜の収容所に迷いこんだかと、目を疑ったという。兵士たちはみなヒゲぼうぼうで、半袖《はんそで》短パン姿のまま、近くの浜辺で日光浴していたからだ。

九月二日、東京に進駐した米国陸軍地上パトロール隊第一陣は、一台のトラックに行く手をはばまれた。めかし込んだ娼婦《しょうふ》たちを荷台に満載した、RAA（特殊慰安施設協会）のトラックだ。代表者の説明によれば、彼女たちは占領軍の性欲を満たすためにはせ参じた〝ボランティア〟だという。

十月になると、ＲＡＡは売春宿を開設した。柱のないそまつな長屋を、天井からぶら下げたシーツで仕切り、その小さな四角いスペースに、ベッド代わりの布団を敷いただけの代物だが、これだけ大規模な売春宿は、おそらく世界でも比類がない。

東京の東、船橋という町にできたこの売春宿は、「インターナショナル・パレス」の俗称で呼ばれ、精力旺盛《おうせい》なＧＩたちを、一日に数百人単位で処理した。まるでベルトコンベアのようで、米兵が入り口で靴を脱ぐと、出口にたどりつくころには、ぴかぴかに磨かれて用意されている。

ＧＨＱの建物に隣接する皇居のお堀端の西側から、野村ホテルにかけてひろがる、全長八百メートルほどの一角も、たちまち「売春通り」として知られるようになった。数百人の若い乙女たちが、ふらふらと徘徊《はいかい》していたからだ。

〈オールド・ゴールド〉を一パック手に入れるためなら、乙女たちは喜んでパトロンにサーヴィスした。ジープの中であろうと、階段の踊り場であろうと、もよりの下級兵士用プレハブ兵舎の中であろうと、場所はいとわないし、人目もはばからない。使用済みのコンドームが、お堀端にあまりにも散乱しているので、週に一度は大きな網スコップで掃除されたほどだ。

冬が近づくにつれ、寒さと飢えによる死者がどんどん増えていく。人々はたき火を囲み、ボロをまとい、ガタガタ震えながら夜の寒さに耐えた。寒くて眠るどころではないのだ。路上生活者たちは、アメリカ人が滞在しているビルの裏通りをうろついて、ゴミや残飯をあさった。

そんな光景をよそに、小ぎれいな身なりをした数千人の「慰安婦」たちは、特別なレクリエーションセンターで軍人たちとビリヤードやトランプに興じたり、別のかたちで彼らを楽しませていた。

六階建て一軒をふくむ数軒のキャバレーが、銀座にオープンしたのもこのころだ。一九四六年の二月には、銀座の三越デパートのとなりに、〈美松キャバレー〉が開店。いずれもフロアショーや、西洋の音楽を演奏する日本のダンスバンドを呼び物にした。

占領民と被占領民が親しくなるにつれ、不法取引きの種類とスケールが大きくなっていく。横須賀海軍基地の下士官のなかには、対岸の千葉のヤクザたちに、ＰＸ（駐屯地売店）物資をひそかに売りさばこうと、真夜中に快速ボートで東京湾を疾駆する一団も現れはじめた。砂糖を四十〜五十キロ単位で尾津マーケットに売りつけた、巣鴨《すがも》の下士官クラブのマネージャーもいる。

東京鉄鋼組合との取引きで来日していたアメリカ人貿易商は、面会にきた米国陸軍中尉のセリフに、開いた口がふさがらなかった。中尉はまず、数トン分のマンガンの取引方法についてアドバイスを求めたあと、こんなことを言い出したのだ。

「船一隻分のマットレスを売りたいんだが、どこへ行けば、いい買い手が見つかるだろうか？ マンガンの次はそれを売りたいんでね」

一九四六年の中ごろには、進駐軍からの祖国への送金額が、一ヶ月に八百万ドルを超えるしまつ。軍全体の一ヶ月分の給料を、完全に上回る額である。軍の財政担当官はこの現象を、「まぎれもなくヤミ市からの収益だ」と分析している。

見るに見かねたSCAP（連合軍最高司令官）が、「円をドルに換金するのは違法である」とあらためて通達したにもかかわらず、ヤミ取引きも、その他の腐敗も、いっこうに衰える気配がない。

一九四七年には、とうとうニューヨークの『ヘラルド・トリビューン』や『ニューヨーク・タイムズ』がこれを記事にした。

〈アメリカの政府高官が職権を乱用して私腹を肥やしている。たとえば、〝協力〟とひきかえに、日本のビジネスマンから株や不動産をまきあげるのが、彼らの手口のひとつである〉

『インターナショナル・ニュース・サーヴィス』は、日本の復興資金をコントロールしている第八軍の資源調達局と、日本の三《み》つ巴《どもえ》勢力（政治家—下請け業者—暴力団）との、あやしげなつながりを指摘。

『AP通信』も、こう報じている。

〈戦前から都会でバクトの親分をつとめる安藤明という人物が、GHQの高官を買収し、自社のタクシー、トラック、及び乗用車を、GHQの輸送用に使わせる契約をとりつけて、暴利をむさぼった〉

安藤は、戦時中にも東条内閣にとりいって建設業務を独占し、大儲《もう》けした人物だ。このときも、「おれのバックには軍の大モノがついている」とさかんに吹聴し、数百人の占領軍高官名を連ねたヤミリストをちらつかせたという。げんに彼らと交流したり、銀座のナイトクラブや浅草の売春宿で接待している姿を、しばしば目撃されていた。

AP通信のマーク・ゲインによれば、安藤の活動は、たしかに綿密に組織化され、資金繰りも行きとどいていた。アメリカ軍を腐敗させるに足る、周到なものだったようだ。とはいえ、皮肉な評論家が指摘するように、この仕事はそれほどむずかしかったとは思えない。

後年、日本のヤクザたちは、「おれたちがヤミ市を開いたからこそ、戦後の日本人は飢え死にせずにすんだ」と豪語している。

たしかに青空マーケットのおかげで、日本経済はある程度までもちなおし、飢えた人々の一部が救われたかもしれない。ヤミ物資をかたくなに拒否した東京地方裁判所の某判事が、栄養失調で死んだほど、政府からの配給は貧弱だったのだ。

しかし、ヤミ市の経営者たちは、けっして自慢するほど他人に慈悲深かったわけではない。どの商品にも、犯罪的なほど高い値をつけた。腐りかけたロールパン一個や、アメリカ国務省から寄付されたコーンミールの残飯ひとにぎりに、日当分ほどの料金を請求したほどだ。〝すばらしい民主主義的な試み〟に参加して、道ばたに店を広げた人々にも、べらぼうなショバ代を要求した。

たとえば、尾津マーケットで商売をしたければ、もろもろの経費のほかに、一日の稼ぎの半分を渡さなければならない。この取り決めに逆らう人間がいれば、尾津親分みずからが出向いて、その店をめちゃくちゃに破壊した。のちに占領軍が彼を「日本一悪質な犯罪者」と呼んだのもうなずけよう。

バクトたちは、トランプ博打《ばくち》で負けた自分を、自嘲《じちよう》的に「ヤクザ（８９３）」と呼んだ。「かたぎの人間社会には無用の長物」というニュアンスをこめた言葉である。やがてそれが、日本の暴力団の一般名称として通用するようになったといわれる。「悪党、悪漢、ならず者」の意の「極道」という言葉にも、似たような響きがある。

占領のあいだ犯罪や腐敗を防ごうという、まじめなＧＨＱ高官たちの努力は、なかなか思うように報われなかった。

しびれを切らしたＧＨＱ民政局の局長、チャールズ・ケーディス大佐は、一九四七年の末、「日本の地下帝国」と呼ばれる世界に、とうとう正式に宣戦を布告。無法者たちを成敗する四年がかりのキャンペーンが始まった。

警告の意味をこめた記者会見で、大佐はズバリ指摘している。

「日本の真の支配者は、ＧＨＱが望むような〝正式に選ばれた国民の代表〟ではない。ヤクザの親分や、ならず者や、脅迫者である。彼らは、政治フィクサーや元軍国主義者、産業資本家、さらには、司法界の上層部や腐りきった警察首脳部とつるんでいる」

もちろん、そんなことは日本人の常識だった。

あちこちで警察の手入れがおこなわれ、五万人と推定された暗黒街の親分の、約半数が逮捕された。しかし、罪に服したのはそのうちたったの二パーセント。残りはけっきょく無罪放免となっている。目撃者が証言をおそれたり、証拠不十分だったり、腐敗した政治家が法廷に圧力をかけたからだ。

実際、数十人近い国会議員が、後年、ふとどきな発言をしている。一九四六年におこなわれたGHQ後援の国会議員選挙のときに、不法な選挙資金を受けとった、と白状したのだ。

ヤミ市のドン、尾津も、裁判にかけられた一人である。だが、警察も検察官もほかの司法関係者も、「あの体では刑務所生活に耐えられない」と彼を病人にしたて、〝人徳〟をさかんに強調して保釈を要求。ケーディス大佐率いる犯罪撲滅メンバーが歯ぎしりするのをしり目に、尾津は大手を振って刑務所をあとにした。

同じころ、GHQの諜報《ちようほう》機関までもが、日本のヤクザを雇ってひんしゅくをかっている。共産主義の反逆者と戦い、労働ストライキを破るためだ。身内に裏切り者が出たことで、正義を追求する人々の気力がそがれたことは、言うまでもない。

厳重な取締りは、意外な副産物も産み出してしまった。

首相逮捕と内閣総辞職（芦田内閣）、さらには民間人を含む四十三名の起訴を招いた、いわゆる

「昭電疑獄」もそのひとつだ。化学肥料などを生産する大手総合化学工業会社〈昭和電工〉の首脳陣たちが、戦後復興金融金庫から低金利で多額の融資を受けるために、日本の政府高官に賄賂《わいろ》をにぎらせたことが発覚したのである。

しかし、GHQによる大々的な犯罪追放キャンペーンにもかかわらず、横領、文書偽造、詐欺《さぎ》などの年間発生数は、減るどころか増えるばかり。暗黒街のギャングたちの数も増加していたことが、日本の犯罪防止局の調査で明らかになっている。

戦後の混乱期だからしかたがない、と片づけるのは簡単だ。日本の言葉や習慣に不慣れなアメリカ人の指示で起訴手続きがおこなわれたために、さまざまな不都合も生じたことだろう。とはいえ、原因がそれに尽きるとは思えない。

日本にはびこる腐敗の文化は、一夜のうちに根絶やしにできるほど、生やさしいものではなさそうだった。

法律は賄賂を禁じ、儒教はそれを不道徳と教えている。にもかかわらず、地元の政治家やヤクザの親分の庇護《ひご》があるかぎり、「謝礼」の伝統はなくならない。

徳川幕府の時代にも、役人たちは月々の上納金以外に、さまざまな「プレゼント」を受け取っている。あまりにも深く定着していたこの風習は、当然のエチケットなのか、まぎれもない賄賂なのか、区別のつかないことが多かった。このあいまいさが、役人と個人資産家とのあいだに、ぬくぬくとした協力関係を生んだといえよう。

十九世紀末に議会制度が導入されると、日本人の協力関係はさらに発展していく。衆議院を席巻して国の財布のひもをにぎった政党は、選挙のたびに、企業からの政治献金や、ヤミ社会からの金銭を含むさまざまな援助を、ますますあてにするようになっていった。

こうした構図のなかで、腐敗が避けられるはずもない。日本で公金スキャンダルが間欠的に噴き出すのは、意外なことどころか、きわめて当然の帰結といえるのだ。

一九一四年には、大がかりな収賄事件が発覚し、政権（山本内閣）が倒れる騒ぎにまで発展している。日本帝国海軍の上層部と、大手貿易会社〈三井物産〉、およびドイツ最大の電機企業コンツェルン〈シーメンス〉と、イギリスの武器製造会社〈ヴィッカース〉がかかわった、いわゆる『シーメンス事件』である。

事の発端は、その四年前にさかのぼる。日本の巡洋艦一隻の受注をめぐって、一九一〇年に外国の造船会社二社（〈ヴィッカース〉と〈アームストロング〉）が、しのぎをけずっていた。その際、帝国海軍の呉鎮守府司令長官が、代理店の三井物産を通じて、ヴィッカースから賄賂を受けとったのだ。当局は、必死に証拠隠滅をはかった。目撃者を脅迫するために、殺し屋が雇われたほどだ。ところがその努力は、あっけなく水泡に帰した。ドイツで別件で裁判にかけられたシーメンス東京事務局の元従業員が、日本海軍の収賄の事実をにぎっている、と証言したからだ。

そのあとにも、一九一八年には〈八幡製鉄所〉が、一九三四年には〈帝人〉が、一九四八年には先述の〈昭和電工〉が、さらにドラマチックな汚職事件をひき起こしている。やがて一九七六年には、かのロッキード事件が発生。九〇年代には、株取引きにまつわるさまざまな汚職が発覚している。

GHQによる暗黒街への手入れは、運の悪いことに、自分たちの内部犯罪をも摘発する結果につながった。しかも、後者のほうが収穫が多く、かなりの数の軍関係者が、不名誉な除隊処分を受けている。たとえば、ある陸軍大佐は、九ドル分のタバコを売って軍法会議にかけられた。

しかし、日本銀行から米軍の管理下に移されていた、膨大な数のダイヤモンドが紛失したときには、犯人はとうとう見つからなかった。

こんな事件も起こっている。GHQは一九四五年に、首都警察から武器を没収し、横浜の軍用倉庫に鍵《かぎ》をかけて保管していた。ところが一九四六年に鍵を開けたときには、影も形もなかった。このときの武器泥棒も、やはり見つかっていない。捜査をしり目に、こそ泥たちはダウンタウンにある憲兵司令官事務所のすぐ隣のビルで、せっせと〝活動〟を続けていたらしい。

GHQの実力行使が終わるころには、新生デモクラシーと二カ国間の新たな友情の陰に、強烈な副産物が生じていることが明らかになった。

生きるか死ぬかの瀬戸際に追い込まれた人間と、それに便乗しようとする人間が、異常な環境で一緒になれば、ある種の不正な「共謀」が生まれる。それは、いくら根絶やしにしようとしても、ほとんど不可能なのだ。

日本人にしろアメリカ人にしろ、占領期にヤミ市でもうけた人間はゴマンといた。しかし、〈ランスコ〉ほど成功した会社はないだろう。

自称「雑貨屋」だが、銀座に本拠地を置き、不法な金融業からチューインガムの販売にいたるまで、さまざまな商売に手をだしていた。いかにも〝うさんくさい会社〟である。創業者は、ニューヨーク出身の元海軍軍曹、ニコラ・ザペッティ、通称ニック。ずんぐりした体をふんぞり返らせて歩くイタリア系アメリカ人で、異論はあるかもしれないが、時代の落とし子ともいえる〝被占領民たちにチョコレートをばらまく、子供好きで心のやさしいGI〟の典型だ。合法、非合法を問わず、ザペッティはめざましいヴェンチャー・ビジネスを数多く手がけてきた。〈ランスコ〉経営もそのひとつ。極東で長年ドン・キホーテのようにふるまったザペッティの、全盛期を象徴するビジネスだ。

占領期のヤミ社会で活躍した人間の大半がそうであったように、彼も大恐慌にあえぐアメリカの貧困層から身を起こしている。

ニック・ザペッティの場合は、イースト・ハーレムにあるマンハッタン北部のイタリア人ゲットーで生をうけた。きょうだいは十一人。湯沸かし器もないせまくるしいアパートに、大家族がひしめきあって暮らしていた。父親はイタリアのカラブリアから移民してきた気の荒い大工で、家族全員の食費と家賃を稼《かせ》ぐのが精いっぱいだった。

マフィアが近隣をとりしきっていたおかげで、ニックは幼いころから犯罪に馴《な》れ親しんで育つ。

「三本指のブラウン」で通っているガエターノ・ルッケーゼは、彼の従兄弟《いとこ》にあたる。家族の知人のなかには、通称「大酒のみのボス」ジョー・レイオーや、「引き金」とも「チョウセンアザミの帝王」とも呼ばれるマイク・コッポラ、さらには、レストラン・チェーンを経営するギャングのジョー・ストレッチもいる。

道の向かいに住む医者は、密造ウィスキーを売っていた。隣人はプロの殺し屋だった。

殺し屋だと知ったのは、一九三五年のある日の午後、十四歳だったニックが、その男の葬式に出席したときだ。遺体はアパートの隣室の、蓋《ふた》を開放した棺桶《かんおけ》の中に横たえられていた。顔が真っ赤に焼けただれている。

「ねえ、どうしたの？」父親に聞いた。「日光浴のしすぎ？」

「いや」父親が答えた。「ゆうべ、シンシン刑務所で電気椅子《いす》にかけられたのさ。人を殺して死刑になったんだ」

そんな環境でザペッティは育った。〝警官は敵、泥棒こそが人生の師〟とみなされる環境で。

彼は第二次世界大戦を、一生にまたとないチャンスとして受けとめた。故郷にくすぶっていても、どうせ出世のチャンスはかぎられている。これを機に軍隊に入れば、はるばる日本へ運だめしにいけるのだ。頭脳と、盗みをも辞さない〝根性のある〟人間にとって、もうけ口は腐るほど転がっているにちがいない、と。

一九四五年八月下旬、前の項でふれた第四十四海兵師団が、長崎の大村空軍基地を徴用するために派遣されたとき、二十四歳のニック・ザペッティも、先任下士官として九州の土を踏んだ。

着いたとたん、すでに降伏している基地で漫然と補強部隊を待つよりは、べつの場所を〝占領〟したほうがいいと判断し、ゲイシャハウスへ直行。

一九四六年二月、海兵隊での服務を終えたニックは、除隊証明書を受けとり、アメリカ政府が六千人に提供したGHQ（総司令部）関連の仕事をひきうけた。

皮肉なことに、それはCPC（民間財産管理局）の調査員という仕事だった。日本人がアジア諸国で略奪した私有財産を、もとの所有者に返還したかどうかを監視するための機関である。

一九四七年のはじめ、ニックはアメリカに一時帰国し、〈フォード〉のコンバーティブルをひっさげて舞いもどってきた。日本で破格の値がつくライター石を数袋分、車内に隠してのご帰還だ。袋一つに詰め込まれた石の数は、二万個。彼はそれを銀座のヤミ市で売りさばき、車代をとり戻した。

同年八月には、日本人女性を射とめて結婚。

非常にめずらしいケースだとして、花婿と、英語を話せる歯医者の花嫁は、『パテ（当時の世界的な映画製作会社）』のニュース映画に取りあげられた。このときアナウンサーは、「東洋人入国禁止条例」と呼ばれる規則の存在を、さかんに強調した。アメリカ人が戦争花嫁を祖国に連れ帰ることを禁じた条例だ。

この程度でめげるような男ではない。一九四八年三月、彼は意気揚々と復帰し、ヤミ市でビールを商ってボロもうけ。パートナーは、占領軍財務局で軍票を担当している強欲な中佐と、ニックの同僚のＣＰＣ調査員だ。この同僚は日系二世で、日本語がペラペラだから、東京のヤクザの親分たちと直接交渉ができた。

週に一、二回、彼らは軍票を持って、東京の東部を流れる隅田《すみだ》川《がわ》沿いに建つ、錆《さ》びついたトタン造りの建物へ出かけていく。占領軍公認の酒屋である。店の日本人従業員にこっそり〝心付け〟を握らせると、従業員は黙って注文書に記入し、ビールをどっさり売ってくれた。大量のビールを個人的に購入することは、ＧＨＱの規則に違反するのだが、そんなことはおかまいなしだ。

ニックたちは、大きな軍用トラックに数百ケースのビールを積み込むと、街じゅうの人目につかない倉庫や、空襲でやられた工場で待つバイヤーに、一本につき四十セントのもうけで売りさばく。翌日、そのビールが青空マーケットに並んだ。

この商売の売り上げで、ニックは藤沢の郊外に土地を買い、アメリカンスタイルの大きな家を建てて、妻と二人の幼子を落ち着かせた。彼自身も、派手な新車を買い、服をどっさり新調した。

愛人も数人かかえ、第一ホテルでせっせとサーヴィスさせたものだ。第一ホテルは、新橋にあるウエスタンスタイルの建物で、一九四〇年に予定されていた東京オリンピックのために建てられた。しかし、オリンピックは結局、中止されている。若い愛人のなかには、法科の学生もいた。のちに売れっ子弁護士になるその彼女は、当時、学資を稼ぐためなら、ザペッティや彼の友だちにオーラルセックスもいとわなかった。

幌《ほろ》付きのオープンカーの後部座席で、真っ昼間からシャンペンをあおり、ポルノなみに肌を露出させた女性をはべらせながら、東京じゅうを走りまわるザペッティの姿が、目立たぬわけがなかった。

一九五〇年のはじめ、嫉妬《しっと》した日本の首都警察（ＭＰＤ）が、覆面警官に尾行させた。おかげでビールのヤミ取引きはバレてしまい、ニック・ザペッティはＭＰに逮捕され、強制送還処分を食らった。だが、進取の気性に富んだこの若いニューヨーカーは、たちまち日本に舞いもどってくる。

パスポートは、合衆国に着いたとたんに没収された。返してくれ、と地元の役所にいくらかけあっても、そのたびに役所から蹴《け》り出されてしまう。

しかたがないので、奥の手を使うことにした。一番街と二番街のあいだの一一六番ストリートにある、地元のマフィア事務所に〝あいさつ〟に行ったのだ。

近隣を仕切っているボスたちは、喜んで手を貸してくれた。

「心配すんな」遠い親戚《しんせき》筋にあたる男が請けあった。「おれたちにまかせとけって」

彼らに二言はなかった。遠戚の男からニックに指示があったのは、その後まもなくのことだ。パスポートの申請書と、日本へのビジネス・ヴィザの申請書に記入して、ダウンタウンにある市庁舎の誰それに持っていけ、という。

二、三週間後、ザペッティのもとへ新しいパスポートが郵送されてきた。ヴィザのスタンプも、ちゃんと押してある。

「ＧＨＱの仕事上の関係者」と称する人物も、手を貸してくれた。ボブというブルックリン出身の暗号作成者だ。ニックは日本へたつ前に、この人物とうちあわせをすることになった。

「わかってるだろうが、今のシステムはやっかいでね」ボブはそう言った。「『書類番号26』というのがある。日本への入国を希望するビジネス・ヴィザ所有者の総合リストさ。あんたみたいな前科者やスパイには、ＧＨＱが印をつけて、入国を許可しないようにしてるわけだ」

「クソ！」とザペッティ。「おれには永久に許可がおりないってわけか」

「ところが運のいいことに――」ボブが続ける。「リストはかならずおれのところを通過することになってる。あんたの名前がチェックされていても、おれがほかのだれかのとすり替えちまえばいいのさ。それであんたは入国できるし、すり替えられた運の悪いやつは入国を拒否されるって寸法だ。出発の用意ができたら、電話を一本よこしな。一緒にひとつ働きしようぜ」

ザペッティは電話を入れ、一九五〇年六月、ニューヨーク発のノースウエスト機に乗った。六十時間後、東京の羽田空港に到着し、すんなりと入国審査をパス。

彼の浮気癖と犯罪癖にうんざりしていた妻のもとを、一応は訪れた。しかし、居心地がわるいので早々に引き上げ、東京の南西部の小さな家に引っ越した。

ニック・ザペッティという男が、つぎつぎとヴェンチャー・ビジネスを手がけ、東京のヤミ社会にユニークな歴史をきざむことになるのは、まさにこのころからである。

まず、第八軍のスタッフに賄賂《わいろ》をにぎらせ、商品を軍関係者に合法的に売る権利を獲得。一九五〇年の終わりには会社を設立し、西銀座の大通り沿いに、鉄筋コンクリート二階建ての店をかまえた。そこには、ドラム缶からもくもくと吐き出される煙に混じって、軍人や露天商がひっきりなしに出入りした。

新会社の社名は〈ランスコ〉。ザペッティと新しいパートナーたちの頭文字を寄せ集めた名称である。

パートナーの一人は、酒盛りと高級車に目がないロシア人コミュニスト、レオ・ヤスコフ。ニックがＣＰＣ（民間財産管理局）時代に知り合った男だ。

もう一人は、事業家肌のアメリカ陸軍中佐、アル。こちらは、会社が操業を始めてまもなく、祖国に転属になった。

ヤスコフは三十代前半の無国籍ロシア人で、両親がロシア革命を逃れ、神戸に落ち着いたときに生まれている。戦後の日本に住んでいた五百人あまりの白系ロシア人のひとりだが、日本語の読み書きにかけては、そこらの日本人よりよほどうまい。熱心なマルキストであると同時に、抜け目のないひたむきなビジネスマンで、複雑な利益計算を、あっという間にはじきだしてみせた。

ランスコのビルの一階には、じつにさまざまな商品が展示されている。缶詰、乾燥食品、シルク、ウール、ロンドンから輸入したツイード。〈ギブソン〉の冷蔵庫、〈サーヴォ〉の料理用コンロといった電化製品や金物類も並んでいるし、〈ケイプハート〉の蓄音機など、贅沢《ぜいたく》品もそろっている。合法、非合法の手段を問わず、PX（駐屯地売店）から入手した商品だ。

この商売だけでもかなりの収益があったが、じつは一階の店は、さらに重要な取引きからMPの目をくらますためのダミーにすぎなかった。

重要な取引きは、二階でひそかにおこなわれていた。不法小切手の売買だ。

ランスコの初期の客のなかに、東京にオフィスをかまえるアメリカの大手商船会社があった。当時、銀行の金利は五パーセントだったが、この会社はそれ以上の金利で現金を預かってくれるところを探していた。この商船会社が〈バンク・オヴ・アメリカ東京支店〉のランスコ名義の口座に二百万ドルを預金すると、ランスコはドルの小切手をヤミ市のバイヤーに売って、円を獲得した。

一九四九年当時、激しいインフレによって、通貨は一ドル十五円からうなぎのぼり。その対策としてSCAP（連合軍最高司令官）は、銀行の公式レートを一ドルあたり三百六十円に固定する、という厳格な政策をうちだしていた（その後一ドル三百六十円のレートは、一九七一年にアメリカのリチャード・ニクソン大統領がドルを金相場と切り離し、変動相場制に切り換えるまで、ずっと固定されることになる）。

しかし巷《ちまた》では、厳しい外為法や規制のせいで、ドルの需要が急上昇。一ドルが四百八十円から五百二十円で飛ぶように売れた。グリーンバック（米国政府発行の法定紙幣。裏がグリーン）を売ろうとする人物にすれば、濡《ぬ》れ手に粟《あわ》のもうけだった。

ランスコの顧客には、米軍と契約しているアメリカやカナダの建築会社もあった。彼らもまた、政府発行のドル小切手を円に換えるにあたって、銀行より高率のレートを求めたことはいうまでもない。

ランスコは彼らの小切手を、一ドル四百二十円で買いあげ、巷で四百八十円から五百二十円ほどで売りさばいた。しかも、小切手の金額はたいてい一枚十万ドルを下らなかったから、ニックたちの会社は一度取引きをするたびに、笑いが止まらないほどもうかった。

ランスコのもっとも顕著な業績は、架空の銀行を作ったことだろう。その名は〈テキサス銀行〉。資産も、債務も、法的準備金もいっさいなし。いかにも本物らしく見えるがじつは真っ赤なニセ物の書類と、実在すらしないテキサスの町の住所を刷り込んだ便箋《びんせん》と、小切手帳一式を印刷して用意しただけの、とんでもないインチキ銀行である。その大胆不敵さにかなうものは、東京中をさがしてもなかったはずだ。ランスコで急にまとまった資金が必要になれば、ザペッティは持参人小切手に一定の額を記入する。それなりの利益を得るには、最低三万ドルは必要だ。さらにその下に、「ハリー・S・トルーマン」とか「フランクリン・デラノ・ルーズヴェルト」などとサインする。こうしてヤミ社会の人間に、額面の一〇パーセントで売りつけるのだ。するとヤミ社会のバイヤーは、それを盗品と銘打って、別の人間に「底値」で転売する。たいていのバイヤーは、盗品であろうがなんであろうが気にしない。どうせまた別の誰かに売ってしまうのだ。喉《のど》から手が出るほどドルを欲しがっている日本の企業は、そこらにゴロゴロ転がっている。

売買連鎖のどこかの時点で、誰かが小切手を現金化しようとすれば、ただの紙くずであることに気づいたはずだ。しかし、介在する人物が人物だから、出所をたどるのは不可能に近い。ランスコのインチキ小切手のおもな運び屋は、銀座の制覇をねらう二つのヤクザ組織、〈住吉会〉と〈東声会〉だった。住吉会は、戦前からずっと銀座界隈《かいわい》を支配してきた伝統的な博徒グループ。東声会は、敗戦後の廃墟《はいきょ》のなかからのしあがった、若い韓国人のごろつきグループである。

両者は、ことあるごとに縄張り争いを展開していた。アメリカ人から小切手を買いとる権利。一九五〇年六月に勃発《ぼっぱつ》した朝鮮戦争から、休暇で日本に引きあげてくるGIたちを〝エスコート〟する権利。さらには、銀座界隈に次から次へと開店しているナイトクラブ、キャバレー、ダンスホール、娯楽施設、賭博《とばく》場のために、用心棒をつとめる権利などをめぐって。

銀座四丁目の交差点に、屋上に大きな時計台を備えた七階建ての「服部ビル」が建っている。二つの暴力団は、主導権を誇示するために、しばしばそこで突発的に銃撃戦をくりひろげた。どちらも、「銀座警察」という異名を楽しんでいたフシがある。GHQに武器を没収されたあと、ほとんど木刀しか携帯できなかった日本の警察よりも、ヤクザのほうがよほどしっかり武装していたのだ。

外国人と貧しきヤクザたちは、同じ銀座でも、社会的にまったく接点のない別世界で生きていた。

ガイジン――「よそ者」を意味する言葉で、日本人は西洋人をそう呼んでいた――たちはもっぱら、銀座四丁目交差点にある〈ロッカー4〉などのきらびやかな軍用クラブに入りびたった。ロッカー4は、マルチフロアの新しい娯楽の殿堂で、そこには、瓦礫《がれき》の山と化した街のあちこちから軍のシャトルバスでかき集められてくる、二千人のホステスたちが一堂に会していた。

一方のヤクザたちは、今にも壊れそうなバーにたむろした。塗装もしていない粗末な板張りの床に、ビニール張りの止まり木とブース、悪臭を放つ〝アウトドア〟の男女兼用の便所……。

両者は、ビジネスで必要なときだけ顔を合わせた。偽造小切手の売買や、マネーロンダリングなど、両者がかかわったユニークなヴェンチャー・ビジネスは、枚挙にいとまがない。チューインガムの販売もそのひとつだ。

ランスコは、盗品のチューインガムを大量に入手したものの、さばけずに困っていた。ランスコの社員が、銀座じゅうの商店や売店や露天商にせっせと足を運び、チューインガムがいかにアメリカで流行《はや》っているかを力説しても、反応はゼロ。ガムを見たことさえない日本の商人たちは、ひとめ見るなり、「うちはいらない」と首を振った。

行く先々で、ありとあらゆる難癖がつけられた。「日本人の口にあわない」——二十世紀後半に商品を日本に持ち込んだ外国人ビジネスマンは、何度このセリフを聞かされたことだろう——「甘さが足りない」「人工的な色がいかにも体に悪そうだ」「手にベトつく」……。

ランスコにチューインガムの自動販売機がなかったことも災いした。

日本人のあまりの頑固さに、ランスコは東声会に助けを求めた。すると、東声会に雇われた韓国人の若い衆が、店主たちのもとをふたたび訪れ、在庫一掃計画に従わなければどんな目にあうかを説明した。

この販売作戦のほうが、はるかに効果的だったようだ。

たちまちダウンタウンの全域にチューインガムが氾濫《はんらん》し、商店主からの追加注文で、ランスコの電話は鳴りっぱなしだ。チューインガムの値段を上げてみたら、電話は減るどころか、ますますやかましく鳴りひびいた。

とはいえランスコは、こうした力ずくの作戦が必要なほど経営が苦しかったわけではない。一階に展示された商品が、法律で購入を禁じられていたにもかかわらず、地元で予想以上に人気が高かったからだ。

占領政策が終わりに近づくころ、朝鮮戦争によるにわか軍需景気のおかげで、日本経済に戦後はじめてかすかに活況のきざしが見えはじめると、ランスコは〈ジッポ〉のライターを箱単位で、ナイロンストッキングをカートン単位で、さらに、配給が厳しく限定されていた砂糖を俵単位で、取引きするようになっていく。

商品をトラックに山ほど積んで運び込み、厳しく目を光らせているMPや首都警察の姿が見えなくなったとたんに、店の前の歩道に並べて売る。すると通行人は、三輪トラックでごっそり買っていく。ある日の午後など、盗品のスパゲティがいっぺんに一万八千二百キロもさばけた。

日本人がアメリカ製品を、今ほどかたくなに拒否する必要のない時代だったのだ。おそらく、チューインガムは唯一の例外だったのだろう。

ランスコはスロットマシンの分野にも進出した。

東京の東を流れる隅田川の対岸に、五十二の客室をもつ〈ホテル・ニューヨーク〉が建っていた。そこに数台のスロットマシンを賃貸しして据えつけたときから、ブームに火がついた。

このホテルは、朝鮮戦争の帰休兵に人気があった。「オンリー」がたっぷり待機しているからだ。オンリーとは、一週間の慰労休暇のあいだじゅう、一人の兵隊の専属娼婦《しょうふ》になる若い女たちのことである。

スロットマシンが手にはいったとたん、ニック・ザペッティはジャックポット《大当たり》が出ないように、機械を操作してしまう。こういうことにかけては天才的に器用な男だった。こうしておけば、ＧＩたちがいくらゲームに熱中しても、けっしてもうかることはなく、もとを取ることさえできない。しかも都合のいいことにＧＩは、インチキだと気づくほど長く滞在することもない。

ザペッティは、スロットマシンの収益をさらに上げる方法を思いつき、巣鴨《すがも》の造幣局から盗まれた未刻印の十円硬貨を、袋にいっぱい買い込んだ。スロットマシン用のメダルとして使えることを知ったからだ。彼はそれを、慰労休暇中のＧＩたちに売りつけた。

ランスコの収益は天井知らずだ。会社の金庫には、つねに現金で数十万ドルが詰まっている。米ドル、軍票、日本円のほかに、韓国のウォンも多少ある。

社員も増えた。最初に仲間入りしたのは、レイ・ダンストンという長身でやせこけた赤ら顔のオーストラリア人で、年齢は五十前後。彼がランスコに歓迎されたのは、砂糖を売るライセンスを持っているし（砂糖にはあいかわらず厳しい配給制限が課されていた）、手持ちの二十五万ドルを、すすんで会社に出資したからだ。

ダンストンはのちに東京で〝英語学校〟もスタートさせている。これには仕事仲間たちも、開いた口がふさがらなかった。ハイスクールも卒業していないし、まともな文章ひとつ書けないくせに。

アメリカ人ビジネスマンも加わった。日本語がペラペラなので、かつてはＧＨＱ関連の仕事をしていたが、のちにワシントンＤＣの米国商務省に雇われている。

やがて、銀行関係の複雑な書類を偽造するのが天才的にうまい、カナダ人放浪者が仲間入りした。

白系ロシア人コミュニストの資本家も二人加わった。この二人は一日の仕事が終わると、モウモウと煙のたちこめる向かいのヤキトリ屋で、先輩のレオ・ヤスコフとともにぐでんぐでんになりながら、よくロシアン・フォークソングをうたった。

寝る時間がくると、レオはよろよろとオフィスに戻り、新しい日本酒の栓を抜いて、二階にあるビニールカバーのソファに、酒ビンを抱えながら寝ころがる。朝になると、ビンは空っぽだ。ザペッティの知っているかぎり、眠りながら酒を飲める人物はレオぐらいしかいない。

奇妙な話だが、アメリカ合衆国やほかの連合国と冷戦状態にあるはずのソ連の大使館が、ランスコの活動をひそかに応援していた。内部情報を流してくれたばかりか、商取引きについても、可能なかぎりアドバイスを惜しまなかった。ヤミ市がいずれ資本主義をくつがえすと信じていたらしい。

ロシア人のレオも、ある晩、酔っぱらいながら、ザペッティにこんなばかばかしい告白をした。

「なあ、ニック、おれがこの商売をやってるのは、いつか大金持ちになって、資本主義の経済システムをぶっこわしたいからなんだ」

一時期、アメリカ西海岸のギャングが、ランスコに籍を置いたこともある。ハフという名のかなり短気な大男で、銀座の東のはずれにある〈エヴァーグリーン〉という雑貨店を経営していた。この店もヤミ市商品の通用門的存在だ。

ある日、ぶらりと店に入って小麦粉を求めた客は、ハフにこう言われて目を丸くした。

「車に何台分欲しいんだ？」

バスケット三千個分の輸入バナナを、米軍から〝ハイジャック〟して路上で売りさばいたときから、ハフの名前は銀座のヤミ社会で轟《とどろ》いていた。

だが、ランスコとの関係は長くは続かなかった。その後しばらくしてアリゾナへ旅行したとき、ギャングの殺し合いに巻き込まれ、あっけなく射殺されてしまったからだ。噂《うわさ》によれば、カリフォルニアに本拠地を置くアジア系ギャングたちが、彼の極東での成功をねたんで抹殺したらしい。

ランスコのパートナーのなかにも、後年、日本の刑務所でくさい飯を食う人間が、数名出ることになる。しかし、それはずっとあとのこと。ＧＨＱが荷物をまとめ、祖国に引き揚げたあとのことだ。

占領がもたらしたもの

占領は六年八ヶ月と十四日間続いた。その間に発生した盗難、汚職、不法売買、通貨の不正換金、その他のインチキ商売を、数え上げたらきりがない。

正確な数字をだそうという努力は、何度もなされた。

ある日本の雑誌は、占領時代にアメリカから船で輸送されてきた全支給品のうち、一〇パーセントが最終的にはヤミ市に流れた、と推定している。べつの調査によれば、占領軍から街《がい》娼《しょう》につぎ込まれたアメリカ通貨は、年間二億ドルを下らなかったそうだ。

さらに、こんな調査報告もある。合衆国から寄付された商品や資材をヤミ市に流すことで、日本政府がこっそりと数十億ドル相当の〝へそくり〟(日本では通称「M資金」)をため込んだ。そのへそくりは、日本の一九五〇年度GNPの一〇パーセントに相当し、基幹産業の再生資金にあてられたという――しかも日本政府は、敗戦を予期して一九四五年の初めに隠した、莫大《ばくだい》な金、銀、銅の塊や、銑鉄《せんてつ》、くず鉄、鋼鉄、アルミニウム、ゴムのたぐいを、どさくさにまぎれて売却したらしい。

とはいえ、こうした数字は、あくまで机上の計算である。不法に得られた利益の正確な量は、誰にもわからないのが現状だ。したがって、二カ国間で取引きされた不法な商品や商業活動は、ケタ外れの規模だった、とだけ言っておくのが順当だろう。

もちろんアメリカ人は、占領によって日本を、裏道の巨大な〈ウォールマート（米国のディスカウントショップ）〉に変えた、とは思いたがらない。むしろ彼らは、社会的、政治的改革の具体的な成果に目を向けさせたがる。農地改革や、労働組合の育成、男女平等、家父長制の廃止などなど、庶民にもチャンスが与えられる制度を、自分たちが手助けして日本人に作らせたのだ、と。

家父長制とは、家族の長老にあたる男性に、結婚、離婚、養子縁組などについての全権を認める、という法律である。戦前の民法にも、婦女子は無学だから法律、財産、参政権に関して発言することはまかりならぬ、と記されていた。

たしかにSCAP（連合軍最高司令官）は、太平洋戦争中のアジア人に対する日本軍の扱いよりも、はるかにやさしく日本人に接したといっていい。特筆すべきは、終戦後も太陽神として崇《あが》めたてまつられていた天皇裕仁を、SCAPが戦犯として告発せず、象徴として玉座に残したことだ。

ソ連軍に占領された満州から逃げのびてきた日本人引揚者たちが、涙ながらに語る大規模な性暴力や殺戮《さつりく》の話と比べると、なんと対照的なことだろう――五十万近い日本人を捕虜にしたことについて、ソヴィエト当局がなんの説明もしなかったために、ときがたつにつれ、日本人のあいだでその話を信じる傾向が強まった――。

それまで、宣教師や貿易商人や教師など、ごく一握りの西洋人しか存在しなかった国に、一瞬にして数十万人の敵兵が上陸したわりには、物事はおどろくほど順調に運ばれたといっていい。

とはいえ、アメリカ人の矛盾する不快な側面が、各所でさかんに露呈され、せっかくおこなった好ましい改革の多くを、元の木阿弥《もくあみ》にしてしまったのも事実である。

占領軍の方針変更もそのひとつで、秩序が乱れていると判断した占領第二波が、一転してさまざまな制約をもうけるようになった。一九四七年から四九年にかけて、日本人とアメリカ人の親交は、いちじるしく制限されはじめる。

占領軍兵士たちは、ある日突然、日本の映画館や、地下鉄、銀行、海岸、川べり、ホテル、病院、ナイトクラブ、バー、さらには個人の住宅から、完全にシャットアウトされるようになった。日本の市民にしても、それまでは歓迎されていた軍関係のクラブや独身男のたまり場への出入りを、いきなり禁じられた。

民主主義が聞いてあきれる。

それればかりではない。日本人の経営する施設や個人の住宅の戸口に、ＭＰがおそろしい形相で立ちはだかり、「アメリカ人はいないか!?」とがなりたてる始末。

これではまるで、かの忌まわしい「憲兵隊」ではないか。ケンペイタイとは、戦争中に日本人の日常生活のすべてに目を光らせ、やかましく規制した秘密警察のようなものだ。

さらに、ＧＨＱに雇われた数千人の日本人スタッフが、新聞や、定期刊行物、ラジオ放送などをせっせと検閲し、ＧＨＱに批判的なものがないかどうかチェックした。自分たちの政策に反対する者を探すためなら、個人あての手紙を開封したり、電話を盗聴することも辞さなかった。

いずれも、ポツダム宣言の骨子に、真っ向から違反する行為ばかりだ。日本に言論の自由と、宗教の自由、思想の自由をもたらすのが、ポツダム宣言の趣旨ではなかったか。

SCAPに、トマス・ブレークモアという若い法律専門家がいた。戦前の帝国大学に学び、日本語で司法試験にパスした人物である。これほどの偉業をなし遂げたアメリカ人は、戦後の五十年間に彼ただ一人だ。

そのブレークモアが、「日本占領は、時間と金の膨大なるむだ遣いだった」と断言している。

彼は、GHQの同僚のなかでも、群を抜いて日本の言葉や文化に精通し、日本の裁判所や法律学者たちとの公式な連絡係をつとめていた。

そのブレークモアが、「アメリカ人の高飛車で偽善的なやりかたは、日本人にやみくもに敵意ばかりを植えつけた。その敵意は、敗戦へのにがい思いだけが原因ではない」と分析している。

戦後おこなわれたどの調査をみても、日本人はアメリカを「好ましい外国」とみなしていた。しかし同時に、人口のおよそ三分の二が、「外国人と関わりあいになるのはまっぴらだ」と思っていた。その現実を、ブレークモアは好んで指摘する。

彼に言わせると、その元凶はマッカーサーだ。

アジア人の気持ちがわかる、と口では言いながら、駐留のあいだ、占領軍の誰よりも日本にまともに目を向けなかった。マッカーサーが見たものは、自分の住むアメリカ大使館とオフィスとのあいだの景色ぐらいだ、とブレークモアは言う。

ブレークモアはオクラホマ州の出身で、第二次大戦中は戦略事務局（ＯＳＳ）（一九四二年に創設された。ＣＩＡの前身）のエイジェントとして、インド近辺を担当したこともある。

アメリカ国務省の命を受け、東京で短期間の任務についたブレークモアは、その間に、横浜の売春宿についての報告書を作成した。

百人のホステスを擁し、近くの米軍基地の兵士たちを相手に、不法に商売をしている売春宿だ。この米軍基地には、訓練上問題のある兵士や犯罪歴のある兵士たちが、本国に送還されるまで一時的に収監されていた。

ブレークモアは報告書のなかで、被収監者たちが、基地を抜け出して道の向かいの建物を訪れるのを、ＭＰたちに黙認してもらおうと、日常的に賄賂《わいろ》を握らせていたことを明らかにしている。さらに、売春婦たちがどのように募集され、性病の確率がどのくらいであり、どのように手当されていたかも報告した。

〈やはり日本占領は根から腐っている……〉ブレークモアがそんな信念を深めたのも無理はない。

マッカーサーは日本占領を、「精神革命」と豪語してははばからなかった。明らかに検閲や差別がおこなわれたにもかかわらずだ。ブレークモアの報告書は、そんなマッカーサーのイメージをそこなう、と判断した上層部は、報告書を闇《やみ》に葬り去るようブレークモアに命じた。するとブレークモアは、抗議の意味でSCAPを辞めた。

しかし、彼がなによりショックを受けたのは、調査のためにその売春宿の日本人女将《おかみ》を、三時間にわたってインタビューしたときのことだ。

女将が上流階級の出身であることは、すぐにぴんときた。威厳のある洗練された物腰の中年女性で、なにより、彼女の話すていねいな日本語が、とてもエレガントで美しい。ブレークモアは、GHQのなかで現地語が話せる数少ないアメリカ人スタッフのひとりだが、その彼が「うっとりする」ほど美しい日本語だ。

じっさい彼女は、裕福な家庭の娘であることが判明した。しかし、戦争でなにもかも失って一文無しとなった今、生きのびるために、そしてなにより子供たちを養うために、売春という手段にたよらざるを得なかったという。

ところが、女将が英語をしゃべりだしたとたん、〝洗練されたレディ〟のイメージはガラガラと崩れた。彼女の口をついて出るのは、GIから知らず知らずのうちに学んだ、おそろしく下品な言葉ばかり。

「おい、どーした、てめぇ?」女将はブレークモアにそう言った。「てめぇもファックが好きなんだろ、え?　このスケベ野郎」

これがマッカーサーの言う「新生日本」だとしたら、関《かか》わり合いになるのはまっぴらだ——ブレークモアはそう思った。

アメリカの占領政策は、じつはイデオロギーではなく、経済効果に主眼が置かれていた。しかしその一面は、当時はあまり知られていない。

一九四七年、SCAP（連合軍最高司令官）の政治的、社会的改革路線は、一八〇度の転換を見せる。

占領直後の一年間、SCAPはせっせと改革にはげんできた。戦時中に要職にあった軍人、政治家、政府高官、ビジネスマンなど、約二十万の日本人を、ごっそり公職から追放《パージ》したのもそのひとつ。労働組合の結成もさかんに奨励していた。

ところがそのあと、占領軍の方針はがらりと一変した。

これが「逆コース」と呼ばれた政策転換である。パージされた者は返り咲き、あれだけ奨励された組合活動も、いちじるしく制限されるようになった。ほかにも、当初の〝改革〟はつぎつぎに撤回されていく。

「逆コース」の表向きの理由は、「国家の安全のため」だった。——中国における共産主義の台頭、ソ連との冷戦開始、その影響で日本が共産主義に染まる恐怖……日本人はそれほど恐怖を感じていなかったのだが。

ほぼ一夜にして、占領の目的は一八〇度転換された。当初の計画どおり日本を「民主主義のかがみ」にするどころか、「共産主義への砦《とりで》」にしようというのだ。

　ごく最近まで知られていなかったことがある。

「逆コース」の舞台裏で、ウォールストリートの立て役者たちがしきりに糸をあやつっていた事実だ。彼らは戦前の経済構造を復活させるために、大規模なロビー活動を展開していた。

「ジャパン・ロビー」として一部に知られるこの活動を、陰で押し進めていたのは、アメリカ人の半秘密グループだった。

　彼らは〈ロックフェラー〉や〈モルガン〉など、アメリカの大手多国籍企業と手を結んでいた。戦前の日本で、財閥のリーダーたちと長く密接な関係をたもちながら、荒稼ぎをくりかえしてきた多国籍企業である。ワシントン政府にも強力なコネクションを持っていたことは、言うまでもない。

　グループの顔ぶれがすごい。国防総省の長官であると同時に、大手投資会社〈ディロン・リード〉の社長もつとめるジェイムズ・V・フォレスタル。のちに〈ディロン・リード〉の副社長に就任するウィリアム・H・ドレイパー陸軍省次官。さらには、〈ロックフェラー〉の筆頭顧問弁護士と〝外務大臣〟を兼ねていたジョン・J・マクロイ大統領顧問。

　彼らは口をそろえて力説した――アメリカの国益は、日本の中央集権的な経済体系を維持できるかどうかにかかっている。有能な産業エリートたちに管理させておけば、やがて日本は、みずからの足で立てるようになるばかりか、共産主義からアジアを守るための経費の一部を、わが国と分かち合える国になるだろう。アメリカの投資筋にとって魅力的な国にもなるはずだ——。

ジャパン・ロビーのキャンペーンが脚光をあびるようになったのは、一九四七年十二月一日付の『ニューズウィーク』が、カヴァーストーリーとしてとりあげたのがきっかけだった。〈極左が今、アメリカで黙認されている〉

これがプレッシャーとなって、ワシントンのリーダーたちが重い腰をあげ、SCAPに政策転換をうながしたといえる。

『ニューズウィーク』の表紙には、カリフォルニア州のウィリアム・ノウランド上院議員が載っていた。自由経営の声高な推奨者であり、GHQによる過激なザイバツ解体計画に、はげしく異議をとなえていた人物だ。

GHQの基本指針は、「FEC230」と呼ばれる文書に記され、「過度経済力集中排除法案」として、日本の国会に提出されていた。数百社の大手企業を分割し、利益を労働組合に還元しようという計画で、マッカーサーがこれを支援していた。マッカーサーは、戦争責任の一端は巨大産業にあると考え、すでに、日本の二大商社である三井物産と三菱商事に解体を命じていた。

ノウランド議員は、誌上でこれを批判したのである。

〈ソ連やイギリスの労働党から提案されたのならともかく、「FEC230」のごとき文書が、

わが国の政府を代表する意見として出されたかと思うと、どうにも心外でならない〉

記事の論拠になったのは、アメリカの多国籍企業のために長期にわたって東京で弁護士をつとめた、ジェイムズ・リー・カウフマンという人物の報告書だった。

カウフマンは戦前、東京帝国大学で教鞭《きょうべん》をとったこともある人物だ。彼のクライアントには、〈スタンダード・オイル〉や〈ゼネラル・エレクトリック（GE）〉といった、そうそうたる大企業が並ぶ。

スタンダード・オイルは一八〇〇年代後半以降、日本で商いを続けてきたし、GEも十九世紀以降、三井財閥と深いつながりをたもちながら、日本の電力化に貢献した。当時、日本における海外投資の四分の三を、アメリカ企業が占めていた。その筆頭はGEで、三井系列である〈東京芝浦電気〉通称〈東芝〉の持株を握っていた。

カウフマンの資料は、まず国務省、国防総省内の賛同者たちに回覧され、やがて彼らの手でワシントンのニュースメディアに流された。

彼はそのなかで、「FEC230」にしたがって経済が形成されれば、社会主義的な色彩をおびた寒々しいものになる、と指摘している。経験あふれる重役の大半をパージしてしまったら、銀行その他の企業は〝残りカス〟の手で運営されるしかない、と。

自分の土地に石油が出るとわかって、たちまち金遣いが荒くなったアメリカ先住民を思い浮かべていただきたい。日本の労働者たちがいかに（新しい）労働法に飛びつき、（すでに）それを乱用しはじめているか、想像がつくはずだ……。

十歳にも満たない子供に、突然、家のやりくりをすべてまかせ、好きなように暮らしていいと伝えたら、家のなかはいったいどうなるか……。日本がそうならないうちにくい止めれば、将来、アメリカ資本の投入先として非常に魅力的な国になると、わたしは確信している。

一九四八年、アメリカ対日評議会（ACJ）が設立されたときから、このロビー活動は正式に始まった。外圧の効果は絶大で、目的はみごとに達成されたといっていい。「FEC230」によって解体のターゲットとなっていた大企業千二百社のうち、SCAPの実力行使の対象となったのは、けっきょくわずか九社。旧陸海軍のリーダークラスは、追放されずにもとのさやに収まり、財閥解体も中止された。

それとは対照的に、二万人近い左翼やコミュニストたちが、冷や飯を食わされるハメになった。占領当初、GHQがさかんにラブコールを送っていた、まさにその人々が、GⅡ（GHQの参謀部第二部）諜報部《ちょうほうぶ》によって公職から追放されたのである。しかも、GⅡに手を貸したのは、いったんパージされたものの、ふたたび活動を許されるようになった、日本の悪名高き「特高警察」の生き残りだった。

一九五二年までに、アメリカ企業は、戦前の日本に投資した分をしっかりと回収した。また、アメリカ対日評議会の関連企業が、戦前から温めていた日本の株も、まんまと値上がりした。そして、一九四一年から四五年にかけて、損失したり損害を被ったりした財産は、すべて賠償された。

ようするにアメリカ企業のふところは、この戦争によってかなり温まったことになる。そればかりか、上記の投機筋は、石油精製、アルミニウム、電気機器、化学工業、ガラス加工など、日本の主要産業と提携してヴェンチャー・ビジネスを手がける、格好の足がかりも得た。

その最たるものが、〈ロックフェラー〉グループだ。

彼らは戦後五十年以上にわたって、ほかのどの多国籍企業よりも多く、日本企業と業務提携をむすぶことになる。〈チェイス・マンハッタン〉や〈バンク・オヴ・アメリカ〉の東京支店にしても、手持ち現金の在《あ》り高《だか》が日本の国家予算に匹敵するほど、日本で屈指の企業融資バンクにのしあがった。

ようするに、社会的階級の最上層と最下層の一部にとって、占領はまたとない金もうけのチャンスとなったのだ。

そんな占領プロセスの裏で、クモの糸のようにからみ合ったさまざまな集団が、こっそりと協力しあい、利益をわかちあった。この世でもっともいかがわしい連中が、ときにはしっかりと手を結んだ。

その連中が今、しかるべき地位に就いている。残り少ない今世紀に、なにかにつけて顔を出してくるにちがいない。

第二章　占領の後遺症

日本とアメリカの〝裏取引き〟は、ヤミ市のころから始まった。

一九五二年四月二十八日、日米安保条約の発効とともに、占領時代は新しい局面を迎えることになる。ＳＣＡＰ（連合軍最高司令官）支配の公式な終結を意味するこの条約は、〝フェアで寛大なもの〟として、表向きには東京で大歓迎された。なにしろ、日本は晴れて自由になったばかりか、アメリカが軍事的安全を保障してくれるのだ。

しかし一般市民には、はしゃぐ理由が見つからない。条約の名のもとに、日本はいやおうなく、ソ連や中国に対するアメリカの断固たる反共路線に、追随せざるをえないからだ。そのためには黙って十二万の米軍を、日本列島の百五十カ所に駐留させなければならない。ようするに日本占領は続いているに等しかった。

その後数年間に発生した一連の不快な出来事が、日本人にそれを痛感させることになる。一九五三年十一月、東京のチンピラが三人の米兵によって、東京湾に投げ込まれ、水死。翌月には、日本人サラリーマンが同じような経緯で命を落としている。一九五四年には、日本の漁船〈第五福竜丸〉が、マーシャル諸島でおこなわれたアメリカの水爆実験に巻き込まれ、のちに無線長が死亡。さらに一九五七年、五八年と、米兵が退屈しのぎに発射した銃で、基地の外の日本人が犠牲になる事件が続発している。

日本語と英語でさかんに流された、『ヴォイス・オヴ・アメリカ（ＶＯＡ）』のアメリカ礼賛プロパガンダも、〝要注意人物〟を厳重にチェックしたアメリカのさまざまな諜報《ちようほう》活動も、不快さから言えばけっして引けをとらない。

たとえばＶＯＡは、第五福竜丸の無線長の死因を、肝臓疾患と報じている（死因が被曝《ひばく》であることは、のちに確認された）。

こんなインチキ情報も平然と流している。

きょうは戦争花嫁についてレポートしましょう。ここ十年間で、五千人以上の戦争花嫁がアメリカに渡りました。みんな新しい土地や環境にもすっかり慣れ、親切でやさしい夫とかわいらしい子供たちに囲まれて、毎日幸せに暮らしています。

わたしたちはときどき、アメリカの黒人差別について質問されます。しかし、アメリカは自由な民主主義国家ですから、そんな差別が存在するわけがありません。黒人も白人もみな同じ。どちらも満ち足りた生活を送っています。

報道の内容がおかしいと、ＶＯＡに投書しようものなら、手紙はたちまちアメリカ大使館のＣＩＡ事務局に送られる。そして差出人は「要注意人物リスト」に加えられ、アメリカ諜報部の尋問を受けた。

思想コントロールは別のかたちでもおこなわれた。アメリカ国務省による輸出映画規制もその一つだ。ジョン・フォードの『怒りの葡萄《ぶどう》』や『タバコ・ロード』など、アメリカの社会的不正をとりあげた作品は、日本への輸出を禁じられた。一方、『ローマの休日』や『地上最大のショウ』、『シェーン』などは放映が奨励され、その興行収益は、円―ドル換金制限法の網をくぐるために、日本の反共グループにまわされた。ついでながら、石油の売り上げや、『リーダーズ・ダイジェスト日本語版』の売り上げも、同じく反共活動にあてられている。

それ以外は今までどおり。戦前のオーナーの手に戻された日本の産業界は、あいかわらず順調に発展をとげている。最初は朝鮮戦争に向けた武器、弾薬、装備、糧食などの軍需品を、そのあとは別の製品を大量生産したからだ。まともな学校教育を受けた労働者が、一日に十二時間から十五時間の労働をいとわなかったし、政府が投資先を慎重に選んだせいもある。

その結果、早くも一九五六年には、〈三菱重工〉や〈石川島播磨重工業〉によって、日本はイギリスをしのぐ世界一の造船国へとのしあがった。〈ソニー〉はすでに携帯用小型ラジオを開発していたし、繊維、鉄鋼、採鉱などの各産業も、国際競争力を身につけるまでに成長した。

とはいえ、東京の街はあいかわらず埃《ほこり》っぽく、瓦礫《がれき》が散乱していた。ホームレスとなった元軍人が、施しものを路上生活者と奪い合い、〝天下の東大卒〟がタクシーの運転手をつとめた――国産車がないから、タクシーは〈ルノー〉だ。

その反面、経済復興はめざましく、年末になるとそれが顕著にあらわれた。

日本企業は年末に、問屋や得意先や従業員たちをねぎらう意味で、さかんに忘年会を開いた。栄養失調気味の貧しい従業員たちは、めったにありつけないご馳走《ちそう》と、ただでふんだんに飲める酒を前にして、ここぞとばかりに飲み食いしたものだ――当時の日本人の平均ウエストサイズは、なんと六〇センチ――当然のことながら、帰り道で猛烈に気分が悪くなる。

当時、巷《ちまた》でこんな川柳が流行《はや》ったほどだ。

クリスマス
上は星空
下はゲロ

国税庁の報告によると、一九五二年と五三年の長者番付のトップとなったのは、日本人と外国人をあわせても、前述のブレークモアだった。

「日本中毒」を自認する彼は、日本の民法を英訳したあと、銀座に私立の商法相談所を設け、ＡＣＪ（アメリカ対日評議会）のジェイムズ・リー・カウフマンのクライアントを、ごっそりと引き受けた。

カウフマンは喜んで紹介状を書いてくれた。彼は、〈ゼネラル・エレクトリック〉、〈ＲＣＡ〉、〈インターナショナル・ニッケル〉、〈ダウ・ケミカル〉など、そうそうたる企業が、日本企業と共同でヴェンチャーを手がけるにあたって、アメリカ側の代理人をつとめていた。

ブレークモアは、ジョン・フォスター・ダレスやジョン・Ｄ・ロックフェラー三世などと親交があったことでも知られている。ロックフェラー三世といえば、〈スタンダード・オイル〉や、日本で最大の外国投資会社〈チェイス・マンハッタン銀行〉を間接的にあやつっていたロックフェラー五人兄弟の一人だ。ブレークモアはさらに、一九四八年から五四年まで日本の総理大臣をつとめた吉田茂や、皇太子とも交流していた。

この手足のひょろ長い長身のオクラホマ人は、日本人の目には、人気テレビ番組『パパは何でも知っている』に登場するような、〝理想的なアメリカ人〟として映ったにちがいない。夫人のフランシス・ベイカーは、国務省に勤めるグラフィックデザイナー。住まいは、東京のど真ん中の土地を底値で買って建てた、真新しいアメリカンスタイルの一戸建てだ。広々としたモダンなアメリカンスタイルのキッチンには、巨大な冷蔵庫がデンとかまえ、中には食べ物がたっぷり詰まっている。この家の二匹の飼い犬（アイリッシュ・セッターの純血種）は、そこらの日本人よりよほどいい物を食べていた。

東京は今や、金もうけのチャンスがゴロゴロしている街と化した。ブレークモアのほかにも、元占領軍関係者、インチキ銀行家、欲の皮のつっぱった放浪者など、数千人の外国人がうろつくようになる。それを見て、「東京はみじめな植民地と化した」と嘆く日本人は少なくなかった。

テッド・ルーインも、そんなガイジンの一人だ。ずんぐりした体にド派手な服をまとった、この五十代のアメリカ人は、荒れ果てた街を、黒いキャデラックのリムジンで走りまわった。

米軍のジープや三輪トラックだらけのなかで、デラックスな車がひときわ目だったことは言うまでもない。

ルーインは、かつてアル・カポネとも関係があった元マフィアで、日本にカジノをもたらした人物である。

ギャンブルは、日本では何世紀も前から違法とされている。たとえば封建時代の将軍たちは、人民の秩序を守るために、賭博《とばく》を禁止しなければならない、と信じていた。そのくせ自分たちは、たまに博徒を城内に招き、バクチを楽しんでいたらしい。

実際、この国で唯一認められているギャンブルは、農水省が後援する中央競馬と、地方公共団体がスポンサーをつとめる競輪、競艇、公営競馬のみ。中央競馬以外は戦後にできたもので、苦しい地方財政を潤すのが目的だ。日本政府はギャンブル禁止法に固執するあまり、アメリカンクラブでのラッフルを禁じたことさえある。

しかしルーインは、日本での世渡りのすべを、じつによく心得ていた。

彼はすでに一九三〇年代からアジアに出入りし、マニラで〈リヴィエラ・クラブ〉を経営している。そればかりではない。太平洋戦争の最初のころから捕虜収容所に放り込まれるまで、日本の帝国海軍とビジネス関係をもっていたと噂《うわさ》される、評判の〝やり手〟だ。

そのルーインが、日本の政治家に二万五千ドルの賄賂《わいろ》を握らせた（これは、占領後初の賄賂として、記録に残っている）。すると当局は、ルーインが銀座にクラブを開店するにあたって、見て見ぬふりをしてくれた。

そのクラブは、〈ワーナー・ブラザーズ〉の映画から抜け出たような造りになっていた。一階は〈クラブ・マンダリン〉という、フィリピンバンドを備えたナイトクラブ兼レストラン。経営者は、ルーインの知り合いの台湾人地主で、どんな店なのかは把握していない。二階の狭い廊下を進んでいけば、トイレのすぐそばにカジノがある。のぞき穴、何重にもわたる警備、二重の壁、鉄のシャッターという厳重な警戒態勢で、中に入ることを許された客は、ラスヴェガス並みの本格的で巨大なルーレット・マシンや、クラップス、ブラックジャック、バカラ用のテーブルに出迎えられる。

射倖心《しゃこうしん》あふれる外交官関係者や、日本の政治家、ヤミ市の親分たちの〝協力〟によって、この賭博場は大盛況。毎晩、数十万ドルの金が動いたものだ。

ルーインは、赤坂にも〈ラテンクォーター〉を開店。鉄のシャッターと、赤いカーテンと、きわどいショーが呼び物のクラブだ。ある日本のジャーナリストは、ライヴのセックスショーと麻薬の乱用ぶりを見て、こう記している。

〈自由なムードと、法を無視した営業という意味で、ここは一〇〇パーセント、アメリカンスタイルのクラブだ〉

ラテンクォーターの共同経営者のなかには、中国で略奪に加わったという大日本帝国陸軍の元諜報部員、児玉誉士夫《こだまよしお》や、アメリカの元スパイもいた。

アル・シャタックという名のCIAスパイもその一人だ。いかめしい顔にメガネをかけた、背の高い三十代のこの男は、のちに日本で名前を知られるようになる。おそらくは、彼自身も予期せぬかたちで。

ルーインの〝政治献金〟は、みごとに功を奏した。警察は大々的に予告したうえで手入れをおこない、このカジノを二度ほど閉鎖させた。しかし、そのたびにルーインは、少しだけあいだをおき、少しだけ場所を変えて、〈マンダリン〉の名前で商売を再開。彼はやがて、銃砲弾薬の密輸と麻薬の密輸、さらには売春にまで手をだすようになっていく。

ルーインがとうとう年貢をおさめたのは、インチキ株取引きによって、日本人と中国人の投資家から数億円をだましとったのが発覚したときだ。

ガイジンによるもう一つの悪名高きインチキ商売〈ランスコ〉も、当時、日本で大流行していたパチンコの分野に手を広げながら、あいかわらず繁盛していた。

パチンコは初期のアメリカのピンボールに似ている。一九二〇年代に日本に紹介され、いろいろな景品がもらえる駄菓子屋のゲームとして定着した。

日本の場合、スペースに限りがあるから、マシンはコンパクトな縦型に改造された。前面はガラス張り。球は小さな銀色の金属製だ。プレーヤーがその前に座り、レヴァーを操作すれば、無数のパチンコ球が、ボードの上から機関銃のように飛び出し、迷路のように配置された無数の釘のあいだを、縫うように落ちてくる。うまく操作すれば、ボーナス球が手元にどっさりたまり、ただでゲームを楽しめるばかりか、景品さえもらえるシステムだ。

終戦直後の景品は、コーヒーやフルーツの缶詰、砂糖、石鹸《せっけん》、〈ゴールデンバット〉などの国産タバコが主だった。安あがりな遊びだし、やり方も単純なので、パチンコ人気は急上昇。一九五三年までには、パチンコ屋は五万店を超え、パチンコマシンは二百万台を突破している。しかも連日連夜、どこも満員の大盛況。

評論家たちは「パチンコブームは国民を愚鈍にし、犯罪率を高める」と嘆いた。あんのじょう、あまりにも熱中するあまり、遊ぶ金欲しさに盗みまではたらく輩《やから》もあらわれた。

日本の法律によると、パチンコはギャンブルに相当しないらしい。景品が物品であり、現金ではないからだ。とはいえ、そこはさすがに日本のこと、ホンネとタテマエはあくまでもべつだから、現金のほうがよければ、近くの路地裏の換金所で、景品を換金することもできる。

ランスコは、韓国人ヤクザが経営する銀座界隈《かいわい》のパチンコチェーンに、景品を卸すことでまずひともうけ。商品は、米軍のＰＸで働く友人たちから調達した。やがてはパチンコ球も売った。やはり軍関係者から安く仕入れたのだ。

ところが、思わぬ一連の出来事が、ランスコを営業停止に追い込むことになる。

無国籍のひ弱な白系ロシア人青年、ウラジミール・ボブロフが、ニコラ・ザペッティの重役補佐としてランスコに仲間入りしたのが、そもそもの発端だ。フィアンセの若いロシア人女性、ニーナも一緒で、彼女はランスコの経理担当におさまった。

ウラジミールとニーナは、いつの日かソ連に移住して共産党員になり、子供を産んで国に貢献することを夢見ていた。ところが、彼にはパスポートが発行されないという。思いつめたウラジミールは、母国に密入国して基礎を築こうと決心した。

彼は友人一人をともなって、東京からはるばる稚内《わっかない》の港まで、一九三三年型の赤い〈ダッジ〉を走らせた。稚内という町は、北海道の北端にあって、ロシア本土はそこから目と鼻の先だ。稚内に着くと、彼らは手こぎ舟を調達し、サハリン海峡へとこぎ出した。

ところが、潮の流れに裏切られ、深い霧のなかで方向を見失った。ようやく霧が晴れたと思ったら、北海道の海岸に逆戻り。海岸にたどりついたとたんに、日本の警察に連行された。あげくは、アメリカのＣＩＡに、共産圏からの侵入者ではないかと、疑いをかけられるありさま。

当局は赤いダッジを発見し、共犯者はだれか、と問いつめた。

たちまちザペッティたちは、共産主義シンパとして尋問を受けるハメになった。

「手入れ騒ぎ」が起こったのは、その後まもなくのことだ。

ザペッティと共同経営者たちは、ランスコのビルの二階で、四半期分の収益を計算していた。グリーンの金属ボックス三個が、デスクの上に広げられていた。一つには日本円が、もう一つには軍票が、さらにもう一つには米ドルが入っている。いつもはデスクの引き出しにおさまっているその箱の中には、百万ドルをゆうに超える現金が詰まっていた。

ザペッティがポケットマネーとして三百万円を取り出し、ふたを閉めて鍵《かぎ》をかけたところへ、一人のアメリカ人がずかずかと踏み込んできた。

米軍のCID（犯罪調査部）のバッジを、これ見よがしにちらつかせ、あまり事情を知らされていない日本人警官を数人ひき連れている。

「手入れだ！」CIDの男が言う。「動くな。そこらの物に手を触れるな。口をきくな！」

日本人警察官の一人が、机の上に放置されている三つの金属ボックスに手を伸ばしたとたん、CIDの男に制止された。

「こら、箱に触ってはいかん！」

その怒鳴り声に、日本人警官は一瞬、凍りついた。長年、GHQの命令に従ってきたせいで、彼も仲間たちも、占領が終わったこと――すくなくとも表向きには、もはやアメリカ人の言いなりにならなくてもいいことを、うっかり忘れてしまったらしい。

CIDの男は、箱を三つとも拾いあげ、「証拠品として没収する」と言って、あっさり持ちさった。残された日本人警官たちは、手持ちぶさたのまま、ランスコの共同経営者のオーストラリア人を、軍票の不法所持で逮捕した。

なぜランスコが手入れを受けたのか、CIDが没収した百万ドルはどうなったのかは、けっきょくわからずじまいだ。ザペッティの想像では、アメリカの諜報部《ちょうほうぶ》に、まんまと強奪されただけのことらしい。

とにかく、ランスコは営業能力を奪われてしまった。一人、また一人と、共同経営者が手を引き、姿を消していく。

ウラジミールはふたたび逮捕された。今回は、ルーインの〈クラブ・マンダリン〉を模した商売に手をだしたからだ。「マルキストのパラダイス」をめざしたつもりが、またまた横道にそれてしまったことになる。やがてソ連が彼の身柄を受け入れることに同意し、日本政府がパスポートの発行を許可すると、ウラジミールはさっさと国外追放された。

一時期、ウラジミールと仕事をともにしたレオ・ヤスコフも、モスクワに移住。アメリカのスパイ容疑でいったんはKGBに逮捕されたが、やがて共産党への入党を許可された。

レイ・ダンストンはその後、東京で英語学校を始めた。読み書きもろくにできないハイスクール中退者が、こういう商売を手がけるケースは、おそらくほかにない……いや、ありそうだ。

そしてニコラ・ザペッティは、世の中が新体制になった今、誰に賄賂《わいろ》を握らせるべきかわからないまま、〈ホテル・ニューヨーク〉でおとなしく、スロットマシンや「オンリー」の元締めに甘んじていた。しかし、朝鮮戦争の帰休兵向けのいかがわしいこの売春宿も、戦争終結とともに商売はあがったりだ。

気がついたら、プロレスというあやしげな世界に引きずりこまれていた。またひとつ、日米商戦の不穏な領域に足を踏みこんだことになる。あげくの果てに、武装強盗までやらかすハメに……。

ゴージャス・マック

プロレスは占領後の日本人の心を、筆舌に尽くしがたいほどとりこにした。あえて表現するなら、大きなアメリカ人が小さな日本人にコロコロ負けるという、ほかではおよそありえない光景が、日本列島を戦後史上、類をみない熱狂の渦に巻き込んだ、とでも言おうか。

日本人は深く傷ついていた。敗戦という痛手ばかりではない。その後もアメリカ人による占領が、非公式に続いているも同然だったからだ。そんな日本人の屈辱感を、プロレスは一気に吹きとばし、大和魂をよみがえらせた。そればかりか、日本でよちよち歩きを始めたばかりのテレビ産業に、大きなはずみをつける効果ももたらした。

たちまちこの珍現象は、多くのまじめな歴史家や社会学者にとりあげられた。彼らは著書のなかで、日本人がいかに「日本人であること」に固執しているかを、戦後初めてずばりと指摘した。

「プロレスブーム」と呼ばれるこの現象は、正確には一九五四年二月十九日の夜に始まっている。

その日、かつてないほどドラマチックなタッグ・マッチが、東京でおこなわれた。かたや、サンフランシスコからやってきたプロレスラー、「シャープ兄弟」こと、ベンとマイク。迎え討つ日本側のコンビは、「力道山」と称する二十九歳の元相撲力士と、日本柔道選手権十連覇の実績をもつ木村政彦だ。

日本でプロレス選手権がおこなわれたのは、これが初めてではない。戦前から何度かおこなわれてきた。しかし日本人は、西洋人が「引っかいたり噛《か》みついたり」するこのスポーツよりも、スモウという伝統的な国技のほうを好んでいた。

スモウとは、四世紀の昔から日本に伝わるスポーツだ。力士は頭にちょんまげを結い、ふんどしのような衣装しか身につけない。土を固めて作った小さな輪のなかから、相手を力ずくで押しだしたほうが勝ちだから、体の大きさと、体重と、腕力が大きくものをいう。したがって力士は、太るためにせっせと食べなければならない。

試合には、「神道」に基づく華麗な儀式があふれている。シントーとは、自然と先祖を崇拝する日本古来の宗教だ。力士たちは闘う前に、神聖な清めの儀式をおこなう。たとえば、土俵に塩をまく。

しかし、今回の対戦は、相撲とはまったく雰囲気が違う。

シャープ兄弟といえば、タッグ・マッチの世界チャンピオンだ。ベンは身長一九五センチ、体重一〇九キロ。マイクは身長一九七センチ、体重一一三キロ。二人は五年連続でジョイント・タイトルを守ってきた。どちらもまだ二十代だから、まさにアブラがのりきっている。いわば正真正銘の世界的スターである。

そんな大物スポーツ選手が、日本のような貧しい国に招かれてのこのこやってくること自体、当時は大事件だった。国際観光地としても、日本ははるか下位にランクされていた時代のことである。たとえばベルギーの外務大臣代理が来日するだけで、東京のマスコミは大騒ぎしたものだ。

シャープ兄弟が到着する何週間も前から、新聞が彼らのニュースでもちきりだったのも無理はない。前売りチケットは早々と完売。まだ産声をあげたばかりの二つのテレビ局——半公共放送のNHKと、日本初の民放、NTV（日本テレビ）——が、放映権をめぐってしのぎをけずった。

身長一七〇センチ、体重七七キロの木村と比べれば、力道山は一〇センチほど上背があるし、体重も二三キロほど重い。とはいえ、東京の東にある蔵前国技館を埋めつくした一万二千人の観衆は、リングに立った四人のレスラーを見比べて、いっせいにうめき声をあげた。

「アメリカ人は巨大であります！」とアナウンサー。「あの体格では、負けるわけがありません」

彼が言いたいことは、あまりにも明らかだ。

ある日本のジャーナリストが、この日のイベントをのちにこう記している。

〈体格の差は、とくに木村の場合、わが国が太平洋戦争に惨敗したときのにがい記憶を呼びさました。アメリカ人に対するわれわれの非常に根深いコンプレックスを、まざまざと見せつけ

られる思いだった〉

ところが、いよいよ試合が始まると、驚くべきことが起こった。

力道山がリングに飛びこんで、マイク・シャープに強烈な空手チョップを浴びせたときだ。そのあまりの猛攻に、アメリカ人がじりじりと後退しはじめたではないか！　参ったとばかりに、相棒にタッチすると、観衆は驚きと喜びにどっと沸きたった。代わってリングに入ったベン・シャープにも、力道山は容赦なく攻撃を浴びせ、コーナーからコーナーへと追いつめる。ベンはとうとうリングにへたりこみ、目を白黒させる。すかさず力道山が押さえ込んで――ワン、ツー、スリー！

ファンは総立ちだ。座布団やら、帽子やら、とにかくいろんな物が飛んでくる。場内は今や集団ヒステリー状態。

国技館の内部の騒ぎなど、外と比べればかわいいほうだ。テレビ普及の目的で、日本全国に設置された街頭テレビのまわりには、試合のなりゆきをひとめ見ようと、膨大な数の群衆が詰めかけていた。

新橋駅前もそのひとつ。猫の額ほどの西口広場に、二万人の観衆が集まって、台座に据えられた27インチの〈ゼネラル〉を、食い入るように見つめていた。

リキがアメリカ人をこてんぱんにやっつけると、やんややんやの大騒ぎ。ものすごい数の群衆だから、駅前のメインストリートにまで人があふれ、交通は完全に麻痺《まひ》状態。立ち往生したタクシーの運転手も、道のど真ん中に車を乗り捨て、さっさとバカ騒ぎに加わった。

東京の上野公園にも、坂道に黒山の人だかりができていた。トラックの荷台に据えられたテレビの前に、にわかレスリングファンが大集合。力道山の活躍ぶりを、少しでもよく見ようと、木や、岩や、電柱に、人間が鈴なりだ。なかには興奮のあまり、高いところから落ちて大けがをした輩《やから》もいる。その晩、公園と最寄りの病院のあいだを、救急車が何度往復したことか。

東京のほかの場所でも、いや、日本列島全域で、同じようなドンチャン騒ぎがくりひろげられた。信じられない光景に、感激のあまり泣きだす者もそこかしこにいる。

その晩、試合を観た人々は、一千万から一千四百万に達したと推定される。試合自体は一対一の引き分けに終わったものの、インパクトがものすごい。今で言えば、ワールドカップでホームチームが勝ったようなムードだ。

どの朝刊も、一面トップで報じたことはいうまでもない。NTVのオーナーであり、マスコミの大立て者の正力松太郎《しょうりきまつたろう》が、大衆の狂喜をこう代弁している。

〈プロレスで巨大な白人たちを叩《たた》きのめした力道山は、日本人に誇りと勇気をとりもどさせてくれた〉

日本人にとって、まさに記念すべき瞬間だった。

それまでは、たとえばボクシングでは、せいぜい勝ってもバンタム級。野球でも、あるスポーツライターの言葉を引用すれば、「来日した大リーガーと対戦すると、日本の選手はまるでピグミー」だった。

ところが力道山は、外国人と互角にわたりあったのだ！　太平洋戦争をもう一度戦って、今度こそ勝利を手にした感じ、とでも言うべきか。

一夜にして、日本に国民的ヒーローが誕生した。

翌日の夜の試合は、さらに人々の関心を呼んだ。

テレビを備えたコーヒーショップやレストランは、不当なほど高い入場料をとった。〝魔法の箱〟を持ちあわせる幸運な家庭には、近所中の人々が押しかけた。試合のテレビ中継が始まると、街頭からタクシーが姿を消した。その晩の全国ネットを、二千四百万の視聴者が観たと推定される。日本の総人口のなんと三分の一だ。

オープニングセレモニーに先がけて、ＮＴＶのアナウンサーは全国の人々に、異例の呼びかけをしている。

「街角や、駅頭や、デパートでごらんのみなさんに、ひとことご注意をもうしあげます。くれぐれも押さないでください。また、木や電柱など、高いところによじ登っているかたは、ケガをしないうちにすぐ降りましょう」

今回のメインイベントは、力道山とベン・シャープのノンタイトル六十分三本勝負。試合展開は、前回よりさらにおもしろかった。

リキは十五分間ほど、卑怯《ひきょう》な攻撃や悪質な反則に雄々しく耐えたあと、いよいよ反撃を開始。

強烈な空手チョップの嵐《あらし》を見舞うと、敵は目を回してリングに大の字にのびた――ワン！　ツー！　スリー！　最初のフォールが決まった。

最終ゴングが響きわたったときには、二対一で力道山に軍配があがっていた。ほかにロクな楽しみのない人々にとって、このエクスタシーはこたえられなかったことだろう。

三月一日。シャープ兄弟の全国ツアーが終わり、力道山がさらに勝ち星を増やして、日本列島が熱狂の渦につつまれるにつれ、その経済効果と社会的影響力もみるみるふくれあがっていく。

『三菱ファイトメン・アワー』を観たい一心で、テレビを買い求める人々が電器屋に殺到した。これはテレビ局が急遽《きゅうきょ》制作した力道山主演の番組で、『フライデー・ナイト・ファイト』の日本版だと思えばいい。

小学生のあいだでは、切り傷、すり傷、骨折の被害が急増した。全国の少年たちが、力道山のまねをしたからだ。自宅で観戦しているうちに、ガイジンレスラーの反則に腹をたて、テレビをたたき壊したり、リング上のあまりにも残酷な光景に、ショック死する人も続出した。

いずれにせよ、日本人がアメリカ人に媚《こ》びへつらった十年間が、たったの二週間で終わりをつげたことは確かだった。

試合展開がどことなくインチキくさいと思っても――実際、いかにもインチキくさかった――、誰も口に出さないのが、興行主にとってはまことに都合がよかった。

げんに試合には、シナリオがちゃんと用意され、本番前にリハーサルまでおこなわれていたのだ。

アメリカ人レスラーたちは、喜んで協力した。あとでたっぷり報われるからだ。――うぶな観客がインチキに気がつかないのなら、放っとけ。勝たせてやるだけで日本人の精神衛生に役立つのなら、それでいいじゃないか。だいいち、俺たちだって金儲けができることだし……。

プロレス・グループが全国各地に生まれ、プロレス雑誌もつぎつぎに誕生した。

にわかに〝引き立て役〟のガイジンの需要が高まった。とはいえ、「歩くイタリアン・アルプス」プリモ・カルネラや、「メキシカン・ジャイアント」ジェシー・オルテガのように、有名な選手を雇う経済的ゆとりはあまりない。そこで日本の興行主たちは、もっとも安上がりな供給源に目を向けた。東京に住む三万人の西洋人だ。

身長一七三センチ、体重一〇〇キロのニコラ・ザペッティの場合は、一試合につき五百ドルで雇われた。当時の五百ドルといえば、日本の平均的サラリーマンの、一年分の給料より高い。ただし彼のレスリング歴は、海軍時代に四種類のホールドを習った程度だ。

もと海兵隊員のジョン・M・マックファーランド三世も選ばれた。

マックファーランドは身長一九〇センチ、体重一一三キロと、体格には恵まれている。ネブラスカ州オマハ出身の戦争ヒーローで、占領軍の一員として東京で任務をまっとうし、のちにジョンソン空軍基地でアメリカの建設会社に雇われた。しかし、日本での楽しい生活が忘れられず、一九五五年九月、新天地を切りひらくために東京に舞いもどってきた。そこへたまたま、プロレス界から誘いがあったことになる。とはいえ、彼もザペッティと同様、プロレスについてはほとんど何の知識もない。

興行主はザペッティとマックファーランドに、トランクスと、百ドル札の詰まった封筒と、三つの基本ルールを記したリストを手渡した。

① 三十分から四十分は、リング上でねばること。
② スポーツと勘違いしないこと。自分は役者だと思え。
③ 勝とう、などとは間違っても考えるな。

今で言う「道徳劇」のようなものだと思えばいい。アメリカ人の役どころは「インチキガイジンレスラー」。試合が始まった瞬間から、ブラスナックルなどをふんだんに使い、自分たちより小さくて軽い日本人レスラーに、次から次へと反則をおかすのが仕事だ。もちろん日本人レスラーの辞書には、「インチキ」という言葉はいっさいない。

やがて日本人レスラーは堪忍袋の緒を切らす。正義感あふれる日本人は、ついに怒りを爆発させ、闘争心をむきだしにして、道徳的に劣るアメリカの卑劣漢を、みごとに叩《たた》きのめすのだ。日本でおこなわれるアメリカ人相手のプロレスは、かならずそういう筋書きだった。社会学者はすかさず、ほかの娯楽にも同じようなパターンを見いだしている。ある日本人の大学教授はこのようなことを書いた。

観客の目から見ると、野蛮なアメリカ人相手にくりひろげられる日本のプロレスは、西部劇でよく見かけるカウボーイとアメリカ先住民の戦いに酷似している（日本では、ジョン・フォードの『駅馬車』が非常に有名なのだ）。ハリウッド映画のアメリカ先住民はつねに悪玉。一方のカウボーイ、すなわち白人は、悪意とは無縁の善玉で、最終的にはいつも勝つ。アメリカの映画ファンにとっては、そこがたまらなく心地いい。自分たちのほうが優秀な民族だという認識を、再確認させてくれるからだ。その逆のかたちで、プロレスは日本人の民族意識に強く訴える。

力道山フィーバーは、社会のあらゆる層に感染した。男女を問わず、老いも若きも、富める者も貧しき者も、学のある者もない者も、誰もが夢中になった。

東京で生まれ育った現・国連職員、近藤眞智子が語る父親のエピソードは、〝リキ効果〟の典型といっていいだろう。

父はエンジニア。いわゆるインテリで、テレビといえば、ＮＨＫの討論会とか、科学講座とか、知的な番組しか観なかったわ。ゲーテやヘーゲルといった、ドイツ哲学を論じるのが好きな人で、とてもきまじめだから、知性に欠けるものを見下しているようなところがあった。

ところがその父が、プロレスとなると、まるっきり人が変わるの。とくに日本人対アメリカ人となると、まるでとりつかれたように、こぶしを突きあげたり、大声で叫んだり、飛びはねたり……。すっかり興奮しちゃって。とても不思議だった。父のように知的な人間が、どうしてあんなに力道山の試合ばかり観ていられるのか、わたしにはどうしてもわからなかった。

父にとって、リキはロビン・フッドみたいな存在だったのかもね。

やがて、大衆がなにを求めているのかがはっきりしてきた。ゴジラのように巨大なアメリカ人が、こてんぱんに打ちのめされる光景を観たいのだ。したがって、ゴジラは大きくて俗悪であればあるほどいい。

というわけで、ザペッティの出番はじょじょに減り、反対にマックファーランドはどんどん売れっ子になっていく。

「ゴージャス・マック」のリングネームに加えて、興行主から「ネブラスカの野牛」という異名をもらったマックファーランドは、負け役として大人気。膨大なテレビ視聴者を前に、派手な演技を披露したり、雑誌のインタビューに登場したりで、またたく間に有名人になった。

一九五六年一月初めには記者会見を開き、稼いだ金を投資する意味で独自のプロレスグループを作る、と発表。ついでに、熱心なプロレスファンであるザイバツの娘と婚約する、とまで言いだした。

当時、日本に住んでいたガイジンは、『不思議の国のアリス』的な存在だったから、これはすこしも驚くにあたらなかった。

あいかわらず統計上は、日本人の三分の二が外国人との関《かか》わりをまったく望んでいなかったが、裏を返せば、三分の一は望んでいたことになる。その連中は選《よ》り好《ごの》みをしなかった。ガイジンとつき合いたくても、絶対数が少ないし、日本は戦後、他国と交流する必要に迫られる一方だったからだ。

読み書きのほとんどできない西洋人が、外国語学校や大学で英語を教えて生計をたてたり、駐留軍兵士の不器量な妻が、金髪と巨乳だけを売り物に、東京でモデルや女優になったりと、身のほど知らずの職業に就いたケースは数知れない。ようするに、需要が供給を上回っていたのだ。

というわけで、プロレス経験のまったくないマックファーランドが、たんにアメリカ人で、体がデカくて、レスリングごっこがそつなくできて、しかも、負けるのがうまい、という理由だけで、テレビの人気タレントになった。そればかりか、日本で指折りの大金持ちの娘と、結婚にこぎつけようとしている。

当時の西洋人は、まさに〝やりたい放題〟だった。日本人が無知だったからだ。

しかし、マックファーランドという人物が、じつはたいへんな問題児であることは、まだ誰にも知られていなかった。

第一に、日本への不法入国という罪をおかしていた。六十日のツーリスト・ヴィザは、数週間前に切れているし、アメリカのパスポートも有効期限がとっくに過ぎている。しかも、収入がたっぷりありながら、財布はからっぽ。ホテル代を数週間分――軽く百万円を超える――滞納しているばかりか、ほかにも借金があった。

おまけに、ひどい鬱《うつ》病の発作をかかえていて、一九四八年に六ヶ月ほど、〈ロングビーチ・ベテラン精神科病院〉に収容されたことがある。その間に、激しい暴力発作を抑えるため、インシュリンによるショック療法を受けたほどだ。

「ゴージャス・マック」は、当然のことながらそんな経歴を秘密にしていた。

ほかにも秘密にしていたのが、性的嗜好《しこう》だ。女性ばかりでなく、日本人の若い男にも目がない。彼は〈ホテル・ニューヨーク〉を、しばしば〝午後の逢《あ》い引《び》き〟に利用していた。ザペッティが商売のために利用しているホテルだ。

ザペッティの前科を知っているマックファーランドは、手っとり早く現金を手に入れる方法はないかと、彼にアドバイスを求めた。

「今すぐ大金が必要なんだ」

ある日の午後、マックファーランドは声をひそめて言った。手段は問わないという。ザペッティは、喜んで手を貸そう、と答えた。自分も少々現ナマに飢えているから、山分けする気があるなら、一緒にひとつ働きしてもいい、と。

「どこに泊まってるんだい？」ニックが聞く。

「帝国ホテル」

「そのホテルで一番めぼしいブツは？」

「ダイヤモンドかな」少し考えてから、マックファーランドが言った。「アーケードにある」

「よし、じゃあ、そいつを盗もう」

東京人がいまだに噂《うわさ》する奇想天外な強盗事件は、こうして起こった。

帝国ホテル・ダイヤモンド盗難事件

〈帝国ホテル〉は、東京の王者の風格がある。

有名な建築家フランク・ロイド・ライトの設計による建物で、一九二三年にオープン。同じ年に関東大震災が起こり、周辺の建物はすべて瓦礫《がれき》と化したが、ここだけは無傷で残ったため、奇跡の建物とたたえられた。赤レンガと大谷石を塗り固めた、幅の広い低層の造りで、正面入り口の前のハス池が自慢だ。外から見ると、日本のホテルというよりもアステカ寺院を思わせる。げんにライトは、ラテンアメリカ風のデザインを意識したと聞く。GHQの時代には、米軍の高官クラスが滞在し、一九五〇年代のなかばには、アジア一のホテルとうたわれるようになった。アメリカの上院議員からハリウッドの映画スターにいたるまで、著名人はみんなここを利用している。壮大な霊廟《れいびょう》を思わせる古風なロビーは、この街でもっとも有名な待ち合わせ場所だ。

ホテルのアーケードにある宝石店は、ときには客室まで宝石を運んで販売することで知られていた。新米の宝石泥棒たちは、そこに目をつけた。

ザペッティのシナリオによると、

――まず、マックファーランドが宝石店に電話をかけ、商品をプライヴェートに見たいから部屋まで運んでほしい、と呼びつける。販売員がやってきたら、スーツケースをさっと開けて、びっしり詰まった現金――もちろん、本物の札は一番上だけで、下はすべて新聞紙――を見せびらかす。支払い能力があることを証明するためだ。

つぎに、売買成立を祝う意味で、マックファーランドがグラス入りの飲み物を二つ出す。睡眠薬入りのオレンジジュースだ。マックファーランドとセールスマンはどちらもこれを飲んで、数分後には床にばったりと倒れる。

いよいよザペッティの出番だ。ひそんでいた隣室から現れ、ダイヤモンドとスーツケースを持ってズラかる。マックファーランドは、かならず相手よりあとに目を覚まさなければならない。さらにとどめの一発として、「こいつのしわざだ」とセールスマンに罪をなすりつける——。

そういう筋書きだ。ザペッティは、われながら名案だと思った。

ところがマックファーランドが、「拳銃《けんじゅう》が必要だ」と言いだした。

「どうして拳銃なんか必要なんだ?」

ザペッティがあきれて聞く。「おまえはゴジラみたいにでかいんだ。なにかあったら、そいつの頭をガシッと一発ぶん殴ればいい。だいいち、どうせクスリで気絶させるんだから、拳銃なんかいらないぜ。バカ言うな」

しかしマックファーランドはどうしても聞かない。

「拳銃がないとだめだ」の一点張りだ。

マックファーランドと拳銃の組み合わせなど、考えただけで恐ろしい。ザペッティはマックファーランドを、普段は頭もいいしまともな男だと思っている。しかし、精神的に〝あぶない〟面があることも、経験から知っている。

ある日の午後、この巨大なレスラーを車に乗せ、〈ホテル・ニューヨーク〉から隅田《すみだ》川《がわ》を渡って街の中心部まで送っていったときのこと。〝ネブラスカの野牛〟がとつぜんキレた。車のドアを肘《ひじ》で何度も強打しはじめたかと思うと、取り乱して叫び声をあげながら、ダッシュボードをこぶしで力まかせに叩《たた》きはじめたのだ。バン!　バン!　バン!

やがてマックファーランドは、始まりと同じくらい唐突におとなしくなった。まるで、貨物列車が通過したあとのように。シートにもたれ、血のにじんだこぶしをマッサージしながら、目的地に着くまでじっと考え込んでいた。

新しい友人がいつも正気とはかぎらないことを、ザペッティはこのときに痛感した。その後だいぶたってから、マックがロングビーチの精神科病院で長期療養した経験があることも知った。

「拳銃が必要だと言いはるなら、おれは手を引くぜ」

ザペッティは釘《くぎ》をさした。「やっかいなことになるのは、目に見えてるからな」

マックファーランドは不満そうだったが、拳銃を用意してくれるなら手を引いても許す、と言う。

しかたがないのでザペッティは、米軍の友人にたのんで、38口径のリヴォルヴァーと、ホルスターと、数発の弾を調達。念のために弾は捨て、拳銃とホルスターだけを、指定されたとおり、マックファーランドの〝愛人〟の一人である韓国人青年〝M〟に渡した。

十八歳になるこの高校中退者は、ラインストーンをちりばめた黒いラテン風の服に、髪は盛り上がったオールバック――当時、日本で大流行していたマンボ・ファッションだ。ザペッティが手を引いたあと、この〝M〟が強盗計画に引っぱり込まれることになる。

ほかにも、東京のガイジン・ヤミ社会から二名が参画した。その一人が、帝国ホテルの副支配人の息子と親しいことから、マックファーランドを宝石商に紹介する役を引き受けた。

いよいよ決行の日がきた。一九五六年一月十六日、午前十時二十分、帝国ホテルのアーケード宝石店の店員、増淵七郎は、高価なダイヤモンド、エメラルド、サファイア、ルビーのいっぱい詰まったブリーフケースをたずさえて、いそいそとマックファーランドの部屋へ。

三十分後、宝石商は青あざと切り傷だらけで、ホテルのバスタブに放り込まれていた。その間に強盗は宝石をかかえ、正面入り口から逃走。

理性のある泥棒なら、裏口を利用したことだろう。とくに、身長一九〇センチ、髪は赤毛のダックビル（首のうしろにアヒルのように垂らした男性の髪型）と、やけに目立つ泥棒ならなおさらだ。この国の人間は全員が黒髪だし、背が低い。しかも彼の場合、ブラウン管を通じて数百万人に顔が知られている。ところがマックファーランドは、正気の沙汰《さた》とは思えない逃走経路をとった。

〝M〟と一緒にホテルの部屋を出ると、エレベーターでメインロビーへ。何度かサインを求められたが、そのたびに立ち止まって上機嫌で応じている。それからホテル前のタクシーの列に並び、仲間とおちあうために、銀座のコーヒーショップへ。マックはそこで共犯者の一人に、拳銃と、盗んだ十六個のダイヤモンドのうちの十二個を手渡し、どこかに隠しておくよう指示。

残りの四個は、マックファーランド自身が持って、東京南西部の赤坂にある〈ラテンクォーター〉に向かった。前出のルーインが経営する、デラックスなナイトクラブだ。のちの供述によれば、マックはここで宝石を、クラブのマネージャーであり元ＣＩＡ課報《ちようほう》部員のシャタックに売ったという。

同じころ帝国ホテルでは、バスタブに押し込まれていた宝石商を、メイドが発見。警察は街中に緊急捜査網を敷いた。

同夜、六時三十分、私服警官の一団が〈ラテンクォーター〉に到着。捜査主任の手には、発行されたばかりの夕刊が握られていた。第一面には、マックファーランドの写真が載っていた。

犯人検挙にあたっては、体格差が心配された。捜査官は、一番体格のいい者でも身長は一六三センチ、体重も六〇キロに満たない。そこで警視庁本部は、入念な〝捕獲作戦〟を練った。七人の私服警官がチームを組み、必要とあれば実力行使に踏みきる。犯人のどの部位を押さえ込むか、役割分担もなされた——右脚係、左脚係、右腕係、左腕係、上半身係、首係、あとの一人は手錠係。

ところが驚いたことに、警官が近づくと、大男はおとなしく両手を差しだし、何の抵抗もせずに手錠をかけさせた。

すみやかに身体検査がなされたが、彼の身辺からはとうとうダイヤモンドは出てこなかった。

マックファーランド逮捕のニュースは、翌朝のあらゆる日刊紙の一面を飾った。いかめしい顔の捜査主任が、手錠の部分をレインコートでおおった容疑者を引き連れて、警視庁の階段の上に現れた写真が、どの紙面にもでかでかと載っている。

増淵宝石商の目撃証言によって、若者〝M〟が捜査線上に浮かぶと、この突拍子もない事件は、芋づる式に解決に向かった。

〝M〟はたちまち御用となり、ほかの仲間とともに、ザペッティも逮捕された。ラテン系の服装をしていることから、マスコミが〝マンボ・キッド〟の頭文字をとって〝M〟と名づけた青年が、拳銃の入手経路と強盗の発案者として、ザペッティの名前をバラしたからだ。

これだけ不思議な取り合わせの外国人集団が、一度にこれほど大量に、東京の拘置所に収監されたケースは、警察史上例がない。

東京中がこの奇怪なドタバタ劇の話題でもちきりになった。一週間もたたないうちに、外国人が日本人に及ぼす不快な影響が、マスコミのメインテーマになっていく。同じ週に、アメリカ人によるタクシー強盗二件が、大きく取りあげられ、東京北部にある神聖な白鳥の保護区で、三人のアメリカ空軍兵がヘリコプターからライフルで〝カモ猟〟を楽しんだ、という事件も取りざたされた。

しかし、宝石強盗事件のあとには、さらに忘れがたい出来事が待ちうけていた。たんにドラマチックだったからではない。日本の刑事裁判システムに、独特の教訓を与えることになったからだ。

二人のアメリカ人が、その泥沼にはまって身動きがとれなくなった。

東京拘置所

西洋人が日本の拘置所の内側を見るチャンスなど、めったにあるものではない。しかし、一度経験した者は、もうこりごりだと誰もが口をそろえる。

戦後に制定された新憲法の、刑法の基本概念は、アメリカのそれと変わらない。すなわち人間は、罪が確定するまでは無実なはずである。

ところが現実は違っていた。マックファーランドを弁護したアメリカ人レイモンド・ブッシエル弁護士は、こう語る。

「われわれは新憲法の精神を文字どおりに受けとめているのに、日本人にはそんな気は毛頭ないらしい。彼らの頭の中には、あいかわらず戦前の旧弊な考え方が巣くっている。警察が逮捕した人間は、無実だと証明されるまでは有罪だ、という発想です。有罪だから逮捕したんだぞ、というわけです」

アメリカの場合、容疑者を逮捕するには、即座に検察が正式な起訴状を用意しなければならない。ところが日本では、正式な起訴状が発行される前に、二十三日間、容疑者を勾留することができる。弁護士との面会時間にしても、アメリカでは一日二十四時間と無制限だが、日本では一日たったの一時間以内だ。

しかも日本の警察当局は、〈勾留期間内の取り調べが厳しければ厳しいほど、被疑者はシッポを出して罪を認める〉と思い込んでいる。この前提のもとに、正義を追求するためなら、多少の〝非友好的な説得方法〟も許されるらしい。また、取調官がこれを遂行するにあたって、不法行為に及んだとしても、やむを得ないと思われているようだ。

というわけだから、被疑者はコンクリートむき出しの隔離部屋にほうり込まれ、就寝時間以外は終始黙々と床に座らされる。しかも、血や青あざだらけで取調室から戻ってくるケースも少なくない。

どうりで日本の刑事裁判システムが、九九パーセントの有罪確定率を誇るわけだ。

この傾向は、二十一世紀になっても是正されそうもない。〈アムネスティ・インターナショナル（一九六一年、ロンドンに発足した、思想・信条などによる投獄者の釈放運動のための組織）〉がさぞかし嘆いていることだろう。

マックファーランドを〝おとす〟のに、時間はかからなかった。彼はさっそく小菅《こすげ》の東京拘置所に移された。東京の北東部にある、かび臭い灰色ずくめの建物だ。

そこで彼は身体検査のために素っ裸にされ、窓一つない小さな独房にほうり込まれた。幅は二メートル弱、奥行きは三メートルそこそこ。あるのは、腐ったような布団と、さびた流し台、悪臭を放つ西洋式便器のみ。六〇ワットの裸電球は、二十四時間つけっぱなしにされる。しかも、午後十時から午前六時のあいだ以外は、ぜったいに横になることも、立ち上がることさえも許されない。

取り調べ漬けにされたマックファーランドは、最初の二週間で三度、自殺をはかった。まず最初は、留置場で茶碗《ちゃわん》を叩《たた》き割り、破片で手首を切って、刑務所の診察所で手当を受けた。二度目は、金属製のバケツを素手で引きちぎり、ギザギザの裂け目でまた手首を切った。それでも憤懣《ふんまん》がおさまらず、こめかみから顎《あご》にかけてざっくりと切り裂いた。しかしこれも未遂に終わると、自殺防止のために、手錠をかけられたまま独房に仰向けに寝かされた。ならばとハンガーストライキにでたら、栄養剤を点滴された。

たまらなくなって、マックファーランドは自白した。ただし、ついでに体の不調を訴えることも忘れなかった。——腰から下が麻痺《まひ》している。内科と精神科の治療が必要だが、刑務所の診療所にはかかりたくない——。

「刑法第三十九条」を利用する意図が、彼にあったかどうかはわからない。〈心神耗弱者《こうじゃくしゃ》の行為は、その刑を減軽する〉と明記した条項だ。

「おかしくなりそうだよ」

聖母病院に移されたマックは、病室で〈インターナショナル・ニュース・サーヴィス〉のレナード・サファー記者に訴えた。

「頭がいかれちまったらしい。火のついたタバコを脚に押しつけても、なんにも感じないんだ。医者にも原因がわからない」

初めての出廷のとき、マックファーランドは八人の警官と二人の拘置所員の運ぶ担架に乗せられて、裁判官の前に現れた。左手首と、こめかみから顎にかけては、包帯でぐるぐる巻きだ。ひざから下は、白い毛布ですっぽり包まれている。そんな彼の姿は、取材にきていた日本のレポーターの目に、「まるでエジプトのミイラ」に映ったのも無理はない。

しかし裁判官は、まったく動じることなく、懲役八年の刑を言いわたした。その直後、どういうわけか麻痺はぴたりとおさまっている。

ザペッティを〝おとす〟のは、さらに至難のわざだった。

金曜日の午後、〈ホテル・ニューヨーク〉の事務所で逮捕された彼は、コートを携帯することも許されないまま、街の中心部にある〈丸の内警察署〉へと送られた。

しかたなくセーターとズボン姿のまま、留置場で体を丸めながら、週明けの取り調べを待った。ベルトは没収された。マックファーランドのように自殺をはかられては困るからだ。虫食いだらけの毛布しかないから、寒さで皮膚が紫色になった。

翌週の月曜日から、取り調べが始まった。

毎朝九時ちょうどに、生気のない灰色の部屋に通された。窓はかなり高いところにあるばかり。置いてある物は、テーブル一台に椅子《いす》が二脚。この部屋で、執拗《しつよう》な取り調べと自白をうながす圧力が、延々八時間にわたって続くのだ。

ザペッティは自白を拒否しつづけた。

取り調べにあたった巡査部長は、ナガタという男で、栄養失調かと思うほど痩《や》せこけている。彼は目の前のガイジンを、何度か殴りそうになってはかろうじてこらえ、一日中テーブルを叩いたり、大声で怒鳴ったり、タバコの煙を相手の顔に吹きかけた。タバコを吸わないザペッティは、まるで楽しむかのように、悠然とその青い煙を吸い込んだ。隣の独房のヤクザから、深夜のひそひそ話のなかで教わった日本語の悪態を、吐き捨てつづけながら。

ザペッティは時間かせぎをしていた。検察は、二十三日以内に正式な起訴状を用意できなければ、彼を釈放せざるをえないはずだ。

結論的には、〝マンボ・キッド〟の証言を、ザペッティが否認しつづけたことが幸いした。いつもなら平気で仲間の名前をバラしてしまうマックファーランドが、どういうわけか今回は、ザペッティを共犯にすることをためらったからだ。

とうとうある日、ナガタが駆け引きにでた——おまえが金持ちであることを証明できれば、警察としては無実の申し立てをまんざら信用しないでもない——。

「金に困っていなければ、強盗を働く必要はないもんな、え?」

逮捕当時、ザペッティのポケットには百円しかなかった。通帳もゼロ。あるのは、靴箱一杯のニセ軍票とへそくりの日本円ばかり。妻からの援助はとうてい期待できない。彼とはいっさい関《かか》わり合いになるまい、と決め込んでいる。

そうだ、両親がいる! 両親には軍隊時代からずっと定期的に、仕送りを続けていた。

「金ならアメリカに腐るほどあるぜ」

ザペッティが息巻く。「盗みなんかやる必要はないんだ。物入りのときには、アメリカから取りよせてるもんな。ぜーんぜん問題なしさ」

「だったら、証明してもらおうか」取調官が言う。

ザペッティは警察に、ニューヨークの父親に電報を打たせた。内容はいたって簡単。

〈パクられた。五百ドル送金たのむ〉

二日後、東京のダウンタウンにある〈アメリカン・エキスプレス〉に、五百ドルが送金されてきた。巡査部長の年収よりも多い金額だ。

警察は彼に手錠をかけ、脚をチェーンでつなぎ、腰にロープをつけて、〈アメックス〉まで金を取りにいかせた。米軍ジープやポンコツ・タクシーが、有害な排気ガスをまきちらしている真っ昼間に、お濠《ほり》沿いの道路を奇妙なパレードが通過した。

体の動きを妨げたのは、手錠や足かせばかりではない。拘置所の食事のせいで一四キロも体重が減り、ズボンはぶかぶか。ところがベルトを没収されているから、手で常時持ち上げていなければならないのだ。

警察は、罪人を護送するときには、本来ならヴァンを使う。服にしても、彼のセーターは今やあちこち穴だらけだから、せめて新しいのを与えてもよかった。

だが彼らは、わざと真っ昼間に、公衆の面前でザペッティに恥をかかせようとした。通行人たちは明らかに、手錠と足かせをされたアメリカ人など生まれて初めて見るらしく、鵜《う》の目《め》鷹《たか》の目《め》で見物している。しかも、ずり落ちそうなズボンを必死に持ち上げながら歩く、まるで路上生活者のようなアメリカ人など、めったにお目にかかれるものではなかった。

日本は、面子《メンツ》をことのほか重視する国だ。したがって警察は、容疑者に罪を認めさせるには、公衆の面前で恥をかかすのが一番だ、と思っているフシがある。

アメックスに到着してからも、手錠は外してもらえなかった。しかたがないのでザペッティは、拘束された両手をカウンターに持ち上げ、五百ドルを受けとり、レシートにサインした。その間、ズボンは誰かにおさえてもらった。帰りも、行きとまったく同じようなパレードがくりひろげられたことは言うまでもない。警察署へ着くと、金は「安全な場所に保管するため」に、さっさと取りあげられた。

ナガタ巡査部長は、取調室でザペッティをじっとにらみつけながら言った。

「なるほど、五百ドルぐらいは用立てできるらしいな。しかし、もう一回、同じことができるか？」

ザペッティはふたたび電報を打った。同じ手順がくり返され、五百ドルが送金されてくると、彼はまた手かせ足かせをされ、ロープで縛られて、真っ昼間のダウンタウンを行進した。腐ったような服を着て、悪臭をまき散らしながら。

三度目の送金がなされ、合計千五百ドルになったところで、ようやくナガタが折れた。

「もういい。こんなことを続けても、らちがあかん」

いいタイミングだった。なにしろ、アメリカ人容疑者が三度目にアメックスを訪れたとき、窓口担当がとうとう音《ね》をあげた。「ほかで取引きしていただけませんかね。その格好でうろうろされると、ほかのお客さまのご迷惑になりますので……」

勾留最終日の二十三日目、検察が取引きにでた——拳銃を調達したことを認めるなら、強盗容疑は取り下げてやろう。保釈つきで、罰金八百ドル、禁固八ヶ月、執行猶予三年。これはわれわれとしては精いっぱいの、まさに出血大サーヴィスの譲歩である——。

「何らかの罪を認めないと」

日本人弁護士もそう勧めた。〝逮捕した側の面子〟というものがあるらしい。

ザペッティは同意し、晴れて釈放された。

マックファーランドの若い共犯者たちにも、執行猶予の判決が下された。

しかし、ラテンクォーターのマネージャー、シャタックだけは、マニラから呼び寄せられ、裁判にかけられている。

彼も自白を拒否し、ダイヤモンドを受けとった覚えなどこれっぽっちもない、と容疑を全面否認した。にもかかわらず、裁判にかけられ、マックファーランドの自白だけに基づいて、有罪判決を下された。

シャタックは、マックファーランドにはめられたのだ、と主張——自分で宝石をどこかに隠しているくせに、借金をめぐって一、二回やりあったこのおれを、おとしいれたに決まってる——。

裁判官はマックファーランドの方を信じた。

シャタックは刑務所にほうり込まれてもなお、無実を主張しつづけた。この事件が突拍子もない展開を見せたのは、シャタックの妻が登場したときからだ。

名前はドリス・リー。ナイトクラブの歌手をしている。豊満な体つきとブロンドの髪が、マリリン・モンローにかすかに似ていなくもない。

その彼女が、東京の有名な裁判官と接触することに、まんまと成功した。将来は最高裁判所のポストを約束されているほどの、超大物である。彼は事件の詳細にじっと耳を傾けたあと、脚線美を備えたガイジン女性にアドバイスをした——胸の開いたよそ行きのドレスを着て、バラの花束を買い、ホテルのアーケードの責任者のところへ行きなさい。そして個人的にお目こぼしをお願いしなさいと。

「あなたがマックファーランドからダイヤを買って、誰かに売った、と言いなさい」

裁判官はそう吹き込んだ。

「たとえ嘘《うそ》でも、そう言っておくんです。『盗品だとは知らなかった。もし知っていたら、犯罪に関わり合いになるようなことはしなかった』とね。そのあとで、損害賠償をしたい、と申し出なさい。大半の日本人には、あなたのような女性と話すチャンスなど、一生めぐってこないわけですよ。だから、こんなに体格がよくて美しいアメリカ人のブロンド女性に、花束を持って店先に登場されたんじゃあ、たまらない。しかも、赦しを求めて頭を下げられた日には、もう……告訴を取り下げないわけにはいきません」

ミセス・シャタックは、裁判官の忠告どおりにした。すると案の定、告訴は取り下げられ、ミスター・シャタックは釈放された。ガイジンのブロンドには、通常のルールがかならずしも通用しないことが、ここでも実証されたことになる。

一方のマックファーランドは、東京の西の平原に鬱々《うつうつ》とそびえる府中刑務所の塀の中で、六年間を過ごした。宝石の行方は、とうとうわからずじまいだ。

マスコミによって知れわたった「帝国ホテル・ダイヤモンド盗難事件」は、日本の大衆に、占領後のアメリカ人について大きな教訓を授けることになった。

いくら大きな家に住んで、車を乗り回し、映画スターのグレゴリー・ペックなみに優雅な雰囲気を漂わせているカッコいいアメリカ人でも、じつはそこらのぶざまな薄のろと、なんら変わりはないかもしれないのだ。また、帝国ホテルのような一流ホテルの泊まり客が、かならずしも信用できるとはかぎらないことも、日本人は思い知った。

この事件をきっかけに、「フリョウ・ガイジン」という言葉が流行した。マスコミはマスコミで、外国人に対する当局の手ぬるい姿勢を、堰《せき》を切ったように批判しはじめる。

社会学者は、ペレス・プラードに象徴される西洋音楽のおぞましい影響を例にとり、公私ともに道徳心が乱れている、と嘆いた。

時まさに、ペレス・プラードの『パトリシア』と『マンボ・ジャンボ』が大ヒットしていた。多くの若者がその影響を受け、男子はけばけばしい黒のズボン、女子は短いパラシュート・スカートに身を包み、恥じらいもなく街を闊歩《かっぽ》したものだ。評論家に言わせれば、帝国ホテル宝石強盗に関わったティーンエイジャーが、「マンボ・スーツ」を着ていたのも、まんざら偶然ではないらしい。

一九五六年二月の『サンデー毎日』は、「怪しい外人」をどんどん検挙して一掃することを呼びかけながら、不気味な警告をつけ加えた。同じような警告を、その後四十年間、日本で何度も耳にすることになる。

〈日本人は一般に、外人に対して卑屈だ。この傾向は戦後とくに強まって来た。……中略……もしこの状態を続けるなら、こうした事件が続発することは明らかだ。そして東京は永遠に〝租界〟の汚名をぬぐい得ないだろう〉

知的な雑誌『人物往来』も、〈暗黒街「東京租界」の西部魂！〉というサブタイトル付きで、一九五六年三月に、歯に衣《きぬ》着せぬ論評を載せている。

「東京租界」――いやな言葉だ。

戦前の上海を思わすこの言葉の裏には、血なまぐさい犯罪の匂《にお》いが漂っている。それを強烈に印象づけたのが、帝国ホテルの宝石強盗事件だ。

ギャング映画そのままの、この事件の底には、暗黒街東京の歪《ゆが》んだ顔がゆらゆらと映し出される。

……中略……

こうして暗黒街の一面を曝《さら》け出した「東京租界」の実態は、こんごにも暗い犯罪が尾を引くであろうが、それには最近の外人犯罪の実相を見逃すわけにはいかないのである。

警視庁公安課の調べによると、東京に住む外人三万人のうち、その半数一万五千人の二割近く、約三千人が不良外人だという。

　これらの外人はそれぞれの国を追われた前科持ちや暗黒街の顔役、さては占領中の甘い味が忘れられず舞い戻った元駐留軍の兵隊などで、表向きは貿易商、観光客などを装って入国しているのが実状だ。

　……中略……

　こんな不良外人の跋扈《ばっこ》する東京は惨めな植民地として、内部に入るほど腐っているのである。ヤミドル、賭博《とばく》、麻薬の密輸等々、東京租界は泥沼地獄の様相を濃くしている。外人犯罪も占領当時よりむしろ増加の傾向にあるとさえいわれる。昨年（一九五五年）一年だけを取りあげてみても、窃盗一七六〇件、強盗七六件、殺人一〇件、婦女暴行二〇件、傷害四一五件、麻薬密売五三件とある。もちろんこの数字は被害届のあったものだけで、氷山の一角にすぎない。実際はこの数字の何倍かだと当局では推定しているほどだ。

　植民地か属国位《ぐらい》に見くびられている現在の悲しい東京の姿は、外人犯罪の温床になりかねない。

　……中略……

　もっとも新しい帝国ホテルの宝石強盗事件にしても、手口の単純さ動機のバカらしさ加減は、一体何を物語るものなのだろうか……。

いちいちごもっともな酷評だが、ここには重要なデータが欠落している。日本人が犯した罪の数だ。東京だけをとってみても、茶道を生みだした国民が、一年間に犯した窃盗や強盗、誘《ゆう》拐《かい》、傷害、その他の犯罪件数は、毎年三十万件にも及んでいる。

ほんの二年前に起こった大がかりな造船スキャンダルについても、当時のマスコミはほとんど触れていない。

日本企業が造船契約と財政投融資を求めて、政府高官に賄賂《わいろ》を支払った、いわゆる「造船疑獄事件」である。このとき、吉田内閣の閣僚二名の名前が浮上したが、けっきょく起訴にはいたらなかった。しかもこの両名は、その後、日本の総理大臣という華々しい座についている。

こうしたシナリオは、以降さまざまな形でくり返される。その過程で、どれだけ多くの首相が汚点を残したことだろう。世論が、「日本の政界は世界一腐敗している」と評するゆえんである。この権力体制を表す言葉として、「構造汚職」という造語が生まれたほどだ。

『人物往来』その他の評論は、じつは本末顛倒《てんとう》。東京という街は、外部からの助けがなくても、じゅうぶんに腐敗しているのだ。犯罪、いかがわしい取引き、政治腐敗といった泥沼地獄の匂いは、すでにいたるところに充満していた。まさにその腐臭が、〝不良外人〟を引きつけたにすぎない。

しかし、東京人はこの現実を認めたがらない。彼らにとっては、自信をとりもどさせてくれる力道山神話の方が、はるかに魅力的だということか。

第三章　サクセス・ストーリー

一九五〇年代の中ごろ、日本には四百あまりの外国企業が登録していた。彼らは、合弁事業の形でしか開放されていない日本市場で、なんとか足がかりをつかもうと、しのぎを削っていた。

その四分の一は、〈デュポン〉〈カーギル〉〈メルク〉といった多国籍企業。残りは貿易会社や、〈ウェスタン・アミュニション〉〈コルト〉などの小規模な特別利益企業だ。〈コルト〉は、日本の警察に拳銃《けんじゅう》を供給していた。

どの企業も、採算は度外視だ。日本政府は、産声をあげたばかりの自国の産業を守るために、外国企業に障壁や枠をもうけているが、将来、その枠が緩められたときに、ひと儲《もう》けできるかもしれない、彼らにはそんな下心があった。

アメリカやイギリス、カナダなどの個人企業も、三万社ほど日本に進出していた。いずれも単独で頑張っているが、収益はぱっとしない。

そんな時代にあって、前科も国外追放の経験もあるニコラ・ザペッティが、莫大《ばくだい》な富を築き、伝説的なサクセス・ストーリーを生み出そうとは、誰が想像しただろう。しかも彼の場合、かなり特殊なルートから援助を受けての成功だ。

一九五六年二月、ザペッティはようやく留置場を出所した。しかし、ホテル・ニューヨークからは追い立てをくらい、所持品はすべて行方不明……。

わずかな持ち金を節約するために、廃業したトルコ風呂（当時の呼称）に仮住まいすることにし法で。

た。電気も水道も切られている。一刻も早く食いぶちを稼がなければならない。犯罪以外の方
アイデアだけは、留置場のなかでいくつかひらめいていた。その一つがレストラン経営だ。魚と米とみそ汁だけの貧弱なメニューに、ほとほと嫌気がさしていた。独房に座り、空きっ腹をかかえながら、好きな食べ物を何度、夢にみたことだろう。――クラムソースのスパゲティ、仔牛のパルメザンチーズ焼き、ラザニア、ピザ……。

しかし、このたぐいの食事には、東京のどこへ行ってもありつけない。まともな西洋料理のレストランなど、東京には数えるほどしかない時代だった。

おいしいドイツ料理の店は、銀座に二軒あった。〈ローマイヤ〉と〈ケテル〉だ。東京に長く住むドイツ人が経営している。ハンガリー料理なら、神田界隈《かいわい》の〈アイリーン〉がいい。ステーキハウスは、日本に帰化した元アメリカ人の経営する店が、銀座に一軒。フランス料理なら、帝国ホテルのメインダイニングルームがおすすめだ。

しかしこの街には、アメリカの基地にあるクラブやカフェテリアを利用したくてもできない西洋人や、好奇心旺盛《おうせい》な日本人が山ほどいる。その連中はみな、新しいレストランができるのを、今か今かと待ち望んでいるに違いない――少なくともザペッティはそう信じていた。

レストラン経営のノウハウは何も知らないが、かまうものか。この舌が、うまいイタリア料理の味を知っている――そう自分に言い聞かせながら、大胆不敵にも未知の世界に頭から飛び

込んだ。成功する保証など、これっぽっちもない。しかし、合法的な商売はほかに思い当たらない。

さっそく、電気もない廃墟《はいきょ》のトルコ風呂のなかで、イタリア料理の本を読みあさった。夜は、中世の大修道院長さながらに、チラチラするキャンドルの灯《あか》りの下で勉強に励み、昼間は、資金集めに奔走。

彼の計算によれば、最低八十万円は必要だ。興味を示す人物に片っ端から、年利一五パーセントで融資を持ちかけた。ぜったい返すと保証もした。いつ返済できるのか、まったく当てもないくせに。

出資を募るために、〈アメリカンクラブ〉や〈在日米国商工会議所〉など、合法的なビジネスグループの扉も叩《たた》いてみた。しかしザペッティに言わせれば、そのうちの九割は彼の目の前で音をたてて扉を閉めた。

「この国から出ていきたまえ」ある場所ではそう罵《ののし》られた。「君のおかげで、アメリカ人の信用はがた落ちだ」

「前科者や宝石泥棒に用はない」そうあしらわれたこともある。

「君のせいで、みんな迷惑してるんだ」別の場所ではそうも言われた。

侮辱の言葉をいろいろ浴びせられたので、全部は覚えていない。

しかし結局ザペッティは、まんまと金を工面した。出資元は合計十社。さまざまな理由から彼を援助することにした、東京在住の外国企業ばかりである。

そのうちの一人はこう言った。

「うまいピザに飢えてるんだ。よし、金を出そう。うまいピザの店を出すためなら、リスクをおかす価値があるからな」

有名な宝石泥棒と一緒にビジネスをするのはスリル満点だ、という理由で出資した会社もある。

ニックはそろそろ頭を下げることにうんざりしていた。そこで、最後の十万円は、「マフィアの親戚《しんせき》を連れてくるぞ」と脅して巻き上げた。

次は場所探しだ。

東京の南西部の港区に、六本木という古い住宅地があった。北は乃木《のぎ》神社、米軍ハーディ兵舎から、南はソ連大使館、アメリカンクラブにいたる、全長およそ一キロの道路をはさんで広がる地域だ。道路沿いには、そば屋、喫茶店、花屋など、店頭にガラスを張りめぐらした低層の店舗が、ずらりと軒を連ねている。その裏手に隠れるように、瓦葺《かわらぶ》きのダークブラウンの洋館が、幾重にもわたって建っている。ここに住んでいるのは、おもに外国人ビジネスマンや外交官とその家族だ。建物は高い物でもせいぜい三階建て止まり。

やがてこの地域が、国際的な夜遊びの中心地へと塗り変えられる。しかし当時はまだ、その気配さえもうかがえなかった。六本木交差点は、今でこそ世界屈指の繁華街だが、当時は派出所と、小さな書店が一軒と、広い空き地が二カ所あるばかり。夜ともなれば、裏道には人っ子一人見あたらず、「幽霊が出る」と住人が噂《うわさ》するほど閑散としていた。

六本木の活動は、もっぱらハーディ兵舎の周辺に集中していた。ハーディ兵舎は、屋根の平らな灰色の建物群で、周囲をぐるりと塀で囲まれている。かつては日本の帝国陸軍歩兵部隊の本部が置かれていたが、当時は米軍第一機甲部隊と、軍の機関誌『パシフィック・スターズ・アンド・ストライプス』の本部として使われていた。

東側のメインゲートの前を、百五十人近い娼婦《しょうふ》たちが〝パトロール〟している。お目当ては、兵舎に頻繁に出入りする制服姿のGIたちだ。〈騒音は自主的に控えよう〉と記された看板の前を、軍のジープやトロリーが、バスンバスンとやかましい音をたてながら往復している。

兵舎の近辺には、現金を持つ比較的羽振りのいいGIたちの需要を満たす店が軒を並べている。洋服屋、数世紀前の室町時代の絵画や、先祖伝来の高価な家宝など、貴重なコレクションを破格の値で売る骨董品《こっとうひん》店……。

安普請の各種バーも目白押しだ。店名は、〈シルクハット〉〈グリーン・スポット〉〈チェリー〉等々。貧弱な英語力がなおさら暴露されるような看板もついている。〈いい娘《こ》いる、だからあんた楽しむ（ウィー・ハヴ・ナイス・ガール・フォア・ユア・エンジョイ）〉

看板からも容易に想像がつくように、こうしたバーは占領時代の粗野であやしげな空気を引きずっている。夜になれば、GIたちの殴りあいは日常茶飯事。ロシア人を巻き込んだ喧嘩《けんか》もめずらしくない。街の南端にある大使館からやってきたロシア人たちが、バーの女の子たちに共産主義を吹き込もうとするからだ。

ハーディ兵舎の西の裏手にある下り坂を、ほんの少し歩いたところには、赤坂の悪名高きナイトクラブ〈ラテンクォーター〉や、米軍高官の社交場である〈山王ホテル〉が建っている。路地裏に一歩足を踏み入れれば、人目につかないよう高い塀で囲まれたゲイシャハウスも点在している。塀の向こう側では、シルクの着物姿の若い女性たちが、東京の日本人エリートたちを相手に、三味線を弾いたり酌をしたりと、客のサーヴィスに余念がない。

とはいえ、手ごろな値段でおいしい西洋料理を食べさせてくれるレストランは、この界隈《かいわい》にはどこにもない。あるのはせいぜい、〈ザ・ハンバーガー・イン〉。アメリカンクラブ近くの街角に建つ、アルミの椅子《いす》と人工大理石のテーブルを配した安食堂だ。

レストランをオープンするとしたら、国際人がひしめいている六本木が、なんといっても最適だろう。ザペッティはここに店を出すことに決めた。

街の南端のにぎやかな一角に、候補地が見つかった。ソ連大使館から一ブロックのところだ。二階建ての木造建築で、今は〈呉《ウー》洋服店〉が店舗をかまえている。店主は、上海から渡ってきたサム・呉《ウー》という中国人で、ビルのオーナーも兼ねている。

駆け出しのレストラン経営者は、さっそく洋服屋を口説いた。――この店を二階に移して、一階をレストラン用に貸してくれたら、洋服屋の売り上げを二倍にしてみせる――そう請け合った。

「あんたの店にアメリカ人の客が来てるのを、見たことがないぜ」

とザペッティ。

「東京中のアメリカ人を、おれのレストランに惹《ひ》きつけるつもりなんだ。その客を、あんたんとこに紹介してやるよ。客はまずピザを食う。食い終わったら、二階にあがってスーツを新調する。ピザとスーツ――すごいアイデアだと思わないか？」

呉《ウー》は、〝すごいアイデア〟だとは思わなかったようだが、ザペッティが引っ越してくることには同意した。しかも、ザペッティの約束どおりに事が運んだあかつきには、このビルを坪四万円で丸ごと売ってやってもいい、とまで言った。「坪」というのは、日本の不動産を測る尺度で、一坪はおよそ三十六平方フィートにあたる。呉《ウー》自身は別の場所に引っ越すつもりだという。

ザペッティはさっそくリフォームに取りかかった。

内壁は真っ黒に塗りかえた。そのほうが、安普請の壁の亀裂《きれつ》が目立たない。八つのブースを押し込み、どのテーブルにも赤と白のチェックの布をかけた。キアンテ・ワインの赤いボトルに、無造作にキャンドルを突っ込んだものが、店内の唯一の照明だ。ほかの明かりはいっさい置かない。店の片側にバーを設け、反対側には〈ワーリッツァー〉のジュークボックスを置いて、最新のヒットナンバーをたっぷり用意した——『トゥー・ヤング』『リトゥン・オン・ザ・ウィンド』『ハートブレイク・ホテル』……。

ようするに、イースト・ヴィレッジによくある洞穴ふうのレストランを真似《まね》たのだ。

レジ係には、英語がよくできる若い日本人女性を雇った。さらに、銀座の喫茶店から日本人のウェイターを引き抜き、ザペッティ自身は、ちっぽけなキッチンのなかでせっせと料理に励んだ。ピザや、ラザニア、スパゲティ、大きな分厚いステーキに、グラスワインや生ビールの特大を添えて出す。皿洗いも自分でやった。会計も、買い物もやった。

閉店後は自分で店内を掃除し、テーブルを二台くっつけて、ベッド代わりにした。朝になると、近所の銭湯へひと風呂浴びにいく。一回十三円だが、好奇に満ちた日本人の視線に、じっと耐えなければならない。裸の白人など、生まれて初めて見るのだろう。

最初のころは、家賃を前払いさせられた。払わないと、中国人の洋服屋が入り口の鍵《かぎ》を渡してくれない。しかし、ニコラ・ザペッティは最初の一ヶ月で七万五千円を稼ぎ、翌月は売り上げがその倍になった。

〈ニコラス〉と名づけた彼のレストランは、たちまち『スターズ・アンド・ストライプス』のスタッフのたまり場となった。同紙の有名なコラムニスト、アル・リケッツが、街一番のうまい店として紙面で紹介したからだ。やがて、外交官たちも好んでたむろするようになる。

あっという間に、店を拡張する必要に迫られた。ザペッティはレストランを担保に、銀行ローンを組んだ。呉《ウー》からビルを買い取るためだ。ところが、いざ金を渡そうとしたら、中国人洋服屋がにわかに、当初の坪単価四万円を八万円へとつり上げた。

「あんた、ピザとスーツ、約束した。覚えてるか?」

洋服屋が口をとがらす。

「わたしの店、売り上げ二倍、言うたやないか。覚えてるか? なのに、どーだ。アメリカ人の客、ひーとりも二階、こないやないか」

「あれ、ホントかい?」

ザペッティは驚いたふりをする。

「しかし、アメリカ人がPXでスーツを買いたがるとしても、おれにはどうしようもないさ」

「おまえ、ウソつき」と呉《ウー》。「大ウソつき。だから、ツボ八万円、よこせ」

こうなったら、もっと金を工面するしかない。

しかし、ニックはまたたく間にビルを手に入れた。そればかりか、洋服屋の売り上げではなく自分の店の売り上げを倍にした。

信じられないことに、五〇年代の終わりには、〈ニコラス〉は街中の話題になっていた。ときまさに、日本経済が急成長を遂げているさなかのことで、東京人が外食をする機会は増えるばかり。そんな彼らが好んで利用したのが、六本木に新しくできた奇妙なイタリアンレストランだった。

日本人にとっては、店のすべてが珍しかった。こんなに薄暗い場所でご馳走《ちそう》を食べたり、食事をしながら生ビールのジョッキを傾けたことはない。しかも、〈ニコラス〉で出されるようなアメリカンスタイルのピザは、見るのも食べるのも生まれて初めてだ。

なかには、ペーパーナプキンにピザを数切れ包んで、家に持ち帰る客もいる。企業の頭の固い重役連中が、ピザの切れ端をブリーフケースに突っ込む光景は、異様といえば異様だが、おかげでこのレストランは、マスコミにもしばしば登場するようになる。噂《うわさ》が広まるにつれ、店の外には不法駐車の列ができ、その列がやがてはブロックをぐるりと囲むほど長くなっていく。

店内に足を踏み入れた客は、よそとはひと味違う接待も受けた。黒髪のイタリア系アメリカ人経営者が、一階のバーでじきじきに出迎えるのだ。ザペッティは今や厨房《ちゅうぼう》は別の人間にまかせ、自分は高価なシルクのスーツに身を包み、口ひげをきれいに手入れして、夜な夜なバーに現れる。

ある東京のレポーターは、人気レストランに関する記事のなかで、ニコラスのオーナーを〈立て板に水のアメリカ人ヤクザ〉と表現し、店を訪れた印象をこう述べた。

〈種々雑多な人間が集まっているから、エキゾチックな冒険ムードが味わえる。……まるでゲームセンターに入ったような気分だ〉

あれよあれよという間に、〈ニコラス〉は極東の梁山泊《りょうざんぱく》にのしあがった。国の内外を問わず、有名人が続々とやってくる。街なかではとてもお目にかかれないし、まして隣のテーブルに居合わせることなどまずあり得ない、超有名人ばかりである。

たとえば、来日したハリウッドの映画スターたちが次から次へとやってきた。彼らは、本物のアメリカンピザを食べさせてくれる店が、東京中を探しても〈ニコラス〉しかないことを、たちまち思い知らされるからだ。

『八十日間世界一周』のプロモーションのために来日した、エリザベス・テイラーや、マイク・トッドや、デイヴィッド・ニヴンが、しばしば店を訪れた。『黒船』の撮影のために来日したジョン・ウェインもやってきた。彼は一晩でウィスキーのストレートを二十四杯空け、店の伝説となっている。コニー・フランシスも食べにきた。ヒットソング『プリティ・リトル・ベイビー』の日本語ヴァージョン『可愛いベイビー』を、さらにヒットさせるための来日だ。

それ以外にも、この店でピザを頬《ほお》ばった有名人は、枚挙にいとまがない。ハリー・ベラフォンテ、フランク・シナトラ、サミー・ケイ、ウィリアム・ホールデン、ザヴィア・クガート……。テレビの人気シリーズ『コンバット』で有名なリック・ジェイソンもやってきた。彼は東京でちょっとした〝昼メロのアイドル〟だった。

常連のなかに、明仁皇太子がいたことは、特筆に値する。やがて日本の天皇となったこの人物は、国民に大人気のフィアンセを伴って、よくピザを食べにやってきた。フィアンセは、産業界の裕福な家庭に育った、正田美智子という魅力的な民間人である。

裕仁天皇は、神道に基づく太陽神の座を降りて〝人間宣言〟をしたあと、きらびやかな軍服と白い愛馬を捨て、スリーピースをまとって植物研究用の顕微鏡を愛用するようになっていた。そんな裕仁天皇よりも、明仁皇太子のほうがどことなく都会的な雰囲気を漂わせている。海外旅行にも慣れているし、複数の外国語をこなす。ちょっとしたワイン通でもあるが、ニック・ザペッティにとってなにより好都合なのは、皇太子がイタリアン・アメリカン・フードの味を知っていることだ。

明仁皇太子は、軽井沢という一流のサマーリゾートのテニスコートで、フィアンセとめぐり会い、現代的な西洋風のプロポーズをしたことで知られている。二人はデートのハイライトとして、東京のトレンディなイタリアンレストランをしばしば訪れ、ピザを頬ばった。

皇太子と婚約者がほぼ定期的に現れる午後には、店に厳重な警備体制が敷かれる。名誉ある皇室の一行が、ミックスピザとビールを食するため、店に到着するのに先がけて、私服のボディガードがすべてのテーブルを占拠し、レストランから一般人を閉めだしてしまうのだ。

やんごとなき人々が訪れるという評判は、当然のことながら〈ニコラス〉人気をますます不動のものにした。〝なりそこないの宝石泥棒〟は、今では出世頭。店の外に駐車する車は増えるばかりで、交通渋滞を引き起こすほどになっている。

常連客のなかに、もう一人、超大物がいた。レスリングの世界チャンピオンであり、国民的ヒーローであり、当時のもっとも顕著な文化的財産ともいうべき人物、力道山である。

すでに述べたように、彼のレスリング・ショー『三菱ファイトメン・アワー』は、国中で異常なほどの人気だった。この番組だけで、日本のテレビブームに火がついたほどだ。なにしろ、テレビの売り上げが、一九五四年には一万二千台だったものが、五九年には一気に四百十四万八千台へと、けた外れに急上昇している。

一九五六年、都内にあるアウトドアの競技場〈後楽園スタジアム〉で、二万七千人の観客を前にしておこなわれた、NWAチャンピオン、ルー・テーズとの対戦は、日本のレスリング中継史上もっとも多くの人々を、ブラウン管にくぎ付けにした。視聴率はなんと八七パーセント。今日にいたるまで、この日本新記録を破った出来事は、のちに皇太子と美智子妃が馬車に乗って東京の街並みを巡った、いわゆる「御成婚パレード」しかない。

力道山は、広大なビジネス帝国の帝王としても知られている。七階建てのレスリング・アリーナはもとより、日本初のボウリング場や、広い西洋式マンション（赤坂の「リキ・アパート」は、ハーディ兵舎のすぐ裏手にある）、さらには、日本のトップ・ジャズ・ミュージシャンが演奏するナイトクラブも経営していた。

そのためか、力道山はじつにバラエティに富む知人を連れて、〈ニコラス〉にやってきた。日本プロレス協会理事をつとめる政界の大物から、石原慎太郎といった著名な新進気鋭の作家にいたるまで、その分野はじつに幅広い。

石原慎太郎はのちに国会議員になった人物である。アメリカ・バッシングの急先鋒《きゅうせんぽう》としても知られ、『「Ｎｏ」と言える日本』と題する著書のなかで、アメリカに思う存分〝口頭の空手チヨップ〃を見舞っている。おそらくは力道山の影響だろう。一九八九年に出版されたこの本は、ベストセラーに輝いた（石原は九九年春から二〇一二年まで、東京都知事の椅子に座っていた）。

二七二キロの巨体にヒゲ面のヘイスタック・カルホーンなど、エキゾチックなレスラーもいろいろ連れてきた。カルホーンの場合、東京の街なかを移動するのに、平床型のトラックを必要とした。

リングのスポットライトの下では、日本的道徳心のかたまりのような力道山だが、プライヴエートとなるとまるで抑制がきかなくなる。バーでは、立ったままバーボンのダブルをがぶ飲みし、アメリカ人の友だちから教わった卑語を、訛《なま》りむき出しの英語で乱発するしまつ。

——コックサッカー！　サノバビイチー！　コミーバスタードー！……。

罪のない人物の股間《こかん》をいきなりつかみ、みずから苦痛の声をあげながら陽気に身もだえしてみせる——そんな悪ふざけが大好きだった。ときにはエネルギーをもてあまし、相撲とりの稽《けい》古《こ》よろしく、二階のダイニングフロアを支える柱に、ドスンドスンと張り手をかます。そのあまりの激しさに、レストラン全体が揺れ、天井のしっくいがバラバラと落ちてきた。

こういう現場に居合わせ、ただで飲み食いする常連のなかに、もう一人、見逃せない人物がいた。東京の悪名高き暴力団の親分、町井久之である。

身長一八五センチ、体重九一キロ。容貌《ようぼう》だけでもかなり凄《すご》みがあるのに、かならずボディガードを伴ってやってくる。〝ボディガード〟といっても、体重はほんの五〇キロ足らず。韓国武道テコンドーの達人だとはいえ、体格が雇い主の半分というボディガードは、この街でもごく珍しい。親分を店内に入れる前に、彼はあらかじめ独自の方法でくまなく店内の安全確認をする。その厳密さは、皇太子の警備にまさるとも劣らない。店の外では、武装した十数人の子分たちが見張りにつく。

町井は、戦後の暴力団組織〈東声会〉（ＴＳＫ）を率いている。千五百人のメンバーは、おもに韓国人のごろつきだ。

彼らのライバルに、生粋の日本人から成る〈住吉会〉という暴力団があった。住吉会の前身は、戦前のバクトで、起源は明治時代にさかのぼる。その住吉会と東声会は、西銀座の縄張りをめぐって血戦を交え、東声会が勝利したばかりだった。

にわか景気にわきたつ西銀座界隈《かいわい》には、バーやキャバレー、パチンコ店などがびっしりと軒を連ねている。東声会は、その用心棒代や借金の取り立て業、および、韓国人のスリ・グループに〝操業権を貸しつける〟権利を、手中におさめたことになる。力道山の試合の興行も、数多く手がけていた。

町井親分その人は、とても礼儀正しいという定評があった。ウェイターたちに、いつも一万円のチップをはずむほどだ。これは彼らの一ヶ月分の給料に相当した。

しかし、子分たちは違う。よその暴力団の組員が、彼らに敬意を払うことなく西銀座を徘徊《はいかい》しようものなら、文字どおり命がおびやかされる。渋谷を縄張りにする別の組の親分が、耳から顎《あご》にかけてざっくりと切り裂かれたこともある。東声会のチンピラとすれ違ったときに、頭を下げなかったという、ただそれだけの理由で。

東声会は、東京の組織犯罪のシンボル的存在だった。

露天商が徐々に姿を消すにつれ、昔のテキヤは淘汰《とうた》されていった。代わって実権を握ったのは、新しいタイプのヤクザ――戦後の混乱期に、職も家も持たない若い男たちが街にあふれかえった。その膨大な群の中から誕生した新勢力である。

数万人にふくれあがったホームレスの若者たちは、次々に新しいグループを形成し、ヒロポンや売春といったアウトローの世界へと着実に移行していった（麻薬も売春も、戦後に違法となっていた）。そして独自の自衛手段をあみ出し、賭博《とばく》組織を形成していく。たとえばプロ野球賭博だけで、一日に数百万ドルが動いた。

ほかにも新手の金もうけの方法をいろいろ考え出している。ヤクザの機関誌を作って、ゆすりをはたらくのもその一つ。『銀座日報』という雑誌の〝記者〟は、企業の社長の不都合な私生活をさぐり当て、「雑誌で暴露されたくなかったら〝広告料〟を払え」と脅した。

彼らは二十四時間営業のオフィスを構え、借金取り立てなど、どちらかといえば合法的な商売にも従事した。服のラペルに組のバッジを堂々とつけ、「幹部」とか「舎弟」などの肩書を記した名刺を持ち歩いた。車はバカでかいアメ車、服装や態度は、アメリカ映画に出てくるギャングたちを見習った。サムライのように長い刀は身につけず、アメリカのＧＩから手に入れた拳銃《けんじゅう》を携帯した。

戦前の青空マーケットを取りしきっていた昔の親分たちが、この新世代の出現を、嘆かわしく眺めていたのもうなずける。引退した親分たちは、軽蔑《けいべつ》の意をこめて彼らを「愚連隊」と呼んだ。「非行少年」に近いニュアンスをもつ言葉である。

やがて、アメリカンスタイルの〝ヒット〟すなわち、殺し屋による狙撃《そげき》事件が、日本で初めて発生する。株の買い占めによって企業の乗っ取りをはかる、悪名高き〝乗っ取り屋〟横井英樹が、一九五八年、ダウンタウンにある自分のオフィスで座っているところを、狙撃されたのだ。すると昔の親分たちは、多くの一般大衆と同様、その手口について一斉に非難の声をあげた。

〈アメリカのギャングさながらの衣装は、まあ良しとしよう〉

『週刊東京』の中の〈火を吹いたコルト〉という見出しが躍る記事に賛同して、ある年配のヤクザが怒りのコメントを寄せた。

〈しかし、アメリカ並みにプロの殺し屋を雇うとは、いったい何事か。日本のヤクザ稼業もずいぶん堕《お》ちたものだ〉

日本人の常識からいえば、喧嘩《けんか》の正道とは、はっしと刀をつかみ、酒を吹きかけて清め、一対一で敵と対決することだ。こっそりと相手に近づき、裏口の薄汚れた階段の踊り場から、飛び道具を使って決着をつけるような、卑怯《ひきょう》なマネは断じてしない。

しかし、こうした批判はまったく無意味だった。新しい世代はすでに誕生している。「テキヤ」や「バクト」といった古臭い集合名詞は影をひそめ、代わって、あらゆるギャングスターの総称として「ヤクザ」という言葉が定着しつつあった。ギャング団そのものを表すものとしては、文字どおり「ヴァイオレンス・グループ」の意の「暴力団」という言葉が使われるようになった。

東声会中堅幹部の松原は、東京のヤクザの典型だろう。胸板の分厚い、いかにも腕っぷしの強そうな体をしていて、トラックに轢《ひ》かれたような凄みのある顔には、いつも真っ黒いサングラスをかけている。フェルトの中折れ帽をまぶかにかぶり、トレンチコートを欠かさない。ポケットからは常時、複数の拳銃をのぞかせている。

ある晩、そんなフル装備の東声会幹部が、〈ニコラス〉のバーで飲み物を注文したとき、ザペッティが聞いてみた。

「松原、あんたはいったい拳銃を何挺持ち歩いてるんだい？」

すると彼は、四挺の拳銃を次々に引っぱり出し、カウンターにずらりと並べてみせた。32口径が二挺と、38口径が二挺。世の中にこれほど当然のことはない、とでも言いたげに。

こうした連中は、ほんの一握りにすぎない。「西洋と東洋の交差点」ともいえる〈ニコラス〉には、ほかにもさまざまな〝人種〟が数多く出入りしていた。彼らはやがて東京の歴史に、ますますカラフルで、ドラマチックで、いかがわしいページを記していくことになる。

アングラ帝国

一九四七年にケーディスが存在を指摘した「アングラ経済」は、あいかわらずすくすくと成長をとげている。その担い手の多くが、〈ニコラス〉に出入りしていた。

なかでも特筆すべきは、児玉誉士夫《こだまよしお》という人物だ。ずんぐりした体に、髪はハリネズミのように剛毛、表情にはユーモアのかけらもうかがえない。日本プロレスリング協会（ＪＰＷＡ）の会長とあって、町井や力道山にエスコートされて店に現れることも多い。強力な権力をもつ大金持ちの極右で、ヤミのフィクサーとしても知られている。アメリカ人がアングラ帝国に足を踏み入れる際の、いわば窓口的存在でもある。

ある歴史家によれば、児玉は、巨大産業およびヤミ社会からの「裏金」を、政界へと流す達人だ。天皇に政権が奉還された明治維新のあとに、華々しくデビューしたごりごりの右翼の一人でもある。日本の軍事的、産業的発展のために、アジア開拓をめざす右翼の秘密結社〈黒竜会〉を、熱心に支援している。

宿敵のあいだで「小型ナポレオン」の異名をとる児玉が頭角を現したのは、一九三〇年代のこと。政府の指令によって、中国における資材の現地調達を請け負ったのがきっかけだ。

彼はまず、東京のヤクザのなかから適当な人材を抜擢《ばってき》して軍隊を結成し、中国の田舎で金品を略奪させている。戦後の証言によると、村に進軍したらすぐに村長を射殺させるのが、彼の手口だった。村人はたちまち従順になり、何でも彼らに提供したという。鉄鋼や武器その他の軍需品を、日本の陸、海軍に提供した功績を認められ、児玉は戦時中の東条内閣に重用されている。

中国ではアヘンの売買も手がけ、個人的にもかなりの利益をあげた。終戦までには、宝石や、金、銀、プラチナ、ラジウムなどをごっそりとため込み、日本にひそかに持ち帰っている。上海で調達した飛行機が、積み荷の重さに耐えかねて、車輪が滑走路で壊れたほどだ。

しかし、東京に戻るやいなや、戦地での蛮行容疑で連合軍に逮捕され、A級戦犯として巣鴨《すがも》刑務所で三年の刑に服すことになる。

ところが、東条ほか六名が絞首刑にされた一九四八年、東条内閣のもとで商工大臣をつとめ、戦時下経済の立て役者でもあった岸信介が、どういうわけか釈放されたように、児玉誉士夫もあっさりと釈放されてしまった。占領軍当局に言わせれば、「証拠不十分」ということらしいが、児玉が秘蔵の宝物の一部を放出して自由を獲得した、というもっぱらの噂《うわさ》である。さらに、戦時下の日本政府の内部情報を、ＧＨＱの要請に応じて暴露したことも、効果てきめんだったようだ。

このときにアメリカ人たちは、この男は将来かなり使いモノになる、と踏んだに違いない。事実、児玉はたちまち、ＧＨＱのＧⅡに雇われている。児玉自身は、〝白人の手先〟になる無念さを、非公式の場で漏らしていたが、ＧⅡの高官側にしてみれば、日本にはびこりつつある左翼勢力を抑えるのに、児玉のかつてのスパイネットワークや、元軍人の朋友《ほうゆう》や、ヤミ社会の人脈は、まことに有効だったに違いない。

児玉は、国内の共産党グループに潜入をはかる一方で、悪名高き〈ラテンクォーター〉を取りしきるテッド・ルーインの、共同経営者におさまるゆとりを見せている。また、莫大《ばくだい》な財産を駆使して、戦後の政界のドンたちと、密接な関係を結ぶことも忘れていない。

保守派の〈自由党〉を発足させるために、資金を用立てたのもその一つ。その〈自由党〉が、一九五五年に〈日本民主党〉と合併し、アメリカを後ろ盾とする〈自由民主党〉が誕生するときにも、児玉は金を積んでいる。

以後三十八年間、日本を牛耳ることになるこの財閥主体の政党に、児玉が大きな発言権をもったのは、こうした経緯があったからだ。

一九五八年、自民党に雇われた児玉は、自民党や反共グループ内部の同胞に、CIAからの裏金を握らせたりしながら、ビジネス関係をしっかりと維持している。

インドネシアのスカルノ大統領にも接近した。国民に人気のあるこのナショナリストのリーダーが、コミュニストに転向する気配があるかどうかを探るのも、諜報《ちようほう》部員としての使命の一環だ。

児玉がこの職務を遂行する一方で、彼の関連会社である〈東日貿易〉は、ジャカルタに進出してヴェンチャー・ビジネスを手がけるべく、あれこれ算段をめぐらしていた。たとえば、女好きで知られる大統領が来日した際に、女性コンパニオンをあてがった。スカルノとビジネス契約を結ぶために、日本企業が伝統的に使ってきた手法を、そのまま採用したわけだ。あんのじょう、東日貿易の努力は報われ、現地で十分な設備と建築契約を提供されている。

GⅡの諜報部で仕事をしているときに、児玉はもう一人のつわものとめぐり会った。前述の町井である。

町井は、ソウル出身の韓国人工場主と日本人妻とのあいだに生まれている。戦後のヤミ市で、若いゴロツキの集団を率いていたころから、彼の名は轟《とどろ》いていた。朝鮮語で「オスの猛牛」の意の「ファンソ」というニックネームをもつこの若者は、バーで殴り合いの喧嘩《けんか》をくり返し、自分よりはるかに体格のいいアメリカ人GIを、いともたやすく打ち負かした。空手の黒帯をもつアメリカの海軍大佐を、一発のパンチでしとめたとか、逮捕されたときに怒って手錠を引きちぎった、という武勇談まで伝わっている。

朝鮮半島が内戦へと突き進むころ、東京の北朝鮮（朝鮮民主主義人民共和国）シンパとのナワ張り争いを勝ち抜いた町井は、自分が率いるグループを、遠回しに「自衛のための武装軍団」と呼んではばからなかった。

そんな〝名声〟を聞きつけた占領軍GⅡの諜報部は、さっそく彼を反共ファイター、およびストライキ破りの実働部隊として起用。すると町井は、今度は街頭で左翼信奉者たちを相手に、派手な喧嘩を公然とくりひろげるようになる。ときには、拳銃を持ったCIAのメンバーを従えて闘った。

信じられないかもしれないが、朝鮮戦争が勃発《ぼっぱつ》する直前の一九五〇年六月、ジョン・フォスター・ダレスの一派が率いる韓国非武装地帯への視察旅行に、町井は児玉とともに同行している。町井が抜擢されたのは、日本海を股《また》に掛けて活躍している、という理由からだ。たしかに彼は、GⅡの関係者であり、若いころの大半をソウルで過ごした関係で、韓国の暗黒街にも詳しかった。

一九五〇年代の半ばには、町井の履歴書がますますにぎやかになってくる。傷害致死二件、ほかにも、恐喝、刀剣不法所持など、さまざまな不法行為をしでかしたものだ。ところが町井は、けっして刑務所に放り込まれない。アメリカのお偉方にコネがあるからで、いつも保釈か、無罪放免か、保護観察処分で済んでしまう。

ヤクザの上層部を追跡しつづけたことで知られる東京の検察官が、こんな愚痴をこぼした。

「町井を捕まえようとしても、そのたびに手を引かずにはいられない。しょっぴくと、かならず上から圧力がかかって、釈放せざるをえなくなる」

年長の児玉は、その町井を傘下におさめ、東声会の〝顧問〟格となって、町井の帰化を援助した。

児玉と町井は、力を合わせて大規模な事業をいろいろ手がけているが、その一つがプロレス興行だった。

力道山を「日本蘇生《そせい》のシンボルであり、保守、右翼の宣伝マン」ととらえた児玉は、このプロレスラーに湯水のように金をつぎ込んだ。東京における試合のセッティングや、営業許可の申請、警備体制の確保などは、もっぱら東声会（ＴＳＫ）の連中にまかせ、児玉自身は、夕刊紙『東京スポーツ』を買収して、みずから経営者におさまり、プロレスの〝バイブル〟へと仕立てあげた。力道山の記事をでかでかと載せ、芽生えつつある日本人の愛国心をかきたてるような、感情むき出しの内容をたっぷりと盛り込んだ。言うまでもなく、共産主義を打破するためには、愛国心が欠かせないからだ。

試合はつねに、似たような勝ちパターンをたどった。純血日本人のヒーローが、アメリカ人の悪者をやっつけて、愛国心を高揚させる。見え透いたショーに喜んで出演し、高給をふところにしたガイジンレスラーのなかには、「吸血鬼」フレッド・ブラッシーの姿もあった。

日本にカラーテレビ時代が到来したのは、このプロレスラーのおかげかもしれない。ブラッシーはトランクスの中にヤスリを隠していきなり斬《き》りつけたり、額に嚙《か》みついたりして、リキを派手に痛めつける。全国の視聴者は、ブラウン管の向こうの流血騒ぎに、大いに興奮した。老人五名と老婆三名が、ショック死したほどだ。

ところがその陰で、プロレス興行や関連事業の収益が、かなりの割合で、親米派の自由民主党に流れていた。のちに発覚したその事実に対して、皮肉なことに、関係者のあいだに罪の意識らしきものは、まったく感じられない。さらに皮肉なことに、厳格な外為法をかいくぐるため、ガイジンレスラーたちへの支払いはすべてヤミドルで支払われていたが、そのことも誰ひとり気に掛けていた様子がない。

プロレスの母体となったのは、日本プロレス協会（JPWA）。この組織は、社会の上層、下層を包含する、日本の戦後権力構造の縮図といってもいい。ここでは児玉が大統領だった。

JPWAのコミッショナーは、自民党の副総裁、大野伴睦《おおのばんぼく》が「これほどの名誉職を断るわけにはいかぬ」と、引き受けた。コミッショナーのなかには、ほかにも大物国会議員が数人、名を連ねている。将来の総理大臣、中曽根康弘もその一人。中曽根は東京にある力道山のマンションの一室を、事務所として無料で利用するほどの仲だった。

協会には、〈三菱電機〉のCEO（最高経営執行役員）も名を連ねていた。試合のテレビ放映権を買い取った、日本屈指の大金持ちである。放映した〈日本テレビ〉の社長も、映画を制作した〈大映〉の社長も、JPWAに属していた。広告部門には、警視庁公安部のOBが天下りした。

「銀座の町井」は、協会の監査役、および大野伴睦の〝ボディガード〟を引き受けている。そのかたわら、〈クラブ・リキ〉でおこなわれる〝セレモニー〟のなかで、ひそかに力道山を自分の暴力組織へ誘い込んだ。

かくして、邪悪なグループができあがった。

合法、非合法グループの集合体は、一九六〇年に運命的な絶頂期を迎えることになる。岸信介は一九五七年に、かつての刑務所仲間、児玉誉士夫の応援もあって、まんまと首相の座を射止めていた。その岸が、国民に不人気の日米安保条約を、一九六〇年にむりやり改定させようとした。

反対の声は高く、街頭では連日、大がかりなデモ行進がくりひろげられていた。学生も、左翼も、一般市民でさえも、日本がこの条約によって真に利するものはないし、アメリカは日本を核攻撃から守れるわけがない、と確信していた。国民がとくに怒っていたのは、アメリカのバックアップによって命拾いした元A級戦犯、岸が、条約の改定にたずさわっている事実だ。

一九六〇年五月十九日の深夜から二十日の未明にかけて、新安保条約は衆議院で強行採決された。その間、社会党議員たちは、抗議のために議長室前でピケを張っていたが、自民党の要請で議事堂内に入った警察の手で、ゴボウ抜きにされている。

この日から、国民の抗議運動は、ますます規模と激しさを増した。数十万の怒れる市民が、連日、街頭でジグザグデモをくりひろげた。

ドワイト・アイゼンハワー米国大統領（通称アイク）の、条約改定を記念する訪日が決まったのは、まさにそのさなかのこと。大統領が天皇と肩を並べ、羽田空港から都内まで、オープンカーでパレードする計画も練られていた。

ところが、日本政府はパレードを見合わせざるを得なくなった。反対派の勢いが並大抵ではないうえに、警備のために動員できる警官は、せいぜい一万五千人しかいないからだ。

ここで児玉が、自民党に助け船を出した。およそ三万人のヤクザ、右翼などから成る「警備隊」(『アイ・ライク・アイク』軍)を結成したのだ。その中には、東声会および、横浜、横須賀を根城とする稲川会のメンバーが入っていた。

この奇抜な警備隊は、出動命令の内容からしてふるっていた。

――〝思想倒錯者たちを成敗する〟ために、棍棒《こんぼう》(長さ一メートルほどのステッキ状の武器)を持参のうえ、明治神宮に結集せよ。参拝後、空港と都内中心部とを結ぶ要所要所に待機し、トラブルが発生したらすぐさま現場に急行し、警察を援護すべし――

のぼり、プラカード、チラシ、拡声器、バッジ、腕章などが準備された。トラック、救急車、ヘリコプター六機、セスナ八機も用意された。自民党が準備に費やしたのは、しめて二百万ドル。

年老いたテキヤの親分やヤクザの組長のなかから、五名が名誉ある代表団に選ばれ、アメリカ大使館に派遣されもした。元SCAP(連合軍最高司令官)の甥《おい》にあたるアメリカ大使、ダグラス・マッカーサー二世への表敬訪問のためだ。

代表団のなかには、年老いた新宿の親分、尾津喜之助の姿もあった。かつて占領軍に、「東京でもっとも危険な人物」としてマークされた男である。

会合の際に杯が交わされたかどうかは、記録に残っていない――ヤクザのあいだでは、兄弟関係をむすぶときに、酒杯を交わす習慣がある。しかし、マッカーサーがその後、国務省に外電でこう伝えたのは事実だ。

――いざとなったら、さまざまな〝体育会系の組織〟から三万人の若者たちが、警察の応援に駆けつけるであろう――

〝大統領びいき〟のヤクザ軍団は、けっきょく出動にはいたらなかった。デモがますます過激になるにつれ、アイゼンハワーの訪日は中止されたからだ。

しかしその発想は、少々乱暴なたとえかもしれないが、一九六八年の民主党大会で、秩序を保つためにクック郡警察に手を貸した、シカゴの暴徒たちのそれに似ていなくもない。アメリカ人の神経では、とても考えられない発想だ。ところが、日本のチンピラヤクザたちの自負心には、これがしっくりくるらしい。

「おれたちはマフィアとは違う」

それが彼らの口癖だ。「マフィアは、金のために犯罪を犯す。一番多く金を出す人間のために働く。しかしおれたちは昔から、社会の救済のために働いている」

すべてが終わったとき、暴力団組長の町井はこう言った。

「汚れた沼にも、ハスの花は咲く」

アメリカの利権がからんだ、もう一つの〝町井・児玉プロジェクト〟があった。日韓正常化協定の基礎作りである。

日本軍による戦争中の残虐行為のにがい記憶から、韓国人のあいだには反日感情が根強く残っていた。しかしアメリカ政府は当然のことながら、両国を結びつけたがっていた。共産圏からの脅威に備え、日韓両国に数十万の兵士を駐留させているからだ。

児玉と朋友たちは、政府から支払われる準備金のうまい使い道を、あれこれ考えた。目の前にぶら下がっている金もうけのチャンスを、目いっぱい活かさなければ、と。

町井の親友のなかに、韓国ＣＩＡの幹部がいることが幸いした。米ＣＩＡの支援のもと、親米派の軍事独裁者、朴正熙《パクチョンヒ》を擁立するため、一九六〇年にゴリゴリの反日家、李承晩《イスンマン》追い落としを工作した人物だ。これによってアメリカは、太平洋地域にＮＡＴＯ軍事同盟を築くことができた。

力道山が新たに手に入れた東京のペントハウスが、韓国や自民党の高官、児玉、町井、さらにはＫＣＩＡの幹部などの、極秘の会合場所として利用されはじめるのは、このころからだ。そして会合の締めくくりには、みんなで六本木にくりだして、ピザを頰《ほお》ばった。

東京の暗黒街の連中が、このような形でアメリカのアジア政策に貢献していたとは、考えてみれば驚きである。しかし、アメリカ政府はどうとらえていたのか。のちに町井のオフィスの壁には、日韓正常化に貢献したことへの感謝状が、うやうやしく飾られることになるが、その内容から判断するかぎり、アメリカ政府にはまったく罪の意識などなかったらしい。

日韓基本条約は一九六五年に締結された。準備金として八千億ドルを託された児玉と町井は、朝鮮半島のためにそれを費やした。韓国にカジノや、ホテルや、キャバレー、その他のヴェンチャー・ビジネスをオープンするという形で。

ある晩、力道山からバクチに招かれたニコラ・ザペッティは、ケタ外れに金遣いの荒い世界を、目の当たりにすることになる。

個人的なバクチなのか組織的なものなのかは、聞かされていない。ただ、これほど名誉ある席にアメリカ人を招くのは初めてだ、とだけ言われた。

こういう世界が存在することを、日本人は耳学問で知っている。しかし、実際に中をかいま見るチャンスは、ほとんどめぐってこない。日本の社会では、〝目で確認できる以上のもの〟が、裏でつねに進行していることを、この世界は痛感させる。

〝特別イヴェント〟は、東京郊外の邸宅で催された。周囲を高い塀で囲まれ、ひどく蒸し暑い夏の夜にもかかわらず、窓という窓はぴたりと閉ざされている。数台の大きな扇風機が回るリヴィングルームには、長い長方形のテーブルが置かれ、両側には二十人ほどの男たちが陣取っていた。どの人物も一様に、いかにも高級そうなビジネススーツ姿だ。

ザペッティの知っている顔も多い。新聞やテレビでおなじみの顔があるし、彼のレストランで何度か見かけた顔もある。有名な映画スターや、ビジネス界の重鎮、自民党議員、東京の暴力団幹部、さらには、警視庁の上層部も一人。いわば、フランク・シナトラと、ヘンリー・フオードと、ジャック・ケネディと、マフィアボスのサム・ジアンカーナが一堂に会して、ポーカーに興じているようなものだ。

どのプレーヤーも、テーブルの上に一万円のピン札の束を山積みにしている。ザペッティがざっと見積もったところでは、それぞれ二千万から三千万円はあるだろう。各プレーヤーの後ろにはボディガードが立っていて、ボタンを全開したコートから、拳銃《けんじゅう》をのぞかせている。——45口径、38口径、３５７マグナム……。戸口には、やけに人相の悪い男が二人、ショットガンを持って仁王立ちしている。力道山の弟子のレスラーだ。家の外にも、さらに多くの武装した番兵が、ドーベルマン・ピンシャーやジャーマン・シェパードを従えて、庭の茂みにひそんでいる。

飛び道具もギャンブルも、日本では法律によって厳重に禁じられているから、客人を警察の手から守らなければならない。もちろん、泥棒も撃退する必要がある。実際、警察の手入れがあれば、間違いなく銃撃戦になったことだろう。集まっているプレーヤーたちは、おとなしくお縄をちょうだいするわけにはいかない、超ＶＩＰばかりなのだ。

おこなわれるのは「オイチョカブ」というゲーム。バカラの日本版だと思えばいい。絵入りの四十八枚からなる、「花札」というカードを使う。各札の点数は、〇から九まで。

テーブルには白いクロスが掛けられ、中央に細い線が引かれている。ディーラーの力道山は、テーブルの上手に座り、線の両側に三枚ずつ、合計六枚の札を裏にして並べる。それからおもむろに、客人に賭《か》けるよううながす。プレーヤーたちは、合計点数のもっとも少ない列と多い列を予想して、賭け金を積む。一口最低十万円だ。賭け金が出尽くしたところで、力道山の付き人たちが、それぞれの金額をチェック。両サイドが同じ金額にならなければ、賭けは成立しないから、リキが〝調整役〟をつとめる。一方が三千万なのに、もう一方が千二百万なら、リキが賭け金を千八百万円上乗せして、双方のバランスをとるのだ。

一回の総賭け金の五パーセントは、ショバ代として胴元の懐に入ることを、ザペッティは見逃さなかった。どうりで力道山が、日本一の大金持ちと言われるわけだ。

ザペッティは十万円を賭けた。彼が雇っているウェイターの六ヶ月分の給料だ。ところが、テーブルを見渡すかぎり、彼の賭け金が最低らしい。

札が開かれた。ニックの負けだ。もう一度、一万円札を十枚賭けた。札が開かれる。また負けた。さらに十万円をテーブルに載せたが、三度目も負け。

あたりを見回すと、一万円札の山が行ったり来たりしている。プレーヤーたちはおのれを罵《のの》り、なにやらノートに書きなぐっている。○や×をつけたり、赤や青の印を書き込んだり、小さな算盤《そろばん》で必死に計算したり……。室内はタバコの煙でもうもうとしている。若いレスラーたちは、いそいそと飲み物を運び、タバコに火をつけ、熱いタオルを差し出したりと、まるで男のゲイシャだ。ショバ代を数えて、きちんと山積みにしているレスラーもいる。

ザペッティは負けつづけた。次の回も、次の回も、またその次の回も負けて、とうとう十連敗。

百万円が泡と消えていくあいだ、ザペッティは力道山の賭け金をこっそり合計してみたが、ざっと一億円は下らない。リキの前には札束の巨大な山ができている。ザペッティの前は寂しいものだ。それどころか、賭ける金はもう一銭もない。

彼は現金を封筒に入れ、スーツの上着のポケットに無造作に突っ込んできた。ところがほかの連中はみな、ブリーフケースやバッグに、はじけんばかりの現金を詰め込んで持ってきている。

ここで席をたって帰るのは、無礼かもしれない――そう思ったザペッティは、ディーラーから百万円を借りることにした。しかし三十分後には無一文。ふたたび借りて、また百万円がパア。三度目も同じだった。

ザペッティは自分ではリッチなほうだと思っているが、このゲームに見切りをつけることにした。ほかのプレーヤーも、賭け金の額はともかく、ほぼ全員が負けている。というわけで、力道山から新たな札束が提供されたとき、ニックは首を振った。

「もうけっこう」とニック。「俺はいったい何をやってるんだろうな。犬を抑えてくれ。家に帰るよ」

いい勉強になった。何の勉強になったのかは、自分でもはっきりわからない。しかし、その夜以来、ザペッティは日本を〝貧乏国〟とみなすのをやめた。

東京のマフィア・ボス

六本木のホットなレストラン〈ニコラス〉の経営者ほど、店の収益をあげるために、東京のヤミ社会をたくみに利用したアメリカ人はいない。

たとえば、ザペッティと〈クラブ88〉とのもめごとが、それを如実に物語っている。ニコラの成功にならって、近隣には数々のナイトクラブがオープンしていた。クラブ88もその一つで、薄暗い部屋に黒っぽいカーテンをかけ、ガウンをまとったホステスと、ライヴのショーを呼び物にしている。そのクラブが、やがてピザを出すようになったのが、そもそもの発端だ。

メニューには、無断で〈ニコラス・ピザ〉と書かれていた。

ザペッティはマネージャーに文句を言いにいった。レオ・プレスコットという、四十代のイギリス人だ。しかし彼は、メニューを変えるつもりはないという。これほど「ありふれた名前」に、特許を云々《うんぬん》するほうがおかしい、と。

ある晩、ザペッティは力道山に、さり気なく悩みを打ち明けた。通りすがりに、「どうしようかなぁ」と声に出しただけだ。するとレスラーは、俺の気に入ってるレストランのために一肌脱ごう、と言いだした。

「嵐《あらし》を起こしにいこうぜ」とリキ。

二、三日後の晩、リキと、リキが雇った屈強な友人と、ニックとで、〈クラブ88〉に出かけていった。

まもなく、ニックが見ている前で、リキと友人は猛烈な喧嘩《けんか》ごっこを始めた。お互いにパンチを食らわすと見せかけて、わざと的を外し、ウェイターをぶん殴る。テーブルと椅子《いす》を部屋の反対側まで投げつけると、片側の壁にとりつけられた大きな鏡は割れ、カウンターの奥に並んだボトルも、ガラガラと落ちて粉々になった。二人はさらに、部屋の隅に置かれたグランドピアノも破壊した。

マネージャーは恐怖に青ざめて、茫然《ぼうぜん》と立ちつくすばかり。喧嘩を止めようとするが、まったく効果なし。ようやく二人がさやをおさめたときには、店内は瓦礫《がれき》の山と化していた。

ピザ事件は、これで決着がついた。ザペッティの機嫌を損ねた店が、この界隈《かいわい》にほかにも二軒あったが、いずれもリキが勝手に「嵐を起こすべきだ」と判断。けっきょく、〝嵐〟の被害にあった三軒の店が、六本木から姿を消している。

一九五九年には、別の事件が発生した。東京の西の郊外にある横田基地の前に、ニコラスの支店をオープンしたときのことだ。

〈ニコラス〉横田店は、派手に飾りたてた大きな白いコンクリートのビルで、広い駐車場を完備し、きらびやかなネオンサインもある。広い店内には、赤と白のチェックのテーブルクロスが、海のように広がっている。開店早々、ピザに飢えた基地の兵隊たちが、ガールフレンドを伴って連日のように押し寄せた。退屈している駐留兵の妻たちも、基地の外の日本人ボーイフレンドを連れてやってきた。

もともとは、共同事業としてスタートした店だ。ザペッティが土地を買ってビルを建て、日本人パートナーが日々の操業を引き受けていた。

しばらくは順調にいっていたが、やがて、横田店の経営者の金遣いをめぐって、両者のあいだに確執が生じるようになる。

決着をつけようと、横田へ出かけていったザペッティは、日本人パートナーの代わりに地元のヤクザに出迎えられた。白ずくめの服装をした、長身のやせた男だ。白いサマースーツに、白いシャツ、白いネクタイ、白い帽子。靴まで白に統一している。まるで『アンタッチャブル』から抜け出したかのようだ。当時『アンタッチャブル』は、日本語に吹き替えられ、テレビでさかんに放映されていた。

日本版フランク・ニッティは、あいさつの言葉もなしに、ニックに通達した。――これからは、田無の組が横田店を仕切ることになった、と。

ニックは力道山に相談した。力道山は町井に相談した。町井はさっそく、田無のヤクザのボスと、翌日に面談する手はずを調えた。

翌朝十時、東声会の組長は、十数人の組員を引き連れて、ニコラス横田店に踏み込んだ。組員はみな背が低く、頰《ほお》がこけ、顔色はやけに青白い。一様に黒っぽいバギースーツ姿で、手に手に拳銃やナイフをひっさげている。いずれもものすごい形相だ。

一行は大きなテーブルに席を占め、相手のメンバーと向かい合い、話し合いをはじめた。〝話し合い〟という言葉が適当かどうかはわからないが。ヤクザの専門用語が、ドスの利いた声で乱発され、相手に指をつきつけたり、啖呵《たんか》を切ったりするしぐさが、頻繁にはさまれる。いったいどんな話が交わされているのやら、ザペッティにはちんぷんかんぷんだ。

ついに東声会のボスが、妥協案を出した。

――ミスター・ニコラがパートナーに相応の金を払って店を買い上げる、というのはどうだろう。その線でそれぞれ一晩考えてから、結論を出そうじゃないか――

翌朝、双方は合意に達した。

――日本人パートナーは店を売り、田無のヤクザはナワ張りを明け渡す。ニックはニックで、東声会に礼金を払う。東声会はその金を、田無の〝若いもの〟への見舞金として、その母親に渡す――

田無の十九歳の組員は、前夜、横田市内のバーで、町井一家の〝鉄砲玉〟と喧嘩になり、肉切り包丁で腸をえぐりとられていた。

日本は、和を大切にする国である。ビジネス上の決断を下す前に、数週間、ときには数ヶ月もかけて、会合やら採択やらをくり返さなければ気が済まない。それを考えれば、今回の決定は異例のスピードだ。

横田での出来事は、東京に急ピッチではびこりつつあるヤクザ抗争を象徴していた。

国家警察の追跡調査によれば、組バッジをつけたヤクザの数は、驚異的に増えている。戦前には数千人だったものが、一九五一年には五万六千人に達し、五〇年代の終わりにはその四倍にふくれ上がった。犯罪組織のメンバーがこれだけ増えたことは、日本史上、例がない。なにしろ、アメリカン・マフィアの数倍だ。

日本経済の異常なほどの急成長によって、バーやナイトクラブが腐るほどオープンしたことが、要因の一つだといえる。ベビーブーム世代が大人になって、新しいタイプの非行が蔓延《まんえん》したせいもあるだろう。

必然的にナワ張り争いがあちこちで展開されるようになり、暴力抗争の波がどっと押し寄せた。「血で血を洗う」というヤクザたちのモットーを、文字どおりに受けとめた死闘である。

渋谷の安藤組の幹部は、ライバルの暴力団員が落としたタバコの箱を、うっかり踏みつけたとたんに、肉切り包丁で腹をえぐられた。その報復として、新宿のヤクザの〝鉄砲玉〟が電車の線路に縛りつけられた。朝一番の通勤電車と、身の毛のよだつようなご対面をさせるためだ。浅草の暴力団の組長が、真夜中の墓地の銃撃戦で殺《や》られると、夜明け前に上野の駅頭でマシンガン戦争がくりひろげられ、相手の組員が殺された。

ゆすり、暴行、盗難の発生率が急上昇した。

のちに東京は、「世界でも指折りの安全都市」という評価を得ることになる。しかし当時は安全にはほど遠く、マスコミはこの急成長した歓楽街を〈犯罪の温床〉と呼び、〈真夜中に街なかを歩くのは、どんな人間にとっても自殺行為に等しい〉と説いた。当局がラジオを通じて、国民にこんなアピールをしたほどだ。

——家に侵入した泥棒の武器にならないように、包丁はつねに隠しておきましょう——

東京の焼け跡に始まった住吉会と東声会の抗争も、ますますエスカレートしている。

東声会よりも歴史の古い住吉会は、今や八千人のメンバーを抱え、相互にゆるい連携を保ちながら十二の下部組織に分かれて、首都圏に広く分布。なかでも北部の組織は、東京湾岸一帯に幅をきかせていた。七千人のメンバーをかかえる稲川会は、横浜と横須賀の港以南を制覇していた。

一方の東声会は、西銀座を席巻して以来、千五百人のメンバーを擁するまでに成長。今や住吉会と、六本木・赤坂界隈のナワ張りをめぐって、はげしくしのぎをけずっていた。

東京の活動の中心が西へ西へと移動するにつれ、六本木や赤坂近辺はにぎわいを深める一方だ。次々に新築されるマルチフロアのコンクリートビルの中に、雨後のタケノコのように小さなバーが誕生している。そうしたバーの〝用心棒役〟を、東声会と住吉連合が争っていたわけである。

〈ニコラス〉はあいかわらず不穏な状況に置かれていた。

一九六一年のある晩、その男のバックには、住吉連合系の十二人の若い衆がついていた。一人の男が店にやってきて、大量に飲み食いしたあげく、代金を踏み倒そうとした。

「六本木はおれたちのナワ張りだから、店を護《まも》ってやる。そのかわり、ただで飯を食わせるのは当たり前だ」

彼らはアメリカ人オーナーにそう豪語した。

ザペッティはこう言われて黙って引っ込んでいるような男ではない。海兵隊ではボクシングでならしたし、ニューヨークの裏道で喧嘩のしかたも身につけている。

「おもてへ出ろ」

ニックはクールにそう言って、道路の向かいの駐車場に導いた。一対一でやっつけたか、全員まとめてだったか……いずれにせよ、彼らはほうほうの体で逃げていった。

またたくまに噂《うわさ》が六本木じゅうに広まった。やられたのが、悪名高き住吉連合の小林会に属するチンピラだったからだ。翌日、リーダーの小林楠扶が謝罪に訪れ、代金を支払っている。

しかし、事件はおさまるどころか、さらなるトラブルへと発展した。ほんの一ブロック先の、町井一家の幹部が経営するクラブの外で、とうとう刃傷沙汰《にんじょうざた》が発生。この戦闘で、金子という名の東声会の〝鉄砲玉〟が、左手首から先を切り取られた。警察が駆けつけたときには、手首が近くの歩道に転がっていたという。コチコチと時を刻む腕時計をつけたままで。

安心できるビジネス環境とは、お世辞にもいえない状況だった。

キラー池田

町井の東声会が六本木にナワ張りを築くと、〈ニコラス〉はヤクザの非公式本部になった。毎晩のように、ピザをぱくつくヤクザたちで満席になる。ボスの行動をまねているのは明らかだ。それに比例して、アルコールの売り上げもぐんぐん伸びている。

ヤクザたちの威張りちらすような物腰と、この経営者の頭に血がのぼりやすい性格を考えれば、両者のあいだの衝突が避けられるわけがなかった。案の定、アメリカ人オーナーと、東声会一派の有名な反逆児「キラー池田」とのあいだに、伝説的な一騎打ちがおこなわれることになった。

池田は、針金のようにやせて頬《ほお》がこけ、皮肉っぽい顔つきをしたならず者だ。キレやすさは天下一品。すでに小指が一本ない。肌身はなさず持ち歩いている革ケースには、取っ手を除いて両側をとがらせたアイスピックを、つねに六本携帯している。東京で大ヒットした映画『死の接吻《せっぷん》』の殺人鬼、リチャード・ウィドマークを連想させる男だ。六本木界隈では、「あいつには近寄るな」が合い言葉になっているほど、街一番の危ないヤクザという定評があった。

一九六三年夏のある晩、その池田が〈ニコラス〉にやってきた。五人のヤクザ仲間と、アメリカから遠征してきたプロレスラーも一緒だ。レスラーの名前は、偶然にも「キラー・オースティン」。池田は〈ニコラス〉の店主に、そばへきて一杯つき合えと命じた。

ザペッティは自分のレストランのバーに座って、ケニー・ピアスと飲んでいるところだった。ピアスはロサンジェルスから来日した漫談家で、六本木界隈のクラブに出演していた。真夜中過ぎとあって、すでにかなり酔っぱらっていたニックは、池田の誘いを断った。断りかたが少々ぞんざいだったことは否めない。

「ヤクザとは同席しないことにしてる」

この言い草はたしかにおかしい。町井や仲間たちが店にきたときには、かならず同席しているのだから。

ようするにザペッティは、野卑な池田が嫌いで、それを隠す気もなかったのだ。人をダシにして、カッコつける気だな——そう思ったせいもある。

キラー池田は、当然のことながらカッとなり、喧嘩《けんか》を挑もうと立ち上がった。その口元に、ザペッティの鉄拳《てっけん》が飛んだ。池田はカーペットを敷きつめた床に、大の字にのびた。いったん勢いづいたアメリカ人は、二番目の挑戦者も、三番目もノックアウト。それからおもむろに、自分の曲がったネクタイを直し、のびている男たちの体をひょいと乗り越えて、ドアから外へ出ると、夜の六本木に消えた。

池田と仲間たちは、いくつかのグループに分かれて、追跡を開始。三時間かけて、赤坂、六本木周辺をくまなくあたったが、何の手がかりも得られない。午前三時半になったところで、一行は〈トムズ〉にたどり着いた。

〈トムズ〉は、当時、六本木通りの北のはずれにあったいかがわしい深夜営業のバーだ。シンプルな造りで、正面はガラス張り。せま苦しいサロンには、いつもタバコの煙がもうもうとたちこめている。あるのは、カウンターが一つに止まり木が数個。ブースは数えるほどしかない。地下にもう一フロアあって、ヨーロッパ直輸入のヴィデオ・ジュークボックスを備え、フランス語の『バラード・オヴ・ザ・アラモ』や、イタリア語の『ビキニ・スタイルのお嬢さん』などの曲がよく流れている。壁に掛かったボードには、日本語と英語でこう書かれている。

〈金の切れ目は、トムズとの切れ目〉

トムズの常連は、ヤクザや売春婦、芸能関係者、『スターズ・アンド・ストライプス』の記者、ソ連大使館の職員、国外追放されたガイジン放浪者などがほとんどだ。どの面々も、ここのスリラー映画のような雰囲気と、単なるいかがわしさに惹《ひ》かれてやってくる。

ニコラスで侮辱的な扱いを受けてから、およそ四時間たった今、池田はイライラしながらトムズの一階部分で、暇つぶしに例のアイスピックを壁に投げつけていた。

ちょうどそこへ、へべれけの〝わがままガイジン〟がよろよろと入ってきて、カウンターに席をとった。コメディアンのピアスも一緒だ。

「どうだ、元気か、池田？」

ザペッティはビールを注文してから、だみ声で声をかける。

池田は彼の方をにらみつけてから、いきなり椅子《いす》を回転させ、壁にアイスピックを力まかせに投げつける。尖《とが》った金属は、木の壁に深々と刺さった。

「おまえにできるか？」池田があざ笑う。

ザペッティは身をくねらせて止まり木から降り、ジャケットを脱ぐ。そして、壁に刺さったアイスピックをすべて引き抜くと、それを一本ずつ、壁にわざと斜めに投げつける。アイスピックは木の壁から跳ね返り、リノリウムの床にバラバラと落ちた。ザペッティはもとの席によじ登り、何ごともなかったかのようにビールをすする。

池田はポケットから拳銃を取り出し、ザペッティに歩み寄って、左のこめかみに銃口を押しつけた。

その後の経緯は語り手によってまちまちだが、もっとも一般的な解説によれば、すかさずピアスがザペッティの手に、飛び出しナイフを握らせたらしい。ザペッティは間髪を入れずそれを池田の喉元《のどもと》へ。

「同時にやろうじゃねえか！」

ザペッティが池田の喉を傷つけながらすごむ。

「おまえが引き金を引く。俺はこのうす汚ない喉をかっ切る。三つ数えるからな。いくぞ」

ザペッティが数えはじめる。

「ひとぉつ……」

三つ数える前に、池田は拳銃をカウンターに置き、仲間と一緒に店を出ていった。

この出来事によって、東京の暗黒街で、ザペッティの株はぐんと上がった。堂々と喧嘩に勝ったばかりではない。ギャングとしての普遍的な鉄則を守ったからだ。あとから駆けつけた警察に事情聴取されたとき、ザペッティは逮捕者が出ないよう、いっさい口を割らなかった。それどころか、池田たちが踏み倒した勘定を、彼が払ってやる寛大ささえ見せている。

というわけで、ほんの少し前までザペッティをぶっ殺そうと思っていた連中は、ヤクザのしきたりと町井の命令によって、報復をあきらめざるを得なくなった。

たまたまニューヨークから来日していた、『デイリー・ミラー』紙のリー・モーティマー記者が、今や六本木の伝説になりつつあるこの武勇談を聞きつけて、記事にした。その中で彼は、ニューヨークのイースト・ハーレム出身のレストラン経営者、ニコラ・ザペッティを、〈東京のマフィア・ボス〉と紹介した。

かくして、彼の肩書が決まった。

ザペッティはそれをけっして否定しようとはしなかった。

金信洛《キム・シンラク》

複雑に入り組んだアングラ社会のなかで、力道山ほど秘密の多い人物はいないだろう。

日本史上まれにみる皮肉は、力道山の出自である。〝純粋な心を持つ日本男児〟の象徴とみなされていた彼は、じつは「金信洛」という名の朝鮮人だった。この事実は、町井、児玉など、ごく一部の人間にしか知られていない。

力道山は、現在の朝鮮民主主義人民共和国で、貧しい労働者階級の家庭に生まれている。このことが世間に知れると、ファンの半分はそっぽを向いてしまう、と彼は考えていた。日本人のあいだでは、朝鮮人への反感と偏見が、昔から根強くはびこっているからだ。

日本人は人種的には、漢民族や朝鮮人と同じく、モンゴル系に属している。しかも、日本人が〝独自の文化〟として誇るもの——禅、漢字、着物、書など——の多くは、中国や朝鮮が元祖である。

〝日本人は特別だ〟という発想を、日本のリーダーたちは昔から奨励してきた。外国の悪影響から国を守り、日本人としてのアイデンティティを育《はぐく》むためである。

明治維新をきっかけに世界へ門戸を開放したとき、日本のリーダーたちは、近代化を推進する一方で、天皇崇拝を奨励してきた。天皇は太陽神の子孫であり、日本の「国体」の守り神である、と吹き込んだ。二十世紀の軍国主義者たちも、権力の座にのしあがり、日本海の対岸を制覇するにあたって、その発想を利用している。戦争が終わって、民主国家日本が誕生したときも、全員が平等になったはずなのに、日本人以外は本質的に〝劣等民族〟とみなされた。

朝鮮人の子孫もその例外ではなく、日本の社会階級の最下層あたりに位置づけられた。

一九一〇年に韓国を併合して以来、日本の子孫たちは一般的に、朝鮮人を無学で原始的な民族、とみなしてきた。朝鮮の文化など学ぶ価値はない、と。

実際、日本の占領時代の後半に、いわゆる「大東亜共栄圏」の推進者たちは、朝鮮人に自国語で話すことさえも許さなかった。被征服者をきわめて軽視した扱いである。しかも、百五十万人以上の朝鮮人を日本に連れ帰り、強制労働させている。

戦後、そのうちの六十万人が、日本に残ることを選択した。北と南に分裂してしまった朝鮮半島の、政治的混乱に巻き込まれるのを恐れたからだ。彼らは、日本人の名前に変えて、出自をひた隠しにした。ただし、暴力団組長の町井は例外的存在で、日本と朝鮮の血が混じっていることを、誇らしげに公表している。

力道山が日本へやってきたのは、一九三九年。ずば抜けて体格のいいティーンエイジャーだった彼は、祖国で長崎出身の興行師にスカウトされ、東京の二所ノ関《にしょのせき》部屋に入門。数が限られている公認の相撲部屋の一つだ。彼はここで、慣習に従って「力道山」というしこ名を与えられ、さっそく稽古を始めた。

相撲博物館には、彼の名前も出生地も正確に記録されている。しかし、二所ノ関部屋の関係者たちは、このスポーツに朝鮮人がかかわることは大衆が許さないだろう、と予想した。相撲は天皇のスポーツであり、ヤマト魂の象徴とみなされている。したがって、朝鮮人であろうと誰であろうと、外国籍の人間に向かって「日本人力士を打ち負かせ」とそそのかすこと自体が異端ではないか、と。

かくして、大衆向けの作り話ができあがった。——金という若者は、最初から「百田《ももた》光浩《みつひろ》」

という名前であり、九州の大村出身の百田巳之助《みのすけ》の息子として生まれた生粋の日本人である、と。巳之助は、彼をスカウトした人物だ。そして、のちに出版された偉人伝のなかには、ありもしない子供時代のエピソードや、大村高校での運動選手としての成績が、おどろくほど事細かに、しかも皮肉のかけらさえ感じさせることなく、綿々と綴《つづ》られたものだ。

卓抜した筋力と負けん気から、力道山はたちまち頭角を現し、日本全国でおこなわれる十五日間の大相撲で、その力をフルに発揮しはじめた。数百人のライバルをつぎつぎに追い越し、厳密にランク付けされている相撲界のステップを、フルスピードで駆け上がり、たちまち上位力士四十名の仲間入りを果したのだ。いわば〝相撲界のメジャーリーグ入り〟である。

とはいえ、ここにいたるには、夜明け前から日没まで続く荒稽古に耐えなければならなかった。悪いフォームを矯正《きょうせい》するために、竹の棒で叩《たた》かれることなど日常茶飯事。集団で使う風呂やトイレでは、先輩力士の要求に、どんな不快なことであろうとも、だまって応じなければならない。出生地を知っている先輩たちからの、意地の悪い陰口にも耐えた。「息がニンニクくさい」――辛くて香辛料の強い食べ物を好む朝鮮人を、明らかに見下した言い方だ。

力道山は、相撲のトップ3ランク――関脇、大関、横綱――入りを目前にしていた。あとは、このスポーツの母体である日本相撲協会の決定を待つばかり。

ところが折しも、日本は戦争に負け、「天皇のスポーツ」は苦境に立たされた。東京場所がおこなわれる、神聖な相撲の歴史的殿堂「両国国技館」は、空襲で損壊したばかりか、進駐軍に接収されてしまったのだ。アメリカ人はこの建物も補修し、「メモリアル・ホール」と名を変えて、プロレスの試合をやらせている。

カミカゼや太陽神を信奉し、大日本帝国軍は無敵だと信じていた国民は、自分たちの〝神殿〟を見直す必要に迫られた。

一九四九年、ようやく秩序らしきものが取り戻されたころ、野球のマイナーリーグ・チーム〈サンフランシスコ・シールズ〉が東京を訪れ、満員の観客を前にプレーしている。ところが同じころ、東京の別の場所で大相撲がおこなわれたが、こちらの観客席は七、八割しか埋まっていない。

日本列島に、野球帽をかぶった少年の数が増えてきた。相撲の回しを締めた少年の姿は、少なくなる一方だ。相撲というスポーツは、金銭的に苦しい立場に追い込まれた。

そのストレスから、リキは角界に見切りをつけ、建設業界に転職。彼を雇ったのは、相撲ファンの新田新作という、体に入れ墨のある住吉会系のヤクザだ。新田はGHQにも特別なコネクションをもっていた。

新田の下で、リキは米軍キャンプの建設プロジェクトを仕切ることになった。仕事の合間には英語を勉強した。夜には銀座を飲み歩いた。そんなある晩、キャバレーで喧嘩《けんか》に負けたことが、彼の人生をドラマチックに変えることになる。

リキを打ち負かしたのは、ハロルド坂田という、来日中の日系アメリカ人だ。元オリンピック重量挙げのメダリストで、ハワイのボディビル・チャンピオンに輝いたこともある。のちにジェームズ・ボンド映画の『007ゴールドフィンガー』に出演し、鉄のシルクハットを投げつける悪人「オッドジョッブ」役を演じて、一躍有名になった。

喧嘩のあと、二人の男は仲直りし、ハロルド坂田はリキを、アメリカ人プロレスラーたちに紹介した。進駐軍向けのチャリティ興行のために来日していたメンバーだ。日本にこの〝スポーツ〟を普及させるのも、彼らの来日のねらいだった。

話はトントン拍子に運び、まもなく力道山は、アメリカでプロレスのトレーニングと試合をすることになった。その結果は、おおかたの予想を裏切る大成功だった。

洗練された技など持ち合わせないから、とにかく終始全力で闘いつづけるしかない。やがてリキは、相撲の張り手から「空手チョップ」をあみ出し、年間成績二九五勝五敗という驚異的な成績をあげた。そして、世界的格闘技雑誌『ボクシング・マガジン』の、プロレス世界最強ベストテンにランク入り。

一九五二年二月にアメリカへ出発するに先がけて、力道山は日本の市民権を獲得し、正式な名前を「百田光浩」としていた。今や戸籍では、長崎の百田夫妻が法律上の両親であり、生まれは大村、と記されている。

必要に迫られてのことだった。本当の出生地が朝鮮民主主義人民共和国であることは、すでに役人に知られている。いわばアメリカの敵国である。その彼がアメリカへのヴィザを獲得するためには、日本人のパスポートを手に入れるしかない。日本人のパスポートを手に入れるためには、本当の出生地がバレるような証拠を、いっさい闇《やみ》に葬る必要があった。

ところが、最初の立ち寄り先のホノルルでプロレスをしているときに、別の理由から、その見え透いた茶番劇を、大まじめで演じなければならないことに気がついた。

「ジャパニーズ・タイガー」というニックネームをつけられたリキの、一挙手一投足に観客からやんやの歓声が上がったのだ。詰めかけた観客の、ほぼ大半が日系人だった。みんな日の丸の旗を振り、嬉々《きき》としてバンザイを叫んでいる。

ある日本人特派員は、この現象を祖国に特電でこう伝えてきた。

〈ここに集まった観客は、戦争中に強制収容所に送られ、戦後も「ジャップ！」と侮蔑《ぶべつ》的に呼ばれてきた人々である。リキのすばらしい勝ちっぷりを見て、日本人としてのプライドを取り戻したような快感を覚えたに違いない〉

「ニンニクくさい」と言われつづけた男の心境は、さぞかし複雑だったことだろう。やがてアメリカ本土に渡り、パールハーバーにまつわる侮蔑の言葉を浴びせられたときにも、同じくらい複雑な心境に襲われたはずだ。

アメリカのリング上では、日本とは逆の人種差別攻撃を受けることになった。ここではごた混ぜのアジア人レスラーたちが、「トウジョー」や「ミスター・モト」などのリングネームで、日本人の役を演じている。リキもその一人に加えられた。

ヤギひげや口ひげを生やし、〝東洋的〟な赤いシルクのエキゾチックなローブを羽織り、高下駄を履いてリングに登場。香をたき、塩をまき、あらゆる汚い手を使う。たとえば、ひざまずいて許しを請い、相手が勝ち誇って後ろを向いたすきに、後頭部にガツンと〝卑怯《ひきょう》な攻撃〟を見舞うのだ。じつに屈辱的な茶番劇だが、ファンは大喜び。もちろん経済効果も絶大だ。

アメリカ修行のあと、力道山は日本に帰国し、新田らに援助をあおいで、前述のようなめざましいキャリアをスタートさせることになる。後援者のなかには、あちこちに出没する男、児玉誉士夫も含まれていた。

世間がリキを日本人とみなしたからこそ、成功したのだ。それは本人が一番よく知っている。彼自身も、児玉も、町井も、ほかの誰もが信じて疑わなかった——もしも日本人に真相がバレたら、リキが被る損失は天文学的数字に達するだろう。膨大なチケット代や広告収入を失うばかりか、三菱から契約を破棄されてしまうかもしれない、と。

リキは苦しんでいた。自分の側近にさえ、「日本人」で通していた。しかし、ニック・ザペッティにだけは、秘密を打ち明けた。そうすることで、胸のつかえが少しはおりたのかもしれない。

「おまえには言えるんだ、ニック」とリキ。「アメリカ人だから、気にしないもんな。しかし、日本人にはぜったい言えんのよ、ぜったいに……」

ザペッティにはその気持ちがよくわかる。店のスタッフにも、朝鮮人が一人いるからだ。彼は自分の子供にさえ、進学や就職の時に差別されるのを恐れて、その事実を隠している。

一九六三年一月、力道山はもっと大きな秘密を背負うことになる。

児玉と自民党の要請で、韓国への親善ツアーに送り出されたのだ。韓国と日本のあいだには、いまだに冷たい氷が張っている。しかし、国交正常化を期待する利益団体は多い。そこでリキが、氷を破る親善大使の役をつとめることになった。

韓国内には、反日感情が根強くはびこっていた。日本人による残虐行為がくり返された、戦時中のにがい記憶が消えていないからだ。にもかかわらず、力道山は彼らにヒーローと讃《たた》えられていた。

実際、朝鮮人の多くは、リキを同郷人とみなしている。「力道山」という名前の由来が、じつは朝鮮半島の山の名にほかならないからだ。ありがたいことに、日本人の大半はその事実に気がついていない。この名前をつけることで、力道山は自分のアイデンティティを保持していたといえる。

ソウルで、リキは国賓待遇を受けた。空港からオープンカーでパレードしたほどだ。韓国各紙は、一斉に一面トップで報じている。

〈二十年ぶりの祖国訪問〉

〈日本人になっても、流れる血に変わりなし〉

しかし日本では、誰もがおどろくほどしっかりと口を閉ざしていた。リキの出自に触れたのは、わずか一紙のみ。『東京中日新聞』という、比較的影響力の少ない新聞だ。同紙は、『AP通信』の記事を、そのまま翻訳して掲載した。リキは金浦《キンポ》空港での記者会見で、心境をこう吐露したという。

「二十年ぶりに祖国の土を踏むことができて、とても幸せです」

日本プロレスリング協会はこれを読んだとたん、東京中日新聞を協会のブラックリストに入れ、永久にマークした。

どのマスコミも、リキの秘密を大衆に知らせたくないかのようだ。というより、大衆自身が知りたがっていないフシさえあった。

力道山がひた隠しにしたのは、出自ばかりではない。娘の存在も内緒にしていた。

一九四二年に相撲で朝鮮巡業に出かけたとき、朝鮮人の妻と再会してできた子だ。娘は北朝鮮のピョンヤンに住み、共産党員として活動する一方、バスケットのナショナルチームのメンバーになっていた。

成長後の娘と感激の対面をしたのは(三歳のときに一度会っているが、彼女は覚えていない)、彼女がチームメイトとともに、日本海の新潟港に寄港した一九六一年のこと。父と娘は、人目につかぬよう船内でこっそりと会った。彼はその際に、一九六四年のオリンピックに北朝鮮が参加できるよう、自分が選手団全員の費用を出してやる、と約束したという。

やがて、力道山のもとに一通の手紙が舞い込んできた。ピョンヤンに住む兄からだ。手紙には、朝鮮民主主義人民共和国の金日成《キムイルソン》主席がリキの大ファンで、試合のフィルムをすべて持っている、と書いてあった。――〝戦争挑発人で、非常識で、肌が生白くて碧眼《へきがん》の資本主義者たち〟を、北朝鮮の出身者がこてんぱんにやっつけるのを見るのは痛快だ――そう言っているという。

力道山はとても感激した。〈オリンピックが終わったらコミュニストになって、北朝鮮に住もう〉そう決心したほどだ。少なくとも、一九八三年に出版された北朝鮮の月刊誌によれば、力道山の兄の言葉として、そう引用されている。

もちろん、本心だとすれば、力道山という人物の存在意義を考えると、アメリカ側にとってはけっして歓迎すべきことではない。なんといってもリキは、極秘に進められている日韓基本条約の、立て役者の一人ではないか。

力道山の取り巻きが、頭を悩ますことがもう一つあった。リキが公衆の面前で、ますます感情をコントロールできなくなっていることだ。彼の行動は、いつも突拍子がなく、二十四時間行動をともにしていると、日本は穏やかで暴力とは無縁の国、という神話が音をたててくずれてしまう。

たとえばこんな夜もあった。新橋に新装開店したレストランに、ザペッティを伴って出かけたときのこと。オーナーはある映画女優で、リキとはほんの顔見知り程度。リキはその真新しい店で、キッチンにある皿をすべて持ってくるよう、従業員に命じた。彼はそれを、高低さまざまに積み上げて並べたかと思うと、やにわに連続空手チョップを披露。もちろん皿はすべて粉々だ。店主の女優は、ショックのあまり言葉もなく、わっと泣きだした。ところがリキは、ただガハハと笑って、一万円札の束をテーブルにポンと投げた。レストラン数軒分の皿を買って余りある金額だ。

すでにリング上でたっぷり果たしている「アメリカ叩《たた》き」の役割を、さらに律儀に果たそうとすることもめずらしくない。あるときは、東京のレストラン〈アイリーン〉で、やかましいアメリカ人客の顔を、ビール瓶のかけらで切り裂いた。またあるときは大阪のホテルで、理屈っぽいスウェーデン人パイロットを、「理屈っぽいアメリカ人」と間違えて、二階のバーの窓から放り投げた。

『スターズ・アンド・ストライプス』の元記者、コーキー・アレキサンダーは、〈ザ・ハンバーガー・イン〉で、リキと居合わせたことがある。六本木通りの南の外れにあり、アメリカ人に人気のある、深夜営業の不潔な安食堂だ。

「リキは三人の女性と一緒に、奥のテーブルに座ってたよ」

アレキサンダーが述懐する。

「かなり酔っぱらっててね。と思ったらあいつ、いきなりズボンのチャックを下ろして、マスターベーションを始めやがった。外国人に向かって『ファック・ユー』と言ってるつもりさ」

とはいえ、信じがたいことかもしれないが、薬とアルコールへの依存によって、彼の体はガタガタになりつつあった。

試合前は、闘志をかき立てるために興奮剤を、試合後は、興奮を静めるために鎮静剤を、寝る前には、大量のアルコールを飲んでから、睡眠薬を常用。年間二百試合をこなす彼にとって、これは科学的にも別の意味でも、肉体にかなりの負担を強いていたことは間違いない。

午前中は朦朧《もうろう》としているものの、午後になって薬が切れ、ジムで練習を始めるころには、抑えがたい暴行癖が襲ってくる。周囲に居合わせた者は、とんだとばっちりを食らうことになる。

力道山のドラッグ中毒は、精神に異常をきたすほど悪化していた。一九六二年秋のある晩、ニコラ・ザペッティはそれをまざまざと思い知らされる。

日本のプロレスヒーローと一緒に、クラブ・リキに出かけたときのこと。室内には、いつものようにタバコの煙がもうもうとたちこめていた。なかに足を踏み入れたとたん、二人はバンド近くの小さな丸テーブルに、髪の長い魅力的な女性が一人で座っているのに気がついた。

「いい女だな」とニック。

「ああ」リキがうめくように同意する。

「一緒に飲もうと誘ってみようか」

リキがまたうめく。

ザペッティが近づいて誘うと、若い女性は快くオーケーし、三人は同じテーブルを囲んで飲みはじめた。

自己紹介によれば、彼女はファッションモデルで、ジャズの大ファンだという。クラブ・リキが東京一の日本のジャズバンドを抱えていると聞いて、やってきたらしい。

——感じのいい娘《こ》じゃないか。しかも、やけに好意的だぞ、とくにこのおれに——ニックは思った。彼に言わせれば、〝単なる好意〟以上のものが感じられた。彼女はニックのところにやってくると、あれこれ個人的な質問をしたり、スーツの仕立てや趣味をほめた。

——こいつはたまげた！　あの女ったらしの力道山に勝ったぞ。ここにいる全員に勝ったんだ。見ろ、彼女はこのおれに首ったけじゃないか——

「君はすごくきれいだ」とニック。

「ありがとう」彼女はそう言って長いまつげをしばたたかせ、顔にかかった髪をかき上げて、ニックににっこりと微笑む。

ニックは彼女の手を取り、ダンスフロアへと導いた。彼女が頰を寄せてくる。その香水の香りに、彼は思わずめまいを覚える。

「ちくしょうめ」ニックがひとりごとを言う。

「今夜、一緒に過ごさないか？」衝動的に耳元にささやく。

「いいわ」彼女がやさしく答える。「あなたがお望みなら」

自分の幸運が信じられない。ナンパは今まで何百回も経験してきたが、こんなにトントン拍子に運んだのは初めてだ。

――おれが何者か知ってるんだ、きっと。外に停めてある新品の〈ビュイック・リヴィエラ〉を見たんだな――

最新型の車だし、アメリカから日本に輸入された第一号だ。定価の三倍ぐらいかかってしまったが、ニックはびくともしなかった。カネは腐るほどある。

リキは座ったまま、二人を眺めていた。あとから思えば、その目つきにはただならぬ執拗《しつよう》さがあったかもしれない。

ニックはテーブルに戻ったところで、リキに、今夜あの娘と一緒に過ごすことになった、とささやいた。するとリキは声高に聞いた。

「見物してもいいか？」

「おい、冗談はよしてくれ」ニックがひるむ。「見物なんかお断りだよ。何を言いだすのさ」

「いや、どうしても見たい」とリキ。

「だめだ、だめだ。おかしくなったのか？」

ニックは振り向いて、彼女にささやく。「だいじょうぶだよ。夜更けまでにはリキを追っ払ってやるさ」

彼女がニックの腕を抱きしめる。

とうとうバンドが全演奏を終えた。閉店時間だ。

「ニック、おれも一緒に行きたいよぉ」

「リキ、頼むよ。こればっかりは、その……男二人に女一人なんて、おれはごめんだ。男一人に女二人なら大歓迎だが、男二人に女一人はいかん」

しかし、リキはくい下がる。「ぜーったいおれも行く」とリキ。「行かないわけにはいかんのよ」

ニックが彼女の腕をつかむ。リキもあとからついてくる。

「さあ、行こう」ニックが小声で言う。「どこかでリキを置いてきぼりにするよ。いざとなったら、車のドアを開けて蹴落《けお》としてやるさ」

二人はニックの新品のリヴィエラに乗り込んだ。彼女はフロントシートのニックとリキのあいだに座った。車は六本木のメインストリートを走る。道路沿いの店はどこもすでにぴたりとシャッターを降ろし、真っ暗で人っ子一人見あたらない。見えるのは、角の交番から漏れる光ぐらいだ。ニックは通りの外れにある深夜営業の人気レストラン〈ザ・ハンバーガー・イン〉に向かって車を走らせる。うまくいけば厄介者をそこに置き去りにして、二人で姿をくらますことができるだろう……。

突然、バチンという大きな音がした。平手で顔を叩いた音だ。あわててブレーキを踏む。振り向くと、彼女が両手で顔を覆って、痛そうにうめいている。リキはそんな彼女をにらみつけている。目に殺意さえ浮かべたすごい形相だ。

「リキ！」ニックが叫ぶ。「何するんだ！　おかしくなったのか？　女の子に手をあげるようなヤツは、車から降りてもらおうか！」

ニックはビュイックを降り、反対側に回ってドアを開ける。リキも車を降り、一瞬、開け放したドアの横にぼんやりと立ちつくしていたが、急にくるりと振り返り、車の中にいる女性の首を、ブーツの靴底でガンガンと蹴り始めた。

「なんだ、なんだ、いったいどうしたんだ！」

ニックは叫んで、リキの腕をつかむ。「リキ、どうかしたのか、え？　女の子をぶん殴ったり、蹴ったり。こんなあんたは今まで見たことがないぜ」

リキはニックを見つめる。目つきが完全におかしい。まるで真っ黒なビー玉だ。やがてリキは車のほうに手を伸ばし、女性を引きずり出して、自分のそばに立たせる。と言っても、ぐったりしてまともに立っていられないから、リキが支えている状態だ。次に彼女を頭上に高々と持ち上げ、車の向こうへ放り投げた。

レスリングの試合さながらだが、ここはリング上ではない。ひとけのない夜明け前の真っ暗な六本木の路上だ。しかも相手は、五〇キロそこそこのファッションモデルで、すでに意識を失いかけている。

ニックは車の反対側まで走った。屈み込んで、息があるかどうかを確かめる。なんとか呼吸しているようなので、すっくと立ち上がり、頭のおかしくなった友人と対決するために身構える。このままでは、リキは本当に彼女を殺してしまうだろう。

「おい、リキ」とニック。「いい加減にしろ。すぐ暴力をやめて謝れ。おれに説明しろ。さもないと、この場でおまえと一戦交えることになるぜ。あの子はおれの女だ。おれが守らなくてはならん。彼女はおまえではなく、このおれを選んだのさ。おれとの友情をめちゃくちゃに踏みにじる気か。もう我慢がならないぞ」

ニックは力道山との闘いを少しも恐れていなかった。はっきり言って、最近のリキはやけに衰えが目立っている。昔は強かったかもしれないが、今は違う。ニックの目から見れば、リング上でもさっぱり生彩がないのに、結局は勝っている。彼の試合は大半が八百長だからだ。

日本に遠征するアメリカ人プロレスラーは、みんな〈ニコラス〉にやってくる。レオ・ノメリーニ、ボボ・ブラジル、スタン・〝キラー〟・コワルスキー、ペッパー・マーチン……。彼らのなかには、リング上で「悪役ガイジン」をつとめていることを、平然と暴露する連中も少なくない。何もかも筋書きができているという。のちに『The Mean Machine』という映画に出演したペッパー・マーチンは、親友になったザペッティに、ある晩、内情を暴露した。

「ダンスの振り付けなみに、すべて決まってるのさ。ここでフォールして、あそこでフォールしろ。これをやれ、あれをやれ、ってな具合に。試合全体のシナリオができていて、ファンを喜ばせるキックもたっぷり盛り込まれてる。デカいアメリカ人が、最後にはリキの空手チョップで大の字にのびる、という筋書きだ」

マーチンはつけ加えた。「その代償に、一試合につき八百ドルがヤミドルで転がり込んでくる。ビールはたらふく飲めるし、女の子には事欠かない。おまえも復帰したらどうだ、楽しいぞ」

ニックが拳《こぶし》を握りしめながら仁王立ちする。力道山が沈黙を破った。

「この女が何者か知ってるか？」リキがろれつの回らない舌で言う。

「知るもんか」とニック。「会ったばかりだぜ、知るわけがないだろう。おれと寝ようとしているモデル嬢――知っているのはそれだけだ。というより、あんたにノックアウトされるまではおれと寝るつもりだったというべきかな」

「あいつはおれの婚約者だ」とリキ。

ニックがのちに告白したところによれば、このときほどあっけにとられたことはないという。二の句が継げずに、口をポカンと開けてその場に立ちつくした。数秒間、言うべき言葉を思いつかなかったが、ようやく当たり前の質問をした――あんたのフィアンセが、なぜこのおれに接近してきたのさ？――

リキの考えたジョークだったことが、のちに判明した。女性はニックをからかう役を引き受けた。ところが少しいたずらがすぎて、ついでにリキまでからかいはじめたから、リキがとうとう爆発したらしい。

最終的には、全員が冷静さを取り戻した。不思議なのは、リキに殴られ、三メートルほど投げ飛ばされた女性が、かすり傷で済んだことだ。骨折はないし、切り傷もほとんどない。多少腫《は》れぼったい顔を車のミラーに映してから、彼女はこう言った。

「この分なら今日も仕事に行けそう」

のちにリキが説明した。リラックスしている人間が殴られても、ほとんどケガはしない。むしろ、殴られそうになって身を固くしている人間が、ケガをするという。

本気だったのかどうか定かではないが、リキは結局、この女性と結婚はしなかった。ニックの想像だが、おそらくモデル嬢は、リキのそばにいてももはや〝リラックス〟できないとわかったのだろう。

こんな調子だから、一九六三年十二月八日に、力道山が赤坂のナイトクラブで刺され、十日後に死んだと聞いても、世間はさほど驚かなかった。運命的なその夜の出来事は、アメリカの『OK牧場の決斗』と同じくらい、日本ではあまりにも有名で、幾度となく語られている。

刃傷沙汰《にんじようざた》が起こったのは、〈ニュー・ラテンクォーター〉でのこと。旧ラテンクォーターが火事で焼けた――皮肉な記者の言い方を借りれば「焼かれた」――あとに建てられた超高級クラブである。のちに支払われた保険金があまりにも膨大だったので、放火説もささやかれていた。

一九六四年のオリンピックに備えて、東京近辺には見栄えのするホテルが次々に建っていた。〈ホテル・ニュー・ジャパン〉もその一つで、ニュー・ラテンクォーターは、オープンしてまもないそのホテルの地下にあった。

ニュー・ラテンクォーターが旧ラテンクォーターよりもはるかにゴージャスであることは、

万人が認めていた。

ホステスには街一番の綺麗《きれい》どころを百名揃《そろ》え、薄暗い照明のテーブルを八十組ほど用意している。アメリカ直輸入の目の覚めるようなフロアショーもあり、四十名の男女スタッフが接客にあたっている。デラックスな大理石を床に敷きつめた、アメリカンスタイルのトイレも呼び物だ。中に係員がいるトイレは、東京ではまだここにしかない。各施設にチップ用のバスケットを置いているのも、このクラブだけだ。

国際諜報部《ちょうほうぶ》の面々――KGBやCIA、MI6などの諜報部員たちが、好んでこのニュー・ラテンクォーターにたむろし、ホステスの奪い合いをしたものだ。

力道山はその夜、付き人グループを引き連れてやってきた。すでにかなり酔っぱらっているらしく、まっ赤な顔をしている。ステージ付近に席をとったリキは、アメリカからきたバンドに向かってコースターを投げつけ、黒人メンバーたちに、もつれた舌で罵声《ばせい》を浴びせはじめた。

「黒人は帰れ！　くそ野郎！」

リキはホステスと二、三曲ほど踊ったあと、音楽がやんだところで、彼女と腕を組んでトイレに向かった。同じころ、村田勝志という二十四歳の住吉連合会系組員が、トイレに立った。住吉一家の銀座支部ともいえる〈大日本興業〉の組員である。

大日本興業は、東京一帯のクラブにバンドマンやミュージシャン、歌手などを斡旋《あっせん》したり、氷やハンドタオル、食料、飲み物などを調達する会社だ。値段はたいてい法外なほど高く、必要とあらば〝武力行使〟もいとわなかった。

この会社はつい最近まで、力道山のプロレス試合にも、似たようなサーヴィスを提供していた。しかし、やがて児玉誉士夫が音頭をとり、東声会と、七千人の組員を抱える稲川会、一万人を抱える神戸の山口組のあいだで手打ちがおこなわれると、プロレスにまつわる全国的な興行権は分割された。だが手打ちによって、結果的には、村田の属する住吉連合会が、冷や飯を食わされるハメになったことになる。

村田という若者は、背こそ低いが体つきはかなりがっしりしている。その彼が、のちに事件のいきさつをこう語った。

力道山は男子用トイレの入り口で、ホステスと立ち話をしていたという。村田が横をすり抜けようとしたとき、リキの体と軽く接触し、言い争いになった。いきなり、リキの右拳《みぎこぶし》が顎《あご》に飛んできた。村田の体は二、三メートル吹き飛んで、男子トイレの大理石の床に叩《たた》きつけられた。リキは、うつぶせにのびている村田の上に馬乗りになり、怒りとアルコールの勢いにまかせて、必死に頭を両手で殴りはじめる。

村田は無我夢中で、ベルトにさして持ち歩いている刃渡り十三・五センチの登山ナイフを引き抜き、上体をひねって、相手の下腹にグサリと突き立てた。虚を衝《つ》かれたリキは、ふらふらと立ち上がる。村田ももがくように立ち上がり、その場から逃走。

リキは左下腹部をおさえながら、ゆっくりと自分のテーブルへ戻った。そして飲み仲間たちの前に突っ立ち、服に血が滲《にじ》みだしてくるのを眺めていた。

やがて何を思ったか、突然、ステージに駆け上がり、歌手が持っていたマイクをひったくって、バンドに『マック・ザ・ナイフ』を演奏しろと命令。自分は、英語と日本語の交った支離滅裂な演説をはじめた。

「この店には殺し屋がいまーす！」

居合わせた人々によると、腹を刺されているわりにはずいぶん平然としているように見えたそうだ。

「見てくださーい。こーんなことをされちゃいましたぁ」

そう言って、セーターをがばとめくり、腹部に広がりつつある赤い染みを観衆に見せびらかした。

叫び声があちこちに上がる。客のなかには、気絶する者もいた。店から飛び出していく客もいれば、テーブルや椅子《いす》によじ登る者もいる。

「みなさん、気をつけてください！」リキは客たちを指さす。「はやく家に帰ったほうがいいですよぉ」

まるで楽しんでいるようだった、という目撃証言もある。

リキは車で山王病院に運ばれ、その後、自宅へと帰された。しかし、出血が止まらないので、翌朝、ふたたび山王病院へ入院。

二、三日もすると、立ち上がって歩き回れるほどに回復した。
「村田のやろう、ぶっ殺してやる！」そう吼《ほ》える元気も出た。

一方、村田はというと、少なくとも居所はすでに突きとめられ、警察が駆けつける前に、東声会のメンバーたちから半殺しの目にあわされている。

そのあとの出来事については、風説がまちまちだ。

リキはベッド脇《わき》の花瓶の水を飲んで、腹膜炎を起こした、という説があれば、酸素吸入の管を自分で引きちぎり、こっそり院内に持ち込ませたビールを飲んだ、という説もある。いや、そうではなく、牛乳とリンゴを口にしたせいだ、という説もある。ケガの状態から考えれば、どちらも口にしていいわけがない。

何が原因であるにせよ、リキは突然、二度目の手術を余儀なくされた。執刀は、聖路加国際病院というアメリカ系の病院からやってきた外科医チームが担当した。そしてオペが終わった三、四時間後、リキは帰らぬ人となった。

その後、医者たちの証言によって、力道山は麻酔でショック死した、という説まで飛び出してきた。普通の日本人よりはるかに大きな体格だから、当然、麻酔の量も多くなるが、なんらかの計算ミスによって大量投与されてしまったのではないか、と。

村田との喧嘩《けんか》が偶発的なものだった、と考えている人間はほとんどいない。日本の週刊誌も、この事件については数々の不穏な推論を並べている。

北朝鮮との関《かか》わりを重視する一部ジャーナリストたちは、力道山は米国CIAの陰謀によって消された、と信じて疑わない。――CIAが、もちろんホワイトハウスの命を受けたうえで、ヤクザの〝鉄砲玉〟を雇い、刺し殺させようとしたのだ、と。リキが刺されたのがCIAのたまり場であったこと、さらに彼の手術をアメリカ系の病院の外科医が担当したこと、さらに死因が麻酔の過剰投与とみられることは、単なる偶然では片づけられない――陰謀説の信奉者たちはそう主張する。

日本の知識人のあいだでも、この説を信じる者が多い――CIAは、保守政権である自民党につながりをもっている。その保守党のリーダーたちにとって、日本の国民的ヒーローが北朝鮮の出身であり、しかも共産主義のシンパであることが発覚するのは、なにより都合が悪いはずだ――、と。

真珠湾攻撃の記念日に、アメリカから復讐《ふくしゅう》されたのだ、と主張する人々もいる――リキが刺されたのは、一九六三年十二月八日。真珠湾攻撃も、二十二年前の十二月八日（日本時間）。力道山がリング上でアメリカ人をバカにするのを、大喜びで見ている日本人たちに、アメリカがこういう形で思い知らせたのだ、と彼らは主張する。

とはいえ、どの説にも確たる証拠があるわけではない。

懐疑論者たちは、リキの私生活を指摘して疑問を投げかける――刺される半年前の六月に、茅《ち》ケ崎《がさき》警察署長の娘と祝言をあげ、レジャーカントリークラブの開発にのりだしたばかりではないか。北朝鮮に亡命するつもりの人間が、はたしてそんな行動をとるだろうか……。

日本の検察は検察で、リキはヤクザ抗争に巻き込まれて殺された、と結論づけている。住吉会と東声会のあいだで進行しているナワ張り争いの犠牲になったのだ、と。

村田自身は、あれは単なる事故であり、誤解が生じたのであって、自分のとった行動は正当防衛だ、と主張した。しかし、検察側は村田を殺人罪で起訴。裁判の結果、一審では傷害致死で懲役八年の判決だったが、二審では過剰防衛が認められ、刑期は七年に減刑された。

葬儀には、自民党の閣僚を含む各界の名士数百人をはじめ、数十万人の一般人が参列した。そのあと、力道山の亡骸《なきがら》は、東京都大田区にある池上本門寺の、五重の塔を仰ぐ墓地に埋葬された。

墓石にはブロンズ製の等身大の胸像が刻まれ、その下には〈百田光浩〉と、日本名が記されている。「金信洛」という名前はどこを探してもない。北であれ南であれ、朝鮮出身であるという記述も見つからない。

リキの墓は、幾層もの嘘《うそ》の積み重ねを、永久に保存する記念碑として建っている。「新しい日本」の基礎づくりに貢献した、嘘の積み重ねを。

第四章　オリンピック後のアングラ経済

東京オリンピックは大きな分岐点となった。このイヴェントを機に、日本は〝内面的〟にも〝外見的〟にもいちじるしい変化をとげている。

世界中の人々が見つめるなかで、日本は非の打ちどころのない仕事をしてみせた。全世界がそれを認めた。評論家たちも、かつてないほどみごとに運営されたオリンピック、と絶賛したものだ。

豪華絢爛《けんらん》たるこの催しのために、意匠を凝らして建てられた建造物が、ブラウン管を通じて全世界に紹介されると、数百万の人々が目を見張った。オリンピック史上まれにみる、美しい印象的な建物のオンパレードだ。丹下健三デザインの国立代々木競技場もその一つ。鋼鉄を両端から引っぱって、ゆるやかにカーヴさせた屋根は、あたかもハイテクの仏教寺院を思わせる。彼は、一九八七年のプリツカー賞に輝いた。いずれの建造物も、日本人の自信を大いに高めるのに、一役も二役もかっている。

その一方で、オリンピックをきっかけに爆発した建築ブームは、首都の〝顔〟を、識別できないほど完全に塗り替えてしまった。東京じゅうの水路という水路が、コンクリートで塗り固められ、終戦直後のあばら屋や屋台は、つぎつぎに取り壊されて燃料と化した。

代わりに林立しはじめたのが、真新しいホテル群である。〈ホテルニューオータニ〉もその一つ。十七階建ての超現代的なこのホテルは、ジェームズ・ボンド・シリーズの『００７は二度死ぬ』にも登場している。近代的な道路網や、鉄製の防音壁で囲まれた高架高速道路も、首都圏を縦横に走るようになった。ぴかぴかの地下鉄や、モノレールや、世界初の超高速新幹線のターミナルも次々に誕生した。

なかでも、赤坂、六本木、渋谷、青山といった、東京南西部の変化が著しい。七年ぶりに刑務所から出てきた東京の暴力団組長は、十年前とはあまりにも変わってしまった景色にうろたえて、思わずこうつぶやいたとか。

「まるで浦島太郎の心境だぜ……」

とはいえ、オリンピック後の新しい近代的な東京は、お世辞にも魅力的な場所とは言えなかった。息をのむほど美しいオリンピック施設を一歩離れれば、コンクリートで固めただけの安っぽい灰色の箱のようなオフィスビルや、実用一本槍《いっぽんやり》の店舗、思いやりのかけらもない「ウサギ小屋」的なアパート群などが、不統一に雑然と寄り集まっている。

土地はのっぺりとして起伏に乏しく、スカイラインは低く単調だ。東京の中心部でさえ、街並みは画一的でおもしろみがない。駅前には必ずと言っていいほど、パチンコ屋、〝スタンド・バー〟、果物屋などが軒を並べている。新たに神社や寺が建ったとしても、たいてい似たような造りだから、ほかとろくに区別もつかない。

しかし、エネルギーだけはすさまじい。とくに朝のラッシュアワーには、数百万の通勤客たちが、信じられないほど混雑した電車に決死の覚悟で乗り込み、長時間もみくちゃにされながら職場に向かい、一日十二時間の労働に就く。

一九六五年に始まった、いわゆる「いざなぎ景気」は、自動車やトランジスターラジオ、テレビなど、工業製品の輸出によって拍車がかかり、四年九ヶ月もの長期にわたって続いた。この国でこれほど長く好景気が続いたことは、過去に例がない。その結果、日本は世界第三位の経済大国にのしあがり、労働者の所得も倍にはね上がった。

六〇年代の終わりには、ほとんどすべての家庭に、カラーテレビやエアコンや洗濯機が普及した。〝マイカー〟の氾濫《はんらん》によって、都内の主要道路が激しい交通渋滞に悩まされはじめるのも、この時期からだ。車種はもちろん、ダットサン、ブルーバード、トヨタ・パブリカなどの日本車ばかり。

排ガス汚染が深刻化すると、街角の交番に酸素マスクが用意され、気分が悪くなった歩行者に提供された。銀座には電光掲示板がかかげられ、PPMの数値と、車や建築現場の騒音値を、分刻みで表示するようになる。

夜は夜で、東京の新しい繁栄は、別の形で現れている。漢字や、仮名、ローマ字などの入り混じる、走馬燈《そうまとう》のようなネオンサインが灯るころ、この街に息づく二万五千軒近いバーやナイトクラブが、いっせいに目を覚ます。大半は、流行《はや》りの六本木や赤坂界隈《かいわい》に集中している。ここが東京の夜の中心地になったのは、国際的な香りが加味されているせいだ。

土埃《つちぼこり》の舞っていた六本木のメインストリートは、これを機に舗装され、今や値の張る近代的なレストランが、ずらりと軒を並べている。

エレガントな二階建ての〈瀬里奈〉もその一つ。ここに入れば、着物姿のウェイトレスが、熱した石の上にグリルステーキをのせて運んでくる。〈イル・ド・フランス〉では、日本的な杉材のテーブルで、典型的なフランスの田舎料理が食べられる。〈クレージー・ホース〉というクラブは、華々しいパリの雰囲気と、マニラ直送のライヴ・バンドが呼び物だ。

今や都電は廃止され、代わりに真新しい地下鉄日比谷線が開通して、フレッシュな世代を、この界隈にせっせと送り込んでいる。わくわくするほどヒップな街の、国際的な雰囲気を味わおうと、ポケットマネーを握りしめてやってくる、戦後初のヤングジェネレーションだ。

〈ニコラス〉はあいかわらず人気がある。今では新しい三階建てのコンクリート・ビルの全フロアを使って営業している。店内には大きなテーブルが合計四十組。場所は最初の店舗から二ブロックと離れていない。すぐ目と鼻の先には、真新しい瀟洒《しょうしゃ》な〈ホテルオークラ〉がある。京都御所をモデルに建てられた、世界最高と定評のあるホテルだ。

〈ニコラス〉のおかげで、「六本木」は「ピザ」の代名詞になった。明仁皇太子と美智子妃は、今ではピザ・デートをあきらめ、皇室の後継者作りという仕事に専念しているらしい。とはいえ、〈ニコラス〉が東京と国際社会の紳士録であることに変わりはなく、毎晩のように有名人が店に姿を現す。

映画の撮影のために来日したロバート・ミッチャム、リチャード・ウィドマーク、ケーリー・グラント。コンサート・ツアーで来日したフランク・シナトラ、サミー・デイヴィス・ジユニア、ビリー・エクスタイン、ザヴィア・クガートなどなど。

『北京の55日』の宣伝のために来日したエヴァ・ガードナーも、ピザを食べにやってきて、こんなセリフを残している。「東京にいるあいだは、日本の男としか寝ないつもりよ」

しかし、頭角を現しつつある〝経済大国日本〟の興味深い一面が、さらにはっきりと見てとれるのは、隣街の赤坂だ。ここには、ニュー・ラテンクォーターを中心に、高級クラブが雨後のタケノコのように群生しはじめていた。日本企業の重役たちは、外国人クライアントを〝骨抜きにする〟ために、赤坂へ連れていく。国の平和維持に貢献したRAA（特殊慰安施設協会）は、すでに名誉ある解散をして存在しないが、ここはその現代版として、国のグローバルな経済発展のために貢献していた。

赤坂の人気スポットの一つに、パゴダのような形をした世界最大のキャバレー〈ミカド〉があった。ラスヴェガスふうのけばけばしいショーが呼び物で、裸に近い衣装に大きな羽根飾りをつけた若い女性たちが、ちっぽけなケーブルカーに乗って、客の頭上を往来する。千人のホステスは、いずれ劣らぬ美女揃《ぞろ》い。どの娘《こ》もブラの中に番号付きのポケベルをしのばせている。

あるアメリカの貿易商は、商品の買い付けのために東京へくると、取引先の日本人によくミカドへ連れていかれたという。

「セックスの巨大宝庫みたいだよ。あちこちに目を奪われて、目が痛くなる。832番のホステスとダンスをしているときに、ポケベルが鳴るとするだろ？　するとその娘《こ》は別の客のところへ行ってしまう。でも平気さ。次の娘のほうがもっとよかったりするもんね。日本での商取引きに、まったく新しい側面が加わった感じだな。あのキャバレーのおかげで、どれだけ契約が成立したか知れない」

当時、日本はGNPの一・五パーセントを、いわゆる「接待費」に費やしていた。これは戦後日本の防衛費の占める割合よりも大きい。

要するに、企業の重役のほとんどが、接待費という名目でかなりの出費を容認されているということだ。日本が商取引きのパートナーやクライアントと、単に商品やサーヴィスを交換するだけではなく、いかにそれ以上の関係へと進めたがっているかを、この数字の高さは示しているといえよう。ちなみに日本では、接待費の大半を企業の運営費として認める税法がまかり通っている。〝政府公認の必要経費〟というわけだ。東京に生息する無数の社交場がいつも黒字なのは、こうした政策のおかげである。

接待費は、日本のいわゆる「鉄壁の三角関係」――ビジネス界、政界、官界――を、しっかりと癒着させる接着剤だといわれている。当然のことながらそこでは、単なる享楽やゲームや男同士の約束を超えた何物かが進行することになる。赤坂の〈コパカバナ〉の常連なら、誰でもうなずくに違いない。

コパカバナは、東京でもっとも排他的で値段の高いクラブである。海外からのVIPを連れていくのに、これほど格好の場所はない。洋風の「料亭」を作ろうという発想が成功した例だ。

リョウテイというのは、古典的な高級レストランの総称で、普通はシルクの着物をまとったゲイシャが、伝統的な方法で日本の政治家や財界のボスを接待する。日本の政治の本当の〝震源地〟はここだと言われている。

コパカバナは、ニュー・ラテンクォーターにほど近い、赤坂の裏通りに面している。バイリンガルの若いエリート美女軍団が、念入りに容姿をみがきあげ、ジバンシィの衣装にエナメルシューズといった格好で出迎える。酒は注いでくれるし、おいしいスナックを手ずから食べさせてくれる。そればかりではない。赤いヴェルヴェットのブースに、テーブルには薄暗い照明だけが灯された、かなり親密な雰囲気のなかで、お世辞や愛撫《あいぶ》を雨あられのようにふり注いでくれる。小さなステージでは、海外の有名ミュージシャンが、甘い歌声でムードを盛り上げる。

コパカバナのオーナーの元妻は、元ダンスホールのダンサーで、終戦直後に「チェリーママ」として鳴らしたこともある。「やり手ママ」だともっぱらの評判で、自分の店のホステスたちが完璧《かんぺき》なサーヴィスをしているかどうか、控え目ながらタカのような鋭い目でチェックする。後年、監視カメラが開発されたときには、それを要所要所に設置したらしい。

金持ちや有名人を出迎えるためのアーチ状の重厚な玄関前には、毎晩、ぴかぴかの黒いリムジンが滑るように入ってくる。三井物産という大手商社のアメリカ支店長をつとめていた、一般市民時代のリチャード・ニクソンは、商談のために東京を訪れると、かならずここへ連れてこられたという。ファイサル国王も、インドネシアのスカルノ大統領もやってきた。

このクラブが諜報《ちょうほう》活動の温床となったのは、当然の帰結だったといえよう。有名な例がある。コパカバナでホステスをしていた通称「デヴィ」（本名は根本七保子）のケースだ。一九六六年の『週刊現代』によると、彼女は〈東日貿易〉の〝秘書〟に仕立てられて、スカルノに接近したという。東日貿易は、児玉誉士夫が指揮をとる日本の商社で、インドネシアへのさらなる進出をめざしていた。彼女はみごとに使命を果たした。最終的には大統領の第三夫人におさまって、スカルノの末っ子を産んだほどだ。偶然かどうかは知らないが、東日貿易はその後、スカルノが六七年に失脚するまで、ジャカルタで荒稼ぎしている。

とはいえ、スパイ活動の大半を産み出したのは、芽生えたばかりの軍用機、民間機産業だった。

コパカバナは、日本の大手商社が、グラマンやロッキード、マクドネル・ダグラス、ノースロップなど、大手航空機会社の重役たちを、何の疑いもなく連れていける場所とみなされていた。数十億ドル単位の契約が、こともなげに成立する場所だった。そのために、後年、驚くべき事実が判明している。日本の商社に雇われたエイジェント、すなわち、航空機買い付けの仲買人が、米国航空機会社の重役のガールフレンドとなったホステスに、こっそりと金を握らせ、彼女たちの目の前で展開されるビジネス交渉に、しっかりと耳を傾けさせていたのだ。

エイジェントは女性たちを募集し、契約にこぎつけるためのありとあらゆる情報を手に入れるよう、訓練をほどこした。彼らがとくに重視したのは、燃費やメンテナンスなどの情報と、ライバルの省庁や防衛庁人事に関する情報だ。

「グラマン社の航空機は特定燃費に問題がある、というのは本当か？」

「大蔵大臣はXに肩入れしてるのか、それともYの方か？」

「MITI（通産省）は非公式にはどんな立場をとっているのか？」

「日本の防衛庁の誰それは、××プランに賛成しているか？　△△戦略を支持しているか？」

実際、航空機についてかなりの知識を身につけ、腕利きの産業スパイになったホステスもいる。もちろん、クラブを訪れたアメリカ人たちは、疑いのかけらさえ抱いていなかった。一九七〇年代の半ばに、〈航空機販売合戦、夜の舞台裏〉などと題した、コパカバナに関するスキャンダラスな雑誌記事が、駅の売店をにぎわせるまでは――。

契約成立のための作戦や決断に、頭脳の結集は欠かせない。しかし、もう一つ重要な要素が必要だった。賄賂《わいろ》である。

そのいい例が、ロッキード社とグラマン社のあいだで展開された、一九五七年の熾烈《しれつ》な販売合戦だ。当時、日本の防衛庁は、ジェット戦闘機の購入を検討しはじめていた。防衛庁は最初、グラマン社のF11（F11F1F）の購入を決めた。ところがどういうわけか、突然その決定をくつがえし、ロッキード社のF104スターファイターに変更してしまったのだ。

一九五八年にグラマン社に入社した、元戦闘機パイロットのジム・フィリップスはこう語る。

「まったく理屈に合わないんだ。うちの航空機は非常に安定してる。ロッキード社のは、安全性という意味で疑問が残る。ぼくは自分ではけっこう頭が切れる方だと思ってたけど、何がどうなっているのか、つい最近まで見当もつかなかったよ」

〝何がどうなっている〟どころか、とんでもない裏工作が進行していた。ロッキード社の代表から日本政府の高官に、百五十万ドル近い極秘の献金がなされていたことが、のちに発覚したのだ。献金の仕掛け人は、児玉誉士夫以外にありえない。彼自身も、ロッキード社から手数料として七十五万ドルを受け取っている。

『ニューヨーク・タイムズ』によれば、この贈収賄はCIAも承知のうえで、CIAはグラマン社やその他の航空機産業に、この情報をけっして漏らさなかったという。なにしろロッキード社は、CIAのためにU2偵察機を製造した会社であり、児玉誉士夫は、前にも述べたとおり、CIAに雇われたことのある人物だ。

この事件はのちに国会で取りあげられたが、児玉の説得力がものをいったらしく、結局は全容が明らかにされていない。糾弾にあたった社会党議員は、〈パテック フィリップ〉の時計がびっしり詰まったブリーフケースを提供されても、頑として受け取らず、児玉の仲間が刃物をちらつかせても動じなかった。やむなく児玉は、脅迫という手段に訴えた。社会党議員が愛人と密会している一連の写真を送りつけたのだ。これはみごとに功を奏した。

児玉の手際があまりにもあざやかだったので、ロッキード社は数年後にも彼の手を借りている。ただし、二度目はいささか違う結果を招いたが。

オリンピック後の新時代に、ビジネス界がますます勢力を拡大する一方、組織犯罪も増加の一途をたどっていた。

オリンピックの年の厳重な取締りは、次世代の問題児たちを街から一掃し、組バッジをつけたヤクザの数も半減させている。しかし、取締りの最大の〝産物〟は、政府当局とヤミ社会との結びつきを一層強化させたことだろう。「アイ・ライク・アイク」軍のおかげで、両者はすでにかなり親密な関係にあった。

ヤクザたちは、オリンピックの間に外国人観光客が日本に対して悪いイメージを抱かないよう、すすんで警察に協力し、東京の街の浄化と犯罪防止につとめた。

たとえば銀座の町井は、定職を持たず〝人相の悪い〟部下たちに、オリンピック開催前後の二ヶ月間、東京を離れ、海辺で精神と肉体の鍛錬をするよう命じている。効果は絶大だった。オリンピックのあいだじゅう、東京にはヤクザらしき風貌《ふうぼう》の人物は一人も見あたらなかった。

日本流「ヤクザ哲学」が、また一つ示されたことになる。

その後、生き残ったヤクザたちは、力を結集し、タクシー会社、トラック運送業、建設会社、芸能プロダクションなど、合法的なビジネスへの参加に精力を傾けていく。経営者がヤクザだとバレないように、看板会社を設けながら。

(日本のタレント事務所の九〇パーセントは、暴力団が経営していた。実際、六〇年代でもっとも収入の多かった歌手が、神戸に本拠地を置く山口組のボスを「兄貴」と呼んでいたくらいだ。赤坂―六本木界隈《かいわい》の高級ホステスクラブは、大半が暴力団の資金援助に支えられていた。噂《うわさ》によれば、コパカバナも例外ではないらしい）

東声会の町井会長は、部下を再編成して、〈東亜友愛事業組合〉の名のもとに〝消費者信用組合〟を開設。さらに銀座に、十九のクラブやレストランを所有する〈東亜相互企業〉を設立した。クラブ〈シルクロード〉もその一つで、ここでホステスをはべらせて飲めば、ドリンク一杯だけで、日本のサラリーマンの一ヶ月分の給料が吹き飛んでしまう。

町井は、ザペッティの勧めで、レストラン事業にも手を広げている。

町井は最初、「俺は湯の沸かしかたも知らない」と乗り気ではなかったという。〈ニコラス〉のオーナーはこう説得した。

「あんたとこのチンピラを、千五百人ほど銀座に放ってみな。そいつらがちゃあんと客を集めてくるさ。ヤクザにノーと言えるやつがいるかい？」

案の定、煙がたちこめた油まみれの小さな韓国風焼き肉屋は、いつも超満員。数年後には、ソウル直送の食材をフルに使った韓国高級料亭が、二軒誕生することになる。

一九六六年、町井は児玉を共同経営者として、まばゆいほど贅《ぜい》を凝らしたレストラン〈キャラバン・サライ〉を、六本木にオープンした。

ペルシャ風建築という触れ込みで、家具調度はムーア式、床にはぴかぴかに磨かれたイタリア製大理石が敷きつめられ、頭上には巨大なアラビア風テントがそびえている。壁に所狭しと飾られているのは、百万ドルを優に超える古代ペルシャの宝石や壁掛け、装飾品類だ。タキシード姿の韓国人ヤクザたちが、うやうやしく客を出迎え、トルコ帽に黒いタイトドレス姿の白人ウェイトレスが、いそいそと接客にあたる。メニューに並んでいるのは、ドイツで六年間修行を積んだ日本人シェフによるフランス料理。当時の日本人の大半にとって、ドイツ風はかぎりなくフランス風に近かった。さらにカイロ出身のベリーダンサーが目を楽しませ、日本のカルテットがスペインの歌で耳を楽しませる。

「国際的レストラン」という言葉に、新たな意味がつけ加わった。

レストランを含むビルとともに全体の会長をつとめる児玉誉士夫は、マスコミのインタビューのなかで、この施設の目的は「外国人を感服させる」ことであり、「〝売春やバーのホステスの国〟という戦後日本のイメージを払拭《ふっしょく》する」ことだ、と豪語している。

「外国人は日本を、女遊びの天国だと思いこんでる」と児玉。「これが我慢ならんのです。だからわたしはこの事業に協力しようと思った。世界ナンバーワンのレストランを建てて、日本人が外国人より優れていることを証明してやろうじゃないか、と」

そんな大演説をかましながら、児玉は同時に別の分野でも、日本の優秀さを証明しようとしていた。企業相手の恐喝という、秘められた分野で。彼は東京に生息する二千人の「総会屋」を傘下に入れようとしていた。

ソウカイヤという発想は日本で生まれた。企業の〝保安〟を専門とするゆすり屋のことで、株主総会で企業に公開質問できるように、まず株の一部を取得し、報酬を出す人間のために、総会でさまざまな便宜をはかる。

たとえば総会屋グループは、企業方針に異を唱える株主を脅迫したり、シナリオにない質疑を抑えたり、その他の方法で総会の進行をコントロールする。企業側に協力して、短時間に、つつがなく総会を終わらせるためだ。反対に、重役会のやり方に異議を唱えることもある。誰に雇われるか次第で、役目もおのずと違ってくる。

総会屋は日本全土に五千人いると推定される。いわゆる「ブラック・マガジン」の出版も独自に手がけていて、企業の重役たちに定期購読を強要する。フェアであろうとなかろうと、手段は問わない。定期購読を拒否した重役は、不利な記事を掲載される可能性がある。

児玉は、もう一つの専門分野として、ビジネス界の内部紛争や、重役同士の権力闘争を〝解決〟する仕事も請け負っていた。〝調停料〟をもらって、敵を〝非友好的に説得する〟のが、彼のやり方だ。

証券会社の最大手である〈野村證券〉は、児玉に〝顧問料〟として年間二千万円を支払っていた。彼のサーヴィスに対して報酬を払っていた会社は、ほかにも山ほどある。いずれの会社の代表も、その出費はまぎれもない必要経費だ、と主張してやまない。

当時の警察庁の推計によれば、〝オリンピック休暇〟後の暴力団の年間収益は、東京都の年間予算の約二兆円（GNPの一・五〜二パーセント）を超えたという。しかも、そのうち合法的な仕事による収益は、わずかに五分の一。ただし、正確な数字を知る者は誰もいない。

「数字を出してほしいと税務署から頼まれたので、いちおう出すことは出したが――」警察関係者が言う。「あくまで推測の域を出ない。実際はそれよりはるかに多いだろう」

日本の組織犯罪のエキスパートたちも、ヤクザの実収入は申告額の七倍はあると踏んでいる。参考のために言っておくが、マフィアの収入は、アメリカのGNPのおよそ二・五パーセントと推定される。

最終的な数字がどれくらいになるにせよ、それが日本経済に膨大なはずみをつけたことは間違いない。

六本木の帝王　東京のマフィア・ボス

金とペテンの渦巻くこうした風潮のなかで、アメリカ人ザペッティはまさに水を得た魚だった。東京中をさがしても、彼ほどリッチな外国人はいなかった。未申告の収入を含めれば、かのブレークモア弁護士を久々にしのぐ羽振りのよさだ。

一九六四年十月には、新しいレストランをオープンした。しかもその直前には、店と同じく地代のバカ高い地所に、四寝室のあるコンクリート三階建ての豪邸を購入している。まるで城のような西洋風の家で、一段低い場所に暖炉があるし、グランドピアノ、プール、メイド、執事付きだ。敷地総面積はおよそ三百坪。車が優に二十台駐車できる車路の面積は、なかに含まれていない。土地に飢えた東京で、これほどぜいたくな話はない。全室のインテリアを完成させるには、応接セット七組が必要だ。高価な絵や美術品の数々を、一財産かけて集めもした。

まもなく〝予備〟として、それより少し小ぶりの家を六本木に購入。鎌倉という由緒ある門前町にも、別荘を一軒、その近くの材木座という海沿いの町に一軒、さらにホノルルの浜辺にも一軒買った。最新式のヨットも手に入れた。車は数えきれないほど持っている。しかも毎年、新型に買い換えた。キャデラックの最新型を手に入れるには、輸入税と輸送費で、アメリカの小売価格の二倍にはねあがるが、値段などどうでもよかった。

アメリカ大使にもひけをとらない豪勢な暮らしだ。

自分はビジネス手腕と〝犯罪的策略〟によって富を得たのだと、ザペッティは自慢してはばからない。

〝犯罪的策略〟の絶好のチャンスがめぐってきたのは、都庁の役人が彼のところにひょっこり現れたときだ。道路拡張のために、最初のレストランの敷地を譲ってほしい、移転にあたって店主がこうむる損害は、すべて都が負担するという。

そこで〝天性の詐欺師《さぎし》〟は、名案を思いついた。

まず、近所のナイトクラブのホステスたちを雇って、客足のとだえる昼間の時間帯に、店内の空テーブルをすべて埋めさせた。こうしておけば、調査にきた役人に、つねに満員盛況、という印象を与えるだろう。ホステスたちは毎日、テーブルで爪《つめ》の手入れをしながら、道路公団の視察員が現れるのを待った。

数日後にようやくやってきた視察員は、案の定、店の繁盛ぶりに目を丸くし、立ち退き料として九千七百万円という金額をはじき出した。ザペッティが土地と建物代として支払った当初の金額を、二倍以上、上回る数字だ。

「きたないやり方だし、法律にも違反してるさ。だけどみんな似たようなセコいことをやってたんだ」

たとえば、東京のスナック経営者の代表団が、ニックの店に押しかけてきて「ピザの値段をもっと上げろ」と要求したことがある。

彼らは「ピザ・トースト」と称するまがい物を売り出していた。スライスした食パンにトマトと国産のプロセスチーズをのせ、オーブンで焼いただけの代物だ。しかし〈ニコラス〉へ行けば、その半分の値段で、スモールサイズのピザが食べられる。

「営業妨害だ」と彼らは主張した（このとき、彼らの口から「市場の混乱」という言葉がさかんに飛び出した。その後何年にもわたって、海外から市場開放を迫られるたびに、日本政府はこの言葉で武装した）。

日本人が売っているのは、単なる「グリルド・チーズ・サンドイッチ」にすぎない。ところが彼らはザペッティに、その十倍の値段でピザを売れという。これは不当な価格調整であり、共謀《コルージョン》であり、一種のゆすりではないか。

ザペッティはきっぱり断った。彼には米軍基地という供給ルートがある。北米産の材料が格安で手に入るのはそのためだ。違法もへったくれもない。だからこそ手ごろな値段でピザを提供できるのだ。

闇《やみ》ルートで仕入れるのは、彼にとって欲得ずくというよりも、むしろ必要に迫られてのことだった。

普通の販売ルートで買えば、輸入品はべらぼうに高い。日本ではトマトソース一缶が、アメリカの五倍はする。豚肉やチーズも同様だ。ザペッティはこうした材料を、海外から大量輸入しようと何度か試みている。ところがそのたびに、わけのわからない規則や法律にはばまれ、許可がおりなかった。たとえば、トマトソースを輸入しようとしたら、役人にこんな寝ぼけたことを言われた。

「太陽光線に当てて栽培したトマトは、輸入できないことになっている。わが国では、輸入トマトはハウス物しか認可しない」

数少ない国内生産者を守るために、市場から外国勢を締めだそうとしているのは明らかだ。輸入品が市場に参入すれば、品質の劣る国内生産物は、たちまち吹き飛ばされてしまうだろう。チーズひとつを例にとってみても、日本は十九世紀に生産をはじめたばかりだから、ヨーロッパの水準にはまだまだほど遠い。

そんな商品に、法外な金額を払わされるのは、もっぱら働きバチのようなサラリーマンや、家計のやりくりに追われる主婦たちだ。そうした消費者のニーズは完全に無視されている。結局のところ、たっぷり政治献金をしてくれるのは、生産者であって消費者ではない。

ザペッティは「パラレル・インポート（並行輸入。メーカーが承認した販売経路以外の経路を通る輸入）」という方法も試みた。飛行機の乗客として日本に着いたとたんに、別送手荷物として輸送品を受け取れるシステムだ。日本では、ウィスキーの小瓶でも、外国産というだけでかなり値が張る。そこでザペッティは、酒類を安く手に入れるために、共同経営者を伴って、飛行機で日本と外国のあいだを何度も往復し、申告用紙にせっせと記入して、まんまと八百ケース分を輸入した。日本の酒屋で買うよりも、このほうがはるかに安い。

ところが日本の役人からクレームがついた。するとたちまち、合衆国内のアルコール業界を牛耳っている大手酒造会社〈シェンリー〉から、北アメリカの業者全体に通達が回った――未認可の代理業者（つまりザペッティと共同経営者のような連中）には、今後一切、大量販売をしないように――。

この方法が使えなくなったザペッティは、ふたたび闇ルートに戻ることにした。

自給自足の方法もあれこれ試してみたが、結果はまちまちだった。

まず、日本列島の最北にある広大な島、北海道に、牧場用の大きな敷地を借りて、チーズを作るために酪農を始めた。日本人よりよっぽどうまくやれる自信があった。純血種の牛の群を買い、地元の農民を六人雇って、自分が東京にいるあいだ、牧場の仕事をまかせることにした。牧場の掃除や牛の餌《えさ》やり、乳搾りなどをさせて、目的のチーズを作り、〈ニコラス〉のピザに使おうという計画だ。

寝室五つと、最新式の納屋を備えた、本格的なアメリカンスタイルの牧場家屋を建設した。近代的な道具も片っ端から買いそろえた。〈コマツ〉の十トンブルドーザーを五台、トラクター、ピックアップトラック、ジープ、スノーモビルを各一台、ほかにも各種トラックを用意した。雇った農民たちを、ブルドーザー教習所に通わせもした。

しかし、表土のすぐ下に粘土層が隠されていることを、誰も事前に教えてくれなかった。これでは牧草が育つわけがない。牛の餌は買って手に入れなければならない、ということだ。

しかもこの土地は、陥没箇所だらけだった。雇い人たちが牧場の手入れにとりかかって初めて、そのことに気がついた。なかには、ブルドーザー一台を丸ごとのみ込んでしまいそうな、巨大な穴もある。

それでも雇い人の農民たちは、なんとかチーズ作りまでこぎつけた。ところが、いざ試食してみたら、とても食べられるような代物ではない。そういえば最近、彼の牧場の牛がバタバタと倒れ、つぎつぎに死んでいく。両者のあいだに、何らかの因果関係があるのやら、ないのやら……。

原因究明にやってきた地元の農協の獣医は、三省堂の和英辞典を開き、〝neglect（怠慢）〟の項をさかんに指さした。雇われた農民たちが、仕事場よりもご主人のウィスキー・キャビネットの前で、圧倒的に長い時間を過ごしていたということらしい。

けっきょく、牧場は閉鎖せざるを得なくなった。

しかし、厚木という街のはずれに建てたソーセージ工場のほうは、牧場ほど悲惨ではなかったし、折しも日本経済が暴走していたせいもあって、ザペッティの勢いはあいかわらずとどまるところを知らなかった。

伸びる一方の需要に合わせて、レストランの本店を三百平方メートルほど拡張し、しばらくしてまた三百平方メートルほど拡張した。駐車場を設け、屋上にソーセージのミニ工場を増設した。条例違反だが、かまうことはない。新しいシェフを雇い、スタッフを増やし、六本木じゅうに支店を設けた。横田にピザの冷凍工場を建設し、四トントラック数台で製品をせっせと配達した。

使い道に困るほどの猛スピードで、金が舞い込んでくる。

ザペッティは毎晩、赤坂や六本木の歓楽街へ、時間の許すかぎり通った。美女を抱かずに眠った夜は一度もない。ときには二人いっぺんに抱いて寝た。ナイトクラブのバーテンダーたちは、好色なガイジンの旦那《だんな》と、取り巻きの女たちをよく知っているから、彼が店にやってくるたびに、新顔のホステスを差し向けた。

「みんなから〝六本木の帝王〟と呼ばれたものさ」

数年後、ザペッティは自慢した。

「そのとおり。おれは日本一リッチなアメリカ人になった。とびきりの美女をいつも連れていたから、道を歩いてるとみんなが振り返ったもんだ」

〝東京のマフィア・ボス〟ザペッティのもとには、ほかにもいろいろな金もうけの話が舞い込んできた。日本の米国商工会議所の会合ではまともに取りあげられないような、あやしげなビジネスばかりだ。

リー・モーティマーの記事が出て以来、奇妙な要請や商談が、つぎつぎにザペッティのもとへ寄せられてくる。

アメリカ人たちが、ニセの米軍IDカード、闇ドル、円の偽造債券、盗品の毛皮コートなどを売りつけにきた。密輸米もあった。これは日本ではかなり需要が高かった。米穀産業に大きく依存している自民党が、厳密な価格規制をしているからだ。

ナイトクラブのホステスたちは、今後の商品価格、金利の変更などのデータをひっさげ、〝国際的な極秘ビジネス情報〟の買い手を求めてやってきた。自分を置き去りにした外国人の恋人を探してほしい、という日本人妊婦からの依頼もあった。横浜港に停泊中の船の乗組員は、「黄金の三角地帯（東南アジアの生アヘンの生産地帯）」から持ち込んだ商品を、こっそり売りさばくためにやってきた。元マフィアの殺し屋は、コカインを日本の大衆に紹介したがった。

ザペッティは一部を引き受けたが、トラブルや危険性をはらんだものは断った。残りは、自分よりふさわしい「仕事仲間」に紹介した。

フライ級のトップクラスにいる南アメリカ出身のボクサーも、仕事仲間の一人だ。ビッグタイトルマッチのために来日していたこのボクサーが、ザペッティに百万円を握らせ、自分の妻の不倫相手を〝抹殺〟してくれと頼んだことがある。相手の男は南アメリカ出身の無冠のミドル級ボクサーで、彼も試合のために来日中だった。

ザペッティは不倫男を、もうもうと煙のたちこめた銀座の韓国料理店に連れていった。するとミドル級ボクサーは、二日もしないうちに、飛行機に乗ってそそくさと帰国した。

この結末はかならずしもフライ級ボクサーの思惑どおりではなかったが、文句を言っている場合ではなかった。彼の妻が、すでに別の男とねんごろになっていたからだ。

海老原《えびはら》という若者のケースもある。

ある日、海老原と名乗る五十代後半の母親が、〈ニコラス〉横田店にやってきて、店主に頭を下げた。過ちを犯して少年院に入っている息子の、スポンサーになってほしいという。

もともと犯罪者に同情的なニックは、二つ返事で引き受け、釈放された海老原少年に、キッチンでの肉体労働をあてがった。

まもなく少年は、新しい雇い主のところにやってきて、こう言った。

「少年院から出してくれて、ありがとうございました。すごく助かりました。ええと、人から聞いたんですけど、マスターはとても強いそうですね。おれ、ボクサーになりたいんです」

　ザペッティはレストランの裏庭で、少年の反射神経と運動能力をテストすることにした。幅三十センチ長さ一・五メートルほどの板を、麻縄でぐるぐる巻きにして地面に突き立てる。それにパンチを加えさせ、板が跳ね返ってくる前に、機敏に避けられるかどうかをチェックするのだ。結果はすばらしかった。あまりにもすばらしいので、ザペッティは若者を、知人の経営する目黒のボクシング・ジムに連れていくことにした。野口という右翼である。

「野口さん、この坊主はすごいパンチ力を持ってますよ」

　海老原がタイのポーン・キングピッチに世界タイトルマッチを挑むのは、その後まもなくのことだ。

「東京のマフィア・ボス」と呼ばれるからには、つねにヤクザに囲まれていることを覚悟しなければならない。

　案の定、〈ニコラス〉には東声会の面々がひっきりなしに食事にやってきた。

〈ニコラス〉の店頭には、巨大な看板がかかっている。大きな団子っ鼻のシェフが山積みのピザを抱えている絵だ。「横に暴力団のマークを入れるべきだ」常連がそんな冗談をいった。

　東京のゴロツキ集団を、ザペッティほど間近に見たアメリカ人はおそらくいない。

　折しも東映映画が、戦前と現代の暗黒街を舞台にしたロング・シリーズで、ヤクザを礼賛しはじめていた。筋骨隆々の体に念入りに入れ墨をほどこし、カラフルな着物をまとって、長い日本刀を手にした、見るからにヒロイックな人物が主人公だ。シドニー・ポラックの一九七四年の映画『ザ・ヤクザ』も、このイメージを採用している。

しかし、〈ニコラス〉に毎晩出没した連中は、ヤクザ映画とは似ても似つかない容貌《ようぼう》をしていた。まず服装が違う。どちらかというと、一九六四年に大ヒットした映画『殺人者たち』のリー・マーヴィンに近い。黒いスーツに、黒い帽子、真っ黒なサングラスをかけて、髪は角刈り、肩から掛けたホルスターには、38口径をしのばせている。

いずれもぞっとするほど不健康だ。朝から晩まで、安酒とフィルターなしのタバコと興奮剤にひたっているせいで、体はガリガリだし、顔色はやけに青白い。糖尿病を患っている者も多く、虫歯や痔《じ》の治療の話題が〝日常会話〟。ヤクザたちの大半は遅かれ早かれ刑務所のやっかいになるが、服役中、虫歯と痔は治療の対象外なのだ。

ヤクザのふりをして覆面捜査官が潜入しても、簡単に見破られてしまう。私服警官は一様に血色がよく、千六百メートルを四分足らずで走れそうな元気者ばかり。暗黒街では、私服警官を「桜田組」と呼んでいる。すぐに握手をしたがるのも、見破られる原因だ。本物のヤクザなら、ただ頷《うなず》いて、暗い目でじっと相手をにらみつける。

当時のヤクザは、たしかに不健康ではあったが、勇気だけは並外れていた。

東京のヤクザには、小指の先がない者が少なくなかった。ヤクザの風習にしたがって、なにかの罪滅ぼしに指をつめるからだ。

町井親分も例外ではない。一九六三年、町井が大阪の暴力団と手を結んだばかりのころ、子分の一人が相手の暴力団の顧問格である重要人物を、カッとなったはずみに拳銃《けんじゅう》で撃ってしまった。

その直後、東声会の町井親分は、落とし前をつけるために、みずから小指の先を切断した。銀の果物ナイフを使って、〝儀式〟は厳かにおこなわれた。関節部分にうまく刃を食い込ませ、ざっくりと切り落とす必要がある。身の毛のよだつような肉片をホルマリン漬けにして、相手のボスの家に届けなければならないからだ。

こんな壮絶なことができる人間は、ザペッティの故郷プレザント・アヴェニューに、そうざらにはいない。

ヤクザの武勇伝は数知れない。渋谷の暴力団のボスは、路上の喧嘩《けんか》で耳から顎《あご》にかけて、バッサリと切られたときに、麻酔なしで五十三針縫ったという。

日本刀を振りかざした男と、〝丸腰〟で対決したケースもある。その〝偉業〟を達成したのは、金子という東声会組員で、今は左手首から先がない。ヤクザの世界では、これこそがもっとも勇気ある行動とみなされる。

元ヤクザが本音を語った。

「日本刀がキラリと光った瞬間に、ああ、俺はあれでバッサリ斬《や》られる、と実感するわけよ。最悪の気分さ。ハジキなら、一巻の終わり。コロッとあの世へいける。しかし、日本刀はそうはいくもんか。血がドクドク流れ続けて……」

〈ニコラス〉のガイジン店主は、レストランにやってきた西洋人と、店の常連のヤクザとの喧嘩に、何度巻き込まれたことだろう。

東声会の組員たちは、日本人にさんざん差別されてきた韓国人だから、「純血ヤクザ」にけっして好感をもっていない。しかし、「アメ公」（アメリカ人をさす軽蔑的な俗語）に対する強烈な反感という意味で、両者は意気投合していた。彼らの目から見ると、占領が終わってすでに二十五年たつにもかかわらず、アメリカ人はいまだに東京の街をわが物顔で闊歩《かっぽ》していた。

〈ニコラス〉の客に、デイヴという元ＧＩの巨漢がいた。声が大きく、いつも自慢たらたらのめかし屋で、筋肉をひけらかし、乱暴なしゃべり方をする。

ある日の午後、バーのスツールに腰掛けていたデイヴは、前述の東声会中堅幹部、松原に拳銃をつきつけられ、外に待たせてある車に連れ込まれた。その後いったい何が起こったのかは、誰も正確には知らない。デイヴは真っ青な顔をしてガタガタ震えながら、コートを取りに戻ってきた。そして二度と六本木界隈《かいわい》に現れることはなかった。

モーリスというフランス人柔道家が、〝落とし前〟をつけさせられたこともある。

モーリスは、ザペッティと町井の飲み友だちだが、ある晩、東声会のボスを無視するという大きな過ちを犯した。たまたまこの日、フランス大使を伴って、六本木のナイトクラブにぶらりと入ってきたモーリスは、片隅に町井とザペッティが座っているのをちらりと見たものの、あいさつの言葉ひとつかけず、目礼さえしないで、同伴者を部屋の反対側のテーブルに押しやったのだ。

日本では、巨大なガイジンの柔道家は、ただでさえ毛嫌いされていた。身長一九八センチ、体重一一三キロのブロンドのオランダ人、アントン・ヘーシンクに、東京オリンピックの無差別級で金メダルを奪い取られてからは、とくにその傾向が強かった。ヘーシンクは神永昭夫をやすやすと倒し、わが国の柔道は無敵、と信じ込んでいた日本人の鼻を、ボキリとへし折っている。街頭テレビで観ていた大の大人が、おいおいと泣き崩れたほど、これはショッキングな出来事だった。

以来、ガイジン柔道家は、体格がよくて偉そうに見えれば見えるほど嫌われた。

というわけで、モーリスが軽率な行動をとった数分後、突然、クラブのライトが一斉に消された。そしてフランス人は、拳銃を突きつけられて裏の廊下に導かれ、袋叩《ふくろだた》きにされた。

明かりがともされ、モーリスが現れた。顔は血だらけだ。

「町井！」ニックが叫んだ。

「いったいどうなってるんだ。どうしてあんな目にあわせたんだ」

「生意気だからさ」

町井はそう言って、ざまあみろとばかりに鼻をツンと持ち上げた。

モーリスに説明する役目が、ザペッティに降りかかってきた。どこが悪かったのか、顔をめった打ちにされた被害者が、なぜ謝りにいかなければならないかを。

松原が、マイク・サリヴァンというオーストラリア人のレポーターとの喧嘩に敗れ、ぶっ殺してやろうと決心したときも、ザペッティがあいだに入って、仲をとりもつ羽目になった。

一九六〇年代に『スターズ・アンド・ストライプス』の短期の仕事を請け負っていたサリヴァンは、ある晩遅く、「クレージー・エミ」というあだ名の日本人女性と、『スターズ・アンド・ストライプス』のレポーター、コーキー・アレキサンダーとともに、〈トムズ〉で飲んでいた。クレージー・エミは、素っ裸の上に毛皮のコートだけを羽織って〈トムズ〉に現れ、バーの客全員に見せびらかした伝説の持ち主だ。

そこへ松原が入ってきた。すでにかなりできあがっている。トラブルを起こしたくてうずうずしているのは明らかだ。彼はサリヴァンたちのテーブルに近づき、クレージー・エミをダンスに誘った。エミが断ると、松原は逆上した。

アメ公は生意気だ、という内容の罵詈《ばり》雑言《ぞうごん》を、思いつくかぎり浴びせはじめたのは言うまでもない。サリヴァンはアメリカではなく、はるかに南国の出身なのだが。両者は殴り合いをはじめ、テーブルや椅子《いす》をひっくり返すやら、がなりたてるやら、罵《のの》りあうやら……。松原が「このヤロー！」と言えば、サリヴァンは「サルのチンピラ！」とやり返す。

殴り合いは十五分ほど続いた。松原は、身長こそガイジンに劣るものの、東声会の幹部にふさわしく、勇猛果敢に戦った。

しかし、結局は頭に強打を浴びてノックアウト。頭蓋骨《ずがいこつ》はみごとに陥没し、額から目にかけてどっと血が流れた。やがて警察が駆けつけたが、喧嘩はおさまるどころではなかった。サリヴァンはのちにそのことを思い知らされる。

東声会中堅幹部が喧嘩に負けた、という事実が災いした。しかも、相手は巨大な白いガイジンであり、ガイジンの日本人ガールフレンドの目の前でやられたという事実も、ヤクザたちの屈辱感をさらに強めた。

サリヴァンの命は長くあるまい——そんな噂《うわさ》が広まった。

ザペッティによると、思いあまったサリヴァンは彼に助けを求めてきた。

「東京のマフィア・ボスなんだろ？」オーストラリア人はそう泣きついた。「なんとかしてくれよ」

ザペッティは町井と松原に面会を求めた。ようやく手打ちがおこなわれ、サリヴァンはかろうじて命拾いできることになった。ただし、十万円の現金と、アレキサンダーのつてでＰＸのウィスキーを用意すること。しかも、もう一度〈トムズ〉にきて土下座しろという。

約束の晩、サリヴァンは言われたとおり、謝りにやってきた。

見るからに物騒な集団が、地下で彼を待ち受けている。男たちの一人が、友好の印にと握手の手をさしのべた。相手を油断させるためだ。いきなりほかの二人がサリヴァンに飛びつき、羽交い締めにした。背後の男が椅子をつかみ、サリヴァンの頭上に叩きつけて、頭蓋骨を陥没させた。四人目の男は顔を殴り、鼻の骨を折った。
サリヴァンの〝謝罪〟はこうして受け入れられた。

警視庁はザペッティを、「ガイジン要注意人物リスト」の筆頭にあげてはいたが、どうしてもシッポをつかむことができずにいた。

一九六〇年代には、ヤミ取引きの容疑で何度か事情聴取をおこなった。あちこちにある彼の自宅にときどき手入れをおこなって、30―30ライフル、冷蔵庫、ブランディその他の物品を押収したからだ。ところが、ザペッティはそのたびに、どこかから書類を手に入れ、問題の品が自分の物ではなく誰か別の人間の所有物であることを、まんまと証明してしまう。これでは警察も、彼の逮捕をあきらめざるを得ない。

日本の警察は、ザペッティが頻繁にニューヨークへ出かけ、そのたびに近隣のマフィアに表敬訪問することを嗅《か》ぎつけていた。地元の警察とＦＢＩがそれに気づき、東京の警察に、日本の暴力団の活動について問い合わせたからだ。

ザペッティがニューヨーク在住の従兄弟《いとこ》と共に、反カストロ系のキューバ人グループと拳銃の取引きをしているのを、フォート・ローダデイルで張り込み中のＦＢＩチームが目撃したこともある。ＦＢＩはたちまち東京に捜査官を派遣し、警視庁に保管されているザペッティ関連の詳細なファイルを閲読させた。

尋問されたザペッティは、ペラペラと弁解した。自分はキューバ人たちと、「ピストル(pieces)」の話をしていたわけではない、「ピザ(pizzas)」の話をしていたのだ、と。

一九六九年には、ザペッティの黒い疑惑がさらに濃くなった。ポルトガル人と日本人のハーフであるマカオ国籍の男が、ザペッティからの借金を踏み倒したあと、忽然《こつぜん》と姿を消したからだ。ザペッティが何らかの形で事件にかかわっているのではないか、という疑惑が浮上した。しかしこのときも、起訴に至る証拠はとうとう見つからずじまい。

かくもやすやすと警察の摘発を逃れてしまうこと自体、東京の警察に言わせれば、このアメリカ人が本物のマフィア・ボスである何よりの証拠だ。実際彼らは、その後何年にもわたって、そう信じ続けた。

ザペッティ自身も、彼らの思いこみをあえて否定しようとはしなかった。「じつはこのおれが殺し屋を雇ってマカオ人を殺《や》らせた」と、こっそり自慢さえしている。「おれには誰も逆らえないことを思い知らせるため」だそうで、マカオ人ビジネスマンをマニラで見つけたという情報を得たとたん、フィリピン大使館ルートで殺し屋を雇い、撃たせたという。

「たったの六十ドルだぜ。探す費用は別だが」

ザペッティは声をひそめて吹聴した。

「被害者の兄貴とかいうやつが、おれのところへ頭を下げにきたよ。これ以上うちの家族に復《ふく》讐《しゅう》しないでください、ってな」

彼の話が本当だという証拠は何もない。友人たちは眉唾《まゆつば》だと思っている。殺人にかかわったというのは、自分に箔《はく》をつけるためのザペッティの作り話ではないか。〝筋金入りのワル〟だと、人に思われたがる男なのだ。たいしたワルでもないくせに。ところで、日本人は外国人というと、この烙印《らくいん》を押したがる傾向があった。

ザペッティが友人にこう漏らしたことがある。

「〝東京のマフィア・ボス〟として世間に知られるのは、おれみたいな男にとっては最高の名誉なのさ」

新しい東京の中心部には、彼のような特殊なアメリカンドリームを抱く人間にとって、またとない肥沃《ひよく》な土壌があったといっていい。それは、どんな政治経済史にも劣らないほど雄弁に、戦後の日米関係を物語っていた。

合法的な逃げ道

東京のヤミ経済への出入りを許されていた外国人ビジネスマンは、そう多くはなかった。在日米国商工会議所には、メンバーが二千六百人ほどいたが、その大半がビールを飲みながら嘆いていた――日本市場はこれだけ繁栄しているのに、アメリカ人が合法的に入り込むすき間はこれっぽっちもない、と。

障害が多すぎるのだ。関税、制限、役所の規則……。たとえば、肉や魚の販売権を獲得するのに、二十四のライセンスが必要だし、クリーニング業を始めるだけでも国家試験が必要とされる。

なにより、あまりにも複雑な流通網が国全体にはびこっている。商品は倉庫をあちこち転々としなければならない。その過程で、出荷サイズがどんどん小さくなっていく。やっと消費者の手元に届くころには、最終的な小売価格が驚くほどはね上がっている。しかも、四十万人の卸売業者と、二百四十万人の小売業者が、プロ同士の長年のつき合いによって複雑な関係を築き上げているから、外国製品がそのなかで〝迷子〟になることもしばしばだ。

商業弁護士のトム・ブレークモアは、実例を知っている。ある日本の貿易会社が、二つのライバル会社――日本企業とアメリカ企業――の製品を、同時に販売していたケースだ。しかも、独占契約を結んでいたアメリカのクライアントには、その事実を知らせていなかった。

〈コカ・コーラ〉が日本で成功したのは、複雑な流通システムをかいくぐるために、独自の販売代理店を作ったからだといえよう。

このアメリカ企業が、「ダイミョウ・ボトラーズ」と呼ばれる強力な日本の清涼飲料市場に、単独で参入できたのは、販売のかなりの部分を日本の流通経路にまかせたからだ。斬新《ざんしん》でおしゃれな看板を、日本人に提供したことも幸いした。

「看板の上の方におたくの名前を入れてあげましょう」彼らはそう言った。「ただし、その下には、〈コカ・コーラ〉と入れさせてもらいますよ」

「しゃべる自動販売機」の全国チェーンも、独自に開発した。日本人の舌に合うように、味は少し甘めにしたし、大々的なコマーシャル・キャンペーンもおこなった。「コーク」という言葉が、日本語として定着したほどだ。

しかし、コカ・コーラ社のように資産に恵まれた企業が、そうざらにあるわけもない。アメリカ企業がこれほど不利な状況に置かれていたのには、わけがある。

ひとつには、占領直後に合衆国が日本と交わした、暗黙の「冷戦協定」のせいだ――アメリカは日本を、アジアの主要な反共拠点にする。そのかわりに日本は、アメリカの豊富な市場に無条件で参入できるし、自国の産業から外国勢を排除してもかまわない――そんな無言の取り決めがあった。

日本市場へ進出したがるアメリカ企業には、米国国務省が釘《くぎ》を刺した――あそこは厳しいと思ったほうがいい。日本の経済成長を妨害してはいけない。輸入には一〇〇パーセントの関税をかけさせてやること。彼らには製品よりむしろ技術を売ったほうがいい。わが国は安全保障の面で、〝強い日本〟を必要としている――。

この暗黙の協定のせいで、ＩＢＭは日本での製造許可を得るために、ライバル企業に五パーセントという法外な安値で、特許を認可せざるを得なかった。富士通やＮＥＣが、やがてコンピュータ市場で〝ビッグ・ブルー（ＩＢＭのあだ名）〟を追い越すことになったのも、それを思えば不思議はない。

このシステムを回避するために、外国人はさまざまな手段を試みたが、いずれも失敗に終わっている。

たとえば香港経由でウィスキーを並行輸入したアメリカ人は、東京の刑務所にほうり込まれた。トランザムのスポーツカーを日本に並行輸出して、市価の半分の値段で売りさばいた男も、けっきょくは行く手をはばまれた。東京でトランザムを独占販売している代理店から苦情が出たとたん、ポンティアックがアメリカ側のディーラーに、不認可のアメリカ人バイヤーには二度と車を売らないように、と命じたからだ。

外国企業は日本社会に害をもたらす、という世間一般の悪評と闘う必要もあった。一九六九年のB級映画『やくざ非情史　血の盃《さかずき》』で描かれているように、アメリカ人の重役は腐ったやつばかり、というイメージが蔓延《まんえん》していたのだ。

この映画はアメリカのビジネスマンを、占領軍の現代版としてとらえている。主演は、渋谷の元ヤクザ、安藤昇だ。東声会のかつての天敵で、その顔には、銀座で東声会の〝鉄砲玉〟にナイフで切りつけられ、五十三針縫ったときの傷痕《きずあと》が、今でもくっきりと残っている。六年の刑に服したあと、安藤は一九六五年に映画俳優としてデビューし、「日本のジョージ・ラフト」として名を馳《は》せた。

『やくざ非情史　血の盃』の冒頭に、終戦直後のこんなシーンがある。東京の街頭で、華奢《きやしや》な靴磨《くつみが》きの少年が、通りかかった米兵にチューインガムをせがむ。するとGIは、少年に侮蔑《ぶべつ》的な言葉を吐き捨てる。この役を演じているブロンドの男はアメリカ人ではなく、訛《なま》りのきつい英語をしゃべるドイツ人だ。

「ユー・スチューピッド・リトル・イディオット！（このクソガキ）」

少年はむかっ腹をたて、兵隊のあとを追いかけて手にガブリと嚙《か》みつく。ところが、オリンピックの重量挙げ選手さながらのＧＩは、たちまち少年を地面に投げ飛ばす。さらに馬乗りになって押さえつけ、自分が嚙んでいたチューインガムを取り出し、少年の口を無理やりこじ開ける。

「そんなにチューインガムが欲しいか？」ＧＩはすごむ。「欲しけりゃ、くれてやるぜ」

〈ダブルミント〉を口に押し込んでいるところへ、安藤が助けに駆けつける。小柄な安藤は、大男を少年から引き離し、顔に鋭いパンチを数発見舞う。ＧＩはうめきながらその場にうずくまる。

その後、安藤は感謝している少年を連れて、野原へ散歩に出かける。二人で川べりに腰かけると、少年が英語の歌をうたいはじめる。

「ゆー　あー　まい　さんしゃいん……」

すると安藤が、どうせなら日本語の歌をうたえ、と叱《しか》りつける。少年は素直にそれにしたがう。

後半は、それから二十年ばかり後の話。目に落ち着きのない、見るからに欲の皮の突っ張ったアメリカ人ビジネスマンが、東京に乗り込んできて、安藤の友人が経営する会社の株を買い占めようとしている、という設定だ。

友人に助けを求められた安藤は、アメリカ人ビジネスマンの部屋を突然、訪れる。アメリカ人は破廉恥にも、ホテルのマッサージ嬢に無理やりセックスを迫っている最中だ。安藤は拳銃を取り出し、ふたたび弱い者いじめのガイジンを成敗する。

「ゆー　すぴーく　日本語？」

安藤はピストルをちらつかせながら、片言の英語ですごむ。

「ノー」アメリカ人が恐怖に震えながら答える。

「じゃぱん　すもーる　かんぱにー」と安藤。「あめりか　びっぐ　かんぱにー。ゆー　ごーほーむ」

「イ・イ・イ・イエース」アメリカ人がベッドの上で縮こまりながら言う。

ドアに向かった安藤は、振り返ってつけ加える。

「あんど　ほぇん　ゆー　かむ　つー　じゃぱん、らーん　つー　すぴーく　じゃぱにーず（日本にくるときは、日本語ぐらい勉強しておけ）」

忘れてならないのは、この映画が製作された時点で、日本はすでに世界第二位の経済大国にのしあがっていた事実だ。

一部のアメリカ企業にとって、日本での成功は驚くほど簡単に転がり込んできた。

たとえば〈エンサイクロペディア・ブリタニカ〉は、一九六〇年代と七〇年代の初めに、教育熱心な親たちに英語の百科事典を売りまくって、大儲《もう》けしている。高尚な英語の本をセットで持っていれば、子供がいい大学に入れるかもしれない——親たちがそう信じ込んだからだ。彼らは、家族のなかにこの本を読みこなせる人間がいようといまいと、おかまいなしに買った。

あるブリタニカのセールスマンは、言うことをきかない客に深夜の嫌がらせをして、刑務所にほうり込まれた。ところがこの男は、七十二時間の拘留期間中に、刑務所の看守相手にセールスに励み、八百ドルの百科事典を二セット売ることに成功している。おかげで、月間売り上げのトップに輝いた。

とはいえ、ブリタニカのケースはあくまで例外だ。たいていの場合、日本で成功するにはよほどの覚悟が必要だった。社員が一致団結し、必要とあればゲリラ戦も辞さない意気込みが。

ハロルド・ランズバーグのケースを考えてみよう。この人物は、インディアナポリスに拠点を置く会社〈ランズバーグ・エレクトロスタティック・ペインティング〉の経営者で、スプレー・ペイントを開発し、特許を獲得していた。静電気の作用によって、塗料が物体を包むように付着する、いわゆる静電塗装の技術である。

ランズバーグは一九四〇年にこれを発明し、アメリカの車輛《しゃりょう》、洗濯機、冷蔵庫メーカーに技術を売っていた。製造業者は、塗装費用のなかから一定のパーセンテージ——平らな大型パネルであれば一〇パーセント、円筒状の物体であれば三〇パーセント——を、特許権使用料として彼の会社におさめた。

一九五〇年代の後半、日本で外国企業の特許申請が可能となったとき、ランズバーグも申請に踏みきった。

ところが驚いたことに、日本の製造工場の多くが、すでに彼の技術を使っていた。なかには、松下電器、三洋電機、日立などの大手も含まれている。彼らは塗装のやり方を見学するために、調査団をアメリカに送り込んだ。そしてサンプルを日本に持ち帰らせ、分解して同じ物を作りあげ、勝手に使用していたのだ。もちろん、特許料など一銭も払っていない。ランズバーグによれば、彼の技術を許可なく使用していた企業は、四百社にのぼるという。

彼は大手企業数社を訪れ、特許料の支払いを要求した。しかし、いずれも支払いを拒否。それどころか、一致団結して訴訟に立ち向かおうと、〈家庭用品製造業組合〉なるものを結成するしまつだ。

やむなく、ランズバーグは旧通産省の扉を叩《たた》き、日本の製造業者たちに三〇パーセントの特許使用料を支払うよう、通達してもらおうとした。この場合の三〇パーセントは、ごく標準的な数字である。

しかし、通産省の役人までが彼の要求をはねつけた。——日本はできるだけ国内産業を育成しなければならないし、市場の〝混乱〟を避ける必要がある——役人はそう弁解した。〝混乱〟という言葉は、アメリカ人から価格調整や市場操作を指摘された場合の逃げ口上として、日本の役人がますます頻繁に使うようになっていた。――五パーセントなら考えてやらなくもない――通産省はそう言った。

ランズバーグは激怒し、ジェイムズ・アダチというワイオミング出身の日系人弁護士に依頼した。日本での活動を特別に許可された、数少ない外国人弁護士の一人である。アダチがまずやったのは、ランズバーグに告訴をあきらめるよう説得することだった。

「日本人に正面から体当たりしてはいけません」

アダチはそう言った。

「もっと着実なアプローチをしなければ。日本人の〝カーヴ〟は、アメリカ式に大振りしても空振りするのがおちです」

アダチは、ランズバーグに協力してくれそうな日本企業を探した。やがて、ホンダという若くて前途有望な自動車製造業者が目に留まった。ホンダはバイクのフェンダーとタンクに、ランズバーグの塗装技術を使っていた。

アダチはホンダの経営陣を友好的に訪れ、事情を説明した。彼らの「フェアプレー精神」に訴えたつもりだ――対日貿易にたずさわるアメリカ人の多くは、日本人の心にはそんなものは存在しない、と主張するが。さらに、アメリカ企業と何らかの形で協力しておけば、貴社が将来、合衆国に進出したときにきっと役にたつ、と説得した。向こうで車を売り出すことになっても、アメリカで裁判にかけられる事態は、当然避けられるはずだ、と。

ホンダの経営陣は少し考えた末に、わが社はランズバーグに特許料を支払う義務がある、と判断した。――現状を考えれば、三〇パーセントの特許料はきわめて妥当だ。喜んで支払おう――ホンダはそう回答した。

ところがここで、法律の壁が立ちふさがった。ホンダが金を支払い、ランズバーグが受け取るためには、通産省の許可が必要なのだ。それがなければまったく身動きがとれないが、はたして許可が下りるかどうか、アダチには疑問だった。国際貿易に関して、通産省がどれだけ居丈高で妥協を許さないかを、痛いほど知っている。

この問題をクリアするために、もう一つの計画を進行させる必要があった。

――日本の裁判所が「特許料を支払うべきだ」という判決を下せば、これが判例となって通産省も従わざるを得なくなるだろう――そう考えたアダチは、ホンダの了解を得たうえで、ランズバーグ側からホンダを告訴した。するとホンダは、かねての打ち合わせどおり、法廷での争いを避けた。両者は和解に向けて話し合い、ホンダ側は、裁判所が妥当と判断した金額を、損害賠償として支払うことに同意した。筋書きどおりだ。

これでいよいよ、アダチの計画は第三段階に進む。

ドルで支払われた金を、日本から海外に送金するのはむずかしい。外為法によって厳密な制限が設けられているからだ。そこでアダチは、ホンダから日本円で特許料を受け取るために、法律にしたがって、ランズバーグ株式会社の東京支社を設立。そのうえで大蔵省に、ランズバーグ日本支社が合法的に特許料を受け取るための許可を申請した。

権力の強さと砦《とりで》の堅さからいえば、大蔵省は通産省にまさるとも劣らない。両者は、政府の政策にずかずかと介入して、しばしば政界のトップたちを仰天させる。

その大蔵省が、判決内容を検証し、反対する理由はとくにないとして、ランズバーグ側の要求を許可した。するとにわかに、通産省もウンと言わざるを得なくなった。強力なライバルである大蔵省と日本の裁判所から突き上げられた通産省は、「君子危うきに近寄らず」を決め込んだ。

ホンダがランズバーグに譲歩したことが、マスコミで報じられた当初は、〈家庭用品製造業組合〉のメンバーたちも、「ホンダはだらしがない」とさんざんなじったものだ。ところがその彼らも、みるみる罪の意識を感じはじめ、一人、また一人と、特許料を支払うことに同意していく。まもなく全員が足並みをそろえた。

かくしてランズバーグの商売は、ようやく軌道に乗りはじめた。

まず東京の東部に土地を買い、事務所を建て、実験施設と組立工場を建設。さらに、衝撃吸収装置やブレーキドラム、自動車部品関係の日本の製造業者と、共同事業をスタートさせ、日本企業を介して市場に参入した。その過程で、日本の自動車メーカーとの重要な「人脈」を確保することも忘れなかった。

これは、芽生えたばかりの日本の自動車市場が、まだしっかりと門を閉ざしていたころの話である。

やがて自動車会社が、こぞってランズバーグ式スプレー塗装方式を利用するようになった。ランズバーグはこの業界を席巻し、自分のスプレー・ペイントやペイントガンが、ロボットによって操作されるのを見とどけてから、一九九一年に他界している。

十五年の特許期間が満了し、もはや特許料《ロイヤルティ》を支払う必要がなくなってからも、ランズバーグの顧客たちは彼に対する忠誠心《ロイヤルティ》を捨てようとしなかった。

独自の塗装部門を持つ〈トヨタ〉もその一つだ。トヨタは、ランズバーグの特許訴訟によって、子会社が廃業に追い込まれたあと、彼の技術を導入して塗装部門を開発していた。彼らは、法的には払う必要がなくなったあとも、ランズバーグに特許料を払い続けたという。

アダチは、日本人が「フェア」である証拠として、また、日本はひどく閉鎖的だと主張する連中への反論材料として、好んでこの話を引用する。しかし、聞かされた人間は、彼とは別の解釈をするようだ。

トマス・ブレークモアの例もある。外国人商業弁護士界の長老ともいえるブレークモアの顧客リストには、アメリカ産業界の紳士録並みに、数多くのメンバーが名を連ねている。しかしその彼でさえ、外国人が日本で商売することに、基本的には賛成しない。障害があまりにも多すぎるからだ。

日本への進出を計画するクライアントに、彼はこう警告する――日本人は経済のさまざまな分野で門戸を閉ざし、外国人を中に入れようとしませんよ——。アドバイスを求めて彼のもとにやってくる初めての投資家たちに、彼は自分自身の体験を例にあげ、日本市場への参入がいかにむずかしいかを説く。

その体験とは、日本にフライフィッシングを紹介するために彼が悪戦苦闘した、「養沢《ようざわ》川計画」だ。

ブレークモアは、故郷のオクラホマでは熱心なアウトドア・タイプを自認していた。その彼が、一九五〇年代半ばに、養沢川という日本の河川に惚《ほ》れ込んだ。彼を魅了したのは、東京から電車で西へ一時間ほど行ったところにある、周囲を美しい木立と小さな山村に囲まれた、全長数キロにわたる谷あいの河川敷だ。

この川に一つだけ問題があった。魚がいないのだ。いるのはせいぜいミノウなどの小魚ばかり。

マス釣りが大好きなブレークモアは、村のリーダーを探し出し、自分のアイデアを伝えた。マスの稚魚を養沢川に放流し、村にフライフィッシング施設を作るという計画だ——費用はすべて自分がもつ。軌道に乗ってきたら、釣り人から入漁料をとり、村の収益にすればいい——。

ブレークモアはすでに大金持ちだし、公共心に満ちあふれているから、私腹を肥やそうという気持ちはこれっぽっちもない。自分がここで魚釣りを楽しめればそれでよかった。

村のボスは、この外国人は頭がおかしいのだと思った。日本人は魚が大好きな国民だが、フライフィッシングなどというものは誰も聞いたことがない。

「虫ではなくて、ニセの餌《えさ》で魚を釣るだと？　しかも、せっかく釣った魚を、川に返しちまうのか？」

村のボスは疑り深そうに聞く。

「そうです」とブレークモア。

「おまけに、釣りたければ金を払えってか？」

「そのとおり」ブレークモアが、オクラホマ訛《なま》りの日本語で言う。「一種のスポーツですからね」

男は頭をかきむしって、ブツブツつぶやきながら立ち去った。「なーに言ってんだか、変なガイジンめ。こんなバカげた話、聞いたこともないぞ」

ブレークモアは地元の数人に計画を話してみたが、誰からも相手にされなかった。持って帰れないとしたら、誰が魚など釣るものか、と。

〈全国釣り愛好家協会〉に行ってみたが、ここの役員でさえフライフィッシングなど聞いたことがないという。釣魚規約をめくってもみたが、やはり何の記述もない。

やむなくブレークモアは、自分が目をつけた長さ四、五キロにわたる河川敷沿いの村々を、一つひとつ訪れて、説得と交渉にあたることにした。

村人を一カ所に集めるために、大映映画会社から最新のスリラー風チャンバラ映画を取り寄せ、地元の学校の校舎で映画大会を催した。費用は彼が負担した。この特別ショーをおこなうためには、トラックで自家発電装置を運び込まなければならなかった。

日本人は肩書を気にする国民だから、「先生」という言葉に弱い。そこで彼は、知り合いの日本人外交官に頼んで、フライフィッシングというスポーツについて講演してもらうことにした。この外交官とは、海外でよく一緒に釣りを楽しむ仲だ。釣り関係の執筆をしている著名な日本人ライターにも声をかけた。彼もこの企画には大賛成で、やはり快くスピーチを引き受けてくれた。

映画は大好評だった。血しぶきはたっぷり飛び散ったし、思いきり刺激的な性描写も盛り込まれている。しかし映画のあと、ムードはみるみる盛り下がった。

まず、外交官がフライフィッシングの喜びを語り、釣り作家がテクニックを説明した。そのあと、ブレークモアが立ち上がり、聴衆に企画をアピールした。

どのように操業を始めるかを説明し、川に稚魚を補充する費用は自分がすべて負担する、と請け合った。現存するダムと、流れの途中に二カ所あるよどみを、フルに利用することを強調した。入漁料をとることも伝えた。フライフィッシングのルールには違反するが、村人たちに免じて、一匹か二匹だけ持ち帰ってもいいことにした。残りはもちろん、川へ返さなければならない。当分のあいだ、村は利益だけを受け取り、商売として成り立つようになった時点で、それまでブレークモアが負担していた出費も、村が引き受けるようにすればいい。

聴衆は見るからに怪訝《けげん》そうだ。村人たちの多くは、フライフィッシングの愛好家が村の外部からどっと押し寄せるのを恐れ、たちまち反対した。若い世代は、泳ぐ場所がなくなる不安を訴えた。女たちは、立川や府中の米軍基地が近いことを指摘した。基地のＧＩたちは、喧嘩《けんか》や性暴力事件など、年がら年中トラブルを起こしている。あの連中が集まってきて、このへんをうろつくようになったら……？　詐欺《さぎ》ではないかと疑っている村人も、一人や二人ではない。このガイジンはいったい何をたくらんでいるのだろう……？

ブレークモアはのちに語った。

「プランを持ち込んだぼくを、火星人かなにかのように見つめてたよ」

ほかにも問題があった。この川での釣りを、本当の意味で監督する立場の人間や組織が、どこにも存在しないのだ。事業を始める許可を求めようにも、その相手がいない。川の二十五キロにわたる一画を、誰が所有しているのかと聞いてみても、はっきりした答えが返ってこない。そんな質問などされたことがないからだ。地元の役場に行っても、釣り関係の部署すらない。誰もこんなところで釣りなどしないからだ。

妙なことが判明した。川に魚がいないにもかかわらず、〈釣り同好会〉なるものが存在するらしい。とはいえ、釣りは一度もしたことがないという。年に一、二度、飲み会を開くためのグループなのだそうだ。

それでもブレークモアは、ものは試しとばかりに、釣り同好会を訪れ、流れの一画を使う許可を出してくれたら収益の一割を渡そう、と提案した。許可する権限などまったくないくせに、同好会は喜んで同意した。こうしてようやく、計画は実行に移されることになった。

法律上、何の権限もない組織が、受け取る権利のない金と引き替えに、与える権利もない許可を与えたことになる。

バラバラだったものが、ようやく一つにまとまり始めた。

川沿いにある五つの村がそれぞれ代表者をたて、フライフィッシングという真新しい事業を統括する組織を結成した。

とはいえ、つぎつぎに追加されるさまざまな出費は、あいかわらずブレークモアが負担せざるを得ない。チケット販売員の給料、夜警やガードマンの給料、トラックで運び込まれる一週間分の魚を荷下ろしする、村の若者たちへのアルバイト料……。

五月から九月までの釣りシーズンが終わったら、年に一度の「釣り祭」を催すことにした。ブレークモアはそのスポンサー役もつとめなければならない。参加者にさまざまな賞を出すことにしたが、賞品を買い集めたり代金を支払うのも、もちろんトム・ブレークモアだ。

どんな賞品がいいだろうかと、あれこれ考えてリストアップし、村人たちに見せたら、それでは少なすぎる、全員に何かを出してやらなければかわいそうだという。リストはどんどん長くなった。「女性最年長大賞」や、「目隠し大賞」といった、妙ちくりんな賞まで考えだされた。全員に賞品がゆきわたるまで。

さらにブレークモアは、トイレを設置し、新しいチケット売場を建設した。資金が円滑に運用されているかどうか確かめるために、正式な会計士を雇い、帳簿をチェックさせ、報告書のコピーを各村に送らせもした。

やがて彼は、この事業のために自分がいくら金を使ったか、いちいち数えるのをやめた。実現しさえすれば、それでいい。

数年かかったが、養沢川計画は成功した。一九六〇年代の終わりには、ブレークモアは地元の名士となり、「青少年の非行防止に貢献した」として、内閣総理大臣から特別賞まで贈られている。

いざふたを開けてみたら、彼の釣り場にはＧＩたちがどっと押し寄せたが、意外なことに、立川や府中近辺の犯罪やトラブルが、驚くほど減少したのだ。性病の発生率もぐんと減ったという。授賞式でそう知らされた。式に列席した立川空軍基地の軍曹は、こんなジョークで彼をねぎらった。

「ミスター・ブレークモア、君のおかげでうちのＧＩたちも、性病を釣らずに魚を釣る場所ができたよ」

ブレークモアに言わせれば、今回の教訓は明らかだ。

「困難を乗り越えたかったら、こちらから何かを提供することです」新しいクライアントに自分の体験を話し終えたところで、彼はいつもそうつけ加える。「日本で商売をするのがどれだけ大変か、これでおわかりでしょう」

ハーヴァードのビジネススクールでも教えてくれない、貴重な教訓だ。

第五章　ミス北海道

来日した外国人のなかには、日本人の心理を理解するために、この国の文化にどっぷり浸《つ》かろうとする人々がいる。

彼らの興味の対象は、芸術や形而上《けいじじよう》のものが多い。たとえば、書道の優美な凜々《りり》しさに惹《ひ》かれ、日本庭園の名状しがたい美しさに感動する。絵そのものと同じくらい空間が重要な意味をもつ、日本画の禅的な雰囲気に魅了される。ひたすら座禅によって達成される仏教的な悟りの境地などなど、日本の神秘的な魅力はいくらでもある。そうしたものごとに触れられるだけでも、日本にやってきた甲斐《かい》があったと、彼らは考える。

しかし、ニック・ザペッティの世界に属する外国人は、まったく別の人種だと言っていい。根っから自堕落で放蕩《ほうとう》なこの連中は、歌舞伎《かぶき》を鑑賞したこともなく、茶会で長時間正座した経験もない。高尚な自己啓発にはまったく興味がなく、「和」の大切さを理解する努力など、これっぽっちもしたことがない。

京都の仏寺に、ネブラスカ出身の僧侶《そうりよ》がいる。頭を丸め、一八〇センチの巨体にオレンジ色の袈裟《けさ》をまとったガイジン僧侶は、「二万年前から定められた運命」という言い方をする。こういう発想は、ニックの周りの連中にはとうてい理解できない。

東京在住の弁護士、レイモンド・ラッセルは、世界一美しい小さな立像の収集家として知られる。その彼が執筆した「根付け」関係の著書も、ニックたちにはちんぷんかんぷんだ。

ニック・ザペッティに言わせれば、日本の美は〈コパカバナ〉のホステスのなかにこそある。

彼女たちは、ニックが熱い風呂に浸かっているあいだに、つま先で性欲を満たす秘技をそなえているし、箸《はし》を使って朝食の目玉焼を食べる器用さもある。彼から見ると、これは信じられない芸当だ。

新橋ヌード劇場のライヴショーもすごい。ニックはときどき鑑賞に出かけるが、ここのヌードダンサーはショーのあいだじゅう、驚くほどたくみに性器を隠し続ける。

「あれこそが東洋の芸術さ」

ザペッティは好んでそんな言い方をする。

本当のことを言えば、ニックが日本に求めるものは、基本的にはほかの来日外国人男性のそれと変わらない。金もうけと女遊びだ。

もちろん、ニックの場合はもう一項目つけ加える必要がある。道を歩いているときに、「ニコラさんだ。六本木の帝王だ」とか「あの人が東京のマフィア・ボスよ」と人に言われることだ。故郷のイースト・ハーレムでは、そんなふうにもち上げられることはあり得ない。

歴史的にみれば、彼の考え方は、のちに来日した宣教師や、教師、貿易商、技師、学生の考え方よりも、十六世紀に日本にやってきたオランダ船の乗組員の精神構造にずっと近い。

ニックの場合、祖国アメリカや生まれ故郷イースト・ハーレムとは驚くほど異なる環境に、彼なりのやりかたで、ごくすんなり順応できたのが幸いした。単純明快な価値観にしたがって、物事に優先順位をつけたおかげで、ほかの外国人たちのような幻滅を味わわずに済んだといえる。

「日本の真髄」を求める外国人たちは、パチンコ屋、自動販売機、ファーストフード・スタンド、「ピンクサロン」といった近代文化の象徴に、日本列島がみるみる埋めつくされるにつれ、真髄などどこかへ吹き飛んでしまったことを、にがにがしく実感せずにはいられない。いくら日本に溶け込もうとしても、「ガイジン」という言葉が「よそ者」の代名詞でしかないという、にがい現実を認識しないではいられない。

ところがザペッティは、そのたぐいのフラストレーションを経験したことがない。そんなものは腹の足しにもならない、と思っているからだ。

さらに皮肉なことがある。彼の場合、大人になってからほとんどずっと日本で暮らしているのに、言葉やビジネスを正式に学んだことがない。にもかかわらず、先輩のやり手実業家や、アイヴィー・リーグの経営管理学修士など、いわゆる〝企業エリート〟たちと比べると、彼のほうが日本の市場ではるかに好成績を挙げている。

彼の成功のもとになっているのは、ごく素朴な知能と、風変わりなエネルギーと、ビジネスの秘訣《ひけつ》をマスターする原始的本能だ。もちろん、平然と法律を破るずぶとさは、ぜったいに欠かせない。

とはいえ、相応のツケも払わされている。六本木史上に残る大がかりな乗っ取りの被害にあったのだ。

ニック・ザペッティの敗因は、日本の慣習をないがしろにしたことではない。アメリカ人に特有の、「日本人もほかの国民も、すべてについてアメリカ人を見習うべきだ」という傲慢《ごうまん》な発想が災いしたからでもない。むしろ彼の足を引っ張ったのは、強欲と傲慢……そして何よりも肉欲だった。

結婚は四回経験した。日米間の国際結婚のなかでも、記録的な回数だろう。あまり名誉な記録とはいえないが。

映画『サヨナラ』に登場するゲイシャのイメージに影響されたのかもしれないが、西洋人の男たちの大半が、日本人女性は素直で従順、と思い込んで結婚してしまう。ところがいざ生活を始めてみると、現実とのギャップに愕然《がくぜん》とする。ザペッティも例外ではなかった。

裏切られたという思いは、日本人妻にとっても同じことだろう。結婚前にはあれほどやさしく、騎士道精神を発揮していた外国人男性が、結婚したとたん、釣った魚に餌《えさ》はやらぬとばかりに、女性へのサーヴィス精神をかなぐり捨ててしまうからだ。

ザペッティが最初の妻と結婚したのは、英語が達者だし、カトリックの信者だったからだ。しかし、この結婚は最初からうまくいかなかった。

妻の神経をとくに逆なでしたのは、ある米軍将校の無礼な発言だ。アメリカ政府の要請で、結婚の実態調査のためにインタビューにやってきた将校は、こんな言い方をした。

「アメリカ人と結婚したのは、貧しい日本から脱出してアメリカに移住したいからではありませんか」

頭にきた彼女は、死んでもあんな国へ行くものか、と決心した。げんにその後、一度としてアメリカの土を踏んでいない。夫とともにかなりの富を築いたあとも、離婚して歯科医の仕事に復帰してからも（結婚してからしばらくは、主婦業に専念するために仕事を中断していた）。ヨーロッパ、東南アジア、オーストラリアなど、世界各地を旅行してきたが、アメリカだけはかたくなに避けている。米軍クラブにさえ、足を踏み入れたことがない。

当然のことながら、さらに問題だったのは、夫のふまじめな結婚観だ。ザペッティは日本の男たちと同様、何の抵抗もなく愛人をつくった。彼女はこの性癖が、犯罪癖と同じくらい我慢がならず、たちまち離婚訴訟を起こした。

一九五七年六月、二人の子供の親権と、郊外の家と、月々の仕送りが彼女のものになった。子供たちはこの結果に満足している。本人たちも公言しているように、外国人の血が流れていることを知っている人間が、周囲に少なければ少ないほど安心できるからだ。英語も日本語もペラペラの長男、ヴィンセントは、学校でクラスメートたちにいじめられることに辟易《へきえき》していた。

ところがその後、先妻にボーイフレンドができたことを知って、ザペッティはあわてふためいた。何とかしなければ。その男と結婚して子供ができたら、どうなるかは火を見るより明らかだ。純粋な日本人の子供と、二人のハーフの子供が、一つ屋根の下に暮らすとなれば、どうしても悲劇は避けられない。父親の愛情がどちらに多く注がれるかは、容易に想像がつく。

そこでザペッティは、「家庭裁判所」に調停を願い出た。近藤という担当判事は、ザペッティに親権を認めた。ちなみに近藤判事は、最初の妻の離婚訴訟を担当して以来、〈ニコラス〉の常連になっていた。

ザペッティの女性遍歴のなかでも、とりわけドラマチックでクレージーなエピソードを提供した人物がいた。芳恵という名の美人モデルだ。年齢は十九、身長はハイヒールを履けば一六七、八センチになる。艶やかな長い髪と輝くような笑みは、行き交う人が思わず足を止めて振り返るほど美しい。服のセンスも抜群で、パリの最新ファッションをみごとに着こなしていた。

ある日の午後、日本人カメラマンから彼女を紹介されたニックは、たちまち一目惚《ひとめぼ》れ。どうやら彼女のほうも、ニックに好意をもったらしい。彼に言わせれば、ごく当然の成り行きだった。なにしろ彼は、今をときめくランスコの経営者。〈パッカード・パトリシアン４００〉を乗り回し、ポケットには札束がうなっている。日本人の大半がボロをまとっている時代に、ニックの羽振りのよさに感服しない娘などいるわけがなかった。

芳恵の父親は、目黒で小さなバーとレストランを経営していた。もともとアメリカ人とは関わり合いになりたがらないタイプだが、ニックの助力で「パチンコ」と呼ばれる急成長の新商売を始めてから、見解を改めることになった。

芳恵の父親の収入は、パチンコ店を開業したとたんに倍にはね上がった。彼が抱いていたアメリカ人に対する悪い印象が、一夜にして払拭《ふっしょく》されたのも無理はない。

ニックは芳恵を仲間に見せびらかすために、あちこちの米軍高級クラブへ連れていった。彼女は英語とフランス語が話せるし、ニックの手ほどきでブリッジもできる。人前で彼にビールをついだり、肩をもんでくれるばかりか、彼の意見にはかならず頷《うなず》いて賛成する。いつも快活で従順。「ノー」とは絶対に言わない。しかも、これはかなり肝心なことだが、ニック以外の男とは寝たことがない。こういうタイプの日本女性がいるからこそ、アメリカ人や西洋人の妻が、張り合っても無駄とあきらめ、荷物をまとめて帰国してしまうんだ——ニックは口癖のようにそう言っていた。

二人は品川に家を見つけた。庭付きの木造平屋建てだ。彼女の父親の同意を得ると、さっそく引っ越した。人生はバラ色だった。ニックは彼女に首ったけだ。妻を説得して離婚が成立したら、すぐにでも結婚したいと思っている。妻は彼を軽蔑《けいべつ》さえしているが、カトリックだから離婚はためらっていた。

ところがやがて、すべてがガラガラと崩れ始める。警察の手入れ以降、ランスコは火の車。スロットマシンの商売は、米軍クラブに参入してきたヨーロッパの大手企業に、まるごと横取りされるしまつ。気がついたら、韓国からの帰休兵向けに、ホテル・ニューヨークで娼婦《しょうふ》を斡《あっ》旋《せん》する仕事しかなくなっていたが、その商売でさえ、朝鮮戦争の終結にともなって、かつてほど〝オンリー〟の需要が高くない。中古車販売にも手を出したし、保険や、タイのキックボクサーの斡旋もやったが、どれもパッとしない。資金が底をつこうとしている。追い討ちをかけるかのように、肝心の芳恵から愛想をつかされた。

事の発端は、芳恵の父親の家で起こった事件だった。ニックが居間で座っていると、飼い犬が吠《ほ》える声がした。窓から外をのぞくと、二人のチンピラが家の前に立っていた。一人は生け垣に小便をかけている。ニックは外へ飛び出し、男をぶん殴ってノックアウトした。

すると、もう一人のチンピラが、履いていた下駄を脱ぎ、片方でニックの後頭部を直撃。ニックは振り向いてパンチを浴びせ始めたが、相手は下駄で巧みにかわす。

「この、ヤンキー野郎！」

チンピラは罵《ののし》りながら、さらに数発、ニックの頭を殴った。

ニックの手の骨が折れ、頭はズキンズキンと脈打っている。そこへ突然、警察が駆けつけた。ただでさえ罵声《ばせい》や小突き合いで騒々しいうえに、近所中が見物にきたから、あたりは上を下への大騒ぎだ。

警察は調書をとるために、当事者全員を地元の警察署に連行した。いったんは全員の興奮がおさまったかに見えたが、チンピラの一人が芳恵を「あばずれ」呼ばわりしたのをきっかけに、ニックの怒りが再燃。ニックはその場で逮捕され、暴行罪で起訴された。ほかは全員、無罪放免だ。

近隣の見ている前でニックのとった行動が、芳恵と家族の逆鱗《げきりん》に触れたらしい。アメリカ人のボーイフレンドがいるというだけで、世間は過敏に反応していたが、この事件をきっかけに、ほら、あの家の娘はやっぱりあばずれだと、隣人たちは決めつけた。——公衆トイレがほとんどなく、普通の男子でも路上で平然と小用を足す時代に、地元の若者が立ち小便をしただけで、気を失うほどぶん殴るとはやりすぎだ。あんな乱暴をはたらくのは、ヤクザかＧＩしかいない——世間はそんなふうに考えた。

翌晩、保釈になったニックが品川の家に戻ってくると、芳恵が自分の荷物をまとめて居間で待っていた。

「わたし、出ていく。別れましょ。あなたとはこれきり」

一瞬、ニックは耳を疑った。

「あんなくだらないことで、どうしてそんなに大騒ぎするんだい？　二人のチンピラはぶん殴られて当然じゃないか。逮捕されるべきは、あいつらじゃないのか？」

しかし芳恵は頑として態度を変えない。

「もう済んだことだわ。わたしたちはこれでおしまい。お・わ・り。あなたは野蛮よ。まるでケダモノ。ああいうの、とってもいやなの。もうあなたとは一緒にいたくない」

ニックは一瞬、頭のなかが真っ白になったが、だんだん事態がのみこめてきた。

——おれたちアメリカ人は戦争に勝ったんだぞ。おまえみたいな女どもに自由を与えてやったんじゃないか。なのに、この仕打ちはなんだ、え？——

しかし、彼女の決断をくつがえす言葉は浮かばない。

「君が出ていったら——」やっと言葉らしきものが口から漏れた。「そんなことをしたら、おれは自殺する！」

言葉だけが白々と宙に浮く。取り返しのつかないことを口にしたようだ。イタリア人が感傷的すぎることは承知している。その気もないのに、すぐ「自殺する」などと口走ってしまう。案の定、たった今もそうほざいてしまった。ああ、おれは何てバカなんだろう……。

「どうぞ」芳恵が肩をすくめる。「ご遠慮なく」

ニックは内心うめいた。ここで引っ込んだら、男の沽券《こけん》に関わるだろう。意志に反して立ち上がり、薬入れのところへ行って、日本製の〝睡眠薬〟を取り出す。〈パブロン〉の小瓶だ。長いこと棚に入れっぱなしで、埃《ほこり》や煤《すす》がこびりついている。開封済みだが、カプセルが半分ほど残っていた。

——ちくしょう、こうなったら目の前でやってみせるしかないか——

〈シーグラム〉の小瓶を開け、カーペットを敷いたリヴィングルームの床に座る。目の前の芳恵をにらみつけながら、薬をすべて口に放り込み、ウィスキーで飲み下す。

ええい、どうにでもなれ。

芳恵は頬杖《ほおづえ》をついて眺めている。

ニックがにらみ返す。

取り組み寸前の相撲取りのように、二人は座ったままにらみ合う。ニックは目まいがしはじめたので、カーペットにごろりと横になり、数分ほど目を閉じる。しかし、それ以上何の変化もない。目を開ける。芳恵は同じ場所に座って無表情に観察している。

数分が経過した。まだ意識がなくならない。

「いつになったら死ぬの？」

芳恵が皮肉な笑みを浮かべながら聞く。

「うるせえ！」

ニックはそうつぶやいて立ち上がり、薬入れのところに戻って風邪薬の瓶を取り出すと、ウイスキーのボトルをもう一本開ける。最初からやり直しだ。

「ただのポーズね」

芳恵がしびれを切らして、立ち上がる。

ニックも立ち上がって引き留めようとしたが、二度目の強烈な吐き気に襲われた。バスルームに駆け込んで嘔吐《おうと》したあと、タイルの床に寝そべって、深い眠りにつく。

翌朝、目が覚めた。ひどい二日酔いだ。頭が朦朧《もうろう》とする。

服も着替えずに車に乗り込み、芳恵の実家へ向かう。Uターンをしたら、反対車線の道路脇に停まっている車にぶつかった。かまわず車をバックさせ、そのまま先を急ぐ。突然、男の乗った自転車が目の前に現れた。警笛を鳴らしたが、道をあけようとしないので、車で体当たりした。男と自転車がそれぞれ反対方向にすっ飛んだ。被害者が立ち上がるかどうか脇見運転していたら、今度は電柱に激突。ニックはハンドルに叩《たた》きつけられ、血を流して意識を失った。気がついたら、病院に収容されていた。ベッド脇に待機していた警察付きの通訳から事情を聞かれると、ニックは堰《せき》を切ったように、日本人の恋人にふられた苦しみを訴えた。うめいたり罵ったりしながら話すその内容は、かなり支離滅裂だ。

東京の語学学校で英語を学んだ通訳は、ニック・ザペッティのようなガイジンは初めてだ、とのちに語った。日本語吹き替えのテレビ番組『パパ大好き』を、いつも欠かさず観ていた彼は、アメリカ人といえばあの番組に登場するような人間ばかり、と思い込んでいたのだろう。アメリカ人はみな裕福で、不幸には無縁だ、と。

ニックはたちまち病院から脱走し、芳恵の家に直行した。アルコールと睡眠薬の後遺症は、まだ抜け切れていない。案の定、着いたとたんにまた一騒動起こすことになった。行く手を阻んだパチンコ店の若い男性従業員九名を、両拳《りようこぶし》でつぎつぎに排除したのだ。若者たちは右へ左へと吹っ飛んだ。警察が到着し、ニックは再び御用。

事件に関係した各区の警察が合同会議を開き、家宅捜索をおこなって、空のウィスキーボトルと睡眠薬の空瓶を押収した。酔っぱらい運転、無謀運転、騒乱罪、暴行罪……起訴材料には事欠かないはずだが、ニックは例のごとくあっさりと釈放された。

担当官は刑法三十九条を引き合いに出した。

〈心神喪失者の行為は、罰しない。心神耗弱者《こうじやくしや》の行為は、その刑を減軽する〉

「ザペッティさんは精神に異常をきたしていたに違いありません。正常な人間が、あんな真似をするわけがない。自転車ごとはね飛ばされた被害者ですか？　まあ、不幸中の幸いとでも申しましょうか、ケガもさほどひどくないし、告訴するつもりはないようです」

ニックは自宅に戻って、心の傷を癒《いや》し、自分の愚かな行為を反省した。

精神に問題のあるジョン・M・マックファーランド三世が登場するのは、まさにこのころのことだ。帝国ホテル宝石強盗事件は、かくして実行に移された。再び大金持ちになれば、芳恵を取り戻せるかもしれない——そんな愚かな考えが、ニックの頭をかすめたからだ。しかし、途方もない強盗計画は、みじめな逆効果を生んだにすぎなかった。

結婚の二度目の破綻《はたん》は、一九六四年十二月、レジ担当の若い女性と結婚してまもなく訪れた。

今回の相手は、小泉たえ子という名の、小柄で野心家のしっかりした娘だ。北関東の旧家に生まれ、早くに両親を失っている。ニックはレストランを開店するときに、たえ子を雇った。職安に紹介されて数人の若い女性を面接したが、彼女が一番英語がうまかったし、一番落ち着いていたからだ。

都会的な放蕩《ほうとう》生活の合間に、どういうわけかロマンスが生まれたのだが、二度目の結婚は、ニックのライフスタイルにまったく影響を与えなかった。彼を知る人間に言わせれば、少しも意外ではなかったが。

花嫁をレジの奥に残したまま、自分は相変わらず夜遊びに奔走。勝手に「結婚のごほうび」と称して、リキ・アパートの一室を借り、あちこちの女と〝親交〟をあたためたものだ。

ある日、一人の若い女が苦痛に満ちた表情を浮かべながら、レストランに入ってきた。そして二番目のミセス・ザペッティに近づき、こう言った。

「あたし、妊娠してるの。父親はあんたの亭主」

「なぜわたしにそんなことをおっしゃるのかしら」

新妻は無関心を装い、大和撫子《やまとなでしこ》らしくじっと耐えながら答えた。「わたしが妊娠させたわけじゃあるまいし。彼がやったことでしょ。本人に直接訴えるべきだわ」

事情通から見ると、ニックの二番目の妻は、この結婚の最大のメリットを、ビジネスチャンスととらえていたフシがある。子供ができなかったこともあって、彼女はレストランの経営や、今や大会社となった〈ニコラス・エンタープライズ〉の指揮監督に、もっぱら精力を注いでいた。

ビジネスが主な目的だとすれば、彼女がこの結婚を選んだ気持ちもわからなくはない。なにしろ日本では、女性が活躍できる職場はきわめて限られている。

「日本女性は家の奴隷」――そんな大げさなイメージが世間にはびこっている。ところが昔も今も、財布の紐《ひも》を握っているのは、たいてい妻のほうだ。夫の月給をすべて受け取り、小遣いを渡し、家計をすべてきりもりしている。銀行も、セールスマンも、夫ではなく妻を勧誘するほどだ。

しかし職場においては、いまだに男女差別がはげしい。会社ではとくにその傾向が顕著だ。一流企業で正社員をつとめる女性の多くが、一日中、お茶くみや、〝男性企業戦士〟の小間使いをつとめなければならない。そして、子育てや家事という大切な仕事に専念するために、若いうちに退職させられる。「キャリア・ウーマン」という英語がそのまま日本語として通用するようになったのは、ごく最近のことだ。

現代の日本では、パートを含めれば、女性の三人に二人が働くようになっている。戦後の大改革のたまものだろう。とはいえ、この国で男女雇用機会均等法が生まれたのは、一九八六年とかなり遅く、まだ効果はほとんど出ていない。二十一世紀になっても、女性が管理職につく例は、全体の三パーセントにも満たないのが現状だ。

というわけで、キャリアを求める日本人女性の多くは、実力をフルに発揮できる場所として、外資系企業を選ぶ傾向がある。日本人男性は、就職先として外資系をさほど好まない。彼らのランクの筆頭は、なんといっても旧大蔵省や旧通産省や日本銀行であり、三井、三菱などの一流企業だ。

かくして二番目のザペッティ夫人は、キャリア志向のはけ口として〈ニコラス〉を選んだ。結果的にみれば、たしかにこの仕事は彼女に、かぎりない立身出世の可能性を提供したことになる。とくに家庭裁判所を通じて。

もしもたえ子夫人との結婚生活が続いていたら、ザペッティのビジネスは、はるかに安定した繁栄の道を歩んでいたことだろう。

しかし、それは虫がいいというものだ。とくに、ザペッティが北海道で十九歳のビューティ・クイーンと出会ったあとのことを考えれば。

一九六八年のある日、ザペッティは北海道の牧場にいく途中で、ゆみ子という女性に出会った。ミンク牧場作りのために、奔走していた時期だ。

温かい春の午後、広々とした札幌大通りをぶらぶらと歩いていたら、突然、彼女がすぐ隣にいた。これほどの美人には、今までお目にかかったことがない。市民運動や反戦デモの渦巻く時代のことだから、周囲にいるのは、長い直毛を無造作に垂らした若者ばかり。そんななかにあって、ゆみ子の姿はニックをすばらしい異次元空間へといざなった。体にぴったりした黒いドレス、濃い化粧、波打つ髪……まるで東宝映画のカレンダーから抜け出したようだ。

ニックがすかさず「ハロー」と声をかけると、ゆみ子は微笑《ほほえ》みを返した。二人は会話をはずませながら、並んで道を歩いた。駅に着くと、ゆみ子は名刺を渡し、ふたたび輝くような笑みを投げてから、立ち去った。

数日後、街の一流ホテル〈札幌ロイヤル〉で、さっそくゆみ子とランチを共にした。彼女がごく最近、北海道の大きな美人コンテストで優勝したばかりであること、まだ独身で母親と住んでいることは、すでに調査済みだ。ニックは、彼女がスープを飲み終えるのも待ちきれずに、プロポーズした。

二番目の夫人については、かなり前から友人たちに不平をもらしていた。夫よりも仕事に夢中だ、と。

ニックは四十六歳のわりには魅力的な容姿を保っていた。体形はあまり崩れていないし、服装はいつも非の打ち所がない。短く刈り込んだ髪には、白いものが混じりはじめているが、それがかえって風格を添えている。おまけに大金持ちときているから、若い娘にとっては申し分がない——勝手にそう解釈した彼は、そろそろまた生活を変える時期かもしれない、と思いはじめていた。

そこで新しい恋人に、自分は六本木の帝王と呼ばれていること、日本一の金持ちガイジンであることを話した。——会社を七つか八つ経営しているし、全国いたるところにレストランや家を持っている。リムジンはあるし、ヨットやスポーツカー……とにかく、そのたぐいの資産を腐るほど持っている。それを君と分かち合いたい——そうもちかけた。

「その前に、今からぼくと一緒に部屋にきて、〝いいお嬢さんテスト〟を受けてくれないか。部屋をとってあるんだ」

彼のいわゆる〝いいお嬢さんテスト〟とは、処女かどうかを調べることである。自分はイタリア人だ。イタリア人は処女としか結婚しない。これは数世紀前から続いている宗教的なしきたりである——そう説明した。

めちゃくちゃな提案だが、本人はまったく悪びれていない。アリストテレス・オナシスやハワード・ヒューズ、もしくはチャールズ皇太子の提案と、少しも変わらないと思っていた。そういう人々には、世間一般の常識は通用しない。ザペッティは自分も同じレベルだと思っていた。心からそう思っていた。

いいお嬢さんテストの結果がどうだったかは、記録に残っていない。いずれにせよ、一九六八年六月二十五日、ザペッティは家庭裁判所で、旧友の近藤判事の立ち会いのもと、たえ子と正式に離婚。翌月の七月十六日には、札幌でゆみ子と結婚した。

この離婚は、まさに彼の行く末を暗示していた。

裁判所はザペッティに、〈ニコラス〉横田店と、小ぶりの家一軒と、現金五千万円をたえ子に渡すよう命じている。ニックの推測では、離婚によって、たえ子はかなりの資産家になったはずだ。日本経済の急成長と不動産の高騰のために、その後数年間で、彼女の土地がとてつもなく値上がりしたからだ。文字どおり、ゼロが数限りなく追加された。最初の妻に持っていかれた藤沢の不動産も、ぐんぐん値上がりしている。

ニックは、日本で離婚したガイジンの男がたどる悲運を、自分一人で背負っているような気がした。先妻は二人とも、日に日にリッチになっているというのに……。

自由を得るために高い代償を支払ったにもかかわらず、若妻を得た当初のザペッティは、まさに有頂天だった。六本木の飲み仲間たちに、鼻の下をのばしてのろけたものだ。

札幌に二階建ての伝統的な和風の木造家屋を買って、新居にした。こうすれば、ニックがウィークデーを東京で過ごすあいだ、新妻は母親の近くに住めるだろう。

花嫁のために、じつに気前よく財布をはたいた。小遣いは、月々百七十五万円。日本の普通の主婦が、二年かかっても使い切れない金額だ。プレゼントも山ほど贈った。新車、ミンクのコート、サファイアの指輪……。宝塚歌劇の大ファンである彼女が、それを真似《まね》て「白いスーツしか着ない」と宣言したときには、上から下まで新調してやった。白のズボン、白いシャツ、白い帽子……。札幌に自分のナイトクラブをオープンしたいと言われれば、「いいとも。おやすい御用だ」と、最良の場所探しに出かけていった。

若妻を好んでシンデレラ呼ばわりした。まさにシンデレラだった。

「札幌の女二十人分の幸せより、もっと幸せにしてやるさ」そう言ってはばからなかった。

とはいえ、トラブルが避けられるわけもない。ゆみ子は外交的で、冒険が大好きだ。「浮気な女」と評価する知人も、一人や二人ではない。しかも、ニックはやきもち焼きときている——かなりのやきもち焼きだ。不快な中年のきざしが現れはじめ、〝思うような行動〟がとれなくなっていることも、ますます事態を悪化させていた。

やがて札幌の友人たちから、彼女がほかの男と一緒にいるところを見かけた、という情報が入りはじめる。相手は、ときには占い師だったり、有名歌手だったり……おまけに、ひまな夜にはホストクラブで時間をつぶしているという。ニックはショックを受けた。ゆみ子本人は

「何も悪いことはしていない」と弁解しているが、彼にとってこれほど屈辱的なことはない。

　ホストクラブというのは、日本でごく最近流行しはじめた夜遊びである。非の打ち所のない物腰と、そつのない会話の術を身につけ、容姿をみがきあげた若い男たちが、女性客にせっせとサーヴィスする店だ。客層は、夫が仕事中毒で留守がちなために、退屈しきっている中年女性が多い。ホストはそんな女たちに、飲み物を出したりダンスの相手をつとめてやる。場合によっては、閉店後にそれ以上のサーヴィスにおよぶこともある。チップさえはずめば。

　ニックの妻も、日本で指折りの美女でありながら、ひまな時間をそんなふうに過ごしているわけだ。彼の友人の言うとおりだとすれば、かなり入りびたっているらしい。ニックには彼女の気持ちがまったくわからない。

　――あれだけ容姿に恵まれた女が、なぜわざわざ金を払って男にサーヴィスさせる？　ホストクラブのどこがいいんだ……？

　発作的に、自分の目で確かめたくなった。

　ゆみ子の〝ボーイフレンド〟の名前と住所を、〈札幌ロイヤル〉の支配人から手に入れたニックは、男の住まいを〝急襲〟した。地味な箱形の典型的な日本のマンションだ。ナイトクラブのホステスたちのねぐらと、タイプ的にはさほど変わらない。

　ドアを開けた若い男は、やせて背が高く、オールバックの髪をウェーヴさせている。ルックスは悪くない。くやしいが、それは認める。ただし、仏頂面の、安っぽいナルシスト的な美男だ。

夜の仕事に備え、タキシードに袖《そで》を通しかかっている若者を前に、ニックはまず自己紹介し、ズバリ本題に入った。ゆみ子と寝たのか、と。

「さあ、知らないな」

男は当然のことのように答えた。あわてふためいた様子はみじんもない。

「たぶんね」

「〃たぶんね〃?」ニックがオウム返しする。

「人のカミさんと寝たか、と聞かれて、たぶんね、としか答えられないのか」

男は肩をすくめ、蝶《ちょう》ネクタイを直しながら言う。

「いちいち覚えてられるもんか」

「女性から金をもらう。ただお世辞を並べてサーヴィスするだけの相手もいれば、寝る相手もいる。それだけのことさ。ビジネスなんだ。個人的な感情はとくにない」

ニックは少し感心した。なかなかストレートなやつだ。さあて、困った。ここから先をどう続けていいのかわからない。任務を遂行しているだけの気の毒な男を、どうして責めることができようか。

ある意味で、今となっては妻の気持ちもわからないではない。女には、そばにいてくれる相手が必要なのだ。しかし自分は、ほとんど一緒にいてやれない。そばにいたとしても……つまり、その……。

いや、待てよ、もしも噂《うわさ》が広まったらどうする？　「たぶんね」が何を意味するかは明らかだ。諸般の事情を考えると、やっぱり腹がたってきた。

というわけでニックは、念入りに身づくろいをした若造をぶん殴り、ノックアウトした。

結局、ゆみ子を東京に引っ越しさせることにした。これなら自分の目で監視できる。息子のヴィンスはすでに家を出ているから、夫婦と、二十代前半の娘、パティと、メイドと執事との五人暮らしだ。しかしゆみ子は、座敷牢《ろう》に閉じこめられたも同然だった。許可がなければ外出はできないし、出かけるときはニックの運転手が送り迎えする。運転手は監視役もつとめたから、二重の檻《おり》に入れられたようなものだ。友だちが欲しいといえば、パティがその役をつとめた。

ゆみ子が自宅謹慎を破るのは、時間の問題だった。そして案の定、札幌に逃げ帰り、一九七二年、離婚訴訟を起こして、三千万円の慰謝料を要求した。

乗っ取り

ゆみ子と結婚しようと決心した瞬間から、ザペッティは想像を絶するトラブルに巻き込まれることになった。さまざまな精神的ストレスが続いたばかりではない。経済的な破滅まで招いてしまったのだ。その過程でニックは、日本でのビジネス活動に関する、苦渋に満ちた新たな教訓を得る羽目になった。

最初のトラブルは、家庭裁判所から命じられた離婚慰謝料を、二番目の妻たえ子に支払った直後に発生した。国税庁から、贈与税として六千五百万円を支払え、という請求書が届いたのだ。

ニックは抵抗した。これは自発的な金銭のやりとりではない、裁判所の命令なのだ、と。しかし税務署は、どちらにせよ法律的には変わらない、とつっぱねた。――要するに、あなたは財産を譲り、見返りに何かを得た、つまり、自由を得たわけである。それはわれわれの見積もりによれば、六千五百万円の税金を課すだけの価値がある。しかし、即金で払ってくれるというなら、二千三百万にまけてやってもいい――。

二千三百万円は、彼にとっては法外な金額ではない（たえ子は五千万円の離婚慰謝料を辞退したが、裁判所は、とにかく払うよう命じた）。だが、悔しいことに、現金の持ち合わせがない。

知り合いがみな、やめておけと止めたにもかかわらず、ミンク牧場の経営というヴェンチャーに手を出して、二億円ほど赤字を出したばかりだ。

すでに入手してしまった土地と設備を、なんとか利用しなければもったいないと、納屋でミンクを育て、自前の毛皮工場でコートに加工して、日本の消費者に売ろうと考えた。しかし、猫も杓子《しゃくし》も加速度的にステータスにこだわりはじめているこの国では、毛皮の販売はもっぱらデパートが牛耳っていた。そのデパートの経営陣と何のコネもないままに、新しいブランドを売り出すのは、あまりにもリスクが大きい――知り合いはみなそう言って反対したものだ。「世界市場を席巻しているノルウェー系ユダヤ人たちの、がんじがらめの販売網をぶち破るため」と豪語したザペッティは、結局、記録的なスピードで百万ドル以上を失った。

なるほどステータスに急速にこだわりはじめている日本の消費者は、いくらニックの毛皮の品質がすぐれていても、見知らぬブランドには目もくれなかった。ザペッティが何とか売りさばこうと、価格を市価の三分の一にしてみたら、品質が悪いから下げたのだ、と消費者はますます鼻も引っかけなかった。

ミンク牧場の大失敗のあとも、フランスから冷凍のウサギの毛皮を輸入して、またまた大惨敗。あちこちの知り合いに貸した大金が戻らなかったり、二つほど手を出したほかの事業にも失敗したり……。

気がついたときには、髪の生え際と同じように、彼の財力は見る影もなく後退していた。しかたなく、行きつけの〈世田谷信用金庫〉に助けを求めた。ところが、いくら得意客であろうと、税金の支払いのために融資することは禁止されている、とにべもない。

「どこかよそで借りて税金を支払ったらいかがですか。その借りた金をうちが融資しましょう」

ニックが致命的な決断をしたのは、このセリフを聞いたからだ。

彼は悪名高き「サラ金」の門を叩《たた》いた。東京の表通りに堂々と店舗を構える、まぎれもなく合法的な高利貸しのことだ。その年利は、優に三〇パーセントを超える。

キャッシュで二千三百万円を手に入れるために、三千四百万円のローンを組まされた。月八パーセントの金利で三ヶ月というのは、この店ではごく標準的な契約だそうだ。しかも、最初の支払い分と五パーセントの「礼金」は、貸し方の取り分になるという。

ニックは、最初のレストランの建物と土地の権利証書を、担保として提出させられた。

ようやく現金を手に入れたニックは、真っ先に税金の支払いを済ませ、世田谷信用金庫を再度訪れて、ローンを申請した。すると、またまた断られた。

「いくらお得意さまでも、金貸しへの支払いのために融資することは、当行の方針で禁じられております」

追い討ちをかけるかのように、〈ファースト・ナショナル・シティ銀行〉から、ニックのもとに督促状が届いた。そういえば数ヶ月前に、仕事関係の知人の保証人を引き受けた覚えがある。調理器具会社の要職にある、チェスター・イェップという名の中国系アメリカ人だ。その人物のローンが焦げついているから、保証人であるニックが一千万円をすぐに返済しなければ、銀行はニックの資産を差し押さえるという。

またまた高利貸しで緊急ローンを組まなければならない、ということだ。

今回は、十日ごとに五パーセントの複利という、べらぼうな条件をつきつけられた。これでニックは、ファースト・ナショナル・シティ銀行に一千万円を支払うために、一千八百万円の借金を強いられたばかりか、さらなる個人資産を抵当に入れざるを得なくなった。

ファースト・ナショナル・シティ銀行への支払いは済ませたが、高利貸しへの借金が合計五千二百万円。しかも、利息が雪だるま式に増えていく。

その後半年間、毎月四千八百万円が、借金の返済に消えた。ところが、悪質な利息計算方式のために、高利貸しからの借金の合計は、なんと一億三千三百万円にまでふくれあがっていた。

収入はすべて、高利貸しへの毎月の返済に吸い取られ、ほかへの支払いがままならない。おかげで請求書はたまる一方だ。仕入先への支払いも、かなり滞っている。気がついたときには、かなり深刻な状況に追い込まれていた。

あとになってみずから認めたように、ニックが単なる欲張りのバカではなく、もう少し頭がよかったら、税金の支払いの時点で、資産の一部を売却していたことだろう。

それぐらいのゆとりはじゅうぶんにあった。レストラン本店が建っている百七十坪の土地があるし、二百七十五坪の本宅がある。厚木の工場もあるし、四トントラックは何台も持っている。都内や周辺のあちこちに家があるし、ヨットもある。もちろん車は腐るほど持っている。

ほかにも、北海道の工場、ハワイの土地、郊外の小さなレストランと、数えたらきりがない。

しかも、ごく最近、六本木交差点付近に支店を設けたばかりだ。エレガントな〈瀬里奈〉のすぐ隣にある六階建ての〈ハマビル〉を、三フロア使ったピザハウスだが、これが大ヒットしている。

〈日本交通〉の代表が、ニックに〝救いの手〟をさしのべてきたのは、まさにこの時点のことだった。日本交通とは、東京の最大手のタクシー会社である。タクシー総数は二千台。日本人ビジネスコンサルタントから、御社の苦境を小耳に挟んだ、というその代表は、わが社と〈ニコラス・エンタープライズ〉とで手を結び、〈ニコラス〉のロゴのもとに、レストランの全国チェーンを作ろうではないか、と提案した。

「共同ヴェンチャー・ビジネスによる利益の七割をこちらにいただけるなら、わが社はすぐにでもあなたの膨大な借金を肩代わりしますよ」

一九七一年夏の時点で、ニックの高利貸しからの借金は、なんと一億六千万円にふくれ上がっていた。

「返済は、年利八パーセントでけっこうです」

七対三であろうとなんであろうと、利益配分などニックにはどうでもよかった。それよりなにより、すぐに現ナマが欲しい。そこで彼は答えた。

「六千三百万円を上乗せ融資してくれるなら、この話にのりましょう」

「よろしい、一件落着ですな」

日本交通の重役が答えた。〈しめしめ、これでおまえの命はもらった〉重役の心のなかで悪魔がそうつぶやいたに違いない。

すみやかに共同事業の手はずが調えられた。一九七二年三月三十一日までに一億六千万円、一九七二年十二月三十一日までに六千三百万円を支払うこと、さらに、レストラン本店の建物および土地を担保とすること――そう明記した契約書に、ニックはサインを迫られた。日本交通の重役は、「契約書は単なる形だけのもの」とニックに請け合った。万が一、何らかの理由で支払期限までに払えなくなったら、期限を延長することも可能である、と。「心配いりませんよ」重役の一人が言う。「われわれはパートナーじゃありませんか。これから長いつき合いになるんですから」

〝単なる形だけのもの〟という甘言に、つられてはいけなかったのだ。日本では、契約書の文面よりもその精神が重んじられる。数百万ドルの契約が、ときには握手一つで（またはお辞儀一回で）成立してしまう国である。その日本で契約を交わすには、よほどの慎重さが必要だったのだ。

運命的な会合が開かれた。テーブルの一方には、ニックと先妻のたえ子がいる。たえ子は、株を持っている関係で、引き続きニコラス・エンタープライズの役員をつとめていた。テーブルの反対側には、日本交通の重役、税理士、弁護士など、グレーのスーツに身を包んだ十数人が勢ぞろいしている。

たえ子はニックに、サインしてはいけない、と忠告した。離婚によって気持ちをずたずたにされたとはいえ、元亭主の将来を案じてアドバイスするだけの愛情は失っていなかったようだ。しかしニックは彼女の忠告を無視し、読めもしない書類にサインしてから、彼女にもサインを促した。

ふん、女ごときに何がわかる？

日本交通はたちまち首都圏全域に、〈ニコラス〉の小さなチェーン店をオープンさせた。ところが、共同事業をスタートしてわずか九十日後、経営陣はにわかに心変わりした。東京の南西部にある、伊東という海沿いのリゾートの〈ニコラス〉チェーンで、食中毒が発生したからだ。店主が勝手にイカと魚をピザにのせたのがいけなかった。客の一人がこれにあたって腹をこわした。

その直後、日本交通の経営陣は、ニック・ザペッティにこう通達した。

――当社はこれ以上、共同事業を続ける気はなくなった。したがって貴殿の二億二千三百万円の負債を、すべて返済する準備をしていただきたい。そのうち一億六千万円は、六ヶ月以内に返済すること。以上――

ニックは六本木にある小ぶりの家を一軒処分し、一億二千万円を工面した。日本で通用している特殊な銀行システムを利用するためだ。それによると、借りたい金額の三〇パーセントを預金すれば、それを担保に一〇〇パーセントのローンが組める。

ところが、ニックがその手を使う前に、どういうわけか〈日本交通〉の重役が一億二千万円のことを嗅《か》ぎつけ、すぐに当社への返済にあてろ、と迫った。法的には、われわれにその権利がある、と。

ニックは不思議に思った。なぜ彼らはそんな要求をするのだろう。これを持って銀行に行けば、たちまち二億二千三百万円の全額を返済できるではないか。それをどうして妨害するのだろう。

しかし、日本交通側は、頑として当初の主張をくり返すばかり。

やむなくニックは、不動産ブローカーへの仲介料と、やかましく催促されている滞納金の支払い用に、二千三百万円を差し引いて、残りの九千七百万円を日本交通に返済した。

これによって、一九七二年三月三十一日を支払期限とする一億六千万円のローンは、六千三百万円（160,000,000 − 97,000,000 = 63,000,000）プラス利息へと減った。ただし二つ目の借金、六千三百万円（期限は一九七二年十二月三十一日）プラス利息は未払いのままだから、日本交通への借金は、まだ一億五千六百万円残っている（223,000,000 − 97,000,000 + 利息 30,000,000 = 156,000,000）。

一九七二年二月、三月の支払期限の数週間前に、ニックは厚木のソーセージ工場を売却することにした。不快なことに、買い手は〈ドミノ・ピザ〉に関係のあるヒガ一族だ。このピザ・チェーンは、東京進出をねらっていた。提示額は四千万円。

これを持って銀行に行けば、一億二千万円が借りられる。ところが、またまた日本交通がどういうわけか嗅ぎつけて、その金を寄越せと言い張った。恐るべき情報網だ。

ニックはつぎつぎに不動産を処分せざるを得なくなった。

北海道の毛皮工場を投げ売った。六本木のど真ん中にある自慢の豪邸も、泣く泣く処分して、十分の一の広さの家に引っ越し、リヴィングルーム・セット七組は貸倉庫にあずけた。これでも一億二千万円にしかならない。

六本木交差点近くにある人気のピザハウスだけは、どうしても売りたくない。ここはあっという間に、彼の最後の砦《とりで》となりつつあった。

日本交通から最終提案がなされた。

——資産すべてを、現金二億一千五百万円で買い上げてやってもいい。それで借金はすべて帳消しにしてやろう。ただし、レストラン本店の営業権を、建物、土地もすべてひっくるめて、当方に引き渡すこと。これが最後通牒《つうちよう》だ——

ニックは拒否した。

ふん、人をなめるのもいい加減にしろよ——小声で吐き捨てた。

「そろそろこっちの立場も主張しないとな。俺さまはなんてったって〝東京のマフィア・ボス〟だもんな」周囲に強がりを言った。

「差し押さえでもなんでもやってみろ、ってんだ」友人の一人にうそぶいた。「あいつらにそんな勇気があるもんか」

絶対あるもんか。

ところが四月一日、最初のローンの期限が切れた翌日、大手タクシー会社〈日本交通〉は、本気で差し押さえに踏みきった。しかも、誰も想像しなかった形で。

肌寒い春の朝、ニックが我善坊町《がぜんぼうちょう》にある自分のレストランに着くと、人相の悪い大柄の日本人十五人が、メインフロアを占拠しているのに気がついた。一様に彼をにらみつけ、あきらかに一悶着《もんちゃく》起こそうと身構えている。

住吉会の組員らしい。彼らの陣頭指揮にあたっているのは、日本交通の代表者だ。役人が一名、付き添っている。役人がニックに宣言した。

──日本交通がこの建物と土地を没収した。レストランの経営も、ウェイターやウェイトレスごと彼らが引き継ぐことになる。「代物弁済」という制度にしたがって、こういうことが可能なのである。

ダイブツベンサイとは、「現金の代わりに資産を没収すること」を意味する日本の法律用語である。あまり一般的ではないし、これほど早く実行に移されるのはめずらしいが、ちゃんと法律にかなっている。ただし、対象となる資産の価値が借金の額を大きく上回る場合には、代物弁済という手段は使えない──

役人がそう説明した。

「いい勉強になったよ。言葉を覚えるのに、これほど身にこたえる方法はないさ」

ニックはのちにそう語った。

ようするに、今や東京の名物となり、一日に百数十万円の収益をもたらす〈ニコラス〉本店が、別の経営者の手に渡ってしまったということだ。

東京地方裁判所

日本で訴訟を起こすのは、マゾヒスチックな行為だとよく言われる。

アメリカでは、判決が下されるまで、毎日のように開廷されるのが普通だが、日本の裁判システムには、刑事訴訟にしろ民事訴訟にしろ、短期集中型の裁判がない。原告と被告が、月に一度、法廷で顔を合わせられればいいほうだ。ほとんどの場合、顔を合わせる機会は三、四ヶ月に一度しか訪れない。どちらか一方が、病気や、やむをえない事情による国外退出、その他の不都合を口実にして、ずるずると裁判を引き延ばすからだ。

日本の判決の回数は、アメリカよりもはるかに少ない。判事はたいてい、常時三百件以上のケースをかかえているから、負担が大きすぎて、審議をそれ以上早く進めることができないのだ。窃盗や暴行のごく単純なケースなら、半年かそこらで判決が下るが、ありふれた民事訴訟でさえ、たいてい二年近くかかってしまう。少し複雑なものなら、五年から十年は覚悟しなければならない。まして、高等裁判所や最高裁判所に上告すれば、文字どおり一生、法廷で闘うことにもなりかねない。

日本の裁判システムを弁護する人間に言わせれば、スローペースは意図的なものらしい。法廷外での双方の話し合いによって、解決をはからせるためだそうだ。裁判が長引けば長引くほど、いがみ合っている双方が、法廷の外で問題を解決せざるを得なくなる。そうなれば、日本人が美徳とする和の精神が保たれる、というわけだ。

たしかに、訴訟沙汰《ざた》が非公式な解決をみる、いわゆる和解の確率は、この国では非常に高い。それはしばしば、判事じきじきの立ち会いや勧めによっておこなわれる。法廷の内外を問わず、どれだけ多くのケースを解決に導いたかによって、判事の出世が左右されるからだという。とはいえ、このシステムのもっとも不快な副産物は、交通事故や借金などの民事訴訟に、ヤクザが介入することだ。

彼らは、真夜中にドアを叩《たた》くなど、じつに効果的な手段を用いて、相手側の〝説得〟にあたる。日本における借金総額のおよそ半分を、日本の暴力団が強制的にとりたてているという。彼らの〝合法的収入〟の二〇パーセントは、その仕事の報酬だ。

司法関連の職業は、日本では歴史が浅い。明治維新以前には、弁護士そのものが存在しなかった。商人、農民クラスの刑事事件も民事事件も、封建領主が統括する「奉行所」と呼ばれる場所で裁かれていたからだ。社会的ランクがはるかに上のサムライは、ここでは裁きの対象にならなかった。したがって庶民は〝裁判所〟を、好ましくない場所、ときには恐ろしい場所とみなしていた。この感情が、何らかの形で現代人にも受け継がれているのかもしれない。

弁護士という職業がようやく出現したとき、世間は彼らを、ゲイシャやヤクザ、記者などと同類にみたてた。すなわち、誇り高い家主ならぜったいに部屋を貸さない、〝いかがわしい連中〃の範疇《はんちゅう》に入れていたのだ。裁判官、検事、お国の毎日の出来事をつかさどるエリート官僚クラスだけが、尊敬を集めていた。

戦後に新憲法が制定され、超難関の司法試験が設けられると、弁護士の地位がじょじょに変わりはじめた。とはいえ、訴訟を起こす人はめったにいなかった。

日本人はその理由として、前述の〝乗っ取り屋〟横井英樹のケースをよくあげる。戦後初の、殺し屋による銃撃事件の被害者である。

一九五〇年、横井は、天皇家の遠い親戚《しんせき》にあたる元華族、蜂須賀侯爵から、大金を借りたまま、返済を拒否していた。横井は訴えられ、地方裁判所から支払い命令を受けた。彼は高裁に控訴したが、敗訴。つぎに最高裁に持ち込んだが、一九五八年に棄却されている。

それでも横井は支払いを拒否し続けた。本人名義の金がない場合には、借金を支払う義務はない、という日本の法律を逆手にとったのだ。しかし、横井という男は大金持ちだった。デパートは持っているし、遊覧船まで持っている。こうした資産を、すべて夫人名義にして、まんまと法律の抜け穴をくぐろうとしたのだ。

横井のけしからぬ行為は、一九五八年、ついに銃撃事件を招くことになった。横井がヤクザに拳銃で撃たれたのだ。侯爵家の友人から仲裁を頼まれた暴力団組長、安藤昇の差し金だった。

横井は死ななかった。肺に32口径の銃弾を受けたものの、一命をとりとめ、その後ますます大金持ちになっている。安藤のほうは、前述のとおり、刑務所を出てから映画スターに変身し、初出演の映画『血と掟《おきて》』で横井襲撃の場面を再現した。

しかし、けっきょく侯爵一族のもとに、金は戻らなかった。

日本交通による乗っ取りがあった当時、日本には弁護士が約一万人しかいなかった。アメリカの五十万人とは好対照である（二十世紀のおわりには、この数字はそれぞれ一万五千人、七十八万人に増えた）。それもこれも、当時日本には超難関の試験制度が設けられていたからだ。毎年、二万三千人が挑戦し、その約三パーセントにあたる七百人しか合格しない。試験にパスした者だけが、国の弁護士養成機関である〈司法研修所〉に通うことができる。三分の二は弁護士になり、残りは検事か判事になる。

というわけで日本では、ビジネス関係のもめごとがすぐに裁判所にもちこまれることはめったにない。彼らは何よりも、相手の手落ちを指摘し、自分たちの損害をはじき出すために、市販のガイドブックを参照する。

日本人の大半が、そうあるべきだと考えている。アメリカ人のように、ごく些細《ささい》なことでも日常的に裁判所にかけこむのは、日本人に言わせれば、正気の沙汰ではない。それほど不快で、金のむだ遣いで、不必要なことはないらしい。

ザペッティの弁護団は、最初、金銭による解決を勧めた。二億一千五百万円で本店を買い取ろうという、〈日本交通〉側からの最終提案が、まだ生きているとわかったからだ。そのほうがストレスが少ないではないか、と弁護団は説得した。少なくとも、今の段階でたっぷり現金が入れば、債務からは解放されるし、一番のドル箱である六本木交差点の支店が手元に残る、と。

「名前を捨てなさい。トレードマークなんか捨ててしまいなさい」弁護士たちは言った。「金を受け取って、一からやり直すことです」

ニックはかたくなに拒否した。

「あいつらこそ、人の名前やトレードマークなんか捨てて、一からやり直したらどうなんだ?」とニック。「金をたっぷりもってるのは、あいつらのほうじゃないか」

やむなく弁護団は、日本交通側を説得することにした。

——貴社の行為は、百パーセント合法的とは言いがたい。代物弁済は合法的かもしれないが、「売買契約」を交わしていないではないか。売買契約がないかぎり、日本交通は、レストランにも〈ニコラス〉の従業員にも会社のロゴにも、指一本触れる権利はない。法律的に貴社に認められるのは、土地と建物の所有権だけである。その場合でも、ザペッティ氏がビジネスを続けられるよう、店舗の賃貸契約を結ぶのがスジというものである——

その結果、弁護団は日本交通側からこんな曖昧《あいまい》な約束をとりつけた。

——ザペッティ氏にもう一度チャンスをやろう。どこかから金をかき集めてきて、わが社への借金を完済せよ。それができたら、当社は彼の資産をすべて放棄し、この件を水に流そうではないか——

重役はそう言った。

ザペッティはわらにもすがる思いで、ふたたび高利貸しの扉を叩いた。最初に三千四百万円を貸しつけて、彼を目もくらむような借金地獄へといざなった張本人である。ザペッティは金貸しにこうもちかけた。

——日本交通への借金（すでに二億六千五百万円にふくれ上がっていた）を、一気に完済してくれたら、今回、問題になっている資産の半分をおたくに渡そう。自分はこのままビジネスを続ける。で、将来、お互いの都合のいい日に土地を売却し、利益を分かち合おうではないか——

高利貸しはこの条件をのみ、小切手を切った。ザペッティはさっそくそれを持って、日本交通の赤坂本社にでかけていった。スチールとガラスを張りめぐらした、真新しいタワービルである。ところが、誰も小切手を受け取ってくれない。それどころか、ニックのことを誰も知らないらしい。やがてガードマンに追い出された。

第二のプランは、もろくも崩れ去った。

頭にきたザペッティは、故郷のイースト・ハーレムに電話をかけ、二人の男を雇って、東京で〝ひと仕事〟させることにした。飛行機代として、あらかじめ四千五百ドルを送金した。

ところが、二人がやってくる前日、ザペッティの弁護団は、日本交通がすでに土地と建物を、自社名義で登記していることに気がついた。それればかりか、レストランの名義までも、ちゃっかり関連会社に移している。ザペッティの社内の裏切り者から、〈ニコラス・エンタープライズ〉の印鑑を手に入れたらしい。

もはや彼のビジネスは、完全に敵の手中に収まった。彼らはニックの従業員たち――〝元従業員〟と言うべきか――のサラリーを上げ、辞めないように手を打つことも忘れなかった。

こうなっては、もはや日本人、外国人を問わず、どんな強面《こわもて》のギャングでも、彼の財産を取り戻すことはできないし、その仕事を買って出る者もいないだろう。

訴えるものなら訴えてみろ――それが日本交通側の基本姿勢だった。

やむなくニックは、六本木交差点の支店を本店に変え、店名を〈ニコラ〉に変えて、再出発することにした。

ニックは自分の置かれた状況が、一九六七年の〈東京ヒルトン〉のケースにそっくりだと思った。かなり世間を騒がせたが、最終的にはインターナショナル・ホテル・チェーン側に軍配があがった事件である。

ヒルトンは一九六三年、日本の東急ホテル・チェーンの一つである〈赤坂東急〉の経営を、二十年にわたって請け負う契約を結んだ。ところが四年後、東急はヒルトンに委託費用を払わず、独自のホテル経営に戻す方針をかためた。

ある日、ヒルトンの経営陣が昼食のために席を外しているあいだに、〝異変〟は起こった。東急の経営陣がホテルの事務所に入り込み、独自の支配人を座らせてしまったのだ。昼食から戻ってきたヒルトンの経営陣は、自分たちとスタッフ一同の居場所がなくなっていることに気がついた。机も、事務所の設備も、駐車場に放り出され、ホテルのエントランスに掛かっていた布製の看板は、東急の名前に変わっている。以降、ヒルトンの関係者は、敷地内への立ち入りをいっさい禁じられた。

東急側は、ヒルトンの子会社〈ヒルトン・インターナショナル〉と〈トランスワールド航空〉との合併を例にあげ、このように勝手な組織改革をされた以上、わが社がヒルトンとの契約を白紙撤回しても当然だ、と主張した。契約を交わした時点とは状況が変わったのだから、契約を履行する義務はない、と。

この論争は、契約に対する日米の考え方の違いを浮き彫りにした。

アメリカ人は契約の一字一句に固執し、少しでも違っていれば裁判所に駆け込む。それに対して日本人は、契約成立時の状況がそのまま続いていれば、契約書は有効だと考える。少しでも状況が変われば、契約の内容を書き換えることも辞さないのだ。

アメリカ人は契約にあたって、一分の隙《すき》もないように心がける。一方、日本人は、契約そのものを斜交《はすか》いに見る傾向がある。状況が変わったら柔軟に対処しよう、という双方の暗黙の了解のうえで、契約をスタートさせるのだ。

しかし東京在住の外国人にとって、ヒルトン事件はまったく別のことを意味した。

——日本人のいつもの裏切りだ——

外国人に言わせれば、日本人ほど勝手な連中はいない。最初は外国人パートナーを歓迎し、専門知識をできるかぎり学びとる。そして、十分吸収し尽くし、これ以上外国人の指導を受ける必要はないと思ったら、今度は契約を破棄する方法を模索しはじめるのだ。

日本交通がいまだに、最初の共同事業の契約に基づいて、小規模ながら〈ニコラス〉チェーンを経営し続けていることを、ニックは知っている。

ヒルトンはすぐにトマス・ブレークモア弁護士に依頼した。さっそく翌朝、ブレークモアは東京地裁に対し、東急の不当性を訴え、司法命令を下すよう求めた。

関係者は誰もがこう予想した——地裁はぐずぐず先延ばしにした末に、東急側に有利な判決を下すに違いない——。ところがあにはからんや、裁判長はヒルトン側の主張を認め、司法命令を下して、世間をあっと言わせている。東京地裁がこのような判決を下した例は、過去にほとんどない。

ヒルトンのスタッフが職場に返り咲いたあと、東急もヒルトンの例にならって訴訟に踏みきった。しかし裁判所は結局、東急は契約にしたがうべきだという判決を下し、またもや世間を驚かせた。

ヒルトンに不利な判決が下されてはまずいと、日本政府が判断し、東急と地裁に圧力をかけたに違いない——そんな噂《うわさ》が飛び交った。契約を破られるのがオチだから、日本企業とはビジネス提携をしないほうがいい——外国企業にそんな印象を与えるのを避けたかったからだ、と。

とはいえ東京地裁は、ニック・ザペッティの事例に関しては本性をむき出しにした。土地の差し押さえがおこなわれた時期と、ザペッティ側が司法命令を要求した時期のあいだに——ほんの数日だったが——時間の開きがありすぎるとして、日本交通側に軍配をあげたのだ。

こうなったらとことん闘ってやる——ニックはそう決心した。


もちろん、大金持ちの白人の巨漢と契約を結んだ当初、日本交通側に隠れた意図があったという確証はない。とはいえ、この乗っ取り事件の話題は、数ヶ月にわたって六本木界隈《かいわい》をにぎわした。

ビジネス契約が少し脱線しただけ、という単純な認識ではない。かなりシンボリックな事件として受けとめられた。横柄なアメリカ人にお灸《きゆう》をすえ、祖国を〝征服者〟の手から守るために、一歩前進した喜ばしい出来事——そう解釈した日本人は少なくなかった。

日本交通は、ザペッティにレストランの営業を続けさせ、収益の一部を納めさせるという方法をとることもできたはずだ。しかし、そうはしなかった。不動産ばかりでなく、ビジネスそのものが欲しかったのだろう。

たまたま時期を同じくして、ハーマン・カーンが『超大国日本の挑戦』という著作を発表し、日本はいずれ経済的に合衆国をしのぐ、と予言している。

日本の一般市民にとって、これはおそらく寝耳に水の予言であり、大半がまさかと思ったことだろう。しかし、アメリカや世界各国に対する日本の貿易黒字がみるみる増大し、円高ドル安の加速を実感している人間からみれば、カーンの分析はみごとな洞察力に富んでいた。〈ニコラス〉の敷地は、やがて世界でも指折りの高値を呼ぶようになった。日本の経済力が最高潮に達する二十年後には、なんと一億五千万ドル近くにまで値上がりしている。

日本人に言わせれば、たかが占領時代のアメリカ人が、それほど高価でめぼしい土地を所有するのは、断じて許せないことだった。ガイジンオーナーがこれみよがしに富をひけらかし、威張りくさっているとなれば、なおさらだ。――戦後の悲しい運命のいたずらは、すぐにでも逆転させなければならない。こんな不正は、ただちに正さなければならない――日本人はみずからにそう言い聞かせた。

一九七三年三月十三日、東京地裁で公判が開始された。実用一本槍《やり》のがらんとしたオーク張りの部屋からは、いつものとおり、カメラマンもテレビカメラもシャットアウトされた。黒いローブを羽織った裁判官が、双方の言い分を聞き、判決を下すことになる。

まず冒頭に、原告ニックの弁護団が意見陳述をおこなった。

――売買契約がない以上、日本交通にはレストラン〈ニコラス〉を没収する権利はない。この債務契約は、土地と建物のみを対象にしたものであり、ビジネスそのものは対象外である――

すると被告側はこう反論した。

――われわれが契約書を解釈したところによれば、日本交通には、不動産とビジネスの両方を没収する権利がある。なぜなら、ビジネスは土地や建物と切っても切れない関係にあるからだ――

初の証人喚問まで、二年を要した。

論争が一段落し、判決が下るまでには、さらに十五年を要した。

最終的な合意にいたるころには、ニック・ザペッティはすっかり年をとっていた。

第六章　障子の陰で

国際社会のなかで日本は長い間、道徳的な水準が高い国、という定評があった。たしかに、さまざまな面でそれは言える。

盗難防止のために、店の商品を鎖でつなぐ必要はないし、財布を紛失しても、中身は手つかずのまま戻ってくる。料金を踏みたおそうとする人間は、ほとんどいない。模範的な社会だ――東京オリンピック後の日本を訪れた、外国人ジャーナリストや社会学者は、たいてい興奮してそう語る。平和で、豊かで、国民は行儀がいいし、とてもやさしい、と。ヤサシイとは、「柔和で、穏やかで、親切」という意味の日本語である。ついでながら、日本人は自分たちを表現するのに、この言葉を好んで使う。

しかしその裏側は、なかなか外国人の目にとまらない。六本木の〈ニコラ〉のような、ごく一部の社会を除けば。

日本人の驚くべき生真面目さは、〈ニコラ〉のガイジン経営者も、体験から知っていた。東京の郵便局が、ザペッティ宛ての速達を、誤って普通便で配達したときに、それを痛感した。地元の郵便局の局長が、速達料金を返すためにじきじきに〈ニコラ〉を訪れ、丁重に謝罪したばかりか、お詫《わ》びのしるしにと、ていねいに包装した石鹸《せっけん》セットを差し出したのだ。

とはいえザペッティは、いわゆる〝かたぎの商売〟を長く続ければ続けるほど、「日本人は誠実だ」という定評に、首を傾《かし》げることが多くなった。まわりにいる日本人の行動を見ていると、それほど誠実な国民だとはどうしても思えない。訴訟のぬかるみにはまってにがい経験をしたから、負け惜しみで言っているわけではけっしてない。

レストランの経営を始めて二十年になるが、食材問屋から賄賂《わいろ》を受けとった料理人を、何度首にしたことだろう。出所のあやしいテレビやステレオを、外国人の客に売りつけるなと、ウエイターたちにきびしく注意しなければならないし、現金や新品のレンタル・コピー機など、店の品物をごっそり盗んだ犯人を、従業員のなかから捜す羽目になったこともある。

仕事上のライバルのあいだでも、価格調整や共謀《コルージョン》は日常茶飯事。知り合いの個人事業家は、全員が税金をごまかしている。

税金のがれは、日本人の国民的娯楽なのだ。

たとえば会計年度の終わりが近づくと、東京の実業家たちは夢中になって、ニセの〝接待費〟の領収書をかき集める。税務署がそのたぐいの税金のがれに、とても寛大なことを知っているからだ。世界中どこをさがしても、日本ほど税金逃れが横行している国はない――ニックはそう思っている。もちろん、自分もその一人だ。

ほかにもある。マニラから来日したボクシングのプロモーターたちが、よく嘆いていた。また日本に招待されたければ、わざと試合に負けなければならない、と。いまだに日本人は、勝たないと気が済まないらしい。

競馬ファンの常連客は、競馬や競輪の八百長レースをよく話題にするし、〈ニコラ〉をたまり場にしているプロ野球のガイジン助っ人たちも、ヤクザに金を積まれ、八百長試合をやってくれと頼まれた経験を語る（選手一人につき五十万円が相場らしい）。

常連客の一人に、前途有望な相撲の力士がいた。ある日、その力士が突然ニックに告白した。相撲部屋の親方から、もっと負けろと命じられたという。勝ってばかりいると、部屋の先輩力士たちが不愉快になるというのだ。

当然のことながら、ヤミ社会はさらにひどい。しかも、もつれた糸のなかにアメリカ合衆国がからんでいる。

ＣＩＡが合衆国政府にかわって、自民党政権に月々百万ドルの資金援助をしていたことは、〈ニコラ〉の一部常連客のあいだでは、いわば公然の秘密だった。資金援助は、日本の対米貿易黒字が深刻化するまで続いたという。

自民党の政治家たちが選挙の際に、その金で有権者の票を買っていたことも、みんな知っていた。総選挙では、一票あたり一万円が相場だそうだ。

もう一つの〝常識〟は、自民党、およびＣＩＡや大企業内部の自民党シンパたちを、暴力団が支援していることだ。とりわけ、政府の公共事業や建設工事に依存している大企業に、暴力団の息がかかっていることが多い。まさに鬼に金棒の〝連合政権〟である。

政府と企業のあやしげな癒着《ゆちゃく》を、浜田幸一という人物が象徴している。この強面《こわもて》の自民党国会議員は、夜の赤坂、六本木界隈《かいわい》でよく目撃された。

浜田は、日本で三本の指に入る暴力団組織、稲川会系の元組員で、暴行と傷害で服役したあと、もっと実入りのいい政治の世界に転向した。過去にＣＩＡとのつながりが噂され、政治フィクサーとしても知られる児玉誉士夫とは、師弟関係にある。その児玉は、稲川会の組長、稲川角二と密接な関係にある。そして浜田はこの稲川角二を、誰よりも尊敬している、と言ってはばからない。

浜田は、選挙運動の期間中、昔の仲間たちからさまざまな援助を受けたという、もっぱらの噂だ。

一九七二年十月、その浜田がさっそうとラスヴェガス旅行に出かけた。そして、〈サンズ・ホテル〉のカジノでバカラ賭博《とばく》に興じ、百六十万ドルもの大金をすった。ところが幸運なことに、〝旅行仲間〟が借金をそっくり肩代わりしてくれたという。その旅行仲間とは、小佐野賢治という、ホテルと運送業界の大立て者である。

小佐野も児玉の仕事仲間で、日米両政府の首脳に顔がきく（一九七二年八月、日本の新首相、田中角栄とリチャード・ニクソン米大統領がハワイで顔を合わせた日米首脳会議の際に、田中角栄は小佐野の経営するホテルを宿泊先に選んだほどだ）。当然のことながら、日米の暗黒街にも広くて強力なコネクションを持っている。

小佐野は、稲川会の石井進という理事長とともに、金持ちの日本人を対象にしたラスヴェガス・ギャンブル・ツアーを主催していた。ラスヴェガスの〈シーザーズ・パレス〉が、六本木の商店街に借金取り立て用のオフィスを開設すると、一九七五年には、借用証書の金額が、東京だけで合計一億五千万ドルを超えた。やがて、シーザーズ・パレス極東支部の日本人従業員三名が、支払いを滞納した客を「アメリカのマフィアにぶっ殺されるぞ」と脅迫しはじめた。借金取りのテクニックの一種だが、結局は恐喝で警視庁に逮捕されている。

証拠はないが、浜田のバカラでの損失は、日本が合衆国からの援助金、すなわちCIAを通じて投じられた選挙資金を返済する、極秘の手段だったのではないか——と、もっぱらの噂だった。

このような憶測が生まれるのも無理はなかった。なにしろ、関係者の経歴がやけにカラフルなのだ。たとえば、カジノの経営者はハワード・ヒューズであり、彼の右腕に、ボブ・マヒューという元CIA局員がいる。

おもしろいことに、浜田のギャンブルの損失補塡《ほてん》に使われた裏金のうち、二十万ドルが、アメリカの航空機製造会社〈ロッキード〉から出たことが判明している。CIA向けU2偵察機を製造している会社である。しかし、この件にはのちに触れることにしよう。

六本木・赤坂界隈での退廃的な〝国際文化交流〟は、リッチな日本人だけを相手に荒稼ぎする白人の高級娼婦《しょうふ》の出現によって、ますます退廃の色合いを深めた。彼女たちは〈シャンティ赤坂〉と呼ばれる路地裏のラヴ・ホテルで、三十分五万円という法外な料金をとった。それでも、猫の手も借りたいほどの忙しさだ。

リーダー的存在として、マリア・ショイカ・ハンナロアというイギリス国籍のドイツ人女性がいた。豊満な胸に青い目をした、三十代のブロンドで、ハンブルク、ロンドン、ニューヨークを経由して、東京に流れてきた。日本の雑誌にもとりあげられ、〈東京の夜の女王〉〈日本史上、もっとも成功したリッチな外人娼婦〉として紹介されている。

「日本の男性は、あたしみたいな女がめずらしくてしょうがないのよ」

マリアはそう語った。

「あたしが服を脱いだだけで、男はもうメロメロ。十分あればじゅうぶんね」

やがて常設の〝仕事場〟が必要になったマリアは、〈ダニーズ・イン〉という地元のバーで、オーナーのテーブルに現金二十五万ドル入りの紙袋を載せ、交渉にあたったという。このエピソードは、六本木界隈でしばらく語り草になったものだ。

日本では売春が禁じられている。しかしそれを禁じる法律は、有名無実なのが現状だ。赤坂署は、マリアとその仲間たちに関する分厚いファイルを作成している。だが、路上で客をとらないかぎり、警察は見て見ぬふりを決め込んでいた。〈コパカバナ〉へ行く途中、〈ダニーズ・イン〉に立ち寄る自民党の政治家が、あまりにも多かったからだ。

マリアはしっかり稼いで、ニューヨークにタウンハウスを買い、不動産会社を設立して、引退後に備えていた。ところが、労働の成果を楽しむことなく、一九七八年十一月、「シャンティ赤坂」の一室で、客とのトラブルの末に絞殺された。犯人は、ヤミ社会の末端に籍を置く男だった。

当時の国際商取引きのなかで、腐敗の激しい業界といえば、おそらく航空機業界が一番だろう。しかも、腐敗の度合いは年々ひどくなる一方だった。

アメリカの大手航空機製造会社も、それを販売する貿易会社も、さらには日本の役人も、その役人たちにそそのかされた産業界のリーダーたちも、みんながみんな賄賂にどっぷりとつかっていた。ひとたび契約が成立すれば、けた外れの金が転がり込んでくる。

折しも、日米間の貿易不均衡がますます激しくなり、閉鎖的な日本市場への不満の声が高まりつつあった。ところがそのわりには、アメリカの民間および軍事用航空機産業においては、不満の声がほとんどあがっていない。これは特筆に値する。

実際アメリカは、日本の軍用機関係のマーケットを、事実上独占していたといっていい。そもそも日本の自衛隊は、米軍を模して結成されている。自衛隊員は、米軍によく似た組織で育成され、訓練のためにアメリカへ送られる。となれば、アメリカ製の航空機を買うのは、しごく当然の成り行きだった。

アメリカ人に有利なシステムは、ほかにもいろいろ設けられた。米国国防総省は、日本がどんな型のロケットを購入すべきか、どれを辞退すべきかを細かく指定している。しかも、その値段まで、予告なしに独断で決めた。そればかりか、アメリカ製品を使用している最中に、日本人が技術的なアイデアを思いついた場合には、フロー・バック・テクノロジー法にしたがって、アメリカ側に無料で教えることも義務づけた。

この取り決めも、「日本は航空機を独自に開発してはならない」というアメリカ側からの一方的な押しつけも、日米安保条約にしたがって日本を軍事的に〝守る〟ことへの代償とされた。アメリカが日本を核攻撃から守れるとは、誰も本気で信じていなかったのだが。

〈コパカバナ〉はあいかわらず、〈グラマン〉、〈ロッキード〉、〈マクドネル・ダグラス〉、〈ノースロップ〉などのアメリカ人重役たちのたまり場だった。同じく常連のザペッティは、数年通っているうちに、一部のホステスと特別な関係を築いていた。彼が航空機産業の最新情報にくわしくなったのは、そのせいだ。

ホステスたちは、閉店後に金持ちのパトロンとデートするときには、彼のレストランをよく利用した。ニックがその代償として「サーヴィス料」を割り増しし、彼女たちの懐に入れたからだ。なかには、臨時収入のお礼にと、ただで彼と寝てくれるホステスも少なくなかった。コパカバナで交わされる最新ゴシップが、ニックの耳に入るのは、こうした寝物語のときだ。

日本では一般にこう信じられている——女は、一見バカそうに見えて、じつは賢いのが一番。コパカバナの女たちは、まさにこのタイプだ。とくに、貿易会社から産業スパイとして送り込まれたホステスに、これがあてはまる。彼女たちは客に、あるときは心にもないお世辞を浴びせかけ、こうした場所につきものの〝大人のサーヴィス〟を施したかと思うと、次の瞬間には、「タービン・サージ」だの、「フライト・アワーに応じた整備時間」だの、「Ｆ１０４に必要な三軸安定装置——ピッチ軸、ロール軸、ディレクション軸」だのと、専門用語を駆使した議論を展開し、またたく間に彼らを虜《とりこ》にしてしまう。

彼女たちの話を聞いていると、ザペッティはときどき、航空機のセールスマンと話しているような錯覚をおこす。何を言っているのか、半分はちんぷんかんぷんだ。

ホステスの一人を抱え込んで、航空機コンサルタントでもはじめようか——冗談半分でそう思ったこともある。どのバイヤーが最高値をつけるかを、事前にホステスに探らせて、飛行機をがんがん売りさばくのだ。しかし、やっぱりやめた。あのややこしい専門用語を全部マスターすることを思うと、気が遠くなる。

しかし、そんな〝航空機販売ゲーム〟を、世間が思っているよりはるかに巧みにやりおおせたアメリカ人が、何人かいた。

コパカバナの常連、ハリー・カーンもその一人。『ニューズ・ウィーク』の元海外特派員で、戦後のアメリカ対日評議会（ACJ）のロビイストをつとめていた人物である。

ワシントンに本拠地を置くカーンは、岸信介元首相と親交をあたためていた。彼のために英語の家庭教師もつとめている。ACJ時代には、岸の復活を助けたことがある。岸の実弟の佐藤栄作は、一九六四年から七二年にかけて日本の首相をつとめた人物だ。自民党の佐藤派閥は、その後の首相の大半を輩出している。

カーンは〈グラマン〉に、コンサルタントとして高給で雇われた。グラマンの目当ては、彼の自民党トップとのコネクションだ。カーンは同時に、〈日商岩井〉とも極秘の契約を結んでいた。

カーンはこの立場を利用して、グラマンのE2C早期警戒機を、日商岩井を通じて日本政府に斡旋《あっせん》している。彼の懐には、賄賂《わいろ》がたっぷりと転がり込んだ。グラマンから日商岩井に支払われた手数料の、なんと四〇パーセントだ。一部は、松野頼三元防衛庁長官をはじめとする日本の政府高官に、〝謝礼〟として渡されたとされるが、本人たちは関与を否定している。

カーンは結局、グラマンを首になった。グラマンの重役に感づかれ、証券取引委員会に通報されたからだ。

とはいえ、日本のマスコミは仰天し、彼を〈青い目のフィクサー〉や〈白い黒幕〉と呼んで、雑誌に特集を組んでいる。東京の権力中枢にもぐり込むために、日本企業がアメリカ人を雇った例は、きわめてめずらしいからだ。


こうした一連の出来事は、日本人におなじみの人生訓にあてはまる。

タテマエとホンネ――

大ざっぱに言えば、「ひとまず世間体を考えてものを言い、それから陰で好きなことをしろ」というような意味だ。

もちろん、どこの国民であろうと、人間の性格には往々にして二面性がある。しかし、日本人ほど行動が矛盾に満ち、それを隠そうともしない国民はほかにない。表向きの「和」を何より大切にする国だからだ。

　プロ野球の世界でも、スター選手は毎年、低めのサラリーに文句もいわずにサインする。マスコミの前では、「チームのため」だの「自己犠牲」だのときれい事を並べておきながら、陰では膨大な裏金を受け取っている。そのおかげでオーナーたちは、ほかの選手の年俸を抑えることができるのだ。

　言葉と行動の矛盾という意味では、〈ニコラ〉の向かい側に建った、ド派手なビルのケースほど顕著な例はない。ザペッティの昔のギャング仲間、銀座の町井が、ここに本部を設けることになったのだ。

　かたぎの世界で最高権力にのしあがるという、暗黒街の誰もが夢に見る偉業を、かつての〝ストリート・ファイター〟町井が、あれよあれよという間になし遂げつつあった。ザペッティはそのスピード出世ぶりを、六本木のねぐらから、畏《い》敬《けい》の念で見守った。

　〝娯楽産業の大立て者〟町井は、一九七三年七月、六本木交差点から徒歩一分足らずの街角に、〈TSK・CCC〉と呼ばれる超高級会員制クラブハウスを設立し、みずからの権勢を、世間に知らしめた。

「TSK」は、町井がオリンピック後に設立した会社「東亜相互企業」の頭文字。みずから率いる暴力団の旧称を、イニシャルの形で慎重に採り入れていたともみられる。「CCC」は、Celebrities Choice Club（名士たちが選んだクラブ）の意味だ。

磨き抜かれたイタリア製大理石をふんだんに配した六階建ての殿堂は、「東京一エレガントな建物」と世に謳《うた》われた。「戦後日本の復興を物語る究極のシンボル」との誉れも高かった。ロサンジェルスのセンチュリー・シティを彷彿《ほうふつ》とさせる西新宿の耐震性高層オフィスビルやホテル群を、はるかにしのぐインパクトである。

延べ一万坪を誇る館内には、あらゆる娯楽施設がそろっている。キャバレー、ディスコ、和、洋、中華から韓国料理にいたる各種高級レストラン、本格的なロココ調や、スペイン風、ドイツ風、ローマ調のモチーフを寄せ集めた宴会場、結婚式場、深々とした革製の肘掛《ひじか》け椅子《いす》のあるプライヴェート・ラウンジ、畳を敷きつめた麻雀室、フィンランド直輸入のサウナ風呂……。

ロビーや各所のくつろぎコーナーには、ヨーロッパや中東からわざわざ取り寄せた、高級家具が配されている。豪華なカーペットを敷きつめた廊下のアルコーヴには、ショーケースに収まって、李朝時代の壺《つぼ》や磁器、陶器、書など、値のつけようのない骨董《こっとう》品が目白押し。正面玄関の巨大なシャンデリアが、ピカソの大作をあざやかに照らし出している。

今や五十代の町井みずからが、デザインを隅々までチェックした。東洋の重厚さと西洋のけばけばしさが、不釣り合いにミックスされたそのデザインは、日本でそこかしこに見られる現象を、まさしく象徴していた。某人気週刊誌が、世評をこう要約している。

〈アジアでもっとも豪華で、もっともみごとに設備の整った施設である。わが世の春を謳歌《おうか》するとは、まさにこのことだろう〉

英語の定期刊行物『Tokyo Weekender』も、でかでかと報じたものだ。
〈これほどエキサイティングな施設は、他に類を見ない〉
オープニング・セレモニーには、著名人や政治家など、東京の各界名士がずらりと勢ぞろい。社会の〝双曲線〟を、期せずして世間に披露した。

東京弁護士会の会長が冒頭にあいさつし、数々の逮捕歴はあっても小指の先がないホストを、「礼儀をわきまえた敏腕実業家」と絶賛している。続く名士たちのスピーチも、似たような賛辞のオンパレードだ。出席者のなかには、〈三越〉や〈西武百貨店〉といった有名デパートの社長、〈東急電鉄〉社長、〈読売新聞〉解説部長（のちの社長）の顔もある。ついでながら、いずれもＴＳＫ・ＣＣＣの運営委員に名を連ねている面々だ。ギリシャ大使までが、乾杯の音頭をとるために立ち寄って、ついでに一言二言、熱い賛辞を添えている。

感極まった町井のスピーチは、デイル・カーネギー（アンドリュー・カーネギー（一八三五〜一九一九）の縁者）を意識したに違いない。〝わが同胞〟の役に立ちたい旨を強調し、ＴＳＫ・ＣＣＣを建てたのは、「もうけは二の次」で、ひたすら「現代人の憩いと対話の場」をこの世に実現したい気持ちからだ、と言い切った。

「文明が過度に成熟し、人間が人間のために援用して来たテクノロジーから、公害という形の亀裂《きれつ》が多様に生じ始めています。……中略……私どもでは、数年前に、現代人の『憩いと対話の広場』として、ＴＳＫ・ＣＣＣの設立を思いたちました。これは、各界でご活躍される人々が、政治を超えて、お互いの使命感や価値観を理解し合いながら、現代を生きる〝心の対話〟を願うものでした……」

ニックは会場の隅でビールをすすりながら考えた。〝生意気〟だからという理由で殴られた柔道家モーリスが聞いたらいったい何と思うだろう……。

博愛主義者に転向した元暴力団のオフィスは、彼が〝かたぎの世界〟でいかに立身出世したかを、さらにはっきりと物語っている。

片側の壁には、ロサンジェルス名誉市民の認定証が、その隣には、町井と並んだケネス・ロス元カリフォルニア州下院議員の写真が掛かっている。町井はこのパートナーと共に、テキサスやニューメキシコなど、アメリカの各州で三十四の油田を開発した。

もう一方の壁には、「日韓友好を促進した数々の多大なる功績」に感謝して、韓国の朴正熙大統領から贈られた、記念銘板が飾られている。〝功績〟とはおそらく、町井が韓国にカジノやキャバレーを建てたことと、韓国の釜山《プサン》港と日本の下関を結ぶ〈関釜《かんぷ》フェリー〉を開通させたことを指しているのだろう。

ほかにも、世界各国の首脳から寄せられた感謝状が飾られている。なかでも、米国下院議員たちからの手紙は、日韓の関係修復に貢献した町井の役割を、一斉に賞賛してやまない。

町井は、報道陣を前に、汎《はん》アジア主義という大層なテーマについて、即興の演説をおこなった。

──自分は「第三国人」であるがために、何十年ものあいだつらい思いをしてきた。日本の社会はいまだに、自由で開放的とはとても言いがたい（「力道山が生きていたら、韓国人であることを公表しただろうか。それは疑問だ」町井はそんなことまで口にした）。日本人は、朝鮮人や中国人と同じアジアの血が流れていることを、そろそろ誇りに思ってもいいころだ──

ロサンジェルスの名誉市民はさらに続ける。

──西洋コンプレックス、とくにアメリカに対するコンプレックスを捨てなければならない。音楽や服装で過剰にアメリカを真似《まね》るのは、にせのライフスタイルを追求するようなものである。まずアジアを愛すべきだ。自分らしさを見失ってはならない──

その後二年間、ＴＳＫ・ＣＣＣは東京一の人気社交場になった。毎晩、政界のリーダー、ビジネス界の重鎮、芸能人、外交官、米軍将校など、各界のＶＩＰを乗せたリムジンが、つぎつぎに玄関前に到着。六本木の〈ニコラ〉の向かい側に最近オープンした、アメリカ資本の粋《いき》な十階建ての殿堂〈プレーボーイ・クラブ〉よりも、はるかに多くの客を惹《ひ》きつけたものだ。

ところが、じつはその裏側で、まったく別のことが進行していた。

ＴＳＫ・ＣＣＣのラウンジでは、角刈りにサングラスといういでたちの、見るからに屈強そうな男たちが、やわらかい革の肘掛け椅子をしばしば占領し、トラブルはないかとロビーの方をじっとにらみつけている。裏のオフィスでは、年をとった右翼のボスたちが、鉛色のデスクに座って、割《わ》り箸《ばし》の注文といった退屈な仕事をこなしながら、けだるそうに来訪者たちをチェックする。

社長自身は、要塞《ようさい》のようなペントハウスに住んでいる。外部の人間は、厳重にガードされたゲートを通過し、鍵《かぎ》付きの専用エレベーターに乗らなければ、社長に面会することもできない。ザペッティがあいさつに立ち寄るときも、消火栓のような首をした二人の屈強な男に出迎えられたものだ。口をきりりと結んだその用心棒たちは、まず来訪者が武器を隠していないかどうかボディチェック。それからおもむろにエレベーターの鍵を開け、階上へと案内する。踊り場に着くと、さらに二人のヤクザが待っていて、灯籠《とうろう》を配し踏み石を埋め込んだエレガントな通路を、先に立って案内する。やがて真鍮《しんちゆう》製のライオンの頭がついた、重い金属製のドアに行き当たる。内側からドアを開けるのは、またしても別の用心棒たちだ。彼らはスリッパを用意し、テニスコートに隣接した屋上のテラスへと、ニックを導く。大親分はここにいて、ニックにコーヒーをいれてくれる。たいていは着物姿だ。上空から狙撃《そげき》されないように、六本木の空をにらみつけている子分たちもいる。

表向きは〝国際的なビジネス〟、裏を返せば、斬《き》ったはったのヤクザ稼業――そんな共存は、いかにも不釣り合いでなじまない。ザペッティの知り合いのアメリカ人ビジネスマン、リチャード・ロアは、ひょんなことからそれを経験した。

品質管理システム・エンジニアとして米軍に雇われたロアは、一九六八年に来日し、そのまま東京に居座って、広告業界に仲間入りした。やがて〈ＴＳＫ・ＣＣＣ〉に雇われ、各国語のパンフレットをまとめる仕事を担当。〈ＴＳＫ・ＣＣＣ〉は、皇室の御用邸のある那須に、新しいレジャー・センターを開発中で、いずれこのパンフレットを使って、海外の投資家たちに紹介しようともくろんでいた。

このプロジェクトのために、ロアは週に何度か、同社の海外プロジェクト取締役代理と顔を合わせていた。小柄な体にダークスーツをまとった、田中という五十代の男である。

田中は町井の通訳で、以前は運転手をつとめていたという。若いころ、米軍基地の自動車部門で働いているときに英語を覚えたが、その語学力には定評がある。アメリカで町井とロスの石油契約をまとめあげたばかりか、ボスがビバリーヒルズに瀟洒《しょうしゃ》な家を購入するときも、そつなく手はずを調えた。一分間に百ワードをタイプする能力も備えている。

ある晩、ＴＳＫ・ＣＣＣで会合を終えたロアは、一人で一杯飲《や》ろうと、六本木の街にくりだした。狭い裏通りをはしごしているうちに、〈キューピッド〉という店にたどり着いた。クロゼットほどの広さしかない飲み屋だ。

床はコンクリートむき出しで、壁にはヌード写真が掛かっている。ロアがビニールシートの止まり木に腰をおろし、ビールを注文すると、食欲をなくすような厚化粧の年増女が、隣の席にすっとすべり込み、ビールを注いでくれた。ほろ酔い気分で寛大になっていたロアは、彼女に水割りをごちそうし、さらにもう一杯ふるまってから、自分用に二本目のビールを注文。そろそろ帰ろうと腰を上げたら、六万円の請求書をつきつけられた。普通のバーなら、浴びるほど酒が飲める金額だ。

　ロアが文句をいうと、顔に傷のあるやけに人相の悪い男が、どこからともなく現れた。男はロアのシャツをわしづかみにし、金を要求しながら、店の奥に向かって援軍を求めた。厚化粧の年増は、死んでも離すものかとばかりに、ロアの腕にしがみつく。

　ロアはけっこう体格がいいし、まだ四十代の前半だ。ブルックリンの手荒な連中にも、多少は顔を知られている。しかし、殴り合うにはアルコールが入りすぎていた。やむなくなけなしの六万円を払い、すっからかんになったので歩いて家に帰った。

　翌日、ＴＳＫ・ＣＣＣに出勤したときに、ゆうべの不快な出来事を田中に話した。

「場所は？」と田中。「案内してくれませんか」

　ロアは田中を外に連れだして、角を曲がり、裏通りを下ったところで〈キューピッド〉を指さした。真っ昼間だから、シャッターがぴたりと下りている。田中はため息をつき、指を振る。

「ロアさん」と田中。「もっと気をつけないと」

　二日後、自宅にいるロアのもとへ、ＴＳＫ・ＣＣＣから電話が入った。すぐに来ていただきたい、大切な話があるという。

　いったい何事かと、タクシーで三十分後にかけつけると、ロビーで田中が待っていた。田中はさっそくロアを階上《うえ》の麻雀ルームに導き、座卓を置いた畳に座らせてから、おもむろに受話器を取りあげ、何やらブツブツと話す。

る。二、三分後、スーツにネクタイ姿の中年の男が、部屋に押し込まれた。真っ青な顔をしている。その後ろでドアが閉められた。ロアがポカンと見守る前で、男は四つん這《ば》いになり、田中が腰に手を当てて仁王立ちしている場所まで、せかせかと這いずりはじめた。

「俺じゃねぇ！」田中が怒鳴り、ロアを指さす。「あちらさんだ」

男は方向を変え、ロアが座っている場所まで這っていくと、ゴソゴソと自分の上着のポケットをまさぐり、茶封筒を取り出した。それをロアに向かって、うやうやしく両手で差し上げながら、額が畳にくっつきそうなほど深々と頭を下げる。

「す、すみませんでした！」

消え入りそうなしわがれ声だ。それから田中のところへ這って戻り、ふたたび頭を深々と下げて、次の指令を待つ。

「とっとと失せろ！」田中が命じる。

男は後ろ向きに這っていき、ドアにたどり着くと、後ろ手にドアノブを回して退室した。廊下に出たあとも、まだ跪《ひざまず》いたままドアを閉めるのを、ロアは麻雀テーブル越しに見た。

「中を確かめてください」と田中。

ロアが封筒を開けると、一万円のピン札が六枚出てきた。

「今のが〈キューピッド〉のマネージャーですよ」ロアの暗黙の疑問に、田中が答える。「うちが持ってる店です」

ロアは茫然《ぼうぜん》とした。これほど野蛮な権力行使は、今まで見たことがない。たいへんな場所へ迷い込んだらしいぞ……内心そう思った。

ＴＳＫ・ＣＣＣは、こちらが頼みもしないことまでやってくれるらしい。ロアはこれ以上、〝借り〟をつくりたくないので、田中を夜の六本木に誘い、六万円分おごることにした。実際には、それ以上の金が飛んだ。

田中は二度とこの事件について口にしなかった。那須のプロジェクトのマニュアルが完成したとき、ロアはＴＳＫ・ＣＣＣから正社員にならないかと誘われたが、丁重に辞退した。そのほうが利口だと判断したからだ。

判断は正しかった。ＴＳＫ・ＣＣＣはその後、日米関係史上最大のスキャンダルに巻き込まれることになる。

ロッキードと小型ナポレオン

〈ＴＳＫ・ＣＣＣ〉の顧問格、児玉誉士夫は、とらえどころのない人物である。裏方に徹しているらしく、ピザもめったに食べにこない。ただし、怪しげなもうけ話には、たいてい町井と一緒に関わっている。

たとえば、那須などの土地開発。このプロジェクトでは、土地を手放したがらない農民たちを、暴力団が〝力ずく〟で説得する必要がある。朝鮮半島のカジノ、ホテル、キャバレーといった、さまざまなヴェンチャー・ビジネスにも首を突っ込んでいる。彼の暗黒街仲間たちの得意分野だ。

〈警察の調べによれば、ＴＳＫ・ＣＣＣグループの所有する関釜フェリーが操業を始めたとたん、「シャブ」と呼ばれる麻薬の使用者が急増したらしい。シャブの七〇パーセントは韓国で製造され、日本に持ち込まれていた。使用者は、勉強しすぎて疲れた学生、タクシー運転手、サラリーマン、退屈している主婦などで、その数は百万人近かった〉

しかし、児玉が航空機製造会社〈ロッキード〉に雇われて、ふたたび〝ロビー活動〟に従事していたことは、ごく一部の人間にしか知られていない。

ロッキードは苦境に立っていた。一九六八年、日本の自衛隊が、〈マクドネル・ダグラス〉のＦ４ファントム戦闘機購入に踏みきったために、ロッキードは事実上、販売戦争に負けてしまったからだ。そればかりではない。ヴェトナム戦争の終結のきざしにともなって、軍用機の販売そのものに陰りが見えはじめていた。

生き残るためには、アジアに芽生えつつある民間機市場を確保する必要がある。それにはまず、何としてでも日本市場を手中に収めなければならない。

折しも〈日本航空〉と〈全日空〉が、機体の大きい新型航空機に買い換えようとしていた。それを知ったロッキードは、新型旅客ジェット機〈トライスター〉を売り込むために、三年がかりの売り込み作戦に着手。手始めに、児玉が株主の〈ジャパンＰＲ〉と顧問契約を締結した。

かくして、ヤミ帝国へのパイプがまた一本つながった。

児玉はまず、旧友の小佐野賢治に働きかけている。

小佐野は財界の超大物で、たまたまJALとANAの個人筆頭株主だったばかりではない。日本の民間機の選択や決定について、誰よりも大きな影響力をもっていた。大柄で頭の禿《は》げ上がった彼のことを、ある記者は「落ち着きのないゴリラ」と表現した。

多くの仲間と同様、小佐野も占領時代のあやしげな商売――ヤミ市でガソリンを売っていた――から身を起こしている。韓国関係のさまざまなヴェンチャー・ビジネスにも、児玉や町井とともに手を出している。賄賂《わいろ》その他の〝実力行使〟を、けっしていとわないことでも有名だ。トライスターの購入に断固として反対していたANAの重役を、スキャンダルを捏造《ねつぞう》して、まんまと放逐した〝実績〟があるほどだ。

ロッキードのカール・コーチャン副会長は、販売促進のために何度か東京を訪れた。そのたびに、〈ホテルオークラ〉のぜいたくなスイートに宿泊している。宿泊費だけでトライスターが一機買える――ある記者はそんな皮肉を言った。

コーチャンは児玉と、駐車した車の中、真っ暗なオフィスビルの踊り場など、慎重に場所を選んで何度か密会し、近況報告を交わしている。

念には念を入れようと、ロッキードの販売代理店である〈丸紅〉の重役陣とも、コーチャンは慎重に作戦を練った。丸紅は、首相官邸と直結するルートをもっていたからだ。当時の総理大臣は、新たに就任したばかりの田中角栄。野卑で抜け目のない田中は、佐藤栄作に代わって政界トップに君臨し、すでに日本でかなり進行していた腐敗政治をなお一層押し進め、その後の首相人事も意のままに操るようになる。

その間もアメリカでは、ロッキードの代表団が着々と事を進め、ホワイトハウスに陳情するロビー活動を展開していた。

一九七二年九月、リチャード・ニクソン大統領と田中角栄首相が、ハワイで会合をもったとき、ニクソンは田中に、アメリカ製の航空機を買って、日米間の貿易赤字削減に協力してほしい、と提案したとされる。当時、対日貿易赤字は十三億ドルにまで膨らんでいた。このとき田中は二つ返事で、三億二千万ドル相当の大型民間機を、アメリカから輸入することに同意したという。

日本の一部報道によれば、ニクソンはこれ以外にも田中に、日本の最高権力者としての立場を駆使して、ANAにトライスターの購入をうながすよう、頼み込んだらしい。田中はそれができる立場にあった。ANAの個人筆頭株主である小佐野は、田中の最大の選挙資金源であると同時に、〝刎頸《ふんけい》の友〟でもあるからだ。

ニクソンがそのような要求をしたかどうかは、結局は確認できずじまいだが、彼がカリフォルニア出身であることを考えれば、可能性は大いにある。ロッキードはカリフォルニアに本拠地があり、当時の雇用人口は六万人を超えていた。実際、ニクソンは一年前にも、二億五千万ドルの融資保証法案を議会で無理やり通過させ、ロッキードを倒産の危機から救ったことがある。

真相はどうあれ、一九七二年の秋、ＡＮＡは突然、それまでの決定をくつがえし、世間をあっと言わせた。

ＡＮＡは新型機の導入計画をすでに公表していた。ボーイング７２７型機が老朽化しているので、マクドネル・ダグラスの新型ＤＣ10に買い換える、と。にもかかわらず、「ＤＣ10は見送った。ロッキードのトライスター１０１１に変更する」と、にわかに前言をひるがえしてしまったのだ。ＤＣ10三機分の前金はすでに支払い済みとあって、なおさら世間は驚いた。

のちに真相が発覚した。ロッキードが七億ドルの航空機を日本に売りつけるために、仲介者を雇い、およそ千二百五十万ドル――大半が賄賂――を、日本のさまざまな政府高官や政界の指導者たちにばらまいていたのだ。その金は、児玉や商社の重役たちを通じて渡された。児玉や重役たちはその際に、仲介料やサーヴィス料として、数百万ドルを自分の懐に入れている。

さらにいかがわしい金が、こっそりと渡された。地下のガレージや、ひとけのない裏通り、ときには、アメリカ大使館のすぐ向かいにある〈ホテルオークラ〉の駐車場で、段ボール箱に詰め込まれた現金が授受されたのだ。

五億円もの不正利得が、直接、田中個人の懐に転がり込んだ。そのほかの金は、自民党幹事長、旧通産省や旧運輸省関係者、および小佐野自身の手に渡っている。

ご承知のとおり、日本ではこうした贈収賄は、ごく日常的な行為といっても過言ではない。日本の戦後の総理大臣は大半が、「信頼」「誠意」「民主主義」という言葉を連発しておきながら、実際には腐敗政治で裁判沙汰《ざた》をくりかえしてきた。田中も小佐野も、若いころにそれぞれ収賄、横領で逮捕されたことがある。田中はこんな暴言さえ吐いたとされる。

「一度や二度、刑務所にほうり込まれるのを怖がるようでは、男とはいえない」

周知のとおり田中角栄は、一九七二年の自民党総裁選挙で、中曽根派の大量票を金で買って、党首の座を射止めたといわれる人物だ（日本では事実上、多数党の党首が首相になる）。党内選挙でこれだけの大金が動いたのは、日本政治史上に例がない。

田中は、さまざまな政府開発事業計画と引き替えに、各方面の裕福な産業資本家たちから、かなりの政治献金を受け取っていた。

なかでも当選の決め手となったのは、小佐野からの膨大な献金だったとされる。党首に選ばれた日、田中が東京駅近くの小佐野の個人事務所を不意に訪れ、深々と頭を下げたという、複数の目撃証言がある。一国の総理大臣が、である。のちにNTTの経営部門の要職をプレゼントして、小佐野に恩返しもした。NTTとは、当時、日本の全国シェアを独占していた電話会社である。

ほかの支援者には見返りとして、大規模な国土開発計画の仕事を提供した。日本列島改造計画、新たな鉄道、橋、高速道路といった建設計画だが、なかには、政治関連施設のある地域しか利用できないものも含まれていた。

　戦後人口の急速な増加にともなって、日本の政治家の出費はかさむ一方であることは認めよう。テレビでのＰＲや戸別訪問は禁じられていても、ほかの支出もばかにならない。伝統にしたがって、やれ結婚祝いだの香典だのと、金は飛ぶように消えていく。しかも、有権者の数は増える一方だから、いくら資産家でも、下手をすれば破産に追い込まれかねない。

　そればかりか、選挙資金もうなぎ登り。数百人の国会議員はみな一様に、地元の政治家への資金援助を期待される。県会議員、市長、市長村会議員、後援会長などなど、出費対象は食物連鎖のように果てしない。もちろんそれ以外にも、自分自身の選挙資金が必要だ。連鎖があまりにも定着しているために、末端の選挙に当選した政治家が、政治献金を求められる前に、あらかじめ借金をするケースも少なくない。

　日本の学生は、この悪《あ》しき現象の原因を、封建制が長く続きすぎたせいだととらえている。封建的な社会では、国民が政治家を選ぶとき、国に対する忠誠心を何よりも重視する。政治倫理や、選挙法の一字一句や、社会的義務感は二の次だ。

　戦前からずっと与党に都合のいい選挙区制を続けてきたからだ、と解釈する者もいる。大都会よりも田舎に比重が置かれるこのシステムのもとでは、政治家が有権者に金をばらまいたり、個人的なアピールをしやすいのだ、と。

　アメリカの悪影響だ、と受けとめる者もいる。地方の議席を大幅に増やしたことで、政治家になりたがる野心的なゴロツキが、政治の世界に入りやすくなった、と。

原因はどうあれ、この国の政治は、〝国民への奉仕〟ではなく、まぎれもない〝マネーゲーム〟になり果てた。資金集めにたけた人間が頂点に立つのは、当然の帰結だろう。

かくして、「金権政治」という言葉が誕生した。

田中角栄は、大手の銀行、自動車メーカー、鉄鋼産業、建設業界を、保守政権のスポンサーとして抱え込み、金で票をかき集めた。たとえば三菱グループは、自民党の候補者を支援するために、こぞって選挙資金と、従業員の数十万票を提供している。

田中自身は、一九七四年、あやしげな金脈が雑誌にすっぱ抜かれたのを機に、首相の座を下りざるを得なくなった。にもかかわらず田中は、あふれるほどの軍資金を盾に、政界の黒幕として、あいかわらず権力を行使し続けた。

こうした状況を考えてみれば、ロッキードの贈賄を正当化した最大の責任者、コーチャンが、

「賄賂は日本でビジネスを成功させるための〝必要経費〟。火災保険や生命保険のようなもの」

と割り切るようになったのも、まんざらわからないでもない。

上院の公聴会でコーチャンはこう言った。

「日本は、政財界が密接に絡み合った小グループによって支配される。そこへ入り込むためには、援助が必要だ」

彼はまた、こうも言ったとされている。

「わたしの行動は、逐一CIAに報告していた。彼らにその気があれば、いつでも止められたはずだ」

当然のことながら、CIAの代表は関係を一切否定している。

ロッキードの日本での〝課外活動〟は、一九七六年二月に初めて発覚した。アメリカ企業の海外での贈賄を調査していた米上院の調査委員会（フランク・チャーチ委員長）が、コーチャンと重役二名を召喚し、日本における同社のロビー活動について詳細に証言させ、児玉の果たした役割を暴露したからだ。

アメリカ人が日本の政財界の大立て者に、かくもやすやすと賄賂を握らせていた事実は、日本人にとってまさに驚天動地だった。二年前にアメリカ市民が、ウォーターゲート事件に大きなショックを受けたように。

日本という国では、汚職はとくにめずらしくない。しかし、外国で――それも、ただの外国ではなく、日本のもっとも親しい同盟国で、このような大規模な不正が暴かれたことに、日本の権力者たちは激しい屈辱を覚えた。

さっそく広範囲にわたる捜査が始まり、七月末、ついに東京地検特捜部は、五億円の収賄容疑で田中元首相の逮捕に踏みきった。当時の為替《かわせ》レートで、百六十六万六千六百六十六ドルに相当する額である。八月中旬に保釈金を積んで仮釈放されたとき、田中はこんな捨てぜりふを吐いたとされる。

「あんなはした金で、よくもまあこのおれを逮捕できたもんだ」

ほかにも、小佐野賢治、丸紅の重役、政府高官などが続々と逮捕され、贈収賄罪、偽証罪、外為法違反など、さまざまな容疑で起訴されている。

とはいえ、日本の場合、賄賂を法律的に立証するのはきわめてむずかしい。金を受け取った人間が、自分の地位を利用してそれに報いる、いわゆる「受託収賄」かどうかを裏付けなければならないし、渡された金が単なる〝プレゼント〟ではなく、まぎれもない〝賄賂〟であることを、両者がはっきり認識していたかどうかも問題となるからだ（これとは対照的に、アメリカでは役人に金を渡しただけで賄賂とみなされる）。したがって検察側はたいてい、小さな余罪を追及する手法をとる。

児玉の場合は、脱税と外為法違反という比較的立証しやすい罪で起訴された。

検察は国税庁の協力を得て、彼の隠された資産を集中的に捜索し、二十三の銀行口座のほかに、ダイヤモンドやエメラルド、サファイアなどの宝石類を納めたセイフティ・ボックス五箱、厚さ三十センチに及ぶ有価証券を納めた金庫を押収。結局、土地の権利書など、すべての資産を押収し、千三百万ドルの追徴金を科すことになった。

警察は、ロッキード関連の証拠品を探すために、TSK・CCCのきらびやかな事務所の手入れをおこなった。証拠品らしきものは何も発見されなかったが、事件はこの娯楽施設に致命的な副産物をもたらした。

「児玉」や「町井」という名前が、ロッキード事件のマスコミ報道のなかで、しばしば引用されるようになる。報道はますますエスカレートし、その年の半ばには、国会での証人喚問がドラマチックに全国中継されるほどの過熱ぶりだ。社会的地位のある人物はみな、この事件と少しでも関わり合いになるのを恐れ、またたく間にTSK・CCCから姿を消した。

一九七七年六月、町井の東亜相互企業が八千万円の不渡り手形を出し、実質上、倒産したと伝えられた。突然の発作にみまわれて病床にあった児玉は、たまたま同じ日、車椅子で東京地裁に出廷。長い長い法廷闘争が始まった。

謎

なぜワシントン政府は、米国多国籍企業の贈賄にメスを入れ、ロッキード疑獄を暴こうとしたのだろう——それが日本人には不思議でならなかった。〈ニコラ〉にピザを食べにくる客のなかでも、とくに外国人ジャーナリストのあいだでは、この話題でもちきりだった。

一部の連中は、いわゆる「ポスト・ウォーターゲート・モラル」を主な要因と考えた。クリーンな政治がワシントンの流行になりつつあるのだ、と。CIAの裏切り説を主張する連中もいた。いや、そうではない、単なる報復だ、という説もあった。

リチャード・ニクソン大統領を失脚に追いやった一九七四年のウォーターゲート事件は、たしかにアメリカの権力構造に大きな変化をもたらした。

まず、一部ライターが「南西部金脈グループ」と呼ぶ、ニクソン大統領、ロッキード社、米国防総省、CIAを中心とする勢力が、このスキャンダルによって息の根を止められた（〝南西部〟は、ニクソンがカリフォルニア出身であることを意味している）。これにとって代わったのが、ロックフェラー・グループ、東部多国籍企業、マクドネル・ダグラス社など、いわゆる「東部エスタブリッシュメント・グループ」だ。

田中、小佐野、児玉の一派は、南西部金脈グループと手を結んでいたことで知られている。日本で失脚に追いやられたのは、そのあたりに原因があるのではないか……。

児玉自身がこの説を信じていたようだ。一九八四年にこの世を去る直前まで、なぜ自分や仲間だけが告発されたのだろうかと、さかんに首をひねっていたという。——東部エスタブリッシュメントの連中も、自分たちと同じくらい賄賂《わいろ》のやりとりをしているはずだ。にもかかわらず、彼らはなぜ逮捕されない……？

『三井』という本を著したジョン・ロバーツという人物がいる。ロッキード事件のエキスパートとして知られる、東京在住のジャーナリストである。彼は児玉の主張を文書にし、アメリカの裁判所に送ってやった。児玉はそのなかで、〈ロックフェラー軍団による政治的陰謀〉説を主張した。

「児玉がたどり着いた最良の結論がそれでした」ロバーツはそう説明した。「自分は日本政府を説得し、マクドネル・ダグラス社の戦闘機の購入をキャンセルさせて、ロッキード社の航空機を買わせた。これがあまりにも成功したために、強力なロックフェラー軍団の怒りを買った――彼はそう分析しています」

特筆すべきは、チャーチ率いる委員会の共和党幹部が、ロックフェラー擁護派であることだ。さらに、ニクソンが失脚しジェラルド・フォードが大統領に就任して以来、副大統領の座についたのは、ほかでもないネルソン・ロックフェラーその人だった。

もう一つ特筆すべきは、田中角栄自身もロックフェラー・グループにしてやられたと認識していることだ。一九七四年に日本外国特派員協会の記者会見で、汚職疑惑についてきびしい質問をぶつけられた田中は、ぷりぷりしながら会見室を飛び出し、聞こえよがしに吐き捨てた。

「あれはロックフェラーのしわざなんだ！」

いずれにせよ、ロッキード疑獄の真相は、けっきょく暴かれずじまいだった。

当時の国務長官ヘンリー・キッシンジャーは、政府の極秘文書が公開されたら海外政策に支障をきたすとして、この事件の全面公開を禁じる裁判所命令を出させた。ロッキード弁護団も、その後何年にもわたって、「情報をすべて公開すると、友好国日本の政府高官の威信を傷つける可能性がある」と主張しつづけている。

いまだに謎《なぞ》なのは、ロッキード社が児玉誉士夫と小佐野賢治宛《あ》てに発行した、百六十万ドルの無記名小切手の行方である。

小切手は、ロッキード側がキャンセルする前に、すでに現金化されてどこかへ消えていた。

児玉は、自分が持っていたが誰かに盗まれた、と説明。これを聞いたロッキード社は、そこまで親切にする必要があるとも思えないが、ふたたび小切手を発行している。児玉は、この二度目の金を手に入れた。

いったいなぜ？　そんな疑問が起こるのも当然だ。

消えた最初の百六十万ドルは、リチャード・ニクソン再選のための選挙資金にあてられたのではないか、という説がある。かつてニクソンに倒産の危機を救われたロッキード社が、彼の再選キャンペーンに協力しようと、巧みな裏金工作によって選挙資金を捻出《ねんしゅつ》した、という推論である。

この説を信じる人々は、奇妙な〝偶然の一致〟を理由にあげる。百六十万ドルといえば、ヤクザから政治家に転身した浜田幸一が、ラスヴェガスの〈サンズ・ホテル〉で賭博《とばく》に負けて失った金額と同じではないか。しかも、小切手が紛失したのと、時期までぴったり一致する、と。

おもしろいことに、東京高等裁判所は一九八四年四月、小佐野賢治が〈ロッキード〉の金を、浜田のギャンブルの借金返済にあてた、と認定している。それによれば、小佐野は一九七三年十一月三日午後五時に、ロッキードの重役からアタッシェケース入りの現金を受け取った。そして、一時間以内に飛行機でラスヴェガスに飛び、〈サンズ・ホテル〉のスタッフに、浜田に代わって借金を返済したという。

その金は、小佐野がＡＮＡに、ロッキードのトライスターと、（時期はややあとになるが）日ている。
本政府に対潜哨戒機《しょうかいき》Ｐ３Ｃオライオンを買うよう説得するための、最終的な謝礼だったとされている。

この事件関連の書物としては、『ロッキード裁判傍聴記』（朝日新聞社）がもっとも信頼がおける。この本を書いたジャーナリストの立花隆は、全四巻に及ぶその著書のなかで、小佐野に渡った二十万ドルの重要性に着目した。

円＝ドルの変動相場制によって、金額にズレが生じたことは間違いない。最初の〝盗まれた〟百六十万ドルは、一ドル＝三百円のレートにしたがって支払われ、二番目の百六十万ドルは、一ドル＝二百六十円のレートで支払われている。ロッキード社は、小佐野がまだＰ３Ｃオライオン購入を説得する仕事を済ませていないこともあって、その差額（約六千万円＝二十万ドル相当）を小佐野に渡したのではないか、と立花は分析する。

小切手が紛失したり、またたく間に現金化されたりと、いくつかの不可解な点があるにもかかわらず、ロッキードの裏金が選挙資金として使われたという説は、その後何年間も消えなかった。

米国証券取引委員会と司法省は、紛失した小切手について調査を続けたが、けっきょく結論は出ずじまいだ。ロッキード―小佐野―浜田―サンズ・ホテルの結びつき、さらにはＣＩＡ、もしくは〝大統領再選委員会（ニクソン再選のための運動組織を、侮蔑的に呼んだもの）〟の関与について、納得のいく説明ができる人間は一人もいない。かの連邦裁判所でさえ、キッシンジャーの命令以降、ロッキード事件の全貌《ぜんぼう》を明らかにしない方針をかためている。

小佐野は無実を主張しながら、墓に入った。

浜田は、派手な賭博旅行が明るみに出たとたん、国会議員を辞職した（一九八三年に再選）が、何度かこんな謎めいた発言をしている。

「死んでも言えない」

タイミングよく、事件の鍵《かぎ》を握る人物がつぎつぎに死んでいったことも、真相が闇《やみ》に葬られる要因となった。

まず、田中の運転手が遺体で発見された。一連の金の受け渡しを目撃した人物である。車内に排ガスを引き込んで自殺をはかった、とされたが、彼を知る人物はみな、しきりに首をひねったものだ。近親の女性も、こんな不安をもらしたという。

「死因を深く追究したら、つぎは私がやられる……」

児玉が株主であるコンサルタント会社〈ジャパン・パブリック・リレーションズ（ジャパンPR）〉の社長も死んだ。福田太郎という日系アメリカ人で、彼も裏の事情を知り尽くしていた。死因は、心臓発作。肝硬変で入院加療している最中のことだった。入院中、さかんに毒殺される恐怖を訴え、病院からの脱出ルートさえ考えていたという。家族も、病死だとは信じられない、と周囲にもらしていたが、公にする勇気はなかった。

不審な死亡事件はほかにもある。日本の一流経済紙『日本経済新聞』の編集委員も、奇妙な死に方をした。ロッキード事件を熱心に追いかけていた彼は、コーチャン氏が事件発覚直前に東京へやってきたとき、かなり突っ込んだインタビューをおこなっている。

まだ四十歳と若く、健康状態も良好だったにもかかわらず、ある晩、急に倒れて息を引き取った。米国上院で、チャーチ委員長率いる公聴会が始まってから、わずか十日後のことである。

記者は仕事場を出たあと、一杯飲もうと〈コパカバナ〉に立ち寄った。帰宅後、風呂に入って夕飯をとってから、食後の一服にとタバコに火をつけたとたん、激しい頭痛に襲われた。妻が呼んだ救急車で、夫はすみやかに最寄りの病院に運ばれたが、到着したところで死の宣告を受けている。立ち会った医者は、死因を心臓発作と診断。不審に思った妻が、心臓疾患なのになぜ頭痛がしたのか、とたずねたが、医者は納得のいく説明ができなかった。

田中角栄のロッキード事件への関与が発覚し、二千ページにおよぶ米国証券取引委員会の資料が東京に送られたのは、彼の死後、二ヶ月たってからのことだ。それでも、この記者が親しくしていた友人は、彼の死を知らされたとたんに、こうつぶやいたという。

「あの連中にやられたんだ……」

〝あの連中〟が誰をさすのかは、ついに明らかにされなかった。

ロッキード疑獄関連で多くの人間が告発されたが、けっきょくはほとんどが投獄されるまでにはいたらなかった。

児玉は法律に基づいてまんまと判決の言い渡しをまぬかれた。都合のいいことに、体調が悪すぎてとても公判には耐えられない、と医師団が判断したからだ。日本の法律によれば、被告が出廷できない場合、このような処置がなされる。彼が事件に関与した証拠も、しっかりと封印された。児玉はその後、自宅で〝療養〟しながら余生を送り、七十二歳で他界している。

リチャード・ニクソンは、ウォーターゲート事件によって不興を買い、数年間、政界から締め出しをくった。

それとは対照的に、田中角栄は相変わらず権勢をほしいままにした。保釈金を積んで仮釈放されたあと、裁判を待つ身でありながら、大量票を得て国会に返り咲いたばかりでなく、自民党の最大派閥の支配者として大いに力を発揮。閣僚人事はもちろんのこと、党首の選出、予算配分など、さまざまな形で舞台裏から自在に糸を操ったものだ。逮捕後の十年間、彼は毎年千件近い陳情をさばいたとされる。こんな発言も有名だ。

「首相なんてシャッポ（帽子）みたいなもんだ。好きなときに取り替えればいい」

〝子分〟の中曽根康弘に対しても、かなりの影響を与えている。中曽根は日本プロレスリング協会の元理事で、一九八二年から八七年にかけて首相をつとめた人物である。田中の影響力があまりにも強いので、皮肉なマスコミは「田中曽根」という表現をあみ出した。

一九八三年、田中に有罪の判決が下った。ロッキード社の航空機を買うよう、全日空に圧力をかけた受託収賄罪で、実刑四年を言い渡されたのだ。かくして彼は、戦後に有罪判決を受けた初めての首相となった。

しかし田中は上告した。そして、延々と続く裁判のまっただ中にありながら、地元選挙民からの圧倒的な支持を受け、悠然と国会議員の座を守っている。高速道路や新幹線の新設など、さまざまな形で故郷に貢献した田中に、地元の有権者はあいかわらず恩義を感じていたからだ。「これだけ票差がついたということは、わたしを擁護する声が強い証拠だ」田中はそう言い放った。

ロッキード事件で起訴されたほかの十六名は、全員、有罪が確定した。しかし、ほとんどの被告が上告し、ふたたび有罪判決が下ると、今度は最高裁に持ち込むものもいた。だらだらと十九年間にわたって裁判が続き、ようやく上告はすべて棄却された。とはいえその間も、被疑者たちは悠然とそれぞれの仕事を続けたものだ。最終判決は、高齢や病気を理由に延々と引き延ばされ、日本で政治腐敗を告発することのむずかしさを露呈した。

田中はあいかわらず権勢をほしいままにし、その勢いは一九八六年に脳溢血《のういっけつ》で倒れるまで、衰えるところを知らなかった。そして、一九九三年に他界。

小佐野賢治は、四つの偽証罪で有罪が確定していた。そのなかには、ロッキードからの金銭授受に関して嘘《うそ》の証言をしたこと、「児玉誉士夫と結託してロッキードのP3C売り込みに手を貸した事実はない」と偽証したことなどが含まれる。

しかしその小佐野も、ワイキキのホテル経営をさらに拡張したり〈サーフライダー〉と〈ロイヤル・ハワイアン〉など〉、稲川会の石井進と共に、アメリカへのギャンブル・ツアーを主催するなど、一九八六年に他界するまで、せっせと富を築き続けた。

若狭《わかさ》得治《とくじ》全日空社長は、偽証罪と外為法違反で有罪が確定した。一九九二年に最高裁で、七十七歳の若狭元社長の罪が確定したとき（懲役三年、執行猶予五年）、ANAの幹部がこんなコメントをしている。

「会社としては、非常に遺憾です。若狭社長はその高潔な人柄で、われわれ社員一同に、とても尊敬されています。これからもわれわれの精神的支えになってもらうつもりです」

なによりロッキード事件は、近代日本の醜悪な側面を、ますますさらけ出してしまったと言える。――政治的モラルのない国。封建時代や戦前のように、政界で何がおこなわれているのか、国民が疑問さえ持たない国であることを。

田中角栄は、日本国民の悪しき見本となった。法律を犯そうと何をしようと、国会議員に当選しさえすれば、天下の行政府で好きなだけ権力を行使しても構わない。そのためには、とにかく裁判を引き延ばし、当選をくり返せばいいのだ、と。

有罪の確定した政治家が選挙で大勝したとき、あるジャーナリストは、国会前でテレビカメラの照明を浴び、声を詰まらせながら、視聴者に問いかけた。

「なぜこのようなことが起こるのでしょう。マスコミがこれだけ苦労して報道を重ね、いろいろなことが明るみに出たというのに、この有様です。わが国の民主主義とはいったい何なのでしょうか？」

大宅壮一《おおやそういち》ノンフィクション賞を受賞した作家、猪瀬直樹《いのせなおき》に言わせれば、答えはこうだ。

田中は個性だけでのし上がったのではない。戦後民主主義という『制度』と田中という個性とが交錯したとき、はじめてひとつのパワーが発生したのである。田中は民主主義という普遍的理念を巧みに利用し、そして、彼自身のもつ庶民的合理主義を最大の武器としてのし上がったのである。この民主主義という制度があるかぎり、彼は有罪判決に抗して不死鳥でいられるのだ。

日本人ニック

ロッキード疑獄は、六本木暗黒街の権力構造に大きな変化をもたらした。それにともなって、〈ニコラ〉の常連の顔ぶれにも変化があらわれている。

町井や彼の率いる暴力団が、ぱったりと姿を見せなくなった。常連の様子が気になったニック・ザペッティは、一九七七年のある金曜日の晩、〈ＴＳＫ・ＣＣＣ〉まで歩いて様子を見にいくことにした。〈ＴＳＫ・ＣＣＣ〉は、破産申告をしたものの、まだ営業を続けているはずだ。

ニックはそこで信じられない光景を目にした。ほんの四年前にマスコミから「アジア一」と絶賛されたばかりの建物が、まさに死に瀕《ひん》しているのだ。客はたったの六人しかいない。

六本木は今や、東京のナイトライフとファッションの最先端。新しい日本のはじけんばかりの勢いを代表する、トレンディな人々であふれかえっていた。一九七三年には、オイルショックの影響で、街の煌々《こうこう》たるネオンが一時的に下火になったとはいえ、日本のけた外れの経済成長はあいかわらずで、六本木の街はゆるぎない自信に満ちていた。六本木交差点の南西角にある、ピンクと白のコーヒーショップ〈アマンド〉は、今や世界一有名な待ち合わせ場所だ。店の前の歩道は、待ち合わせの人々であふれかえり、人々の往来をさまたげている。

そのなかにあって、〈TSK・CCC〉の高級レストランやラウンジは、どこもあわれなほど閑散としている。ウェイターやウェイトレスが、あくびをしながら突っ立っている有様だ。隅々にはクモの巣が張り、経営陣の姿は影も形もない。

ただでさえ虫の息のTSK・CCCに、さらなる追い討ちがかけられることになった。「コリアゲート」と呼ばれる政治スキャンダルの中心人物が、TSK・CCCのナイトクラブでアメリカ人議員を接待したという疑惑が浮上したからだ。接待したのは、ワシントンに本拠地を置く裕福なロビイスト、パク・トンソン。疑惑にメスを入れるため、米国議会の調査団が東京に乗り込んできた。

（その直後、社会党の参議院議員が告発したところによれば、TSK・CCCの女性スタッフたちは、

ＫＣＩＡの政治部で訓練を受けた諜報《ちょうほう》部員であり、意図的かどうかはわからないが、少なくとも自民党の代議士一名に、性病を伝染《うつ》したことがあるという）

〝銀座の町井〟は、ハワード・ヒューズばりの生活に身を投じている。ペントハウスに閉じこもり、外界との接触を拒む毎日だ。噂《うわさ》によれば、殺されるのを恐れているらしい。アメリカから児玉誉士夫暗殺の準備をせよという指令が東京に入った、という記事が『週刊読売』に載ってからは、なおさら恐れていたようだ。実際、一九七六年三月には、児玉の広大な自宅の誰もいない二階部分に、右翼を自称する錯乱した男が、セスナ機で突っ込んでいる。まるでカミカゼ特攻隊だが、児玉は難を逃れた。

日本の皮肉なジャーナリストたちに言わせれば、「町井も児玉も、やみくもにアメリカ人とねんごろになったから、そのツケが回った」ということらしい。

六本木暗黒街は、住吉会に乗っ取られつつあった。しかしザペッティは、街の権力構造の推移よりも、ほかのことで頭が一杯だった。

ニック・ザペッティは、日本国籍の申請という新しい分野で、タテマエとホンネの使い分けを試してみようと思い立った。しかし、彼が日本国籍を取得できるわけがないと、周囲の誰もが思っていた。

日本の国籍法は、なにより血統を重視する。外国人のなかでもとくに白人は、日本国籍を取得するのが非常にむずかしい。おまけに、法務省のガイドラインによれば、日本語の読み書きができること、〝品行方正〟であること（これはもちろん、前科がないことを意味する）など、さまざまな条件をクリアしなければならない。日本政府への忠誠まで求められる。国籍を許可するかどうかの最終決断と、それまでに要する時間は、ひたすら法務大臣の〝自由裁量〟にゆだねられる。ところが法務大臣は、とくに相手が白人となると、なかなかウンと言わない。回答が出るまでに、何年も待たされたり、ときには一生かかったりする。ザペッティのように、前科という明らかなハンディを背負っていれば、なおさらむずかしい。

西洋人に対して日本人が示す二面性には、深い歴史的根拠がある。

日本は、数世紀にわたる長い鎖国政策のあと、ようやく一八五四年に門戸を開放した。国民はみな近代化に熱心で、産業の進んだ西洋諸国に追いつこうと努力をおしまない。ところがその反面、西洋の影響が過剰になることへの警戒心がとても強い。

日本人の哲学は、「和魂洋才」というスローガンに集約されている。根底に流れるのは、〈君たちの技術はもらっておこう。しかし、わが国の精神を踏みにじられては困る〉という発想だ。江戸末期の儒学者、会沢正志斎《あいざわせいしさい》も、こう説いている。

〈蛮人はしょせん蛮人である。だから彼らは、わが国の文明を野蛮なものに塗り替えたがるのだ〉

明治時代に、日本の近代化のために招かれた北アメリカやヨーロッパの技術者たちは、帰化はおろか、日本人と親しくすることさえ禁じられていた。違反すれば国外追放に処せられ、自費で帰国を余儀なくされた。

こうした矛盾の名残は、〝民主化〟された近代日本でも、いまだに各方面で見受けられる。たしかに、世界中を見渡しても、日本ほど英語学校の多い国はないし、エルヴィス・プレスリーやジェイムズ・ディーン、ビートルズが、アイドルとして愛されている国は少ない。とはいえ、いくら華やかな西洋文明が浸透しても、ガイジンそのものに対する島国根性的偏見を、根絶やしにすることはできないらしい。日本語があまりにも流暢《りゅうちょう》な外国人は、それだけで斜交《はすか》いに見られることもしばしばだ。

こうした排他的な集団に仲間入りしようという、ザペッティの途方もない——周囲の人間に言わせれば「腹がたつほど無謀な」——要求は、仕事上ののっぴきならない必要に迫られてのことだった。また一つ、裁判を抱えることになったからだ。

〈日本交通〉との果てしない法廷闘争の決着が、まだついていないうちに、藤田という名の支配人と、一戦を交えることになった。退職を間近にひかえた藤田が、「退職金」を要求したのが、そもそもの発端だ。タイショクキンとは、従業員が辞めるときに日本の会社が一括して払うボーナスのことである。驚いたザペッティは、怒って要求をはねつけた。

「タイショクキンをよこせだと？」とザペッティ。「給料をたっぷり払ってるじゃないか、違うか？　それで十分だろうが。アメリカの会社にタイショクキンなんかあるもんか」

これが取り返しのつかない間違いの元だった。

当時のザペッティに、寛大さが欠けていたわけではけっしてない。病気がちで、金にも運にも見放されていたアルコール依存症のアメリカ人ライターに、ハワイ行きの航空券と、数千ドル分のポケットマネーを握らせてやったこともある。おかげでライターは、人生を一からやり直すことができた。ヤミ市時代以来の旧友が、心臓疾患で苦しんでいると聞いて、治療費を払ってやったこともある。

六本木では長年こう言われてきた。金を借りたかったり、ただで温かい飯にありつきたければ、ニックのところへ行け、と。ザペッティは、丸の内署の留置場を出たあと、トルコ風呂の廃墟《はいきょ》で暮らしたつらい日々を、今でも忘れていない。一九八〇年代の終わりまでに、友人や従業員に貸した金は、数え上げれば百万ドルを下らないはずだ。戻ってくる金だとは、最初から思っていない。

近所に住むドクター、ユージン・アクセノフは、そんなニックをこう形容した。

「ならず者にしてはヤワすぎる。ペテン師にしてはツキがない」

アメリカ人経営者として、日本人従業員には他の面でもいろいろ便宜をはかってきたつもりだ。たとえば、日本企業でよく見られる過剰な礼儀作法は、いっさい要求していない。

東京のバーのなかには、バーテンダーに一定の角度でお辞儀をしろと命じる店がある。客の飲み物を「オーッス！」というかけ声もろとも、カウンターの上をみごとにすべらせなければならないし、次のオーダーがあるまで、衛兵なみの姿勢で立っていることも要求される。〈ニコラ〉では、毎日、従業員に「気をつけ」をさせて服装チェックをすることはない。店の規則を暗記させることもない。一日の終わりに自分の行動を振り返る、「反省会」なるものもない。時間どおりに職場に現れ、清潔な服装をして、自分の仕事をこなしさえすれば、それでオーケーだ。客と立ち話をしても叱《しか》られない。〈ニコラ〉に長く勤務する野村明男が言うように、「ブルシット《クソみたいな決まり事》」はいっさい要求されない。

「だからここが好きなんだ」と野村。

ニックは雇用主として機会均等を実践している。これは重要なことなのに、人権があまり話題にのぼらない国だから、世間は気にもとめていない。韓国人、台湾人、インド人などのアジア人を、ウェイターやマネージャーとして雇い、日本人と同じ給料を与えている。ほかの日本人雇用主とはその点が違う。日本人がマイノリティを雇うのは、たいてい労働コストを節約するのが目的だ。

そんな話のわかる経営者でも、残念ながら欠点はある。従業員との親睦《しんぼく》にまったく興味がないのも、その一つだ。

日本人は一般に、愛社精神あふれる職場環境と、仕事について従業員が口出しできるムードを期待する。そのためには、定期的なパーティや、社員旅行、従業員の意見を聞くための頻繁な会議などが欠かせない。

しかし、ニックに言わせれば、そんなものはすべて〝ブルシット〟だ。

「社員との親睦なんか、クソの役にも立たないさ」

それが口癖で、ウェイターたちにも言っている。「おれが金を払ってるんだ。黙って仕事をしろ」

そんな考え方は捨てたほうがいい、と忠告されても、聞く耳をもたない。

実際、ニックは年をかさねるごとに、ぶっきらぼうで怒りやすくなっている。最近の頑固ぶりは、六本木界隈《かいわい》でも有名だ。サーヴィスの悪さや力不足に腹をたて、怒りにまかせて従業員を首にしたこともある。

日本人経営者なら、そんなマネは絶対にしない。日本では、出来のわるい従業員を脇《わき》に呼び、友好的な第三者の助けを借りて、別の仕事を探すように説得するだろう。もっと自分に向いた仕事に就くように、と。面子《メンツ》が何より大切な国だから、人の顔をつぶすようなことはとにかく避ける。

ニックのもう一つの欠点は、ボーナスという日本の習慣をないがしろにしたことだ。日本では、夏と冬にボーナスを出したうえで、〈ニコラ〉の支配人が要求したように、退職時にもまとまった金を支給する。

〈グロリア・インターナショナル〉の失態を参考にしていたら、ニックもさほど苦労をせずに済んだかもしれない。

彼のレストランのすぐ近くにある、このアメリカの百科事典会社は、『アメリカーナ』を日本語に翻訳するという壮大な企画を突然中止して、その仕事のために雇った編集者全員を首にした。するとたちまち、社内の組合から退職金をめぐる訴訟を起こされ、長い法廷闘争に持ち込まれたのだ。しかもその数年間、〈グロリア〉は『アメリカーナ日本語版』の翻訳チームをふたたび雇い、給料を払わざるを得なくなった。仕事もないのにだ。

日本では社員は家族同然であり、無下に首にしてはいけないことを、この事件はアメリカ人に痛いほど思い知らせた。その後、『リーダーズ・ダイジェスト』も、組合に知らせないまま日本支部を閉鎖しようとして、似たような騒動に巻き込まれている。

ザペッティは支配人に、現金の代わりに引退後の仕事を与えることにした。

外国人が農地を買うことは、日本の法律で禁じられている。そこで、日本人の藤田を北海道に送って、借りていた土地を買いとらせようとしたのだ。自分の農場に藤田を住まわせ、実際に人が住んでいるという証拠作りをしたうえで、日本人の地主から合法的に土地を買おうという計画だ。日本の法律によれば、実際そこに住んでいない人間には、農地購入の許可が下りない。

藤田はこの職務を遂行するために、土地が直接ザペッティの名義または会社名義に変更できるまで、法律に定められた一定期間、ボスに代わって農場に住み着いた。そして、指令どおりに土地を購入。ここまではよかったのだが、藤田は突然、裏切り行為にでた。土地は自分のものだ、と言いだしたのだ。ザペッティは自分の資産を取り戻すために、またもや訴訟という手段をとらざるをえなくなった。

ほかにも、藤田からは退職金未払い訴訟を起こされているし、ザペッティ自身も三番目の妻を侮辱罪で訴えていた。自分でも意外なことに、これには勝訴した。十年間で、これが六つ目の訴訟だ。

個人のガイジンとしては、新記録に違いない。日本人妻と三度離婚したのも新記録で、一九七五年にたえ子とよりを戻し、四度目の結婚をしたのも新記録。たった一人でギネスブックをまるまる一ページ埋められそうだ。

一九八二年、ザペッティは北海度の土地をめぐる訴訟に踏みきった。同じころ、延々と待たされた日本交通訴訟の判決が下った。九年間の悶々《もんもん》たる法廷闘争に、担当判事はそっけない一言で決着をつけた。

「ミスター・ニコラの言い分は、信用するにあたらない」

ミスター・ニコラはもちろん上告した。ここで引っ込んだら、何のために金をかけてきたかわからない。おかげで三つの訴訟をかけ持ちすることになった。日本在住のアメリカ人新記録が、また一つ増えたことになる。

この調子では、ギネスブックは一ページでは足りなくなるかもしれない。

彼の雇っている日本人弁護士たちが、二度目の敗訴を恐れ、ニックに帰化をすすめだしたのは、このころからだ。——日本国籍を取得すれば、勝訴の可能性が高まるかもしれない……。ザペッティはこの話にのった。

読み書きもろくにできず、しかも警察に分厚いファイルが用意されている白人のガイジンが、まんまと国籍を獲得できたことに、東京人はいまだに驚きと戸惑いの色を隠せない。

初めて帰化申請をした一九八三年当時、ザペッティは日本語のレッスンなど一度として受けたこともなく、文法的に正しい文章一つ書けなかった。彼が知っている日本語は、自分で覚えたものばかり。しかも、きわめて特殊な用語に限られていた。

「町歩」を「ヘクタール」に換算したり、「坪」を「平方メートル」に変えたりするのは朝飯前。さらに、土地の価格を円やドルではじき出すのは、日本語であろうと英語であろうと自由自在だ。「西暦」は、たちまち「昭和」に変えられる。ショーワとは、裕仁天皇在位期間の一九二六年から八九年までを指している。「代物弁済」などという、外国人の言語学者が面食らうような言葉だって知っている。個人的なトラブルを自分で処理しているうちに覚えた言葉だ。

語学テストにはほとんど役に立たないが、漢字で書かれた人の名前を、形で見分けることにもたけている。長年、いろいろな名刺に出会ってきたからだ。ザペッティはこの能力を活かそうと思い立った。

妻の家族の紹介で、ある有力な政治家付きの弁護士と会い、特別な語学テストが受けられるよう、手はずを調えた。〝試験会場〟は、弁護士のオフィス。ここなら快適だし、プライヴァシーはしっかり守られる。無作為に渡された数枚の名刺の、苗字《みようじ》が読めれば合格だ。

ニックはみごとにパスした。

犯罪歴もネックになった。しかし幸運なことに、その弁護士の専門分野には、言語ばかりでなく犯罪も含まれていた。しかも、ある大物政治家の顧問弁護士をつとめてもいた。その大物政治家が、ニック・ザペッティの人生に微妙にからみ、帰化というプレゼントをしっかりと包むリボンの役をつとめたのだ。

一九八三年一月の、身を切るような寒い午後。ニックは正式に日本国民の仲間入りをし、当局の勧めた日本の苗字を名乗ることにした。

さっそく、パスポートを――世界でもっとも人気のある、アメリカのパスポートを――返却するために、米国大使館へ出かけていき、アメリカの市民権を放棄する旨を口頭で伝えた。

戦後に、ごく一握りの西洋人が日本国籍を申請している。大半が、日本の文化に惚《ほ》れ込んだり、日本人と同じ扱いを求めたあげくの決断だ。軽い気持ちでそうした人間は、おそらく一人もいない。

マウイ島出身の体重二〇〇キロの人気相撲力士、ジェシー・クハウルア(高見山)は、ニックとほぼ同じ時期に帰化している。日本国籍を持たなければ、相撲協会が部屋を持たせてくれないからだ。ジェシーはパスポートの返却を、「人生でもっともつらい決断」と呼んでいる。

当時のアメリカ大使、マイク・マンスフィールドに何度も相談し、思いきって決断したあとは、一晩中泣き明かしたそうだ。

ニック・ザペッティは涙一つこぼさなかった。

六十歳を迎えた時点で、「ニコラ小泉」と改名した彼は、今後、自分の生まれ故郷に帰るたびに、旅行ヴィザを申請しなければならなくなった。しかし、彼に言わせれば、「こんなものはただの事務手続き」だ。

ニックはすべての書類にサインをしたあと、さっさと仕事に戻った。

米国麻薬取締局《DEA》が直面した文化の壁

日本に不慣れなアメリカ人ビジネスマンは、プレゼントと賄賂《わいろ》の区別がつかずに四苦八苦する。同じように、アメリカの犯罪捜査官も、日本に逃走した犯罪者を捜索するときに、強固な文化の壁に突き当たる。とりわけ麻薬密売人を追跡するのは、至難のわざだ。

ＦＢＩのウィリアム・セッションズ長官は、上院委員会にこう報告した。

「われわれのにらんだところでは、ハワイのドラッグ市場の九〇パーセントを、日本の暴力団が牛耳っている。彼らはアジアの〝黄金の三角地帯〟から持ち込んだドラッグを、ハワイで売りさばき、その収益で拳銃《けんじゅう》を買いあさって、祖国日本で十倍の値段で売っているらしい」

ロバート・ミューラー検事総長も、上院委員会にこう報告した。

「東声会（TSK）（現〈東亜友愛事業組合〉）のハワイ支部が、韓国や台湾で生産された結晶ヒロポン、俗に言う『アイス』の市場をほぼ独占している」

これが事実だとすれば、興味深い。東声会の連中がロッキード事件後の数年間、どこで何をしていたのかがよくわかる。

しかし日本の警察当局は、ほとんど捜査の役に立たないのが現状だ。

たとえば、北米やヨーロッパでは日常的におこなわれている〝囮《おとり》捜査〟が許されていない。捕まえた麻薬密売人を説得し、何食わぬ顔で仲間に売らせたり、捜査官が買い手になりすましたりして、密売グループを一斉に検挙する方法だ。そればかりか日本の警察は、路上で売られているドラッグを買って、売買の現状を把握しようとすらしない。

警察官がそのような〝詐欺《さぎ》まがいの行為〟に及ぶことは、刑法によってかたく禁じられているからだ。どのような意図や目的があろうと、日本では盗聴さえも許されない。盗聴にはむしろ積極的に反対しているくらいだ。覆面警官がにらみをきかせて防止すれば、それだけで十分だと思っている。悪事を犯した人間は、とにかくすみやかに刑務所にほうり込まなければならない。

ニコラ小泉は、それを再び思い知らされた。

〝黄金の三角地帯〟に出かけた家族の一人が、ドラッグ中毒と肝炎で倒れたと聞いて、ニックは激しい憤りを覚えていた。そこへたまたま、東南アジアの大使の息子が三キログラム相当の

〝白い粉〟を持って、買い手はいないかと接触してきた。ニックがドラッグ撲滅に立ち上がろうと決意したのは、そのときだ。

まず、密売人を罠《わな》に掛けるために、覆面警官をアジトに連れていって紹介した。ところが、たちまちニック自身も逮捕され、東京拘置所で三日間を過ごす羽目になる。その間、自分は共犯ではないと、必死に抗弁したのは言うまでもない。

日本の警察は、アメリカ式の囮捜査は暗黒街の「和」を乱す、と考えるらしい。――〝ものはずみで道を誤っただけの気の毒な犯罪者〟が、狭くてまっすぐな道に戻るチャンスを、囮捜査はみすみす減らしてしまう。とくに、暴力団経営の娯楽産業は〝特殊分野〟だから、できるかぎり犯罪組織に自粛を促すほうが、社会の秩序が保てる――そんなふうに考える傾向がある。

というわけで、ホノルルで麻薬を売って拳銃を入手している大阪の暴力団を、一九八四年に摘発しようとしたアメリカの麻薬取締局が、日本の警察当局に腹を立てたのも無理はなかった。米国麻薬取締局《DEA》の捜査官たちは、日本の警察の許可もとらずに来日した。そして、芸能プロを装い、マイケル・ジャクソンの全国ツアーなるものをでっち上げ、資金援助をしてくれないかと、大阪の暴力団のボスに接触。その結果、いともやすやすと暴力団の信望を得た彼らは、数ヶ月後、三億五千万ドル相当の拳銃・麻薬密売容疑で、大阪のヤクザ十一人をホノルルで検挙した。

ところが日本の警察は、これがおもしろくなかったらしい。数年後に日本の有名な俳優、勝新太郎が、ハワイに大麻を持ち込んで逮捕され、米国麻薬取締局の捜査官が彼の背後関係を調査するために来日したとき、日本の警察は協力をしぶり、なかなか重い腰を上げようとはしなかった。

ドラッグの国際的取引きがますます激化しているにもかかわらず、日本の警察が米国麻薬取締局の忠告に耳を貸そうとしないことも、両者の関係をさらにこじらせた。

アメリカ側はこう忠告したのだ――日本のヤクザが、いくら〝仁義〟を守っていると主張したところで、日常的に取引きしている比較的軽いアンフェタミン（ヒロポンなどの興奮剤）よりも、むしろコカインやヘロインといった〝ハード・ドラッグ〟を取引きしたがる、悪質な集団であることに変わりはない、と。

しかし日本の警察当局は、外国人の増加にともなって急成長している〝粗悪なドラッグ〟の取引きを、摘発するほうが好きなようだ。日本のめざましい経済成長に惹《ひ》きつけられてやってくる、二十数万人の外国人不法就労者――またの名を「カリ・カルテル（コロンビアの麻薬密売組織）」――が悪いのであって、誇り高きバクトやテキヤの子孫が悪いわけではない、ということか。

たとえば一九九一年、日本の警察は、横浜港に停泊中の船から大量のコカインが見つかったとき、〝黄金の三角地帯〟からアメリカへ輸送される途中にすぎない、と主張した。彼らはその証拠として、手書きのスペイン語で書かれた脅迫状をあげている。

そこには〈捜査をただちに打ち切らないとひどい目にあわすぞ〉と書かれ、聞いたこともないような南米の麻薬密売組織のサインが添えられていた。特筆すべきは、ｒとｌがすべて逆になっていた事実だ。これは日本人に特有のスペリングミスであって、ラテンアメリカ人のそれではない。

アメリカの警察は、ダーティな金の出所を日本で特定するのにも苦労する。

アメリカでは、一九七〇年にＲＩＣＯ法（恐喝行為・組織犯罪についての法律）が議会を通過し、組織犯罪に対処する新たな法的手段が用意された。殺人、ゆすり、高利貸し、不法ギャンブル、ハイジャック、麻薬取引きなど、分野別にわけることで、組織犯罪を効率よく規制するのが目的だ。以来、不正手段によって得た金を、受け取ったり、合法的な企業に投資したり、その他の形で運用した人間は、たとえ組織ではなく個人であろうと、犯罪に直接かかわっていない場合であろうと、れっきとした罪に問われることになった。さらに、組織犯罪の被害者が、損害賠償を求めることも可能になった。

日本には、そのようなロンダリング防止法がまったく存在しない。金融犯罪の摘発がきわめてむずかしいのはそのためだ。暴力団は、ドラッグや売春によって得た金を、自由に不動産や金融市場に投じることができる。しかし警察は、その出所を特定することもできない。麻薬関連のロンダリングを防止する法律だけは、一九九一年にようやく成立したが、日本のプライヴァシー保護法がやかましい。暴力団が、自分たちに関する情報を役人に流したといって、警察庁を訴えたことさえある。

こんな状況で、暴力団員が一人でも逮捕されれば、まさに奇跡だ。

第七章　富の大移動

一九八〇年代の初め、「怪物日本」という言葉があちこちで聞かれるようになった。車やオートバイ、テレビ、半導体、ヴィデオ《V》・カセット《C》・レコーダー《R》などの世界市場を、日本がみるみる席巻しはじめたからだ。

海外では市場確保のために安く売り、国内では高値を維持するという、じつに効果的な販売作戦と、よく訓練された労働力がものを言った。それまでは、アメリカに追いつくために悪戦苦闘していた日本が、追いつくどころか、各分野で今にも追い越しそうな勢いだ。生産性、一人当たり所得、経常収支黒字その他、多くの複雑な経済指数が、はっきりとその兆候を示している。

一方、一九五〇年代、六〇年代の黄金時代に、世界経済の半分近くを担っていたアメリカは、今や悪評と闘っていた。デブで怠け者、アメリカ製品は高くて壊れやすい……。

世界中の人々が、口角泡を飛ばして語るのは、あふれんばかりの製品を世界にまき散らす、恐るべき東アジアの〝輸出マシン〟のことだ——あの国は、いつになったら力尽きるのだろうか——。

日本の爆発的な経済成長による悪影響を、少しでも緩和するために、先進五カ国代表者会議がニューヨークの〈プラザホテル〉で開かれた。その結果、主要通貨に対する円の価値を引き上げて、バランスをはかることで合意が成立。日本からの輸出品の値段をつり上げ、アメリカ、カナダ、ヨーロッパ諸国の製品を安くするのが目的だ。

二年間で、円の価値は二倍にはね上がった。一九八五年の一ドル＝二百四十円が、一九八七年には一ドル＝百二十円だ。ところがそれと比例して、世界に対する日本の貿易黒字も急上昇。たとえばアメリカの対日貿易赤字は、二百五十億ドルから六百億ドルへとはね上がった。

日本の製造業者は円高をフルに利用して、コストの安い海外に工場を建設し、原料を安く輸入して、国内生産の合理化に励んだ。〈日本銀行〉は、国内需要を高めるために、金利を大幅に引き下げた。安い金利で資金を得やすくなった国民は、株や不動産投資のために、積極的にローンを組んだ。必然的に、株や土地の値段はうなぎ登り。投資家は、値上がりした持株を担保に、ますます投資に精を出す。財産は膨れ上がる一方で、一夜にして億万長者になった人々は数しれない。

こうした相乗効果は絶大で、「バブル」と呼ばれる日本経済のピーク時には、世界中のキャッシュのほぼ半分を、日本が握るようになっていた。ある経済学者はこの現象を、「人類史上最大の富の移動」と名づけている。

東京は、見苦しいほど金に汚染されはじめた。

ガラスとスチールずくめの〝知的〟な高層ビル、夜空を占領する巨大な最新型テレビスクリーン、道路にあふれんばかりのＢＭＷ、金粉をまぶした寿司を出すレストラン、奥座敷でエクスタシーやコカインを供する会員制ナイトクラブ……。女子高生が着用した下着の買える、二十四時間営業の自動販売機まで出現するしまつ。

六本木では、トレンディな新世代に人気のレストランやバーが、道路沿いに猛火のごとく広がりはじめた。裏通りにも所狭しと軒を連ね、屋根にはけばけばしいネオンサインが点灯。〈ハードロックカフェ〉〈スパゴ〉〈トニーローマ〉……。街中のディスコの半分が、この近辺に集中している。ある統計によれば、六本木交差点から半径約二〇〇メートル圏内に、二千軒を超える飲食店がひしめいているらしい。これほど密集したナイトスポットは、世界にも例がない。

ザペッティの長い人生で初めての経験だが、周囲の日本人が手放しで自分の国を礼賛しはじめた——日本は世界一の長寿国だ、識字率が最高だ、教育レベルが高い。それにひきかえ、アメリカは識字率が八〇パーセント、高校中退率は三〇パーセント、ドラッグや犯罪も、日本とは比較にならないほど多い……。

アメリカの全盛期の終焉《しゅうえん》を告げるポール・ケネディ著『大国の興亡』が、日本で爆発的なベストセラーになった。

西から東へと富が移行する憂鬱《ゆううつ》な現実を前にして、それまで生来の支配者を自認していた北米やヨーロッパ諸国は、近代史上初めて、目下の立場からアジア文化に接することを余儀なくされた。

この不測の事態は、〈ニコラ〉の赤いチェックのテーブルを囲む外国人のあいだでも、しばしば議論の的になっている。なかでもいちばん不満そうなのは、当然のことながら、店主自身だ。

不動産の価格と円のすさまじい高騰で、家賃が倍になったかと思ったら、すぐその倍になる。アメリカ企業のアジア支社が、つぎつぎに東京から撤退していくのを、ニックは釈然としない思いで見守った。ドル収入で暮らす〈ニコラ〉の常連たちが、これ以上ここでは暮らせないと、一人、また一人と祖国へ引き揚げていく。

一九八〇年代が終わりを告げるころ、トム・ブレークモアの顧客リストは、七五パーセントも落ち込んでいた。東京のアメリカ大使館員でさえ、爪《つめ》に火をともす毎日だ。

ザペッティにはどうしてもわからない。なぜアメリカはこうも落ちぶれてしまったのだろう。なぜプラザ協定でやすやすとドルを切り下げたのか。アメリカの誇る資産が不当な安値で叩き売りされるのを、なぜ唯々《いい》諾々《だくだく》と許してしまうのか。彼に言わせれば、ロックフェラー・センターの売却は、アメリカ政府が断固阻止すべきだったのだ。

「アメリカのシンボルじゃないか！」ニックは毎晩恒例の長演説で、しきりに拳《こぶし》を振り上げる。

「アメリカ名物を守れよ！」

「一九四五年におれたちがこの国へきたときは、日本人を助けるのが目的だったんだぜ」

東京のヤミ市でボロ儲《もう》けした男が愚痴る。

「ずいぶん親切にしてやったよな。国防費まで負担したくらいだ。なのに今になっておれたちの物を買い占めたり、おれたちを二流市民扱いさ、ちくしょうめ！」

すでに日本国籍を取得している男の吐くセリフとは思えない。

皮肉なことに、合衆国の市場を席巻しつつある大手日本企業の大半は、三井、三菱、住友、安田など、日本の流動資産の五分の一を掌握する、いわゆる「財閥」の子孫だ。戦後、財閥が解体を迫られたときには、アメリカの大手企業が助け船を出している。日本市場への進出という、身勝手な目的があったにしてもだ。

ふたを開けてみたら、〝助っ人〟アメリカのまったく意図しない結果が生じたことになる。アメリカ人作家ジョン・ロバーツもこう綴《つづ》る。

財閥の再編を促した連中は、おのれの利益追求という、はなはだ視野の狭い動機に基づいていた。したがって、日本人がそれを踏み台に、経済大国にのしあがろうとは、思ってもみなかったに違いない。彼ら（アメリカ人）は差別主義者なのだ。戦争で全壊したばかりか、石油も出ないし、天然資源のきわめて乏しい国が、わずか三十年あまりのうちにこれほどの成功を収めようとは、予想だにしなかったに違いない。彼らが船出を手伝った国の〝経済船〟が、はるばる太平洋を渡り、祖国の経済船と正面衝突するとは、思いもよらなかったのだ。しかし、自分たちが助けてやったのに卑怯《ひきょう》だ、などと主張するのは、偽善もはなはだしい。

日本は、アメリカ製品を世界のどの国よりも多く輸入しているし、世界第二の市場国である。

ところがその事実は、どういうわけかいつも無視され、増大する一方の貿易黒字ばかりが取《と》り沙汰《ざた》される。アメリカ人もヨーロッパ人も、ヒステリックに日本を保護貿易国呼ばわりし、もっと市場に参入させろ、と一方的な要求をくり返す。「そちらの努力が足りないだけだ」と日本人がいくら叫んでも、まったく聞く耳を持たない。

じつは、どちらの言い分にもそれなりの根拠がある。

日本の企業がアメリカで成功したのは、英語を勉強し、独自の研究開発《R&D》をおこなって、たとえば省エネ小型車など、西洋人の好みに合うような製品を生みだしたからだ。

それにひきかえ、東京にやってくるアメリカの経営陣は、日本語を勉強するどころか、日本市場に参入するのに必要な、知識や人脈を確保する努力さえしない。わずか三、四年の滞在期間中、彼らが好んでやることといえば、居心地のいい〈アメリカンクラブ〉に閉じこもり、ぬくぬくと毎日を過ごすことだけ。

だいいち、アメリカ製品の多くは、日本市場に適さない。

アメリカ製の洗濯機やエアコンや冷蔵庫は、日本の家屋には大きすぎるし、アメリカの車はハンドルの位置が違う。アメリカ製のコーヒーカップやグラスや銀器は、六個で一組が普通だが、日本の一般家庭には多すぎる。日本では、たとえ箸《はし》でも六組セットは売れ残る。

家庭用品メーカーの〈プロクター・アンド・ギャンブル（P&G）〉は、洗濯機用洗剤〈全温度チアー〉を売りだそうとして、大惨敗。冷水で洗濯するのが当たり前の日本で、その効能がわかるはずもないからだ。だいいち、箱が大きすぎて、日本のスーパーの棚に収まらない。ライバル社に挑戦的なコマーシャルも、反感を買った。おとなしい日本の消費者は、たとえ商戦であろうとも、少なくとも表面上はなごやかな関係を求める傾向があるからだ。

P&Gは結局、戦略を変えて成功にこぎつけた。特製の濃縮洗剤を開発し、小さなプラスチック製の容器に入れたのだ。他社との比較広告ではなく、〝友好的な〟コマーシャルにも変えた。また、〈マクドナルド〉は、照り焼きソース・バーガーを思いついて売り上げを伸ばした。〈ケンタッキー・フライドチキン〉も、焼きおにぎりをメニューに加えて成功した。

東京にアメリカ人ビジネスマンは二、三千人いるが、ニューヨークに赴任している日本人ビジネスマンは六万人以上いる。しかもそうした日本人は、寿司ばかり食べて過ごしているわけではない。ニューヨーク駐在の三菱の重役が、一晩に三回夕食をとる話は有名だ。まず六時から八時、次は八時から十時に、高級フランス料理店で別々の外国人クライアントを接待する。三回目は家庭で、奥さんの方針にしたがって日本食を食べなければならない。

「アメリカ人はそこまでビジネスの関係をひきずりませんね」

栄養満点の重役が言う。「五時には家に帰りたがる。ぼくに言わせれば、だからアメリカは貿易赤字を抱えるんですよ」

アメリカ人にも言い分はある。

政府規制や、規則、形式などなど、有形にせよ無形にせよ、日本のさまざまな障壁が、売れてしかるべきアメリカ製品を、日本から締め出しているではないか。諸外国からの圧力によって、資本の自由化と市場開放が実現してから、まるまる二十年経《た》ったというのに、状況はいまだに変わらない。

たとえば、アメリカ製のマフラー（消音装置）は、日本製の四分の一の値段で買えるのに、大半の小売店は置いてもいない。国内自動車メーカーとつき合いの長い店主が、国産品を売りたがるからだ。缶クラッシャー、ピアレス・ポンプ、ゴミ処理機など、スペースの乏しい日本には最適の商品が、アメリカの小売価格の数倍の値段で売られている。誰かが流通をコントロールしているからだ。「開かれた日本《オープン・ジャパン》」の時代と言われる一九八〇年代に、〈モトローラ〉の携帯電話は、世界最高と謳《うた》われたにもかかわらず、絶好のマーケットである東京と大阪から締め出しを食った。国内のメーカーに競争力がつくまではと、日本政府が外国製品に待ったをかけたからだ。

要するに日本では、あまりにも裏工作が多すぎて、外国勢が日本人と同じ土俵で相撲をとれる状況にない。製造業者と流通業者はなあなあの関係にある。企業間で持株を交換し合って陣営を固めているし、強力な同業連合はロビー活動や陰謀に余念がない。

建設業界がいい例だ。この業界は外国勢を、まったくといっていいほど寄せつけない。

二十世紀後半の日本で、もっとも目につく珍現象は、つねにどこかでおこなわれている膨大な件数の建設作業だ。右を見ても左を見ても、建物が取り壊されたり、建てられたり。地下鉄工事に、橋の建設、高速道路の遮音壁工事……。建設投資は、東京オリンピック時に六倍にはね上がったが、当時のけた外れの建設ブームと比べても、今ではその六倍に増えている。一九八〇年代終盤に、誰かが東京の建築物の平均耐久年数を、わずか十七年と見積もった。たしかに日本人は新しい建物が好きだが、それだけでこの現象は説明できない。

具体的な統計を見てみよう。本書が書かれた時点で、日本には約五十万の建設会社が操業していた。雇用人口は六百万人で、日本全体の労働人口のおよそ一〇パーセント。年間の建設投資は、GNPの二〇パーセントを占めている。日米の規模の違いを考慮に入れて比較すれば、日本という国は一つのセクターに、アメリカの三十二倍の資金を投入していることになる。

しかも日本で増設される建造物は、ほとんど無意味なものばかりだ。海岸線の大部分が、さほどの必要もないのに、コンクリートやテトラポッドで埋めつくされている。のどかな田園地帯でも、コンクリートで固めた崖《がけ》や無用な高速道路が、せっかくの景観を損なっている。公共事業や建設に、年間予算の半分近くを費やしている東京は、やがて緑が根絶され、コンクリートとワイヤーだらけの街になりかねない。

すべては金が原因だ。

建設会社といえば、政治献金の最大の功労者であり、犯罪組織とも深いつながりをもっている。暴力団が作業員や資材を調達し、ときには独自に建設会社を経営していることもある。建設業界と政府のこうした癒着《ゆちやく》を、ある評論家は「先進国における汚職構造の最たる例」と言い切った。

この国の公共事業は昔から、「談合」と呼ばれる馴《な》れ合いの入札システムによって、業者に振り分けられている。公共事業の受注を希望する業者一同が、事前に話し合って、今回はどの業者が契約をとりつけるか、ときには各社が幾らで入札するかまで、あらかじめ取り決めておくのだ。

この伝統あるシステムは、全員に分け前が行き渡ることを目的にしている。市場の和を保ち、日本人が何より恐れる〝混乱〟を避けるのが目的だ。競争者のあいだで折り合いがつかない場合には、政治家や旧建設省の役人が、〝仲裁料〟と引き替えに、最終決断を下すことになる。仲裁者がどんな規準で入札先を決めるかは、公開する必要はないと法律で定められている。

その結果、コストは二倍、三倍につり上がり、そのあおりをまともに受けるのは納税者だ。しかも、市場はぴたりと閉ざされて、外国勢を寄せつけない。怒ったアメリカの通商代表たちは、日本の建設会社がアメリカ政府のプロジェクトから、年間一億ドルを吸い上げると知って愕然《がくぜん》とし、談合はまぎれもない貿易障壁だと糾弾した。とはいえ、いくら声高に叫んでも無駄なこと。自民党の代議士たちは入札者から、あまりにも多くの政治献金を受け取っている。日本人はアメリカ政府に、ニューヨークからマフィアでも何でも連れてこい、と居直りかねない。

八〇年代のバブル経済は、不動産価格の急激な高騰を招き、ますます事態を悪化させた。「地上げ」と呼ばれる暴力団の新たな活動が始まった。地主たちから強制的に土地を買収し、実入りのいいオフィスビルの建設用地として売り飛ばすのだ。地主たちを説得するために彼らがよく使う手は、ドアステップに猫の死骸《しがい》を置いたり、真夜中に強面《こわもて》のゴロツキを派遣したり、郵便受けに爆弾を突っ込んだり。

こうした地上げ戦略によって、〈ニコラ〉の最初の店舗からほんの目と鼻の先に、〈アークヒルズ〉というしゃれた最新スポットが誕生した。赤レンガと大理石を盛り込んで磨き上げた高層ビルで、アウトドアのプールを備え、〈東京全日空ホテル〉を看板にしている。ピカピカの大理石を配したロビーに、キラキラ光る屋内の滝、テレビ朝日のハイテク・スタジオ。すべすべしたゴージャスな外観は、建てる前におそらく必要とした暴力とは、あまりにも対照的だ。

バブル経済はザペッティの身辺にも、大きな影響を及ぼしている。ほぼ一夜にして、家賃は倍になり、肉や野菜、ホットタオルなど、定期的に購入している必需品の値段も急騰した。かといって、料理の値段を上げるわけにもいかない。常連の多くは、ドル収入で生活している外国人だ。しかもドルの価値はどんどん落ちている。

値段を上げる代わりに、もう一度酪農に挑戦してみることにした。その結果、この国の水面下でじつはどんなことがおこなわれているかを、ザペッティはまたまた思い知らされることになる。

元支配人との裁判はまだ決着がついていないが、裁判所から北海道の土地の使用を許可されたので、養豚をはじめることにした。豚を育てて市場に出し、利益をあげるのはもちろんのこと、自分のレストランで使う豚肉やソーセージを、安く手に入れることもできるだろう。

空き家になっている近代的な納屋を手入れさせるために、ニックが雇った北海道の隣人から、養豚を勧められたのがきっかけだった。小林という隣人だが、ニックは「ファーマー・ブラウン」というあだ名で呼んでいる。だいぶ前に死んだ従兄弟《いとこ》の「三本指のブラウン」に、顔がそっくりなのだ。

「豚は牛よりいいですよ。もちろん、ミンクやウサギよりずっといい」

ファーマー・ブラウンはそう言った。

「なにしろ、六ヶ月かそこら飼っただけで、元がしっかり取れるんですから。仔豚を買って、餌《えさ》をやって、大きくなったら売る。大手の養豚業者はべらぼうな高値で取引きしてるから、格安で売ればいい。それでも儲《もう》けは出るはずです」

なーるほど。言われてみれば、豚肉は一キロ二千三百円（一ポンドで約十ドル）もする。しかも、値上がりする一方だ。

しかし、ザペッティは過去の失敗を考えて、踏みとどまるべきだったのだ。実際、友人たちはみな止めた。

「豚について何にも知らないくせに」

近所に住む白系ロシア人のドクター、ユージン・アクセノフも、〈六本木インターナショナル・クリニック〉のデスク越しにたしなめた。

「北海道で何をする気なんだ？　レストランが本業じゃないか。おとなしくシェフの帽子をかぶっていろよ。ドアのそばに立って、変な日本語で客にあいさつしてればいいのさ。日本人はそういうのが大好きなんだ。収入源はそれだけで十分。ほかのことには手を出さないほうがいい」

常識をわきまえたうえでの忠告だった。アクセノフは満州で生まれ、日本で教育を受け、東京で働きながら医大を卒業している。戦時中、国民の戦意発揚のための映画で、敵のアメリカ人の役をこなしながら、学費を稼いだ苦労人だ。言うまでもなく、「金に弱くて脳みその足りないアメリカ人」の役である。

しかしザペッティは、生まれつき常識とは無縁の男だ。友人の忠告に耳を貸すわけがない。

というわけでニックは、一九八二年、日本国籍に変わって以来はじめて、役所で手続きをした。ホワイト・ランドレースという種類の豚を三十頭購入し、三世代にわたって飼育して、F1と呼ばれる品種を生みだした。このタイプが市場で一番人気があると聞いたからだ。

飼育の過程で、いろいろおもしろいことを発見している。まず、豚という動物がじつにデリケートだと知った。病気を防ぐために、あらゆる予防接種を受けさせなければならない。やさしくやさしく扱う必要もある。ある日、豚の集団を納屋に押し込もうとして、一頭を棒でひっぱたいたら、豚はショックのあまり心臓麻痺《まひ》を起こし、ニックの泥だらけのゴム長靴にばったりと倒れた。豚の突然死によって、数百ドルが露と消えた。

何より驚いたのは、精肉処理場でのやり方だ。豚を潰《つぶ》したあとに、はじめて価格が提示される。作業員が豚を鎖でつり上げ、喉《のど》を切って頸動脈《けいどうみゃく》を断つ。それからベルトコンベアに載せて、脚を切断し、皮を剝《は》ぎ、縦に二等分。この段階ではじめて、鑑定人が肉質をチェックし、価格を決定するのだ。安すぎると売り手が思っても、死んだ豚を連れ帰るわけにもいかない。

規則もいろいろやかましい。胴回りや体長に規準があるし、脂肪の量にも上限がある。違反者には罰金が科され、最終的な売値に響いてしまう。豚の体長が長すぎたり、短すぎたり、太りすぎたり、やせすぎたりしただけで、減点されるのだ。遅まきながらわかったことだが、鑑定人にも罰金のノルマがある。したがって、ニック小泉が格好のターゲットになるのは時間の問題だった。すべてが終わるころには、ニックの儲けはほとんどゼロになっていた。

精肉処理場の経営者もスタッフも、鑑定人までもが一様に、日本の大手豚肉製造業者〈日本ハム〉の人間だと知ったとき、ニックはなおさら納得した。

最初のころはザペッティも、精肉処理場の人間にできるだけプレゼントをするようにした。それが日本の習慣だと、何度も聞かされていた。

プレゼントは人との絆《きずな》を強くする。社会的にも、仕事の上でも、人間関係をなめらかにする。だからこそ年に二回、年末と夏に、日本中の人々がプレゼントをしまくるのだ。自分たちの社会生活や仕事上、大切な人々に、石鹼《せっけん》、フルーツ、スコッチウィスキーなどを贈る。実際、日本の家庭の半数は、石鹼を買ったことがない。どうせギフトシーズンに、たっぷり送られてくるからだ。

プレゼントをするにも、それなりの形式がある。相手の地位に合わせなければならない。どこで買ったか一目でわかるような包装紙が好まれるから、ニックは札幌で一番高くて高級なデパートを選んだ。

ザペッティは、ナポレオンなどのギフトをひっさげ、役人の家を訪問した。自宅まで足を運んで、一層の〝誠意〟を示すためだ。鑑定人たちはその見返りに、彼の豚によりよい値段をつけてくれた。

しかし、ザペッティはいらだちを覚えていた。こんな関係はうんざりだ。ある晩、鑑定人と飲んでいる最中に、とうとうキレた。

「少しは恥を知れよ」とザペッティ。「なんだかんだと、人からもらってばかりじゃないか」

特別扱いはこれで終わった。

個人のブリーダーは商戦に勝てない。春に仔豚を買って、十月に売ろうとすると、当然そのころには値が下がっている。値上がりするまで待てば、その分だけ飼育費がかかる。けっきょく、利益をあげるのはとてもむずかしい。

日本ハムは、あの手この手でライバルを廃業に追い込んでいた。数年後に彼らが同じ地域で独自の養豚場を始めたと聞いても、ニックは少しも驚かなかった。そのときから、ニックの出入りしていた地元の精肉処理場が、彼の豚を拒絶するようになった。

やむなく、数時間かかる函館まで足をのばしたら、以前にも増して出費がかさんだ。けっきょくニックは、この商売から手を引かざるを得なくなった。辞めたのは彼ばかりではない。ニックが養豚場を始めた当初、北海道で操業していた同業者の八〇パーセントが、廃業に追い込まれた。ところが、同じ時期に北海道で育った豚の頭数は増えている。

「アメリカは日本を誤解してるよ」

すべてが終わったあと、ニックは口癖のように言った。

「日本人の商売がたきはアメリカ人だけじゃない。日本人同士の争いはもっと熾烈《しれつ》なんだ」

経済ヤクザ

日本経済の新たなエネルギーは、「経済ヤクザ」と呼ばれる勢力をも生み出した。ホワイトカラーの犯罪に重きを置く、バブル時代のギャング集団である。

彼らは何より、東京の株式市場のインサイダー取引きによって、暴利をむさぼった。腕力とコネと現ナマを駆使して、重要な投機情報を入手することを覚えたからだ。「住専」と呼ばれる特殊な金融会社も設立され、不動産の取得と開発のために、銀行からどんどん融資を引き出した。

バブル期に商戦が過熱するにつれ、銀行のほうから経済ヤクザたちに接近し、安いローンを積極的に提供するようになった。証券会社も、彼らに有価証券を勧めた。土地の価格はうなぎ登りだから、彼らが土地を持っているかぎり、銀行も証券会社も、それを担保にいくらでも貸したのだ。

東声会に代わって六本木、赤坂界隈《かいわい》の主導権を握り、〈ニコラ〉の常連となったのは、住吉連合会の一派だ。新しいタイプの恐喝グループの典型である。

彼らは黒いシールで目隠しをした黒塗りのベンツという重装備で、〈ニコラ〉に食べにくる。二十人から三十人のグループで店内に陣取り、ピザやフィレ・ミニヨン、輸入物の最高級キャンティ・ワインを注文する。食後のタバコに火をつけたら、椅子《いす》にそっくり返って、ストック・オプションやら、先物取引き、海外投資などについて議論をたたかわす。

こうした傾向は、同じく六本木に〝店開き〟しはじめた稲川会本部の組員や、神戸を本拠地とする六本木に進出した山口組系の連中にも共通する。彼らは〈ニコラ〉にやってきては、せっせとディナーパーティを開いたものだ。

いずれの面々も、ハワイによく出かけるせいでみごとに日焼けし、いかにも健康そうに見える。昔のヤクザとは大違いだ。昔のヤクザは、青白い顔に頰《ほお》はこけ、けばけばしいチェックのジャケットにぶかぶかのバギーパンツ姿で、シャツのポケットから一万円の札束をのぞかせている騒がしいチンピラというイメージが強かった。一九五五年の映画『野郎どもと女たち』のマーロン・ブランドがかつてのヤクザなら、今のヤクザはむしろ、『ウォール街』のマイケル・ダグラスといったところか。

指詰めの跡もめっきり見かけなくなった。指先がないと、ゴルフスイングに大きく影響することが常識になっているからだ。いずれにせよ、指を詰めなくても済むように、ヤクザは最近ではみな行いを慎んでいる。

谷という名の幹部は、ハーヴァード大を卒業したと言っても通用するだろう。フランス語、英語、中国語がペラペラで、書の達人だから名刺は自筆だ。肩書は〈副社長〉。クラシックからロックンロールまで、音楽の知識も幅広い。好きなのは、クロード・ドビュッシーとミック・ジャガーだ。

四十代前半の谷は、長身で身だしなみもいい。趣味は天体観測と車。賃貸料が月に二万ドルもする六本木の赤レンガ造りのマンションで、バルコニーに大きな天体望遠鏡を据えている。愛車は、カルマン・ギア、ベンツ、車体の長い黒のキャデラック。

そんな彼の専門は、「総会屋」と呼ばれる企業相手のゆすりだ。まず、脱税、経費の水増し、不正な株取引き、政治家への極秘献金など、法律を犯している企業を探し出して、恐喝する。そして、口外しない代償に大量の株を要求し、あとで売りさばくのだ。そのためには、商法をせっせと勉強し、一流紙や経済紙を片っ端から購読しなければならない。昔のヤクザが、漫画や競馬新聞ばかり読んでいたのとは、好対照である。

さらに、ゆすった企業内部に「名誉理事」として居座り、自分のようなヤクザに二度とゆすられない方法をアドバイスする。企業に長居すればするほど、当然のことながら、不正の証拠をたっぷりつかむことができるから、将来のゆすりのネタにも困らない。

「腐敗は人間の常さ」

谷はニックに、人生哲学を披露する。「企業に何の秘密もなければ、俺たちみたいなヤクザ稼業はあがったりだ。日本のビジネスマンの弱点は、会社のためなら何でもやることさ。法律違反や刑務所行きも辞さない。動機は、会社への忠誠心や、干されることへの恐怖だったりする。その弱みにつけ込めばいいんだ。アメリカのビジネスマンは、私利私欲のために法律を犯すから、シッポをつかむのがむずかしい。そこが基本的に違うな」

住吉連合会小林会福田組宮代興業代表の宮代憲邦という人物も、出世がしらとしてその名を知られている。カリフォルニアのパシフィック・ウェスタン大で経営学修士を修得した細身の若者で、はっきりものを言う熱血漢だ。アメリカでは逮捕歴もある。共謀、ゆすり、拳銃《けんじゅう》による暴行未遂など、いろいろな容疑でつかまったが、国外に出るのを条件に減刑されている。

日本では、スケートボードの会社から身を起こし、徐々に手を広げていった。小林楠扶会長付秘書官という要職にもある。小林楠扶は、名義上は三百人の組員を抱える小林会のボスだが、影響力はかなりのもので、住吉連合会の事実上のリーダーとの声もある。

宮代は刺青《いれずみ》も指詰めもよしとしない。現代的なヤクザに必要なのは、世界情勢をしっかり把握することだ、と若い衆に説き、新聞を読んだりCNNニュースを観ることを勧める。マスコミのインタビューにもこまめに応え、アメリカのテレビ番組『マネーライン』や『60ミニッツ』などにも、悪魔的なあごひげ、ゴージャスな金のアクセサリー、男性ファッション雑誌『GQ』なみのスーツというでたちで出演している。ダイアナ・ロスやフランク・シナトラなど、ハリウッドのスターと親交があるのが自慢だ。

宮代のボスの小林は、六本木の覇権をかけて、東声会と熾烈《しれつ》な勢力争いを展開した人物だ。何年か前に、部下が〈ニコラ〉をゆすったこともあるが、今でははるかに大きな仕事に手を出している。

六十代で三揃《みつぞろ》いのスーツをばりっと着こなし、鎖付きのデザイナー・サングラスをかけた小林は、八千人もの組員を抱える大型シンジケート、住吉連合会の全国的リーダー格と目されている。政界人脈も豊富で、児玉誉士夫に師事し、一九八二年の総裁選では、手下である数千人の右翼を、ひそかに自民党代議士たちのもとに派遣して、中曽根康弘の当選に手を貸した。一九八五年の警察の調査によれば、小林会の六本木支部だけで、百件以上の恐喝をおこなっているという。

しかし、ニックに言わせれば、最近のヤクザはどうもぴんとこない。

「いったい何のためにヤクザをやってるんだい？」

仕立てのいいスーツを着込んだ暴力団員に、そう聞いたことがある。「かたぎの連中と同じじゃないか。ドスを持たずに計算機を持ち歩いて、経済用語を連発する。名刺の肩書にも、

〈組長〉や〈代貸し〉と書かずに、〈副社長〉だもんな。カッコつけすぎだよ」

すると暴力団員は、怪訝《けげん》そうにニックを見る。

「そういうあんたはどうなんだ？」

そしておもむろにワインリストを求めた。


古いタイプのヤクザは、徐々になりをひそめているとはいえ、完全に姿を消したわけではない。たとえば、六本木の〈ニコラ〉から二、三軒さきに事務所を構える、古参の住吉連合会幹部が、まさにそのタイプだ。力道山を刺したことで有名な、村田勝志である。

その犯罪のせいで、府中刑務所の高い塀の裏側で七年間服役したあとも、村田は賭博《とばく》開帳や拳銃不法所持などで、何度か塀の内と外を行き来している。そうこうするうち、いつしか住吉連合会の幹部クラスへと格上げされていた。一九八〇年代の半ば、五十歳を前にして住吉連合会小林会村田組の組長となり、十五人の組員を抱えることになった。これはヤクザの世界ではかなり名誉なことだといえる。今後は組員たちのかせぎの一部が、「上納金」として懐に入ってくるのだ。

パンチパーマがトレードマークの村田は、街でも指折りのヤクザだ。彼の〝武勲〟は数しれない。とくに力道山との対決やその後の乱闘事件は、マスコミをさんざんにぎわした。

〈ニュー・ラテンクォーター〉で流血騒ぎを起こしたあと、村田はボスの小林楠扶ら三人の組員に付き添われて、謝罪のために赤坂のリキ・アパートを訪れている。警察に自首する前に金で手打ちをするのが、この世界のしきたりなのだ。

下の駐車場で待ってろ、おれが話をつけてくるあいだ、何をされても絶対に手を出すな——小林はそう言い残して、力道山のペントハウスに消えた。

村田はたちまち、東声会のチンピラに取り囲まれた。信奉する人気プロレスラーを刺されて激怒している東声会の組員たちは、彼の顔と胸部をドスで何度も斬《き》りつけた。しかし村田は、会長の命令にそむくまいとして、雄々しく耐えた。

ついに堪忍袋の緒《お》が切れたのは、仲間の組員にまで攻撃が加えられたときだ。村田は、ほんの数時間前に〈ニュー・ラテンクォーター〉の男性用トイレで使ったばかりの刃物で、敵の一人の腹部をぐさりと刺した。そこへようやく、警察が鎮圧に駆けつけた。

村田はいろいろな意味で、古い義侠心《ぎきょうしん》を持ち合わせている。力道山の命日には、供養を欠かさない。服役中も、刑務所付きの僧侶《そうりょ》を独房に招き、線香を上げ、経を読んでもらったほどだ。シャバに出てからは、東京東部の池上本門寺にある力道山の墓を訪れ、往年のプロレスラーをかたどったブロンズの胸像の前で、そっと手を合わせている。リキの家族に会わないようにと、命日の前日か翌日を選ぶ気配りも忘れない。

そんな村田も、昔のヤクザの例にもれず糖尿病を患っていて、毎日インシュリン注射を欠かせない。体はボロボロだから、中年ですでに隠遁《いんとん》生活だ。南麻布の高級住宅街にある、家賃四十万のぜいたくなマンションの十階で、二十以上も歳の離れた美人の若妻——六本木の高級クラブの元雇われマダム——と静かに暮らしている。シャム猫四匹、九官鳥二羽、サルを四匹、オウムやインコ、熱帯魚と、ペットもいろいろ飼っていて、肩にサルを乗せながら、近くの公園を散歩する姿を、近隣の人々にしばしば目撃されている。傍目《はため》には、「東京一こわい暴力団員」というよりも、「定年退職したフツーのおじさん」という雰囲気だ。今風の経済ヤクザとは、明らかに一線を画している。

ある時期、ヤクザにとってアメリカ合衆国が、かっこうの資産隠しと投資の対象になったことがある。世間一般の価値観はさておき、その時期ほどヤクザがいい思いをしたことはない。ザペッティは東京とハワイのあいだを、頻繁に往復している。冬はたいていオアフ島の家で、妻と一緒に過ごす。そのため、機内でよくヤクザと一緒になったが、その数は八〇年代に驚くほど急増した。金曜の夜というと、成田発ホノルル行きのJALのファーストクラスは、半分近くが暴力団の組長や幹部連中で埋まってしまう。じっさい、彼らの数があまりにも多いので、一部の人間に「ヤクザ便」と呼ばれていたほどだ。

おかげで、ハワイやアメリカ西海岸の不動産の価格が急上昇。アメリカの不動産取引きやダミー会社によるマネーロンダリングに、暴力団がせっせと資金を投じていたからだ。八〇年代の終わりには、マネーロンダリングによる年間収益が、とうとうドラッグによる収益を超えた。見かねたFBIが、ホノルル、ロサンジェルス、パームスプリングス、ラスヴェガスにおけるヤクザのロンダリングに、調査のメスを入れたほどだ。

銀座のヤミ市の昔から、ヤクザは為替《かわせ》の商売が好きらしい。

ロンダリングとして一般的なのは、〝投資会社〟に資金を貸す方法だ。投資会社はその金で、アメリカのリゾートやゴルフ会員権を手に入れる。するとゴルフクラブやリゾートは、新たな会員から会費を徴収し、洗浄された〝クリーンな金〟を、最初の出資者に還元する。しかし最終的に投資会社は、ときには損失を覚悟の上で、資産を処分せざるを得なくなる。

一九九二年八月、ヤクザにつながりのある情報筋が、上院の小委員会に次のような報告をした。

——カリフォルニア名物の〈ペブルビーチゴルフリンクス〉を買収した（のちに売却した）日本企業は、ヤクザが関係する銀行から資金を借りている。暴力団は不法に捻出《ねんしゅつ》した資金で、ハワイでも複数の不動産を買収している——

こうした高配当ゲームの参加者のなかでも、水野健という人物はとくにマークされていた。ゴルフクラブと不動産会社を経営し、ほかにもラスヴェガスにレストランを、インディアンウエルズに高級リゾートを所有している。無類のギャンブル好きで、ラスヴェガスの〈ミラージ・ヒルトン〉で湯水のように金を使ったことは、その世界の伝説となっている。ＤＣ９をチャーターし、客の一団を引き連れてギャンブル・ツアーに出かけることもしばしばだ。八〇年代終盤の二年間で、ギャンブルに六千六百万ドルをつぎ込んだ。

その現金が水野のものではないこと、さらに、水野がヤクザのパイプ役であり、ラスヴェガスでわざとギャンブルに負けて暴力団の不法入手金をロンダリングしていたことは、日本の警察もアメリカの警察もつきとめていたと思われる。実際、アジアの犯罪を追及しているアメリカの上院小委員会は、一九九二年に提出した報告書のなかで、水野を〝ヤクザ関係者〟と言い切った。

アメリカ西海岸の捜査官によれば、水野は韓国人の血筋であり、〈東亜友愛事業組合〉に特別なつながりを持っているという。東亜友愛事業組合は、南カリフォルニアで幅をきかせる韓国人のヤクザ集団で、旧東声会の系列だ。東亜友愛事業組合は旧東声会の別称とも言われ、新宿、ソウル、ホノルルを縄張りにしている。

一方、日本のジャーナリストや警察当局は、水野と住吉連合会の実力者、小林楠扶との関係を重視している。現に、一九八八年におこなわれた小林の息子の盛大な結婚式には、水野も招かれた。

水野本人は、暗黒街との関係も、韓国人の血筋であることも、かたくなに否定している。結局、警察当局の疑いは実証されずじまいだが、大蔵省の一九九二年の調査によって、水野が三百二十億円以上の金を、アメリカに不法に流していたことが発覚。翌年、アメリカの連邦裁判所は、彼をロンダリング容疑で告発に踏みきった。

しかし、そのころすでに水野は、東京で別件逮捕されていた。ゴルフクラブの会員権をめぐる詐欺容疑だ。数多くのゴルフ場開発に手を出していた水野は、会員数二千人が限度の会員制カントリークラブで、五万二千人分もの会員権を乱発し、十億ドル以上を荒稼ぎしたのだ。水野は有罪が確定し、刑務所にほうり込まれた。

水野が日本で選んだ商売は、まさに時代を反映していた。動乱の八〇年代に、ゴルフ場開発や〝金融破綻《はたん》者救済事業〟は、犯罪組織のかっこうの儲《もう》け口《ぐち》だったのだ。ゴルフ場経営者たちはしばしば、暴力団の経営する不動産会社やヤミ金融の言いなりになった。

銀行、ボブ・ホープ、プレスコット・ブッシュ

日本の内外を問わず、アメリカ人は経済ヤクザの手口に慣れていない。一九八〇年代の一連の事件がそれを物語っている。

ニューヨークの一流銀行の東京支店で起こった詐欺《さぎ》事件を例にとってみよう。ある民間通信会社がその東京支店を訪れ、二千万ドルの融資を求めたのが、そもそもの始まりだ。通信会社は、新たな衛星放送局を設立するために、すでに郵政省から正式な許可を得ていた。——そのためには、トラックなどさまざまな備品を買って、建設工事に備えなければならない——通信会社の経営陣はそう説明した。見れば、認可済みの完成予想図や各施設の設計図など、書類はすべてそろっているし、関係省庁の認可印も押してある。銀行は融資を承諾した。

着任したばかりの勝ち気なアメリカ人支店長は――個人名も銀行名も、裁判の関係で明らかにするわけにはいかないが――、最初の返済をじっと待った。ところが数ヶ月たっても、支払われる気配すらない。相手の経営陣に何度か問い合わせてみたが、なしのつぶて。これはヘンだぞと、私立探偵チームを雇って調べさせることにした。

すると、そんなプロジェクトなどこの世に存在しないことが判明。ローンをきちんと支払う証拠にと提示された、トヨタのトラックのレシートにしても、単なる偽造品だった。トヨタに問い合わせたところ、そんな連番のトラックは製造したことがないという。私立探偵はさらに、インチキ通信会社の主要株主に、自民党の高官二名が含まれているという驚くべき事実もつきとめた。

アメリカ人支店長は告訴を決意し、札幌で仮訴訟を起こした。衛星放送局の建設予定地のなかに、札幌が含まれていたからだ。

するとどうしたことか、日本の大蔵省から呼び出しがかかった。

大蔵省はアメリカ人に長々と説教を垂れた――君は日本という国をまったく理解していない。銀行の日本支店の将来のためにも、君自身のためにも、告訴は取り下げたほうがいい――。

彼は拒否した。その後も何度か呼び出され、警告されたが、ひたすら無視した。妻が香港へ出かけているあいだに呼び出されたときには、大蔵省の役人からこんなことまで言われた――そういう態度をとり続けていると、奥さんが二度と日本へ戻れなくなるかもしれないぞ――。

やがて彼の自宅に、脅迫電話がかかるようになる。

「どんなことに関《かか》わってるのか、わかっていないらしいな」

男が声音を変えながら英語で言った。「おまえはあぶない世界に頭から突っ込んでいる。少しは家族の安全を考えろ」

相手側の弁護士は、脅迫と歩調を合わせるかのように、延々と裁判の開始を遅らせた。とはいえ数ヶ月後には、とうとう合法的な方策が尽きたらしく、審問開始の日程が決まった。

信じがたい詐欺の全容と、高名な自民党代議士が事件に関わっている事実が、これでいよいよ明るみに出る……そう思われた矢先、相手がいきなり折れてきた。

両者は何度も極秘の会合をもったあと、極悪なローンの借り主は、アメリカ人支店長が告訴を取り下げることを条件に、二千万ドルの返却に同意。さらに、この件を決して他言しないという、法的に拘束力のある約束をとりつけた。最終支払い分の約二十五万ドルは、一万円の札束で紙袋に突っ込まれ、夜十時に東京の日比谷公園で、二台の車を使って受け渡された。当事者であるアメリカ人銀行マンは、この事件についていまだに語りたがらない。

まだできてもいないゴルフクラブの会員権を、一九八五年に売り始めたヤクザ関連会社のケースもある。ザペッティのアメリカ人の友人、リック・ロアが勤務する〈ボブ・ホープ・カントリークラブ〉がそれだ。

ロアは一九八五年、東京を本拠地とする新企業〈ボブ・ホープ栄光開発〉に、営業主任として雇われた。東京の北東部の茨城に建設を予定されている、ボブ・ホープ・カントリークラブの客集めが彼の仕事だ。

ボブ・ホープは、『バリ島珍道中』などの映画出演やエンタテイナーとして、日本でも名を馳《は》せている。ホープには名前の使用料として五十万ドルを支払いずみだと、ロアは聞かされていた。

社長は浜田という、小太りで背の低い五十代の日本人。原宿にある彼の事務所には、〈ホテルオークラ〉でのレセプションでホープと一緒に写った写真や、ローマ教皇との記念写真が飾られている。本人は着物に白足袋《たび》、下駄、帯に扇子という仰々しいいでたちだ。ゴルフコースの建設が予定されている風光明媚《めいび》な土地の写真も、いろいろ飾られている。テーブル上のパンフレットには、名誉理事の名前がずらり。なかには、アラン・シェパード、ヘンリー・フォード、コカ・コーラやアメリカン・エキスプレスの社長などの名前もある。

ロアはセールス要員を募集し、訓練した。大半は、生け花や茶道、東京タワー見物、アメリカンクラブでのランチにも飽き飽きしている、外国人ビジネスマンの妻たちだ。

やがて彼は三つのことに気がついた。錚々《そうそう》たる名誉理事たちの名前が、本人の許可もなく使われていること。ゴルフコースの土地が、まだ買収さえ済んでいないこと。会社の本当の後ろ盾が、じつは犯罪組織グループ、すなわちヤクザであること。

事件が発覚するきっかけとなったのは、日本の雑誌記事だった。そこには、社長の経歴と、彼が数年前に手がけた、似たようなヴェンチャー・ビジネスが特集されていた。このときに無断で使用した名前は、ジャック・ニクラウス。おかげで何人かの資産家が被害にあっている。

記事が出て、ボブ・ホープの弁護士から電話がかかりはじめると、浜田はほかの日本のヤクザや、政治家、犯罪容疑で告発されたビジネスマンらと同じ行動をとった。病院の個室に閉じこもり、着物に着替え、テレビのスイッチを入れて、水割りをすすりながら、外界との接触を断ったのだ。

ホープ側が一切の関係を否定したとたん、ロアは後始末に追われた。会員権を買った人々に弁済を約束するという、不快きわまりない仕事である。やがて、旧友である東声会の田中に、助けを求めざるを得なくなった。田中は、どんな手を使ったのかは知らないが、手際よく仕事を片づけた。

第三の詐欺には、石井進という人物がからんでいる。

長身に銀髪、洗練された風貌《ふうぼう》の石井は、一九八五年に刑務所を出たあと、日本で二番目に大きい暴力団〈稲川会〉の会長の座を射止めている。太平洋戦争の退役軍人で、戦時中は特別部隊である人間魚雷グループに所属していた。児玉誉士夫に師事し、一九六〇年の安保騒乱事件の際には、左翼と激戦を交えたものだ。その後、友人である運輸・ホテル業界の大立て者、小佐野賢治と共に、旅行業界へ転身している。

石井は、まさに経済ヤクザの典型だ。組員七千人を抱える稲川会のトップに収まるや、さっそく〈北祥《ほくしょう》産業〉と呼ばれる不動産投資会社を設立した。一方で〝用心棒〟の見返りに大手企業から大金をむしり取り、土地や株に投資した。石井が計画したインサイダー取引きによって、稲川会の金庫に数十億円が転がり込んだという。

住吉連合会の小林楠扶と同様、石井も首相選挙に貢献している。一九八七年の総裁選で、自民党の竹下登（田中角栄派の一人）を妨害していた右翼グループを、石井が抑え込んだのだ。おかげで竹下は総理大臣になることができた。

石井は、自分が関わっている運送会社を通じて、自民党の政治家たちに不法な政治献金を流す、またとないパイプ役も果たしている。運送会社の名は〈東京佐川急便〉。大金を受け取った人物の一人に、金丸信《かねまるしん》がいる。むっつりした風貌のこの老人は、政界の陰の実力者として知られていた。角栄が病気で倒れたあと、田中派の後継者として竹下を推したのも、金丸だ。

その金丸が、東京佐川急便から約五億円の政治献金を受け取ったことが、のちに発覚している。現金は手押し車に積まれて、金丸の事務所に直接届けられた。

石井の住む世界では、合法、非合法の両勢力が、おもしろいほど複雑に交錯している。先述の運送会社〈東京佐川急便〉の重役が裁かれた公開裁判では、稲川会の関係者が、自民党と暴力団との深い関わりを、事実だと証言する場面があった。稲川会関係者は、まばたき一つせずにこう言った。

「これは助け合い、友情、協力、支援の一環にすぎません」

〝陰謀〟の一環でもあるはずだ。

一九八六年に、強力な財閥傘下の〈住友銀行〉が、小規模な〈平和相互銀行〉を、吸収合併したケースを例にとってみよう。

これにも石井は関わっている。もとはといえば平和相互銀行は、乗っ取りから守ってくれる〝用心棒〟として、石井を高給で雇ったのだった。ところが石井は、元首相でありその当時影響力のあった自民党代議士、岸信介によって、住友側に寝返るよう説得された。アメリカにたとえれば、引退後のロナルド・レーガンが、ニューヨークのガンビーノ・マフィア一族と〈チェイス・マンハッタン銀行〉との、橋渡し役をつとめるようなものだ。

住友銀行による乗っ取りを黙認した見返りとして、石井は未完成のゴルフ場を手に入れた。東京の北の〈岩間カントリークラブ〉である。しかも、完成に必要な資金として、低金利のローンも約束された。ゴルフコースの買収資金は佐川急便が負担し、開発資金のローンは、かつて児玉誉士夫が理事をつとめていた〈日本信金〉が引き受けた。石井に裏切られた形の、平和相互銀行の監査役、伊坂重昭は、元検察官であり、皮肉なことに石井の弁護士をつとめた人物だ。

石井はたちまち、完成してもいないゴルフ場の「会員資格保証金預り証」を発行し、三百八十四億円を得た。さらに、日本の大手証券会社や系列のノンバンクから、三百五十億円もの融資を引き出している。〈野村〉と〈日興〉〈大和〉〈山一〉の四大証券会社は、日本の証券市場の四分の三を牛耳っていた。彼らは買い占めなどによって、自由に株価をつり上げることもできたらしい。

石井は証券会社から借りた資金で、〈東急〉の株を三千百七十万株買い占めた。東急は、私鉄、ホテル、デパートを経営する巨大複合企業《コングロマリット》である。石井がこの株を選んだのは、経営方針と経営陣の大幅な変更によって近々株価が上がる、という内部情報を得たからだ。一九八九年秋、彼が株を大量に買い始めた数週間後、なるほど東急の株価は、千七百円から一気に三千六十円へと値上がりした。

なぜ石井が、不確かな担保をもとに、かくも多額の融資を受けることができたのだろうか。ゴルフ場が完成するまでは、会員権には何の価値もないはずだ。にもかかわらず、なぜ野村證券は石井に、千四百万ドルもの資金を提供したのか。

事件に関与した大手証券会社数社も、やはり東急の株を買い、転売して大もうけした事実が、なによりの答えといえる。

莫大《ばくだい》な富を築き上げた石井と稲川会が、新たな金もうけのチャンスを求めて、アメリカに触手を伸ばしたのは、少しも驚くにあたらない。彼らはアメリカで、不動産を含む数十億ドル相当の買い物をしている。

むしろ驚くべきは、暴力団である彼らが、アメリカの社会・政治機構の頂点と手を結ぶという、前代未聞の野心を抱いたことだ。

一九八八年二月、稲川会の看板会社である東京の不動産会社〈ウェスト通商〉の代表団が、プレスコット・ブッシュに接触をはかった。

プレスコット・ブッシュといえば、当時の副大統領でやがては大統領になった、かのジョージ・ブッシュの兄にあたる人物である。プレスコット自身も、マンハッタンに拠点を置く、有名な経営コンサルティング兼不動産会社の経営者だ。〈ウェスト通商〉の社長、小柳三平とブッシュの兄は、共通の知人であるニューヨークの宝石店の店長を通じて知り合った。

ブッシュ兄は、経営コンサルタントとして〈ウェスト通商〉と契約を結び、一九八九年七月、同社に代わって、ニューヨークを基盤とする国際金融会社〈アセット・マネージメント・インターナショナル・ファイナンシャル・セツルメント（ＡＭＩＦＳ）〉の株を買う手配をした。彼自身も、これによって二十五万ドルの手数料を受け取り、その後、〈ウェスト通商〉の上級顧問に就任。

ブッシュ兄はこのとき、最初の投資の五年以内の回収を保証するために、二百五十万ドルの担保を提供。

さらに、ヒューストンを拠点とするソフトウェア会社〈カンタム・アクセス〉の株を、百万株買い占めるのを手伝った。ゴルフ場開発のため、ニューヨークのロックランド・カウンティに、百六十エーカーの土地を買う手配もしている。コースの設計は、五十万ドルでゲーリー・

プレーヤーに依頼した。オープニングセレモニーは、ニューヨークの会員制クラブ〈クラブ21〉で、盛大におこなわれたものだ。

プレスコット・ブッシュは、一九九一年三月に、わざわざ来日してもいる。その際、ウェスト通商の親会社〈北祥産業〉の経営陣から、ホテルオークラの高級中華料理店で、贅沢《ぜいたく》なディナーをふるまわれた。

北祥産業の庄司宗信社長から、ホワイト・ハウスへの接触をセッティングしてくれないか、と頼まれたのはそのときだ。〝プレジデント・トゥー・プレジデント（社長と大統領）〟と語呂《ごろ》はいいが、あまりにもだいそれた提案である。

ブッシュ兄はきっぱりと断った。裁判所の記録によれば、彼が「冷や汗が出るじゃありませんか」とつけ加えたとたん、〈ウェスト通商〉の重役たちがガラリと態度を変え、脅迫しはじめたという。

――われわれの上司の希望に従わないつもりなら、これ以上の投資は控えさせてもらおう――

ブッシュ兄は、自分のクライアントである会社とそのスポンサー会社が、どちらも稲川会の看板会社であり、自分が事実上、日本で三本指に入る犯罪シンジケートに雇われていたことに、ようやく気がついた。

彼がヤクザと関わったことに気づいてからほんの数週間後、日本の警察が北祥産業を、外為法違反の疑いで調べはじめた。マスコミも、彼と暴力団との不自然なつながりを、詳細に報道しはじめる。

ブッシュ兄は大急ぎでヴェンチャーから手を引いたが、元の雇い主であるウェスト通商から、二百五十万ドルの違約金未払いで訴えられてしまう。経済ヤクザはかぎりなく貪欲《どんよく》なのである。

考えてみれば鳥肌が立つ。アメリカ合衆国の頂点に立つ人物の兄弟が、日本の犯罪組織とつながりをもつ企業に、せっせと株や不動産を斡旋《あっせん》していたのだ。彼の努力によって、犯罪組織はまんまと勢力を拡大し、巨万の富を得ていたことになる。来日予定のアメリカ大統領の護衛のために、かつて一肌脱いだ日本の暴力団が、今度はホワイトハウスの玄関口にたどりつき、中へ侵入する直前までこぎつけたのだ。

クレージー・ウォンと金塊詐欺師

ニック・ザペッティの性格を考えれば、経済ヤクザの時代を象徴する詐欺《さぎ》の渦に、彼が巻き込まれないわけがなかった。意外なのは、その経緯だ。

きっかけは、一九八九年のある晩のこと。ローマから来たという二人の男が、〈ニコラ〉の店内に入ってきた。名前はフランコとロベルト。いずれも背が低く、がっしりした体格で、歳のころは四十代。高そうな革のジャケットを着て、しゃれた短めのあごひげをたくわえ、強いコロンをプンプンさせている。二人は自己紹介し、いい話があると切り出した。

「あんたが東京じゅうで一番話のわかる人間だと聞いたもんでね」

フランコが訛《なま》りの強い英語で言う。

「〝ビスケット〟を少しばかりさばきたいんだよ、きょうだい」

そう言って、五十グラムほどの金塊を取り出し、ニックに手渡す。

――船一艘《そう》分はある。市価よりぐんと安く売るつもりだ。市価ならグラム十二ドル九十五セントはする。……十一ドルだったかな。いや、十ドルぐらいかもしれない。とにかく、特別に安くするつもりだ。ミスター・ニコラは東京の大物だから、きっといい買い手を見つけてくれるだろう――

提示した値段からすると、明らかに盗品だ。しかし、好奇心がむくむくと頭をもたげたニックは、翌朝、開店前にもう一度顔を出すように言った。

フランコとロベルトは大きなボストンバッグをひっさげて、約束の時間に現れた。ニックは二人を、自分の小さなオフィスへ押し込んだ。フランコがバッグのチャックを開け、金貨の詰まった小さな金庫を取り出す。コインは一個一個、透明なビニールの袋に収まっている。フランコはそれをわしづかみにして、ニックに渡した。

「調べてくれ」とフランコ。

ニックは一個のビニールを剝《は》がし、親指の爪《つめ》で引《ひ》っ搔《か》いて、本物かどうかを確かめてみた。

そのあとフランコとロベルトは、なぜそんなことをしたのかいまだに謎《なぞ》だが、ニックのためにコインの数を数えはじめた。

「あれでだまされたんだろうな」ニックはあとで嘆いたものだ。

富の渦巻く東京が、外国人詐欺師を惹《ひ》きつけないわけがない。〈ニコラ〉も最盛期には、さまざまな詐欺師をもてなした。

たとえば、ありもしないヨーロッパの王族をでっちあげ、その系譜だと称して、ホテルオークラから一千万円をだまし取った〝フランス社交界の名士〟がいた。彼女は料金未払いのまま二ヶ月間滞在したあげく、部屋に置いておいた一千万円が盗まれた、と言いはった。〈ダイエットと禁煙のためのクリニック〉を六本木に開設した、元空軍大尉もいた。白いスーツに白衣姿で、テレビコマーシャルにも登場し、タバコの危険性を力説した。そのくせ自分は奥のオフィスに鍵《かぎ》をかけ、もうもうと煙を上げながらタバコを吸いまくったものだ。

軍用住宅〈グラント・ハイツ〉の肉屋の場合は、内職としてヤミ市で肉を売っていたし、IDカードの偽造もやっていた。

ほかにもいろいろいる。英語学校をひそかに東南アジアの不法就労者斡旋所にしていたアメリカ人校長。日本政府の内閣調査室のために報告書を作成していた、ニセのCIA諜報《ちようほう》部員。ハリウッドの架空の映画会社をでっちあげ、その重役と称して相手をうっとりさせ、まんまと金をだまし取ったペテン師。アメリカのジャズミュージシャンになりすまし、音楽ファンの裕福な日本人女性を食い物にしたナイジェリア人。ニセの日本の公債を売りさばいたテキサス人……。

こういうペテン師たちが、ひっきりなしに〈ニコラ〉に出没していた。

だからニックは、見知らぬ人間と取引きする危険性を、十分に承知している。とくに、犯罪の臭《にお》いのする話を突然持ち込んでくる連中には、くれぐれも用心してきた。しかしどういうわけか今回は、自分で自分の行動を正当化した。

――フランコとロベルトはおれの〝きょうだい〟じゃないか。同じイタリアの血が流れてる。おれの目に狂いがなければ、たぶんマフィアだ。あいつらを信用しないとしたら、いったい誰を信用すればいいんだ？　だいいちおれのことを「東京中で一番話がわかる人間」とかなんとか言ってなかったか？　「大物」とか言ってたよな？――

その言葉は久しく耳にしていない。なんという心地いい響きだろう。しかもニックは、心臓発作で数週間ほど床につき、ようやく回復したところだった。現役に復帰したいと思っていた矢先のことだった。

というわけでニックは、相手が無作為に取り出した金貨のサンプル五個を持って、タクシーで御徒町《おかちまち》に向かった。知人のベテラン宝石商に見てもらうためだ。

御徒町というのは、東京の東部に位置するごみごみした商業地区で、狭い道路沿いに、小さな商店がひしめいている。頭上の高架線を通過するのは、山手線だ。東京の商業中心地であると同時に、宝石ヤミ取引きの中心地でもある。

ここへ来れば、たいていの宝石は手に入る。ダイヤモンドのネックレス、エメラルドのペンダント、翡翠《ひすい》のブローチ……。しかも、出所があやしいモノはみな格安だ。たとえば、銀座の宝石店なら二百万ドルはする、ダイヤをちりばめた腕時計が、御徒町へくれば二十万ドル程度で買えるだろう。盗品でも構わなければの話だが。

ニックの知り合いというのは、「クレージー・ウォン」というニックネームをもつ、年寄りの台湾人だ。御徒町の駅から数メートルの場所に、大きめのクロゼット程度の広さしかない宝石店を商っている。店は小さいが、ショーウィンドーの中身だけで、〈クイーン・メリー〉を丸ごと買い取れるだろう。

ウォンは東京のヤミ社会で、「いいブツをさばきたいときの取引先」としてよく知られている。ニックとは三十年来のつき合いだ。一九六〇年代後半から七〇年代前半にかけて、ボウリングが日本でブームになったときには、〈ニコラス〉がスポンサーをつとめるチームの一員として、東京ボウリング選手権に出場したこともある。

「クレージー」というあだ名は、ニックがつけた。ニックに言わせれば、ヘンな癖がいろいろあるからだ。たとえば、ボウリングの球をサイドスローで投げる。高価な宝石を詰めたブリーフケースを、肌身離さず持ち歩く癖もある。これがなによりヘンだ。

ウォンは身長が一五五センチしかないし、体重は、全身ずぶぬれ状態で測ったとしても、四五キロあればいいほうだ。武器はいっさい携行していないし、カラテのカの字も知らない。これでは「どうぞ盗んでください」とお願いしているようなものではないか。アメリカなら、鞄《かばん》を抱えた腕ごと、強盗にバッサリ切り取られていることだろう。幸いここは日本だから、この何年間、一度も盗難にあったことがない。文化の違いか、単に運がいいだけだとしか、ニックには思えない。さもなければ、よほどいい友だちに恵まれているせいだ。

ニックが見せた金貨のサンプルを、ウォンは念入りに調べ、本物と断定した。イタリア人が持っているという商品、二〇キロ分の金貨を、すべて買ってもいいと言う。

「グラム八ドルで、どーだ？　アンタにも仲介料払うよ。グラムにつき二ドル払う、どーだ？」

フランコとロベルト側もその金額で折り合ったので、ニックはその後の手はずを、ザックというアメリカ人にまかせることにした。〈ニコラ〉の常連になった恵まれない境遇の若者で、深夜勤務の支配人兼ガードマンとして、しばらく前から店で働いていた。ザックは全員の都合を確かめたうえで、最終的には、麻布の住宅街にある自分の小さなアパートを、取引場所に決めた。

白昼の約束の時間に、イタリア人の兄弟はボストンバッグをひっさげて到着した。そして、武器を隠していないかと、ぶしつけに全員をボディチェック。

「わし、ドロボー、違うよ！」たまりかねてウォンが叫ぶ。「わし、ビジネスマン！　わし、ジェントルマン！」

つぎに彼らは、携帯用金庫を開けて金貨入りの袋を五つ取り出し、リヴィングルームの床に並べる。一袋の重さは四キロだ。クレージー・ウォンは用意してきた二十万ドルを取り出し、金貨の真贋《しんがん》を調べるために、袋を開けようとした。

その途端、イタリア人が制止した。

「触るな！」フランコが怒って指を振りながら言う。「勝手なまねをするな」

当然のことながら、ウォンは抗議した。ニックはあいだをとりもつことにした。

「間違いないって」ニックは宝石商にそう言って、わけ知り顔のウィンクをする。「この連中はおれたちの〝きょうだい〟だぜ」

ウォンがひとまず鞘《さや》をおさめたところで、フランコが突然、取引きにブレーキをかけた。

「金庫の鍵は、今この場では渡せない」とフランコ。「外で待ち伏せてる誰かが、おれの頭をかち割って、金を奪わないともかぎらないからな」

また言い争いになったが、結局、もっとうまい方法に落ち着いた。

まず、クレージー・ウォンとザックとフランコが、ザックのアパートに残り、みんなで金庫番をする。ニックとロベルトはその間に、東京の反対側にある投宿先の〈ロイヤルパークホテル〉に行く。そこのコーヒーショップなら、公の場所で安全だから、ニックがロベルトに現金を手渡す。受け取ったロベルトは、フランコに電話を入れて、ホテルへ戻ってきてもだいじょうぶだと伝え、ニックに金庫の鍵を渡す。ニックはクレージー・ウォンとザックに、確かに鍵を受け取った旨を電話で伝える。すると二人は金庫を持って、御徒町にあるウォンの事務所に向かう。ニックもタクシーで駆けつけて、金庫の鍵を開ける――そういう計画だった。

複雑な計画を実行に移すには、結局、数時間かかった。ニックのタクシーが、ラッシュアワーの渋滞を縫ってウォンの宝石店にたどり着くころには、あたりはすっかり暗くなっていた。ウォンはイライラしながら待っていた。たった一人で。

計画の最終段階として、ウォンはニックに四万ドルの仲介料を支払ってから、無愛想に戸口へ導いた。仲介料の受領証《レシート》には、ザックがあんたの代わりにサインした、とウォンは言う。

「これで取引き、すべておしまいね。わし一人で金庫、開けたい。よろしいか？」

ニックは「もちろん」と答え、自分のレストランに戻った。

奥のテーブルにくつろいで、一人、冷たい生ビールで祝杯をあげる。医者の忠告なんかクソくらえだ。

翌朝、怒りの電話がかかってきた。

「カギ、合わないよ！」ウォンが怒鳴る。

しかたがないので、鍵の専門家を呼んで金庫をこじ開けさせた、とウォンは言う。

「ホンモノ五枚しか入ってないね。あとの三百九十五枚、ぜーんぶニセモノ！　パークホテルに電話かけたら、もうチェックアウトした、言われたよ。二十万ドルだまし取られた。あんた、これ、どーしてくれる！」

ニックのほうがよほどショックだ。〝六本木の帝王〟と呼ばれ〝町一番のペテン師〟を自認する彼が、もののみごとにだまされたのだ。だいいち、どうしてこんなことになったのか、見当もつかない。

ニックはすぐに、四万ドルの仲介料は返す、と申し出たが、クレージー・ウォンは満足しない。残りの損害十六万ドルについても、責任をとるべきだと言い張る。ニックが断ると、それなら、インチキ商品を売りつけたあんたを告訴する、と言いだした。

冗談じゃない。もともと密輸品なのに、インチキ商品を売りつけたから訴える、はないじゃないか――ニックは思った。

ニックはやがて、とんでもないことに気がついた。ウォンの手元にあるレシート――ザックがサインした仲介料の受領証――には、漢字の手書きで四万ドルと書かれているが、それは仲介料ではなく、〈金二十キロ分の代金二十万ドル〉の前金となっていたのだ。

というわけで、クレージー・ウォンの訴訟は成立した。

ニックはザックに問い合わせてみたが、ザックは、自分がクレージー・ウォンの指示でサインした紙には、「レシート」という言葉と、日付と、手数料の四万ドルという数字しか書いてなかった、と言い張る。前金というのは、あとからつけ加えられたに違いない、と。しかし、残念ながらザックは、オリジナルの書類をコピーするのを怠った。

その後、ザックは突然、日本から姿を消した。ニックは今やたった一人で、ウォンの怒りの訴訟に耐えなければならなくなった。ウォンの弁護士はすでに、ニックのあら探しをしようと、従業員たちの自宅を戸別訪問しはじめている。

ニックは、クレージー・ウォンとのトラブルを解消しようと、最近レストランの常連になった暴力団の一人に相談してみることにした。

頼む権利はあると思った。なにしろ、彼らは店内に備え付けの携帯電話を使って、全国各地に電話をかけまくり、取引きについて相談している。ものすごい電話代だが、ニックは黙って料金を負担している。

ニックが白羽の矢を立てたのは、「赤坂の新しい組長」を自認する四十代の屈強そうな男だ。身長は一七五、六センチ、体重は九〇キロ近い。慢性の糖尿病だから、アルコールは飲まない。毎日、六本木交差点の書店で『アジア版ウォールストリート・ジャーナル』を買って、トレーニング・スーツ姿で街をジョギングしている。いつもとても温かい雰囲気をただよわせている人物で、「何かあったら、いつでも相談にのるよ」ニックにそう言ったことは、一度や二度ではない。

今こそ、そのときだ。彼に相談してみよう。

組長がやってきたときに、ニックは彼のテーブルに着き、店のおごりだと飲み物を勧めて、話を切りだした。

「ひとつ頼まれてくれないか？」とニック。「〝かなづち〟が必要なんだ。意味わかるかい？」

「かなづち？」組長がピザのメニューから目を上げる。

「うん。ある男から金をしぼり取られてるんだ。で、少しばかり痛い目にあわせてやりたい。わかるだろ。ちょっとした〝事故〟にあわせるとか、そいつの事務所に泥棒が入るとか、帰宅途中に強盗に襲われるとか……とにかく何でもいいから、おれにちょっかい出すのはまずい、とヤツに思い知らせてほしいんだ」

「相手は誰なんだい？」

ニックが名前を教えると、組長は、ちょっと調べてから返事する、と言った。

数日後に現れた彼の返事を聞いて、ニックは開いた口がふさがらなかった。

「わるいな」と組長。「せっかくだが、力にはなれん。あの店の用心棒は、うちの組がやってる。だから、どうしようもないんだ」

そう言って座り、食事を注文した。

ニックはすでに、はめられたことを察知していた。こうなったら、傷口がどこまで広がるのかが問題だ。

なにしろ日本という国では、一難去っても、必ずまた一難が待っている。

第八章　黒い騎士

ニコラ小泉は、ミレニアム最後の十年を迎えていた。言いかえれば、病魔に冒されたみじめな年寄りが、人生最後の十年を迎えたことになる。急にバタバタと体の不調が襲ってきた。心臓疾患、糖尿病、視力低下……。日本の医者はみな、長い間の不摂生がたたったのだ、と口をそろえる。

さらに悪いことに、同世代の大半が、長年の労働の収穫をゆったりと楽しんでいる時期に、彼は際限のない訴訟の網にがんじがらめだ。〈日本交通〉との法廷闘争は、途中、ニックが心臓発作で倒れて死にかけたために、一時は中断されたものの、まだ延々と続いている。あまりにも複雑になりすぎて、とうとう自分の弁護団から訴訟を起こされる始末。北海道の土地をめぐる訴訟は、八年間のすったもんだのあげく、彼の敗訴と決まったが、退職金訴訟と同様、上告、上告の泥沼状態。クレージー・ウォンも、機関銃のように訴訟を連発し、目減りする一方のザペッティの財産に、猛攻撃をかけはじめている。

これではザペッティの心のなかで、日本人や日本の訴訟システムに対する憎悪がつのるのも無理はない。

「他の国なら、何もしなくたって勝てる」ニックが憎々しげに言う。「ガーナだって、ティンブクトゥだって、どこでも楽勝さ。だけど、日本じゃそうはいかない。ぜったい勝てないんだ」

途中、発作で倒れさえしなければ、状況はもう少しましだったかもしれない、とニックは思っている。

日本交通の訴訟のために雇った四人の弁護団は、新たな方針をうちだしていた。

建物や敷地ばかりでなく、〈ニコラス〉元本店のすべての権利を相手に渡してしまったほうがいい、と弁護団は言う。建物も不動産もここ数年で激しく値上がりし、乗っ取られた時期よりもはるかに高くなっている。彼らの訴訟摘要書によれば、値上がり幅があまりにも大きいので、不動産を渡しただけで最初の融資を白紙撤回させるのは、無茶な要求だという。

四年間、裁判所内をよぼよぼと歩き回ったニックは、裁判官までがその案に賛成しているような気がしてきた。少なくとも、判事席から注がれる気の毒そうな視線から判断するかぎり、そんな雰囲気だ。ただし彼の弁護団は、心からその案を歓迎しているわけではないらしい。

やがてニックは、東京の中心部にある病院に、背骨の矯正手術を受けるために入院することになった。ゴルフのスイングに支障をきたしていたからだ。ところが入院中に、激しい心臓発作に見舞われた。

それを機に、情勢は絶望的なほど深刻化することになる。

一九八六年六月の蒸し暑い夜のこと。ニックは病院の二階にある高価な特別室に横たわり、翌日の手術に思いをめぐらしていた。

すると突然、汗がどっと噴き出し、激しい震えに襲われた。胸部に激痛が走る。吐き気が怒《ど》濤《とう》のように襲ってくる。立ち上がってトイレに入ると、嘔吐《おうと》と下痢とで、そのまま出られなくなった。ようやくトイレを出たものの、顔面は蒼白《そうはく》、体の震えが止まらない。苦し紛れにふと窓の外へ視線を移したとたん、信じられない光景が目に飛び込んできた。彼はのちに友人にこう描写した。

黒い馬に乗った男が、月光を浴びながら病院の正面ゲートを通り抜け、車路を上がって、正面玄関に向かってくるではないか！　男は中世の騎士さながらに、甲冑《かっちゅう》に身を固め、顔の鎧《よろい》を下ろし、片手に剣を握っている。もう一方の手にあるのは、黒いトランプの束だ。やがて、そのカードをニックに向かって、一枚、また一枚と投げつけはじめた。どのカードにも、黄色い英語の文字で〈Death〉と書かれているのが、薄明かりのなかでもはっきりと読みとれる。

「これが死に神か」ニックはつぶやきながら思った——それにしても、中世の英国の騎士が、二十世紀の東京で、いったい何をしているのだろう……。

「俺はまだ死なないぞ」声に出して言う。

黒い騎士は歩みを止めない。

「くたばれ、死に神野郎！」窓から外に向かって叫ぶ。「とっとと失せろ！」立ったまま罵《ののし》った。やがて死に神は、ふっつりと姿を消した。

ニックはベッドに戻り、ナースコールのボタンを押す。

病室はたちまち、医者や看護婦や医療器具だらけになった。厳しい顔をした心臓専門医が、診察後にニックに告げた。心筋梗塞《こうそく》が二カ所もある。そのせいで心筋の七五パーセントが作動していない、と。

ニックはすみやかに集中治療室に移され、グリセリンを飲まされて、絶対安静を命じられた。このまま死ぬのかもしれない――ニックは思った。ほかのみんなもそう思っているらしい。翌日やってきた妻や、息子のヴィンスや、医療チームの全員の顔に、はっきりとそう書いてある。

主任弁護士まで見舞いに駆けつけた。彼はベッドの縁に座って言った。「五億円で示談にもっていきませんか。手続きは今、この場でできますが」

ニックはぼんやりと彼を見つめた。断続的に意識が消えては、また戻る。

「弁護費用は別払いですが」弁護士がつけ加える。

ニックがうめく。

「いいだろう」弱々しくそれだけ言えた。

主任弁護士があげた数字――当時の金でおよそ四百万ドル――は、あの不動産全体の価値にしては、あまりにも低すぎる。しかしニックの朦朧《もうろう》とした意識のなかで、別の計算が働いていた。

――日本交通側が示談に応じれば、こっちに有利な証拠として法廷で使えるかもしれないぞ。おれに言わせれば、少なすぎる金額だが「それぐらいなら喜んで払うから、示談にしよう」とあいつらが言ったとすれば、罪の意識がある証拠じゃないか。心の底では、自分たちは間違っている、原告のニックに悪いことをしている、と思っている証拠じゃないか――ニックが「いいだろう」と答えたのは、そのせいだ。「いいだろう。あいつらをぎゃふんと言わせてやろうじゃないか！」の意味の「いいだろう」だ。

もちろん、ニックの主任弁護士は、まったく別のつもりだった。――裁判にはとても勝てそうにない。無駄な闘いを続けるより、平和的な解決にこぎつけたほうが、弁護士としての評価もぐんと上がる――そういう確信を深めていたからだ。示談にしたほうが、クライアントのためにも絶対いい――そう信じて疑わなかったからだ。

しかし、当のニックの心は、誰にも読みとれなかった。本人の口からは、音声らしきものが一度に二つ三つ漏れる程度。したがって、「示談」に異論をはさむ者は誰もいなかった。

というわけで、寝たきり状態のニックの代わりに、四回目の結婚相手が会社の印を押し、金が支払われた。

ところが、誰もが驚いたことに、ニックは快方に向かいはじめた。

何が起こったか理解できるまでに回復した彼は、激怒した。正確に言えば、弱りきった体の許すかぎり怒った。感謝されるとばかり思っていた弁護士は、なぜ裏切ったのかと、逆にニックに責められた。

「おれがくたばってもいないうちに、金欲しさに急いで判を押したんだろう、え？　勝算はあったのに、これで台無しじゃないか！」

決定的な対立を招いたのは、弁護費用の問題だった。

主任弁護士からは、千五百万円の請求書が届いていた。ニックはそれを、弁護士四人分だと解釈していた。これ以外にも、全員の弁護依頼料として、年に五百万円支払っている。これが日本のシステムだ。まず弁護依頼料を払う。そのあとで弁護費用そのものを払うが、金額は裁判が終わった時点で決まる。

ところが主任は、千五百万円は自分一人の料金だ、と言いだした。ほかのメンバーからも請求書が届くだろうが、それは自分とは関係がない、と。

そのあとに続々と届いた請求書は、日本人の感覚からすればきわめて当然なのかもしれない。しかし、ニックはそうは思わなかった。それどころか、これ以上、びた一文払うもんか、と居直った。

主任弁護士は、いったん仲裁裁定に持ち込んだ。ほかの三名は、もちろん訴訟を起こした。それぞれが数百万円を求める、三件別々の訴訟である。弁護士が一方的にクライアントを訴えるケースは、日本ではほとんど例がない。ニコラ小泉はその判例づくりに貢献した。しかも、三度。これだけの経験者なら、〝トラブルを起こすためのマニュアル〟という本が書けそうだ。

ニックは退院できるまでに回復した。とはいえ、法廷闘争に耐えるほど万全の体調ではない。空咳《からぜき》が出る。片脚が萎《な》えているから、歩くには杖《つえ》が欠かせない。文字どおり半減した脈拍をコントロールするために、グリセリンを常時キャンディ代わりに口に含んでいなければならない。医者からは、本気でカッとなったら今度こそ心臓が爆発する、と警告されている。血圧が上がり、心臓が膨れて……ドッカーン！　一巻の終わりですよ、ニックさん。

左目の視力もほとんどなくなった。〈虎の門病院〉のせいだ、とニックは確信している。東京の外交官がよく利用する、戦前からの古い病院だが、あそこのスタッフがドジをふんだからだ。

心臓発作を起こす二、三ヶ月前に、医者から糖尿病の診断を下されていた。──眼底出血が見られる。血糖値が高いせいで、両目の周辺の動脈がもろくなっている。レーザー治療が必要だ──そんな医者の指示にしたがって、虎の門病院のレーザー室に通った。治療を受けるたびに、足どりがおぼつかなくなる。インクの染みのような赤と、黄色と、青の斑点《はんてん》が、四六時中、目の前をちらちらする。

ある日、若い技師がレーザー光線を、誤ってニックの左目の網膜に当ててしまった。視野欠損ができたのはそのせいだ。視界の一部にぽっかりと空白がある。その日以来、右目を閉じたまま誰かの顔を見ると、鼻のあたりが見えなくなる。まるでぼかしの入ったポルノ映画だ。そのまわりを、カラフルな水玉模様が縁取る。

右目の視力も衰えている。視力検査表の一番上の文字が、かろうじて読める程度だ。新聞を読むには、拡大鏡がいる。普通の時計では文字盤が読めないので、オーディオ・ウォッチ

（コンピュータの声で時刻を知らせる腕時計）を買った。車の運転などもってのほかだ。

左目が少しもよくならないので、医者に文句を言った。すると医者は、院内を調べたあと、傲慢《ごうまん》な口調で、技師に手落ちはないと報告した。患者が動いたからレーザーが網膜に当たったのであり、レーザーが動いたわけではない。したがって、病院側に落ち度はない、と。

あーあ、なんという違いだ――ニックは思った――昔なら、それこそ「六本木の帝王」の時代なら、おれが何も言わなくたって、病院側がたちまち新しい目ん玉に取り替えたに決まってる。しかし今はどうだ。「黙れ、ガイジン！」ってわけか、ちくしょう――。

病院を訴えることも考えたが、そんなエネルギーはない。これ以上、裁判を抱えられるとは思えない。とくに、勝算の薄い訴訟は無理だ。今抱えている裁判のスケジュールでさえ、こなせるかどうかあやしくなっている。昔のように、最近やけに忙しい。

「ガソリンタンクに火がつく寸前だ」ニックは歯ぎしりする。「これ以上、加熱するわけにはいかない。ぶっ倒れるのは時間の問題だ」

と言いながらも、一九九〇年、ニックは裁判所に現れ、自分に対する最初の訴状が読み上げられるのを聞いた。

「被告は、当初の契約どおり、問題を解決するための弁護費用として、一千五百万円を元弁護士に支払うのを怠った……」

これを聞いて、怒りがまたこみあげてきた。

「〝問題を解決する〟だと⁉」

いけしゃあしゃあとぬかしやがって、バカ野郎！

じっと座っているだけなのに、脈がどんどん速くなってきた。心臓が膨れ上がっていくのがわかる。拳《こぶし》を握り、二、三回深呼吸して、グリセリンをのみ込む。新たに雇った日本人弁護士から、英語の走り書きを手渡された。司法研修所を出てまもない、若い弁護士だ。メモにはこう書いてあった。

〈冷静に。聞かれた質問には、すべて理性的に答えること。いつもみたいに「脅された」とか「俺の金がハイジャックされた」みたいな言い方はしないでください〉

ニックは二度読んで、またグリセリンを口に放り込む。

――わかったよ。そんなに言うなら、冷静《クール》になってやろうじゃねえか。まず手始めに、バカ野郎どもを冷静《クール》にビビらせてやるぜ、小便をチビるくらいにな。しかも、今日中にだ。ニック・ザペッティに逆らったらどうなるか、日本の弁護士のやつらに思い知らせてやる――

夜八時に、タクシーでダウンタウンの弁護士事務所へ行った。ひとけのないほの暗い大理石の廊下を、脚を引きずりながら進み、弁護士事務所の名前が黒い文字で記されているガラスのドアの前で立ち止まる。ノブを回し、ゆっくりとドアを開ける。手前のオフィスは暗いが、奥の会議室から明かりが漏れ、話し声が聞こえてくる。ベルを鳴らすと、たちまち弁護士の一人が現れた。ニックは薄暗がりのなかで、その男にニヤリと微笑《ほほえ》んでみせる。

「どうだ、俺の訪問を受けた気分は、え？」

杖で床を叩《たた》きながら言う。

「そのうちに誰かがこんなふうにぬっと入ってくるぞ。おまえらはぶっ殺されるぜ、何が何だかわけもわからないうちにな。だからこれからはドアにしっかり鍵《かぎ》をかけて、開け閉めに気をつけることだ。とくに夜はな」

相手が身を固くしながら後ずさりするのを見て、ニックはほくそ笑んだ。

何もかも日本人に奪われた気がする。かつてはレストランを何軒となく持っていたのに、今、彼の自由になるのは、六本木交差点の店しか残っていない。午後と夜にはその店で、外国人仲間と愚痴をこぼしあう毎日だ。三軒は妻のたえ子が経営し、もう一軒はたえ子の姉妹が経営している。我善坊町の旧日本店や、六本木の街に点在している小さめのレストランを含めた、昔の〝ニコラス帝国〟の大半は、かつての日本人パートナー、〈日本交通〉に奪われた。彼らはあつかましくも、メニューに〈Nicola's since 1956〉と記している。

ちくしょう、なんという仕打ちだ。

彼の計算では、一つも失わずに済むはずだった。レストランも、土地も、建物も。資産の合計は、少なく見積もっても十億ドルを下らなかった。彼が好んでたとえるように、国連予算に匹敵する金額だ。失った六本木の資産だけでも、一九九〇年当時の通貨でいえば、五億ドル近い。さらに、三十五年分のサーヴィス収入と未収金勘定の数百万ドルを加えれば、ロス・ペロー級の大資産家になっていたはずだ。

――ところが今は、おれの労働の成果を、別のやつが享受している。銀行には百万ドルしか預金がないし、残った家はたったの二軒。日本交通からの示談金で買った、敷地一万平方メートル、寝室四部屋付きの新居と、ハワイの七十万ドルの家だけだ。おれの観点からすれば、これは〝極貧〟に近い――

四十五年におよぶ日本暮らしのすえに、ニックの身に降りかかった不幸は、日本との関係におけるアメリカ合衆国の命運を、まさに象徴していたといえる。

リオ・ブラボー

世界の金の半分を手中にした日本人は、アメリカの資産を買いあさりはじめた。ロックフェラー・センター、コロンビア映画、MCA、ペブル・ビーチ、リヴィエラ・クラブなどなど、アメリカの看板ともいうべき不動産が、次から次へと日本人に買収されていく。普通のOLでさえ、ハワイやニューヨークのコンドミニアムを買えるほど羽振りがいい。

数百万の日本人旅行者たちが、毎年、西海岸やニューヨークにどっと押し寄せ、日本人オーナーのホテルに滞在し、和食レストランで食事をして、日本人オーナーのバスに乗り、日本人の経営する小物店で土産物を買っていく。ついでながら、その大半はヤクザの経営だ。ハワイは日本の四十八番目の県、カリフォルニアは四十九番目の県――そんなジョークさえ聞こえてくる。五番街は、さながら銀座の様相を呈してきた。

落ちぶれたアメリカを、日本人がどう評価しているかは、国のリーダーたちの言葉の端々にうかがえた。「怠け者」「識字率が低い」――ごく最近、国会議員がそんな発言をした。中曽根も、アメリカ人の知的レベルは低い、と決めつけた。

〈ニックの実の息子でさえ、〝敵〟の味方をしはじめている。「〈ニコラ〉の〝ニコラ〟って、誰のことさ」六本木の店を指して、息子が軽蔑《けいべつ》的に言う。「父さんのことなんか、もう誰も知らないよ」〉

〝アンフェアな貿易〟に対するアメリカ人の不満がエスカレートするにつれ、日米間の商取引きをめぐる感情的対立は、かつてないほど激化した。

たとえば一九八七年、『文藝春秋』に掲載された貿易関連の記事は、〈悪いのはアメリカだ〉という過激なタイトルで話題を呼んだ。一年後には、国会議員の石原慎太郎が、著書のなかで喧嘩《けんか》腰《ごし》の議論を展開した。日本はアメリカに断固立ち向かうべきだ、と説いたその著書『「No」と言える日本』はミリオンセラーになり、一九九〇年代初めに出版された二冊の続編も、飛ぶように売れた。

日本の高名な精神科医は、国民感情を代表して、アメリカを〝内面的欲求から部下をいじめずにはいられない上司〟にたとえ、アメリカは概して強迫神経症という病に冒されている、と分析した。

かつて日本問題を軽んじていたアメリカは、今や独特の妄想にとりつかれていた。一九九二年のベストセラー小説『ライジング・サン』がいい例だ。小説のなかで、アメリカの技術を追い求める日本人たちは、かなり悪意を帯びて描かれている。セックスの途中、女性を日本刀でめった斬《ぎ》りにする日本人が登場するほどだ。これを読んだ『文藝春秋』の編集者は、首を傾《かし》げた。「あの本に出てくるような日本人には、一度もお目にかかったことがない。ぼくは日本人じゃないってことかなぁ」

早く手を打たないと、いまにアメリカ人全員が〝大日本帝国企業軍〟の標的になってしまう、と警告する日本問題の専門家さえ現れた。

ニックと小泉たえ子の結婚は、そんな日米関係を象徴していた。どちらも、協定によって固く結ばれている反面、大きなカルチャー・ギャップに隔てられている。

六本木のレストラン〈ニコラ〉の入り口で、客を迎えるときの二人は、傍目《はため》には上流階級の立派な夫婦に見えるだろう。たえ子はエレガントなドレスと宝石をまとい、ニックは豊かな白い口ひげに、こざっぱりした青いサージのスーツ姿で、つやのあるオーク材の杖《つえ》を握っている。外交官のレセプションで、ホスト役をつとめてもおかしくないカップルだ。

ところが奥の部屋にいるときは、二人のあいだで口論が絶えない。

喧嘩の種は、家庭の常備薬から車にいたるまでいろいろだ。頭痛がすれば、ニックはハワイから買ってきた〈タイレノール〉を飲む。アメリカでは有名な薬だが、たえ子に言わせれば、日本では認められていない〝あぶない薬〟だ（二〇〇〇年秋になって日本でも発売された）。それより、〈ピップエレキバン〉を貼《は》ったほうがずっと効く。するとニックは、「そんなものはインチキだ」とやり返す。

新車を買うときも、当然もめる。ニックが〝世界一〟の〈キャデラック・セヴィル〉を推せば、たえ子は日本車かヨーロッパの車のほうがずっといいと主張する。

「みんなが言ってるわ。結局、アメリカ車は大ざっぱにできてるから、ボンネットを開けるときに指を切ったりするんだって」

アメリカは車の製造をあきらめるべきだ、能力的に無理がある――たしか三菱の重役がそんな発言をしたが、そのとおりだとたえ子は思う。

最大の不和の原因は、〈ニコラ〉チェーンの経営だ。ニックにとっていまいましいことに、今はたえ子が大半をとりしきっている。そればかりではない。彼の自由になる一店舗だけが、唯一、赤字なのだ。そのせいでただでさえイライラしているのに、妻からやいのやいのと責められる。たえ子が経営しているレストランも、日本交通がやっているチェーンも、がっぽり円を稼いでいるのに、ニックにとってわが子同然の六本木店だけが、どんどん下降線をたどっている。外国人仲間たちがどっと押し寄せる、金曜日の夜だけは盛況だが、それ以外は歯ぎしりしたくなるほど客の入りが悪い。

最近は六本木界隈《かいわい》に、もっとしゃれた店が山ほどできているのだ。

野球選手やヤクザ、政治家たちが、〈ニコラ〉の常連であることに変わりはない。凝った髪型で知られる橋本龍太郎もやってきた。のちの首相だが、当時は大臣だった。『ミスター・ベースボール』の撮影で来日した、ハリウッドの映画スター、トム・セレックも、〈ニコラ〉の戸口をにぎわした。

しかし日本の若者たちは、近くの〈ホテルアイビス〉の最上階にある〈サバティーニ〉のような、もっとしゃれた店に惹《ひ》かれていく。このレストランは、ローマ直送のハウスワインとカンツォーネ歌手が売り物だ。オペラを歌うイタリア人シェフで有名な、〈東京全日空ホテル〉内の豪華な〈ル・パティオ〉も人気がある。ごく最近できた〈イルフォルノ〉は、カリフォルニア風イタリア料理というオリジナルメニューで成功し、客を断るほどの盛況だ。

それにひきかえ、赤レンガ造りでもなく、名物ウェイターも、歌いながらテーブルのあいだを巡る歌手もいない〈ニコラ〉は、流行遅れとみなされつつある。日本交通のように、客の入りが悪いときにはいつでも〝自発的〟に食べにきてくれる、四千人のタクシー運転手軍団も抱えていない。

店を蘇生《そせい》させる試みは、あれこれやっている。若い層をねらって、テレビの深夜番組のスポンサーになったり、三階の窓に大きなネオンサインを新設したり……。正面のドアに、自分の等身大のポスターを貼りもした。にっこり微笑《ほほえ》む若い女性モデルの隣で、ピザを片手に立っている彼の姿は、まるで頭の禿《は》げた陽気なサンタクロースだ。客が相撲やプロ野球を楽しめるように、数百万円をかけて巨大画面のテレビを設置してもみた。

しかし、何の効果もない。

一九九〇年、〈ニコラ〉六本木店の赤字は、とうとう七十万ドルを超えた。これでニックの店は、五年連続で赤字だ。それとは対照的に、彼の妻は、横田店だけでかなりの収益をあげている。ここは彼女が一人で切り盛りしている店で、客の九割以上が日本人だ。

認めるのは死ぬほど悔しいが、妻のほうがよっぽど羽振りがいい。それどころか、今では日本人女性のなかでも指折りの金持ちに違いない。横田店の収益は三千万ドルに達しているし、彼女名義の六本木の不動産も、同じくらいの価値がある。高価なゴルフ会員権も五つか六つ持っていて、その一つは五十万ドル以上する。宝石コレクションは、百万ドルを下らないだろう。

妻に言わせれば、彼の店がふるわないのは、日本人の嗜好《しこう》の変化に後れをとっているせいらしい。同じ道路沿いに〈ピザハット〉ができたし、〈ドミノ〉は宅配を始めた。〈シェーキーズ〉はチェーン店をあちこちに増設し、日本人向けにナスとマッシュルームのピザを売り出している。あなたも何か開拓して対抗すべきだ、と妻は言う。

「日本人向けに変えなくちゃ」

たえ子が言う。貿易について日本人が呪文《じゅもん》のようにくり返すセリフだ。

「〈ニコラ〉のアンチョビ・ドレッシングは、日本人には刺激が強すぎるわ。ソーセージのスパイスもきつすぎるし。ねえ、日本交通の店では醬油《しょうゆ》味のピザを売り出したのよ、知ってる？あなたもそろそろほかを見習うべきだわ」

彼女自身は、大手デパート・チェーンの〈東急〉とタイアップして、年末には、パイナップルとチェリーをカラフルにトッピングした、季節感たっぷりの特製ピザを納品している。ニックに言わせれば、そんなグロテスクなものは見たことがない。しかし、デパート側は大喜びで、売り上げも上々だという。

「仕事関係者へのお中元やお歳暮も、ぜったい欠かしてはだめ」たえ子は口を酸っぱくして言う。

「私はいつもやってるわ。日本ではそうやって仕事の関係を維持するのよ。だからデパートの注文が絶えないわけ」

ニックはこの習慣をかたくなに拒否している。彼女はそんな彼に、商売を立て直そうと思ったら、リベートという日本の習慣を無視していてはいけない、と説く。

ニックはできるだけ我慢して聞いていたが、やがてぴしゃりと言った。

「うるさい。よけいなお世話だ」

〈ニコラス〉を創設したのはおれだし、彼女にいろいろ教えてやったのもおれじゃないか。その恩師に向かってあれこれ指図するとは、いったい何様のつもりだ。

たえ子はこう答えた。

「日本人の西洋化には限界があるのよ。占領後、日本人は食生活にパンやミルクを採り入れたし、日常生活にも思いきった変化を受け入れてきたわ。アメリカ人にその真似《まね》ができる？　毎日毎日、お刺身にご飯という食生活を、受け入れることができる？　洋服の代わりに着物で通すことなんかできる？　日本人には柔軟性があるわ。アメリカ人よりずーっと。でも、いくら日本人だって限界があるの。そのへんをあなたも理解しなくちゃ」

少なくとも、照明と音楽をどうにかすべきだ、とたえ子は言う。

「たいていの日本人は、煌々《こうこう》と明かりのともったレストランが好きなの。うす暗い部屋では食事をしたがらない。お料理や食事相手の顔がはっきり見えないと、気分が良くないのよ。音楽にしても、あなたの店は静かすぎるわ。日本人はもっとにぎやかなのが好き。それぐらい常識だわ」

ニックは拒否した。

というわけで、照明と音楽をめぐる闘いが始まった。

いくら拒否されようと、たえ子は彼を苦境から救い出したい一心で、六本木交差点の店にやってきては、照明を最大限に明るくする。するとニックがたちまちもとに戻す。客は食事をしている二時間ほどのあいだに、照明が何段階にも切り替わるのを、目をぱちくりさせて見守った。これがしばらく続いたあと、とうとう頭にきたニックは、電球を一つひとつ布で覆うことにした。

地元六本木の放送局から流れてくる有線音楽も、似たような経緯をたどっている。ニックが店の奥で、不自由な目を細めながらテレビの巨大スクリーンを見つめていると、突然、有線がガンガン鳴り響く。

「うるせえ！　ヴォリュームを下げてこい！」ニックが近くのウェイターに怒鳴る。「テレビの音が聞こえないじゃねえか！」

その怒鳴り声に、店内の全員が振り向いて身を固くする。

チーフ・ウェイターとして長く勤めている野村明男は、こうした経緯をすべて目撃してきた。

「だんだんうんざりしてきたね。奥さんから、音や照明をもっと上げろ、と命令されたかと思うと、三十分後には店長から正反対のことを命じられるんだから」

いっそのこと辞めてしまおうかと、本気で考えはじめた矢先、ささいなことで命令に従わなかったことが、ボスの逆鱗《げきりん》に触れたらしく、チーフ・ウェイターはあっさりと首になった。

内装についても、夫婦の意見は食い違った。

たえ子は、何もかも時代遅れだと言う。赤と白のチェックのテーブルクロスも、キャンティ・ワインのボトルにキャンドルを差す趣向も、格子の間仕切りに造花のブドウを絡めるのも、彼女に言わせればすべてが古くさいし、リッチで華やかな六本木の雰囲気と比べると、いかにも安っぽい感じさえする。客足を取り戻すにはリフォームが必要だ、とたえ子は主張する。

ニックは断固として拒否した。一時的な流行がすたれれば、〝伝統的ないいモノ〟がかならず戻ってくる。昔、あれだけ人気があったのだから、またいつか流行《はや》るにきまってる。少し辛抱すれば済むことだ。

皮肉な連中は、こうした夫婦の葛藤《かっとう》を見て、二人が再婚した理由をこう分析している。──たえ子は、事業がうまくいかない彼を苦しめたかったに違いない。自分の成功を見せつけ、長年のひどい扱いに対して、一種の復讐《ふくしゅう》をしたかったのだろう。ニックはニックで、自分の財産を取り戻したい一心で再婚したのだ、と。

ニック自身、機嫌が悪いときには、そんな巷《ちまた》の邪推を、さらに裏付けるような行動をとってしまう。

日本人のガールフレンドを連れて店にやってくる西洋人の若者に、八つ当たりすることが増えてきた。

「知ってるかい？　日本女性がアメリカ人やヨーロッパ人と結婚するのは、単に男を支配したいだけなんだってさ」

意地の悪い快感を覚えながら言う。

「日本人の男と結婚すると、家に束縛される従順な妻にならざるを得ない。だけど、外国人の男と結婚すれば、男をコントロールできるってわけだ」

ニックが続ける。

「そういうおれだって、この国に住もうと思ったのは、日本の女性に惹《ひ》かれたからさ。だけど、四回結婚してみてわかったけど、おれが日本嫌いになったのも、一つにはそれが原因だな」

妻は友人にこう言っている。さんざん苦しめられたことは苦しめられたけど、それでも彼を愛している。だから余生をできるだけ楽しむ手伝いをしてやりたい、と。

ニックも、ごくたまに懐古的になったときには、こんなことを言う。

「ま、残り少ない人生を、愛情のかけらもない相手と一緒に過ごしたがるやつはいないさ」

とはいえ、彼の場合、懐古的になる瞬間などめったにない。

怒るのに忙しすぎて、そんな暇がないのだ。

カッとなって、グリセリンに手を伸ばさない日は、一日もない。

テレビ番組は、アメリカをこきおろす声であふれかえっている。自動車部品市場を開放してもらおうと、日本に表敬訪問したジョージ・ブッシュ大統領は、あからさまに笑いモノにされた(一世代前に、アメリカ人が日本の首脳陣を、「トランジスター・セールスマン」とバカにしたのと同じように)。ブッシュ大統領が晩餐会《ばんさんかい》で具合が悪くなり、宮沢喜一首相に嘔吐物《おうとぶつ》をかけたときには、失笑どころか爆笑された。

ニックの神経をとくに逆なでするのは、店にやってくる日本人客の態度が、近ごろやけにデカくなっていることだ。日本人ビジネスマンたちは、つい最近まで、控えめにテーブルに座っておとなしく食事をしていた。ところが今は、どいつもこいつも偉そうにそっくり返っている。まるでテレビに出てくる大名気取りだ。話し声もバカでかく、周囲に響きわたる。

ある晩、店にやってきた重役グループの会話が、とくにニックの癇《かん》にさわった。

「日本は世界一だー！」

彼らが酔っぱらって自慢しているのが、部屋の反対側まで聞こえてくる。

「俺たちは何だってほかの国よりうまくできる。アメリカに日本を批判する資格があるか？　日本のほうがずーっと経済力があるのに」

ニックは脚を引きずり引きずり彼らのテーブルのところへ行って、演説をぶちかます。

「アメリカは日本に市場を提供してるし、防衛費だって払ってやってるんだ。なのにおまえたちは、ちょっと懐具合がよくなっただけで、ずいぶん偉そうじゃないか。そんなに偉いんだったら、なんで宇宙に人間を飛ばせないんだ、え？　〈日立〉はどうして〈ＩＢＭ〉から技術を盗むんだ？　俺に言わせりゃ、日本なんかただの〝バナナ共和国（中南米の小国を揶揄する表現）〟じゃないか。いや、〝テレビ共和国〟というべきかな。テレビを作るしか能がないんだから」

言うだけ言って、くるりと背を向け、脚を引きずりながら去る。

これでは客が減るのも無理はない。

ニックに言わせれば、街全体が堕落しつつある。窓の外で起こっている著しい変化は、じつに嘆かわしい。ディスコのドアマンは、日本人以外の入場を拒否するようになっている。北アメリカやヨーロッパの行商人が、六本木の路上で安っぽい宝飾品を売る事態など、昔なら考えられないことだ。自分もかつてヤミ市で商売をしたことがあるくせに、なぜかこの光景が不快でしかたがない。

ニックにとって、昔の東京はとても住み心地がよかった。みんなから「帝王」と呼ばれ、外を歩けばさっと道を譲られた。しかし、今はぜんぜん違う。完全に立場が逆転してしまった。みんな彼を押しのけるようにして通り過ぎていく。最近の若いモンは、たいてい彼より頭一つ背が高い。体が触れても、謝りもしない。

「『リオ・ブラボー』という映画を観たかい？」

ニックは外国人の客相手に、よくそんな話をする。

「ほら、カウボーイが意地悪そうな顔で、痰壺《たんつぼ》に金を投げ込むシーンがあるじゃないか。すると、町の大酒飲みのディーン・マーチンが、這《は》いつくばるようにしてそれを拾いにいく。日本人は俺たちにあれを期待してるんだ。金が欲しけりゃディーン・マーチンみたいに這いつくばって拾え、ってわけさ」

部下に見捨てられ、〝敵〟にさんざん苦しめられている「六本木の帝王」にとって、日本人が成功感に酔いしれるさまは、アメリカの国力と気前のよさをさげすんでいる以外の何ものでもない。ニックはすべてを個人的恨みに結びつけた。

北海道に旅行したときには、あやうくつかみ合いの喧嘩《けんか》になるところだった。札幌駅のベンチに座って、杖《つえ》に寄りかかりながら電車を待っていたら、袴《はかま》に中折れ帽姿の白髪の老人が近づいてきた。見知らぬ日本人に話しかけられるのは、来日中の外国人が一度や二度は経験することだ。しかし、今回の相手はけっして友好的な態度ではない。老人はニックの前で立ち止まり、握手のつもりか、手を差しのべてきた。ニックはうわの空でその手を握った。「フン、弱いな」老人はうなるように言って、ニックをにらみつける。「あんた、帰れ！」さらに英語でつけ加える。「ゴー・ホーム！」

二人はたちまち角つき合わせた。ニックは杖で体を支えながら応戦。どちらも、カタコトの英語と日本語を交えながら、罵倒《ばとう》し合った。一方が五十年前の真珠湾攻撃を引き合いに出せば、もう一方は四十六年前のヒロシマの原爆を持ち出す。罵《ののし》り合いはエスカレートするばかり。老いぼれた二人——日本に帰化したアメリカ人と、日本人——は、越えがたい溝をはさんで、敵《てき》愾心《がいしん》を燃やし続けてきたのだ。皮肉なことに、四十年以上にわたる共通の経験を経て、その溝はますます広がっていた。

どちらもわめきちらし、拳《こぶし》を振り回して相手を威嚇《いかく》する。まるで『パンチ・アンド・ジュディ（夫婦喧嘩を風刺した操り人形によるドタバタ劇）』だが、この喧嘩は、暗く苦々しい日米間の対立構造を、まさに象徴していると言っていい。しかし、「六本木の帝王」はあまりにも頭に血がのぼり、皮肉な象徴性には気がつきもしなかった。

黒い学生服を着た三人の日本人学生が通りかからなければ、どうなっていたかわからない。よぼよぼの老人同士がギャアギャアとわめき合っているさまを、口をあんぐり開けて眺めていた学生たちは、やがて日本の老人を説得して立ち去らせた。

子供や孫たちのことも、ニックにとっては頭痛の種だ。

息子のヴィンスは、家族の問題に関《かか》わりたくない、と明言している。とくに、義理の母親からあれこれ指図されるのはまっぴらだ、と。西洋人に近い容姿をしているヴィンスは、ニックの感触では、アメリカ人の血が混じっていることに、複雑な感情を持っているらしい。日本人女性と結婚し、二人の娘の父親となったが、ＰＴＡの会合に出ることをしばらく避けていた。日本人純粋の日本人に見える娘たちに、じつは外国人の血が流れているとわかったら、ほかの生徒たちからいじめられる――そう恐れているのだろう。嫁にしても、ニックが孫に会いに学校へ行くことを、同じ理由から遠回しに拒否している。

それではと、ニックは学校に使者を送り、校長に話をつけさせようとした。しかし校長は、同情はしたものの、これぱかりはどうしようもないと頭を下げた。

「親戚《しんせき》にガイジンがいるだけで、みんなから毛嫌いされるんですよ」

校長はそう言ったという。まるで、そう考えるのは人間として当然だ、と言わんばかりに。

「外人」は、二つの漢字から成る言葉である。最初の漢字は「外側」「外部」「的を外れた」「場違いの」を意味し、次の字は「個人」「人間」「人類」を意味する。二つ合わされば、「われわれとは明らかに異質の存在」という言葉ができあがる。言外に、〝日本人はユニークだ〟というニュアンスが含まれるのは言うまでもない。だからこそ、ニューヨーク在住の九〇年代の日本人でさえ、仕事も生活も共にしているアメリカ人を、いまだに「ガイジン」呼ばわりするのだ。日本人以外の人間は、自分の国にいても、日本人から〝よそ者〟扱いされてしまうのだ。

ニックの娘は、二度結婚に失敗し、子供が三人いる。彼女も似たような問題を抱えていたが、一家そろってニュージーランドに引っ越すことで、あっさり解決した。

ザペッティがもっとうんざりしているのは、近ごろの同郷人の態度だ。〈ニコラ〉におぞましい新現象が生まれつつある。バカていねいな日本語をやけに流暢《りゅうちょう》にしゃべる、頰《ほ》っぺたの赤いガイジン・ヤッピー（外国人《エリート》）。日本企業に雇われ、家賃二万ドルのマンションに暮らす若い証券マン。こうした連中が日本人の上司とともに食事にやってきては、米つきバッタのようにぺこぺこしているのだ。これほど胸クソの悪い光景はない。

「日本人のボスは一晩中、あいつらを侮辱してるんだ。偉そうに！」

ニックが吐き捨てる。「なのに、西洋人ヤッピーのガキどもは、おとなしく言われるままになってる。それどころか、日本人のほうが上だと、本気で認めてるフシがある」

そんな自分の感想を、ヤッピーたちに伝えることもいとわない。

「日本人のボスにへつらうのがそんなに楽しいか、え？」

レジやトイレの隅に押しやって、耳元でささやく。「それも高い給料のうちってわけか？」

ワシントンＤＣのアメリカ人ロビイストが、日本の自動車メーカーに自分を売り込んでいるのを、ニックは目撃したことがある。アメリカの元大統領ロナルド・レーガンでさえ、日本の大手マスコミに二百万ドルを積まれ、一九八九年秋に日本で二週間もテレビ出演するていたらくだ。

今のアメリカに必要なのは、極右の実力行使かもしれない。オリーヴグレーのトラックに乗り、国旗を掲げて東京の街並みを行き来しながら、ラウドスピーカーで外国人追放のスローガンをがなりたてる、あの日本の右翼集団のように。自分がもう少し若ければ、ぜったいニューヨークに帰って、独自の右翼グループを結成してやる。〈ニコラ軍団〉と名づけよう。ロックフェラー・センターの外にトラックを停めて、〈アメリカの日本企業をぶっつぶせ〉と書いた、でっかいのぼりを掲げてやる。

ニックは興奮して饒舌《じょうぜつ》になっている。日本に帰化したくせに、聞いてくれそうな相手を見つけては、アメリカがいかにすばらしい国かをまくしたてる。

「アメリカは第二次大戦中に、一万トンの規格輸送船を、一日一艘《そう》のペースで製造したんだぞ。ロシア軍に軍事物資貸与として、衣類から軍服、銃砲、ヘルメットにいたるまで、何もかも用意して戦場に送りだしてやったのは、いったいどこの国だと思ってるんだ、え？　ケツにかるーくひと鞭《むち》入れれば、アメリカはたちまち軌道に戻れるんだ」

アメリカの不動産王ドナルド・トランプに、「日本問題」について手紙を書いたこともある。トランプの代理人が、真新しい〈トランプ・タワー〉の高価なスイートルームを、一室二百五十万ドルで日本人に売ろうとしていたからだ。

東京を拠点にしているアメリカ人、リチャード・ロアは、トランプの販売担当重役の依頼で、〈ニコラ〉を午後一杯、貸し切りにし、金持ちの日本人グループを対象にしたセミナーを開く手はずを整えた。そのセミナーの宣伝文句を、不快きわまりない思いで聞いたニックは、思いあまって翌日、ドナルドに手紙を書いた。日本人に売るのはやめたほうがいい、と説得するためだ。

〈日本人はアメリカの資産をすべて買い上げ、アメリカ人を笑いモノにしている、ミスター・トランプ。われわれはこの嘆かわしい事態に、断固歯止めをかけなければなりません〉

その後ニックは、アメリカの億万長者が、悪名高き日本の乗っ取り屋、横井英樹を、〈エンパイア・ステート・ビル〉の共同オーナーにしたと聞いて、またまた頭から湯気をたてることになった。

転落

ニックの負けはこむばかりだ。日本のことわざを勝手に解釈すれば、『真実への道は曲がり角だらけ』であるらしい。だとすれば、ニック・ザペッティはまさに、最後の曲がり角にさしかかっていた。

いよいよ耐えられなくなった彼は、しぶしぶ譲歩して、妻の忠告を受け入れることにした。かつては現金があふれ返っていた〈ニコラ〉六本木店の金庫から、なけなしの百万ドルを取り出して、自分のレストランの改装費用にあてた。東京で最近流行《はや》りの安ピカなインテリアにするためだ。

メイン・ダイニングルームの家具を、ロココ調のラウンジ・セットに換えた。大理石とみかげ石のテーブルには、光沢のあるベージュのテーブルクロスを掛け、革の椅子《いす》を配した。レコード・プレーヤーを処分して、コンピュータ式のカラオケセットと自動ピアノを据えた。入り口の脇《わき》にはカクテルラウンジを設けた。テーブルは白い大理石、床は黒いつや出しの大理石張《ば》りだ。数百万円もするヤマハピアノを設置して、ニューヨークから呼び寄せたピアニストに、食前の音楽を奏でさせることにした。大きく引き延ばしたイタリアの港のカラー写真が、片側の壁を占領し、バックライトに照らされている。

それればかりではない。当店オリジナルのスナック料理として、ホワイトピザやティラミスをメニューに加えた。照明もぐんと明るくした。そして結果を待った。

レストランの大改装は、そのままいけば功を奏したのかもしれない。

ところがその直後、日本経済の底がドカーンと抜けた。

プラザ合意のころは一万三千円だった日経平均株価が、一九八九年末には三万八千九百十五円と、史上最高値を勢いよく更新していたが、その後、あれよあれよという間に下降線をたどり、三年間で一万四千円に落ち込んでしまったのだ。

戦後最悪の不況が、日本列島を襲いはじめる。ボーナスは下がり、重役の接待費に歯止めがかかった。六本木の人出もぐんと減った。この界隈《かいわい》のナイトクラブが赤字になるのは、一九七三年の石油危機以来だ。

街の灯を暗くしたこの悲惨な現象の原因は、いろいろ考えられる。その筆頭は、金利引き上げなど、〈日本銀行〉による一連の金融引き締め政策だろう。危険なインフレ・バブルを引き起こした過激な投資熱を、コントロールするために必要な措置ではあった。ところが不幸なことに、このバブル経済は後半、不動産を担保にした借金に、あまりにも大きく依存するようになっていた。そのために、株の暴落に伴って土地の価値も一気に下がると、元金どころか利子の返済さえできなくなる人々が続出した。

経済ヤクザがからむ、一連の大きな金融スキャンダルも明るみに出た。たとえば、前出の〈東急〉の株がいきなり高騰したときには、日本の検察もさすがに重い腰を上げ、捜査のメスを入れている。その結果、一九九一年の夏に、稲川会元会長、石井進と、日本でもっとも信頼されていた証券会社数社との共謀が、白日のもとにさらされた。そればかりではない。ほぼ同時期に、〈野村證券〉〈日興証券〉などの証券会社が、大口客だけを対象に、〝弁償〟までしていたことも明るみに出た。株の大暴落によって損害をこうむった大手投資会社に、損失補塡《ほてん》として数十億円を支払ったのだ。その際、市場の二割を占める小口の個人投資家を犠牲にしたことは、言うまでもない。

日本の複数の大手銀行が、天文学的な数字の不良債権をひそかに抱えていたことは、まだこの時点では明るみに出ていない。不良債権の大半は、ヤクザと手を組んだ住宅専門の融資会社、いわゆる「住専」によって乱発された。

九〇年代の最後まで続いた経済不況の最大の被害者のなかに、じつは石井自身も含まれていた。

石井は、ハイテク方式の金もうけを信奉するかたわら、日蓮宗《にちれんしゅう》の敬虔《けいけん》な信者でもあった。朝夕には欠かさず仏前で手を合わせ、占いを信じていた。ビジネスに関して占い師に相談したことは、一度や二度ではない。ある年の瀬に、東急株を売るべきかどうか、占い師に相談した。すると占い師は、一株五千円まで上がるから持っていたほうがいい、と占った。言われたとおりに石井が持ち続けた東急株は、なんと八百円にまで暴落。同じころ、石井は脳腫瘍《のうしゅよう》で倒れ、やがてこの世を去った。そして稲川会系の企業は、百億円の負債を抱え、破産申告を余儀なくされた。

日本のバブル崩壊に伴って、アメリカの自動車、ICなど、各種産業が復活の兆しを見せ始めた。企業がリストラや品質管理《クオリティ・コントロール》に励んだからだ。

日本も勢いを取り戻すには、終身雇用や年功序列といった長年の慣習を見直し、規則に縛られた輸出依存型の経済を立て直す必要がある――そんな声が聞こえ始めた。とはいえ、それが実現する前に、金持ちの浪費家が財布の紐《ひも》を締めはじめているだろう。

近隣のディスコが、一つまた一つとカラオケ・ボックスに転身。貸店舗や貸事務所が、つぎつぎに空き家になっていく。目減りしている〈ニコラ〉の年間売り上げは、ついに五十万ドルを切り、諸経費さえもまかなえない状況だ。うらめしいことに、〈ドミノ・ピザ〉チェーンは、日本に新たに出現した四億ドルの宅配市場を席巻し、百を超えるチェーン店を開設して、年間一億ドルの売り上げをはじき出している。それにひきかえニックは、たった一つ残された自分のレストランを、もはやまともに操業させることもできない。値下げを断行したにもかかわらず、長年の常連客でさえぱったりと姿を見せなくなった。忘れもしない。ある月曜日の晩には、せっかく改装してリフレッシュした店に、たったの九人しか客がこなかった。

身もだえするほど屈辱的なことだが、妻に借金を求める必要に迫られた。さらに皮肉なことに、妻は妻で、中央林間という都会的なベッドタウンの支店を改装したばかりだが、その結果、売り上げは倍増している。

「私の会社がなぜあなたの会社を助けなければいけないの？」

ニックが金の話を切り出しもしないうちに、彼女は鼻で笑った。

〝私の会社〟？

人生は不公平なことだらけだ。

一九九一年、高等裁判所は、北海道の土地をめぐる訴訟で、ニック・ザペッティの訴えを退けた。

――日本国籍を持っているだけでは十分ではない。地裁の判決をくつがえすには、日本の農業ライセンスが必要である――

それが高裁判決の趣旨だった。農業ライセンスを取得するには、現地の居住権を獲得しなければならないという。しかしニックは、自分の年齢と健康状態を考えたら、とてもそこまでする気にはなれない。

滅入《めい》るような判決の二、三週間後、東京地裁から突然、ニックに司法命令が下った。〈日本交通〉訴訟がらみでニックを訴えていた弁護士二名に、金を支払えという。のろまの地裁にしては、異例のスピード判決だ。こうなれば、さらにもう一人の弁護士に有利な判決が下されるのは、時間の問題だろう。日本交通とは示談が成立し、多少の金が入ったことは間違いない。しかしその金は、郊外に大きな家を買うために使ってしまった。しかも、クレージー・ウォンの訴訟にも、出費がかさみ始めている。

彼は弁護士を雇って、ウォンが金塊をすり替えた、と主張させるつもりだった。本物の金塊だったのに、クレージー・ウォンがひそかに売り飛ばし、代わりにニセの金塊を入れておいたのだ、と。真偽はさておき、御徒町でニセの金塊が簡単に売り買いされている現実を考えれば、十分にあり得る話ではないか。裁判官はこう聞くだろう。十六万ドルも支払っておきながら、なぜすぐに領収書を受け取らなかったのか、と。じつにいい質問だ。それを怠ったのが、そもそもの発端なのだ。

しかしニックは、裁判所に足を運ぶのがおっくうになっている。快く弁護を引き受けてくれる弁護士は、もうどこを探してもいない。彼の元弁護士が、ミスター・ニコラほど理不尽ながイジンは初めてだし、あんなに憎たらしいやつはいない、と街じゅうに言い触らしているらしい。

だいいち、誰が弁護してくれようと、どんな議論を展開しようと、どうせまた負けるのがオチだ。中国人とアメリカ人の対決を、日本人が裁くとなれば、どちらが不利かは歴然としている。なにしろ石原慎太郎が、日本とアメリカは、太平洋をはさんでいがみ合っている。たとえば日本人はアメリカ人よりいい製品を作る、と論じれば、アメリカのアーネスト・ホーリングス上院議員は、こう切り返す。

——誰が原子爆弾を発明したのか忘れたようだから、キノコ雲の絵に〈日本でテストされたアメリカの優良製品〉というキャプションを添えて、日本に送りつけるべきだ——（ホーリングス議員はのちに謝罪した）

クレージー・ウォンの訴訟が始まった直後、ニックのもとに六百万円（約六万ドル）の請求書が届いた。裁判関係書類の翻訳料の第一弾だ。このぶんでは、裁判が終わるまでに、ニックは破産してしまう。不況は永久に終わりそうもない。今の状態から脱出するのは、絶望的かもしれない。

もうたくさんだ。ニックは決心した。東京を脱出しよう。

レストランを売っぱらって、商売は妻にまかせて、娘と三人の孫が暮らしているニュージーランドに引っ越そう。向こうで土地を買って、ゴルフ場でも経営して、またどっさり金もうけをするんだ。「オークランド（ニュージーランドの都市）の帝王」ってのも、けっこういい響きじゃないか。

ニックは最後にもう一度だけ、懐かしの北海道を訪れることにした。

ひとり寂しく過ごす札幌の夜、車を雇って市内を走らせ、最後の感傷にひたった。窓の外を、秋の冷たい雨が降りしきる。

やがて、ゆみ子と母親が住んでいた木造の家の前にさしかかった。ふと見ると、明かりがついている。ニックは衝動的に車を停めさせ、引き返すよう命じた。車を降り、土砂降りの雨のなかを帽子もかぶらず、脚を引きずりながら戸口に向かう。玄関のベルを鳴らすと、驚いたことに、ゆみ子が現れた。腕に幼子を抱きながら。

ニックは昔の不屈な笑みを浮かべながら、説明した。

「ちょっとそこを通りかかったんだ。ひとことさよならを言おうかと思ってね。レストランはもうやめた。ニュージーランドに引っ越して、ゴルフ場を経営するつもりさ。でもその前に、君にもう一度だけ会いたかった。——その、一緒に楽しいときを過ごさせてもらった礼を言いたくてね。悪いことは水に流してくれ」

ニックの感触では、ゆみ子は、最初の驚きがおさまったあと、彼と会えたことを喜んでいるようにさえ見えた。地元の寺院に勤める男と再婚し、宗教の道に入ったという。以前ほど刺激的ではないが、幸せな生活を送っている——そう言って、にっこりと温かい笑みを浮かべた。

ニックは杖《つえ》をつきながら、雨越しに彼女を品定めした。かなり肉付きがよくなっている。まるでフットボールのミドル・ラインバッカーだ。とはいえ、胸があれだけデカければ、まだまだ男を悩殺できるだろう。ためしに色目を使ってみた。ゆみ子は彼に、中へ入れと言わんばかりだ。

〈一発やってやろうじゃないか〉

ニックは心のなかで思う。〈俺からめちゃくちゃ金を搾り取った女だけどな。かまうもんか。こうなったら、先妻と片っ端からやりまくってやる。別れの一発を、ドーンと。……ムスコが言うことを聞いてくれればの話だけどな〉

しかし、ムスコはもはや耳が遠くて、命令を聞き分けられそうもない。まともに歩くことも、文字を読むことも、運転さえもできなくなっている。というわけで、しばらく雑談したあと、別れを告げて去った。

翌日、農場の納屋とサイロを取り壊した。

一九九二年一月、〈ニコラ〉六本木店を、百万ドルでインド料理の〈モティ〉に売り渡した。その金で従業員への支払いを済ませ、子供たちに一部を分け与えて、残りは手元に残した。それから、引退後に何をすべきか考えた。

数年間で積もり積もった〝借り〟だけは、ぜったい返してやる。

一つ残らずだ。

『ゴッドファーザー』のマイケル・コルレオーネが、最後のシーンでやったように、殺し屋を何人か雇って、俺を苦しめたやつらを一日で片っ端から消させよう。日本交通のやつらも、弁護士も、クレージー・ウォンもだ。片づけたその日のうちに、殺し屋は飛行機に乗ってトンズラする。何がどうなってるのか、相手がキツネにつままれてるうちに。

東声会のメンバーに頼むのも、なんとなくロマンがあるが、はっきり言って、もうあの連中にこの仕事は無理だ。ニックの見るかぎり、東声会の犯罪部門は、最近さっぱり六本木界隈《かいわい》で活躍していない。

知り合いの話によれば、町井はかなり体が弱り、客の接待もろくにできないという。ましてこんな大仕事は、肉体的に無理だ。何年か前、暴力団の幹部の葬儀に出席するために、東京駅に現れた町井の姿を、遠くから目撃した共通の知人が言っていた。

「階段もまともにのぼれなかったよ。子分の手を貸りて、どうにかのぼれる状態だった。飲み過ぎで、肝臓も心臓もまいってるんだ。きっと」

ニックが知っているヤクザの大半は、すでに引退したり、カリフォルニアやハワイやアジアのどこかに拠点を移してしまった。単に消息を絶ったヤクザもいる。ニックが昔の知り合いとばったり出会うことは、めったになくなった。

一九九一年のある日の午後、ニックはめずらしくパチンコに興じた。景品を現金に換えようとしたら、パチンコ屋の店員から、彼のレストランにほど近い路地裏に行くよう指示された。青いプラスチックのゴミ箱がずらりと並んだ横に、なるほど交換所の窓口があった。見覚えのある年配の先客が一人待っている。かつて東声会で松原の配下にいた人物だ。

「よお、ニックさん」

男が、小指の先のない節くれだった手を振る。「元気かい？」

二人は立ったまま、思い出話にふけった。

東声会は新宿で昔より小規模に活動している、と彼は言う。

「銀座にも取引きはあるが、せいぜいそんなとこだ。組員は東京全体で五百人足らずだし。六本木はよその組が仕切ってるよ。松原組長は、東京の〈赤十字病院〉に入院してる。容態はかなりやばい。ところで、組長の昔の天敵に、マイク・サリヴァンってのがいただろ。あいつがアメリカに住んで、テレビ・タレントをやってるって噂《うわさ》は本当かい？」

ニックは、本当だ、と答えた。すると東声会の組員は、信じられない、と言わんばかりに頭を振る。

「組長には内緒にしとくよ。たぶん、めちゃくちゃ機嫌が悪くなるからな」

六本木周辺に、外国人のゴロツキが増えている。東南アジア、イラン、インドなどの若者たちが、外国人労働者の輪を築き上げ、〝特殊な仕事〟も引き受けるとふれ回っている。

実際、ニックはフィリピン人ルートから、〝ゴッドファーザー的シナリオ〟を一万七千五百ドルでどうか、と提示された。それがグループの相場だそうだが、五百ドルという中途半端な金額が何を意味するのかは、その男にもわからないという。ニックは結局、その線は除外した。

未知の海で泳ぐような不安を感じるからだ。だいいち、この特殊任務はニューヨーク・マフィアのほうがふさわしい気がする。

ぜったいそうしよう、と決意した。

三度目の心臓発作を起こしたのは、その直後だ。

アクセノフ医師のクリニックで数日間、生死をさまよった。指の爪《つめ》は、紫色に変色している。妻のたえ子がつきっきりで看病した。

そして一九九二年六月十日、ニックは七十一歳で息を引き取った。

たえ子にもらした最後の言葉は、

「君がこんなにいい奥さんだとは、知らなかった……」

葬儀は、六本木の厳かな聖ヨゼフ修道院でおこなわれた。昔、〝キラー池田〟がニックの頭に拳銃《けんじゅう》を突きつけた、例の居酒屋〈トムズ〉の跡地から、二百メートルほど東にある教会だ。

ビジネスマンから外交官、芸能人、外国人、元ヤミ商人にいたるまで、東京社会の断面図ともいうべき、さまざまな階層の数百人が参列した。東声会の代表者の顔もあった。

ニックが藤沢の霊園に眠ると、未亡人のもとにアメリカから数多くの手紙やカードが寄せられた。昔の思い出を語り、失われた時代をなつかしむ手紙がほとんどだ。

友人の一部は、彼が死んだのは傷心のせいだと思っている。レストランの仕事は失ったし、彼はもう昔のニコラではない。それが耐えられなかったのだろう、と。

死んだのは日本に対する怒りのせいだ、という友人もいる。引退によって暇を持て余し、帰化した国で受けた不当な扱いを、あれこれ思い返す時間が多すぎた。彼の心臓はそのストレスに耐えきれなくなったのだ、と。

クレージー・ウォンの訴訟はまだ決着がついていない。ニックに対する訴訟は、ほかにもいろいろ未解決のまま残っている。ニックの犯罪ファイルは、警視庁の死亡者リストに移された。警察関係者によれば、これだけ分厚いファイルを要したアメリカ人は、警視庁始まって以来だという。

ニコラ・ザペッティは、ほかにもさまざまな記録を残した。日本在住のアメリカ人で、彼ほど大金を儲け、失った人間はいない。また、彼ほど何度も日本人女性と結婚し、離婚したアメリカ人はいない。さらに、彼ほど多くの民事訴訟に関わり、裁判所で長い年月を過ごしたアメリカ人もいない。

そしてなにより、「六本木の帝王」と呼ばれたガイジンは、ニックをおいてほかにない。

エピローグ

日本は憲法に民主主義を掲げ、大いなる躍進をとげた。しかしそこにはまだ、顔も姿も隠したフィクサーによる、秘密の会合やヤミ取引きが横行している。実際に事件が発生するまでは、裏で何が進行しているのか、世間にはまったくわからないのが現状だ。

こうした姑息《こそく》な手口はやがて一掃されるという希望的な観測は、一九九〇年代の一連の出来事によって、あっさりと出鼻をくじかれた。

最悪だったのは一九九八年の総裁選で、自民党の小渕恵三は、かろうじて二桁《けた》に届くという、戦後史上最低の支持率にもかかわらず、まんまと首相の座を射止めてしまった（小渕当選のシナリオは、前述の竹下登によって立案された。竹下は首相を退いたあと、自民党の有力な陰の立て役者におさまっていた）。

一九九二年には、自民党の権力ブローカー、金丸信が、国会議員の辞職を余儀なくされた。暴力団会長、石井進との関係が明るみに出たばかりでなく、石井の会社と関連のある東京佐川急便から、山のような現金や進物を受け取っていたからだ。一九九三年、金丸は脱税容疑で告訴された。検察による家宅捜索の結果、現金、無記名社債、金塊など、本州をまるごと買い取れそうな、けた外れの〝戦利品〟が押収されている。検察はさらに、彼が四億四千万ドル相当の不動産を、ハワイに所有している証拠もつかんだ。

金丸は、裁判の途中で他界した。これだけ大規模なスキャンダルだったにもかかわらず、刑務所送りになったのは、東京佐川急便の社長のみ。とはいえ、日本の贈収賄裁判に慣れっこの人間に言わせれば、この結末は少しも驚くにあたらない。

しかも、大手投資家への損失補塡《ほてん》や、暴力団への無利子ローンなど、各種の金融スキャンダルも、まったく納得のいかない形で片づけられた。野村證券その他の証券会社は、三ヶ月前後の営業停止処分という、ごく軽い懲罰を受けたにすぎず、そのあとは平常どおり業務を再開しているありさまだ。そのうえ、事件の責任をとって辞職したはずの重役が、いつの間にか〝顧問〟として返り咲いている。

スキャンダルが発覚して以来、初めて開かれた東急の株主総会は、現状を打破することのむずかしさを、しみじみと実感させた。

一九九二年六月に、渋谷の映画館でおこなわれた総会は、わずか二十六分で切り上げられた。〝混乱〟を招いたことについての謝罪がなされたあと、総会屋の一人が立ち上がり、「異議なーし」と叫んで閉会だ。あとは、『氷の微笑』という映画が、無料で上映された。こうした驚くべき簡潔さは、当時の株主総会に共通している。

国民の怒りに押されるかたちで、一九九一年に改正された証券取引法は、ほとんど無視されたといっていい。その証拠に、特定の客に対しては、ひそかに金が支払われ続けていた。数年後には、大蔵省や日銀の上級官吏たちが、企業を指導するという本来の任務を忘れ、企業トップから賄賂《わいろ》や接待を受けていた事実が発覚している。

こうしたスキャンダルをきっかけに、世間の風当たりが強まって、一九九三年、内閣不信任案が成立し、自民党は四十年近く守り続けた政権党の座を、ついに追われることになる。若い反逆児グループが、離党に踏みきったからだ。

代わって首相の座についたのは、若々しくダンディな細川護熙《もりひろ》。大名の子孫で県知事あがりのこの人物は、黒幕の渦巻くそれまでの政界とは無縁の存在と思われた。マスコミや政界の楽観主義者たちは、これで日本もようやく腐敗から解放されるだろう、と大歓迎。ウォルター・モンデール米国大使にいたっては、この新政権を「キャメロット（華やかで魅力あふれる時代。おもにケネディ政権を指す）」にたとえたものだ。

ところが一九九四年、皮肉なことにその細川も、悪名高き佐川急便と不穏な金銭関係にあることが発覚し、失脚を余儀なくされている。おかげでモンデールを含む多くの人間が、日本の政治への認識をあらためる必要に迫られた。しかも、その後わずか三年で、自民党は政権党の座を奪回。

案の定、日本の経済危機の原因を、アメリカになすりつける動きが出はじめた。日経平均が大幅に落ち込んだところ、「海外投資家が借り入れ株を一気に売りに転じたから、日経平均の下落が加速されたのだ」と、外国の証券会社に非難が集中したのもその一つ。日本の業務監査機関が、〈ソロモン・ブラザーズ〉や〈モルガン・スタンレー〉などを名指しにして、「彼らが一九九二年の春に、鞘《さや》取引きや先物買いをしたせいだ」と指摘したときには、〝外資系投資会社〟に抗議の手紙が殺到した。爆弾をしかけるぞ、という脅迫状さえ舞い込んだ。一部を紹介しよう。

ガイジンたちに警告する。おまえたちは共謀して株価をつり下げ、がっぽりともうけたようだが、そのために何百人もの人間が、自殺に追いやられたのを知ってるか……自殺した人々の亡霊が、おまえたちのオフィスを、さぞ恨めしげにさまよっていることだろう。日本は今、悪循環に巻き込まれている。企業は赤字一色だし、倒産件数もうなぎ登りだ。失業率は高いし、強盗や詐欺《さぎ》、殺人がどんどん増えている。自殺も多いし、とにかく、殺伐とした事件が多すぎる。なにもかもおまえたちガイジンのせいだ。……ガイジンも、外資系企業の社員も、とっとと日本から出ていけ！

手紙の差出人が身勝手に無視しているのは、日本の保険会社や信託銀行、大手証券会社も、アメリカ人と同じように、市場操作をしていたという事実だ。

日本のエコノミストの一部は、不況の原因を、一九八五年のプラザ合意以来、日本がアメリカの一連の要求を受け入れすぎたせいだ、ととらえている。彼らによれば、日本で投資が盛んになり、結果的に不良債権問題が発生したのは、アメリカの政策が原因らしい。前述の抗議書よりは、理にかなった議論かもしれないが。

アメリカが日本に、貿易や安全保障に関する特典を与えたから、「怪物日本」(「フランケンシュタイン」と呼ぶライターもいる)が誕生した、という説が正しいとすれば、アメリカが円を高騰させたから、日本で低金利ローンが普及したと言えなくもない。ただし、アメリカ政府は日本の銀行に、無責任な融資をせよ、とはアドバイスしなかったはずだ。皮肉なことに、アメリカがとった二つの措置はいずれも、アメリカ経済の動向を一八〇度転換させることになった。

しかし、円の価値の倍増にともなって、二十世紀の終盤に日本を襲った経済危機は、各方面で「ヤクザ不況」と呼ばれるようになった。大手銀行が数十兆円の不良債権を抱えている事実が、徐々に白日の下にさらされた。その大半は、犯罪組織のからむ中間金融会社、「住専」を経由して組まれた住宅融資だ。人々は積極的に金を借り、異常に値上がりした不動産やマンション、ゴルフ場などに、惜しげもなく投資した。

しかし、一九九〇年代の景気後退を機に、融資はみるみる焦げ付きはじめた。それまでニューヨークの〈ティファニー〉など、さまざまなアメリカの不動産を買収したり、アメリカ企業を乗っ取っていた日本人に、当然のことながら、真っ向から逆風が吹きはじめる。日本がゴジラのようにアメリカを食い尽くすという幻は、ほぼ一夜にして消え去った。

銀行マンたちは、不良債権の回収に東奔西走した。たとえ相手がアブない筋のクライアントであろうと、当局は容赦なく回収を命じたからだ。

一九九四年、住友銀行名古屋支店長が、支払期限を過ぎた数十億円相当の不良債権を、回収しようと努力しているさなかに、頭を撃ち抜かれて死亡する事件が発生。マンションの十階にある自宅のドアを早朝にノックされ、誰だろうと戸口に出たところで被害にあった。前年には、大阪近郊の〈阪和《はんわ》銀行〉で、債権回収を担当していた副頭取が、やはり殺害されている。

苦境に立たされた大手の住専を救済するために、政府は結局、国の金を投入せざるを得なくなった。「企業救済」といえば聞こえがいいが、ある雑誌はズバリと指摘した。〈犯罪に満ちた地下社会の借金地獄救済のために、国民の税金が使われた初めてのケースである〉

世論に押されて、暴力団対策法が立法化され、犯罪者を一定の割合以上抱える組織は、解散を命じられることにはなった。また、選挙法の改正によって、以前よりは都市部の票に重点が置かれるようになり、九〇年代の旧弊な中選挙区制の弊害が緩和されもした。とはいえこうした対策は、日本の権力構造の底に流れる、汚職や贈収賄の黒い潮流を根絶するにはいたっていない。

アメリカの連邦取引委員会が、建設業界の談合に調査のメスを入れたのを機に、一九九四年には元建設大臣が、収賄の容疑で告訴され、有罪判決を下されもした。ところが、さらに大がかりな談合を、内側から目撃した人物が、ほかの三十一人の談合参加者に対する告訴を取り下げるよう、〝説得〟されるしまつだ。こんな調子では、建設業界から共謀《コルージョン》がなくなるわけがない。

日本の検察官の数にも問題がある。全国合わせても、たったの二千人。アメリカの大都市のそれと、数からいえばほとんど変わらない。これでは、脈々と続いている腐敗や汚職を、片っ端からきちんと捜査するには、人手不足もはなはだしい。なにしろこの国では、あまりにもあちこちで裏金が飛び交っている。

一九九七年に、大スキャンダルが発覚した。大手証券会社数社が企業専門のゆすり屋に、前代未聞の大金をひそかに支払っていたのだ。隠し債権や不正融資、さらには、政界などのＶＩＰのためにひそかに開設していた、いわゆる「ＶＩＰ口座」について、世間に暴露させないための口止め料である。『週刊現代』によれば、ＶＩＰのなかには、当時の首相である橋本龍太郎も含まれていたという。

ほかにも、大臣クラスの人物が、自分の選挙区での汚職を暴露する本の出版に、暴力団を使って圧力をかけたケースも報告されている。

その後に続いた混迷のなかで、日本最古の証券会社〈山一証券〉が、数十億ドルの隠れた負債を抱えていたことが判明し、倒産を余儀なくされた。その結果、六千人もの社員が職を失い、回復の兆しを見せていた日経株価も、きりもみ状態へと逆戻り。同じ年の秋にアジアを襲った金融危機に、これがいい影響を与えるわけがなく、その余波は、はるばるウォール・ストリートにまで伝播《でんぱ》した。

スキャンダルの中心人物ともいうべき総会屋は、小池隆一。ブランドのメガネをかけ、ファッショナブルな長髪をなびかせ、笑みをたたえた経済ヤクザである。彼もまた、政界と犯罪集団が力を合わせてうまい汁を吸うという、日米の〝協力体制〟が作りあげた環境の、副産物の一つといえよう。彼が問題の企業に接近できたのは、悪名高き児玉誉士夫総会屋グループに、強力なコネがあったからだ。このグループは、主亡《あるじ》きあとも、いまだ衰えを知らずにいる。

証券会社から七億円近い利益供与を受けたばかりか、〈第一勧銀〉の支店から、百二十億円の不正融資を受けていた容疑で逮捕され、告訴された小池は、わずか四千万円で保釈された。むしろ野村證券で、今回は五ヶ月の営業停止処分を食らった。役員も二人自殺している。彼の懐に転がり込んだ金の、一パーセントにも満たない額である。一番厳しい罰を受けたのは

同年十月、自民党の某代議士は、雑誌のインタビューのなかで、政治家がヤミ社会と縁を切るのは所詮《しょせん》ムリな話だ、と公言した。ヤミ社会と政界のドンとは、切っても切れない関係にある、と彼は言う。自分は選挙票をカネで買う必要がない、と豪語した。山口組がまたたく間に票集めをしてくれるのだそうだ。

彼がこんな発言をしているあいだにも、日本最大の暴力団、山口組と、そのライバルを巻き込む銃撃戦が、全国各地で展開されていた。

誰も彼の告白を意外だとは思わなかったはずだ。驚いたのはたぶん、アメリカ政府ぐらいだろう。

同じころアメリカ政府は、日本港湾運輸協会による〝差別的〟な港湾使用料について、声高に抗議していた。報復措置として、アメリカの港を利用する日本船籍の船に、罰金を科そうとさえした。しかし当然のことながら、この試みは失敗に終わっている。日本の「天下り」という手ごわい連中と、真っ向から対決することになったからだ。天下りは、退職後の官僚がぬくぬくと居座るポストで、しかもこの組織は、日本の犯罪集団に牛耳られている。通産省はまるで、〈ニューヨーク市港湾労働者協会〉を敵にまわすことも辞さない勢いだった。

一九九七年三月、東京地裁は水野健に、懲役十一年、罰金約七千万ドルの判決を下した。映画『ビバリーヒルズ・コップ２』の舞台になったことで有名な、ロサンジェルスにある水野のマンションを、アメリカの税関が競売に出してから、一年半以上経過してようやく下った判決だ。これは彼がアメリカに所有する最後の資産で、すでにカリフォルニア、ハワイ、ラスヴェガスの資産は、連邦当局に競売にかけられている。水野の会社は、詐欺とロンダリングの罪を認めており、有罪答弁取引の一部として、資産が競売に付されたことになる。売り上げは、アメリカ財務省資産没収基金が管理し、詐欺の被害者及び水野の債権者のあいだで分割される。

アメリカの警察官たちによれば、通常はあきれるほど秘密主義を貫く日本の警察が、水野のロンダリングの捜査に関しては、いつになく協力的だったという。また、水野が二億五千万ドル余りの詐欺収益を、アメリカの銀行に預けていた事実を、日本の大蔵省がつきとめたことにも、アメリカの警察は驚きの色を隠せない。

とはいえ、FBIと日本の警察は、今後も忙殺され続けることだろう。ミレニアム最後の二年間で、日本が金融規制緩和政策、通称「ビッグバン」を導入すると同時に、アメリカの金融会社が、日本の焦げ付き不動産を片っ端から買い上げるという、異常事態が展開されている。ついでながら、一九九八年一月の時点で、大蔵省は不良債権の総額を、優に六千億ドル以上と見積もった。これはアメリカのS&L（貯蓄貸付組合）破綻《はたん》のときを、さらに上回る金額である。

アメリカの金融会社はこうした買収によって、経済ヤクザと正面衝突することになった。経済ヤクザ自身が不良債権の大半を抱えていたり、アメリカ人に買収されたあとも不動産を占拠して、立ち退きを拒否するケースも多いからだ。

日本はアメリカに乗っ取られる――そうマスコミが騒ぎたて、右翼が激しく抗議するなかで、住吉会系の組長は、債権の回収に苦慮しているアメリカ企業に、ほんの四〇パーセントの手数料で取り立てに手を貸そう、と申し出た。長年の経験から日本の現状を知り尽くしているロサンジェルス警察の捜査官は、あまりにも危険なこの申し出に、あきれたとばかりに頭を振る。

「アメリカの金融会社のほうが、少しは分別があると思いたいですね」

しかし、真相はわからない。おそらくアメリカの金融業界は、公表している以上の怖さを思い知ったに違いない。


初期のアルツハイマーの治療のために、シアトルに引っ越したトマス・ブレークモアは、一九九四年に七十八歳で他界した。

日本に暮らしたアメリカ人のなかで、彼ほど膨大な〝遺産〟を残した人物はほかにない。まず、四十年にわたって、数多くのアメリカ企業のために、有能な代理人をつとめている。東芝の株の一三パーセントを保有するなど、日本における最大のアメリカ投資会社〈ＧＥ〉も、彼のクライアントの一つだ。

一九八七年には、日本の最高裁判所への長年にわたる貢献をねぎらう意味で、勲三等瑞宝章《ずいほう》を贈られている。

たしかにブレークモアは、まるで機械のように絶え間なく親善活動を続けてきた。

東京近郊に五エーカーの農地を買い、妻のフランシスとともに、農作物の実験栽培をおこなったのもその一つ。丈の低いハイブリッド・フルーツの木をはじめ、リンゴやローガンベリー、ラズベリー、ブルーベリー、チェリーなど、各種フルーツの木を盛り込んだミニチュア果樹園を、日本に紹介している。

「日本人は飢えの苦しみを知っていますからね」とブレークモア。「これも一つの食糧難対策です」

沖縄のイリオモテヤマネコの新種を二種類と、北海道のクマの新種を一種発見して、ニューヨークのアメリカ自然史博物館に報告したこともある。冒険家植村直己《うえむらなおみ》が〈ニューヨーク開拓者クラブ〉の会員になるにあたっては、スポンサー役を買って出た。ブレークモアの妻も、ホテルオークラの自分の画廊で若いアーティストを紹介したり、日本語で数冊の本を著すなど、彼女なりに貢献している。

闘病のためシアトルに引っ越す際には、みずからの財産をなげうって、自分の名前で基金を設立し、日本の前途有望な学生たちのために、奨学金を提供した。

そんなブレークモアが日米関係のシンボル的存在だとすれば、ニコラ・ザペッティも別の意味で象徴的存在だと言える。叙勲の話はみじんもなかったものの、「六本木」というユニークな遺産を残したことは、評価されてしかるべきだ。

テーブルが八組しかない小さなビストロを、ニックが初めてオープンした当時、六本木は軍用キャンプにほんの少し毛が生えた程度の町だった。それが二十世紀の終わりには、シャンゼリゼやヴェニスなみの、国際的歓楽街へと大変身した。長年にわたって東京の変遷を見守ってきた人々は、それには〈ニコラス〉の功績が大きいと評価するだろう。彼のレストランが、東京の夜遊び集団を惹《ひ》きつけたからこそ、この地域にナイトスポットが続々と誕生したのだ、と。

一九五八年に東京タワーが完成し、翌年にはその中に大きなテレビ局が開設されると、六本木は「エキゾチック」と「最先端」の代名詞になった。エドワード・サイデンステッカーは、著書『立ちあがる東京』のなかでこう記している。

〈若者たちはこの街へ、色目を使い、模倣し、ダンスをして、ピザを食べるためにやってくる〉

とはいえ一九九〇年代の終わりには、街のあちこちに、まともなグルメさえうならせる、結構なエスニック・レストランが開店した。イタリア料理を満喫させる店は、周辺一キロ四方にいくらでもある。その数は世界中のどの地域よりも、おそらくはニューヨークやローマよりも多いに違いない。

一方で、東南アジアの麻薬密売人や、売春婦、不法就労者の中心地にもなった。学費を稼ぐためにヌードダンサーの職探しをする外国人女子大生も、この街へ雲霞《うんか》のように群がってくる。

六本木の近景でひときわ目立つのは、一九九〇年代の初頭にオープンした、カジノ・クラブ〈ワン・アイド・ジャック〉だ。店の外では、背の高い白人のアメリカ人ドアマンが、ふさ飾りのついた防寒コートに帽子姿で戸口に立ち、流暢《りゅうちょう》な日本語で客引きをする。「イラッシャイ、イラッシャイ、ワン・アイド・ジャックへドーゾ」

店内ではルーレットやブラックジャックがおこなわれ、客たちは、価値のないチップスで、恰好《かっこう》だけのギャンブルに興じている。ディーラーや補佐役は、完璧《かんぺき》な日本語をあやつる白人の美女ばかり。常連客の大半は、若い金持ちの日本人男性だ。隣は大きな円形のバーになっていて、そのまわりを無数の個室が囲んでいる。中には、アメリカ人、オーストラリア人、カナダ人、ニュージーランド人、イギリス人、ロシア人など、七十五人ほどの〝直輸入外国人女性〟が、ミニスカートに網タイツ、胸の大きく開いたシルクのブラウスで接客にあたる。ギャング・ラップをバックミュージックに、ラスヴェガスのダンサーたちが繰り広げるストリップショーも、三十分ごとに雰囲気を盛り上げる。

これほど多くの白人ホステス、しかも日本語が堪能《たんのう》な白人ホステスが一堂に会したことは、東京史上例がない。長い不況にあえいでいても、円のパワーがいかに大きいかを実感させる現象だ。

アメリカ人が経営するこのクラブは、かつて栄華を極めた〈キャラバン・サライ〉の跡地に建っている。あまりの繁盛ぶりに、姉妹店がいくつか近隣にオープンしたが、いずれも、旧東声会や関連会社が所有するビルの中にある。その一つ〈ファロア〉は、一九九七年に不法ギャンブルで摘発され、廃業に追い込まれた。〈ワン・アイド・ジャック〉を見て、〈ＴＳＫ・ＣＣＣ〉が復活した、と勘違いする人もいるだろう。

旧東声会は今でも（二〇〇二年当時）、ソウルに数々のキャバレーやホテルを所有しているし、フィリピンにはリゾート、沖縄にも複数の会社を、マーシャル諸島ではカジノを経営している。そしてアメリカでも、〈東亜友愛事業組合〉（東声会の解散後の名称）は、議会で取りあげられるほど有名になった。

ハワイにおける麻薬取引きの大半に、この組織が関わっていた事実が、一九九三年の米国上院の報告書に記された。暴力団総人口の一パーセントにも満たないグループにしては、たいした〝偉業〟である。

ロサンジェルス警察組織犯罪部門の代表が、一九九二年に『毎日新聞』に語ったところによれば、町井とケネス・ロスが共同経営するサンタモニカの会社は、ヤクザのロンダリングに使われている疑いがある。ただし、同社の広報担当は、この疑惑を頭から否定している。

（リベリアで金の採掘に取り組んでいたロスは、自分は何も悪いことはしていない、とあらゆる疑惑を否定。パートナーの犯罪歴についても、過去の話だ、うちの会社が発足するずっと以前のことだ、と取り合わない）

東亜友愛事業組合として活動している旧東声会の、五百人余りの現役ヤクザは、国内ばかりでなく海外でも、新たな活動で健在ぶりをアピールしている。

一九九四年には、田代という四十四歳の旧東声会幹部が、〈毎日新聞〉の東京本社になぐり込みをかけ、天井に三発の銃弾を撃ち込んだ。

田代は、『サンデー毎日』が東声会を〝落ち目〟と決めつけたことにむかっ腹を立て、この犯行に及んだらしい。問題の記事とは、旧東声会と住吉会が新宿で起こした小競り合いに関するもの。住吉会系の車にクラクションを鳴らされた旧東声会系の組員が、怒って車を蹴《け》りつけ、逆に刃物で刺殺されたのが、そもそもの発端だ。

記事の中には、警察関係者のコメントが引用されている。

〈旧・東声会の東亜友愛は、勢力的にも（住吉会に）歯がたちません〉

住吉会は最近、ほかの三大暴力団、稲川会、山口組、京都を本拠地とする会津小鉄会と、ヤクザ間の平和協定を結び、日本列島の縄張りを友好的に分割することを決めたばかり。『サンデー毎日』の執筆者は、皮肉にこうつけ加えた。

〈やっぱり、（最近、東京に出現しはじめた）中国マフィアのほうが怖そう⁉〉

これを読んだ田代が、頭を丸め、日本で三番目に大きい新聞社に、単独でなぐり込みをかけたのだ。

一九九五年三月には、東亜友愛事業組合常任理事の城島健慈が、六本木のパチンコ屋の前で、背中に四発の銃弾を浴びる事件が発生。警察の調べによれば、犯人は住吉会系の暴力団員だという。

昔とそっくりの光景ではないか。

一九九五年は、終戦五十周年とあって、東京に過去をなつかしむムードがあふれた。

一九九〇年代の半ばには、六本木交差点名物の書店の店頭に、力道山をしのぶ大きな記念本が並んだ。一流出版社〈文藝春秋〉は、戦後のなつかしい人物を特集した合計四時間のヴィデオテープを発売したが、その一本分を力道山が独占している。ナレーターは熱い口調で解説する。

「これほど短期間に、これほど強烈なインパクトを日本人の心に与えた人物は、偉大なる力道山をおいてほかにありません」

（一時間のテープのなかで、力道山が朝鮮半島出身であることには、一度として触れられていない。同年におこなわれた調査によれば、在日朝鮮人の若者の約八割は、日本名を名乗っている）

一九九五年は、力道山に匹敵する日本人スポーツ選手が、ついに出現した年でもある。ロサンジェルス・ドジャースに入団した野茂英雄投手が、日本人初の大リーグ・スターになったのだ。一年目は新人王に輝き、ナショナル・リーグの奪三振王のタイトルを獲得。翌一九九六年も十六勝と好調で、ノーヒットノーランを達成した。

野茂の成功は、力道山の最盛期以来、久々に日本人のプライドと愛国心をよみがえらせた。

野茂が投げた試合は、NHKの全国ネットで一日に二度も放映された。リキの時代の「街頭テレビ」に代わって、東京じゅうに巨大なハイヴィジョン・スクリーンが設置されているが、国民の興奮ぶりは変わらない。オールスター戦では、早朝の衛星中継を大画面で観ようと、一部のファンがテントを張って野宿するしまつ。あるラジオ局などは、野茂の全試合を中継したが、実際には半分しか伝えていない。彼がマウンドに立つあいだだけ中継し、チームメイトが攻撃しているあいだは、ほとんどCMを流すのだ。過熱ぶりはテレビ界も同様で、新しい日本のヒーローを特集した十一時間スペシャルを放映する局まで現れた。

死後の力道山も、北朝鮮の偉大なヒーローとなり、国家の道具になっている。

日本の植民地政策からの独立五十周年を、独自に祝った朝鮮民主主義人民共和国が、『アイ・アム・ア・コリアン（私は朝鮮人）（邦題＝『力道山伝説』）』と題する力道山の〝自伝〟を出版すると、ピョンヤンで一躍ベストセラーのトップに輝いた。この英語版は、ピョンヤン空港の出発ロビーの売店に、外国人向けの人気飲料〝リキドウザン・ドリンク〟と並んで売られている。

リキのかつての〝弟子〟に、アントニオ猪木というプロレスラーがいる。信じられないことに、〈スポーツ平和党〉の代表として、参議院議員をつとめた人物だ。その彼が、一九九五年に、終戦五十周年記念式典に参加するため、親善使節としてピョンヤンを訪れた。猪木はその際、北朝鮮政府のたっての希望により、力道山の娘に伴われて、リキが少年時代を過ごした家を訪れている。

猪木はピョンヤン滞在中に、大々的に宣伝された東西プロレス対決にも参加した。腹の出たブロンドの中年アメリカ人レスラーを、猪木が楽々とやっつけると、アウトドアのリングに詰めかけた北朝鮮の十万の観衆は——日本人は宿敵なはずなのに——、紙吹雪をまき散らして狂喜した。

ここにも、昔とそっくりの光景がある。

三年間閉店していた日本交通の〈ニコラス〉が、一九九五年十一月十六日に新装開店したとき、昔の六本木ファンはわくわくしたものだ。

もともとの計画では、この建物を取り壊し、アークヒルズに対抗できる新たな複合ビルを建設するはずだった。バブル期の地上げ屋による大計画の一つだが、ヤクザがらみの住専が経済的破綻《はたん》をきたすとともに、計画はたち消えになった。その結果、三年のあいだ店を閉じ、住人もいないまま黙々と建っていた〈ニコラス〉が、改装されることになったのだ。

新店舗は、輝くばかりの真新しいエントランスが特徴で、六台分の駐車場も確保されている。看板には、日本でもっとも長い伝統を誇るピザレストランの意味で、〈in business since 1954〉とある。広告によれば、店内は〝明るくて風通しがいい〟。

メインルームは、ザペッティの未亡人をも満足させることだろう。照明は明るいし、ベージュ色のシフォンの細い布が、優雅に天井から垂れ下がっている。テーブルクロスは目が痛くなるほど真っ白だ。二階はパーティルームになっていて、カラオケセットも完備され、グループや会社が貸し切りで利用するのに都合がいい。駐車場に面したテラスには、屋外派の客のために、プラスチック製の白いピクニックテーブルが用意されている。東京では今このスタイルが流行だ。〈さっぱり味でおいしい〉ことを請け合うメニューには、各種のカラフルなミックス・ピザ（オリーヴオイル添え）や、三十ドルのミニステーキが並んでいる。

二階建てのビルの片側全面に、でかでかと描かれた絵は、いやがおうでも通行人の目に止まる。黒いヒゲを生やした団子鼻のイタリア人シェフが、ピザの山をかかえた絵で、その隣にある丸で囲った巨大なRの文字は、ロゴが正式に〝registered（認可済み）〟であることを、万人にアピールするためらしい。

とはいえ、いくら目を凝らしても、店内には外国人客の姿がさっぱり見あたらない。おそらくは、ここのピザが――ツナやイカをトッピングしていなくても――西洋人の味覚にほとんど堪えないからだろう。それとも、〈ニコラス伝統の味〉と銘打ったミディアムサイズのピザが、アメリカのピザと比べると、サイズが三分の一なのに値段が三倍もするせいかもしれない。

新しい〈ニコラス〉は、その界隈《かいわい》の日本人ビジネスマンに大人気（二〇二四年一月現在、都内に三店舗がある）。数軒先の寿司屋の売り上げが、ぐんと落ちたほどだ。

寿司屋の店主が嘆いていた。

「六本木では、外国勢と競争するのは大変なんです」

来店した客にはもれなく、日本交通が経営する〈ニコラス〉の、ほかの七店舗を紹介するガイドマップが渡される。横田店や中央林間店を合わせれば、〈ニコラス〉は東京に合計十店舗できたことになる。

一九九四年には、〈ニコラ〉六本木交差点店のあった場所から半ブロックほど先のメインストリート沿いに、ほら穴状の新しいピザハウスがオープンした。道路沿いに席を設けた、一九六〇年代のポップアート風インテリアが特徴だ。腰の強いピザのバイキングに、飲み放題のサングリア、さらには、暇な客用に漫画本も備えている。

一年後には、以前〈ニコラ〉があった建物の二階に、海の幸が呼び物のイタリアン・レストラン、〈イル カルディナーレ〉がデビューしたし、角を曲がったところには、ケンタッキー・フライドチキンのすぐ上階《うえ》に、イタリアン・シーフードの〈ヂーノ〉もできた。交差点の南西角のあたりでは、ブレンデン・マーフィーという名の若いアメリカ人が、二階の小さなスペースで、花柄のテーブルクロスのピザ・レストランをオープンした。独特のピザ生地は、五種類の粉を混ぜ、カナダから輸入した巨大なピザ用オーヴンで焼いたもの。〈ドミノ〉と争う新しいピザ・チェーン〈ピザーラ〉のメニューには、単純なベーコン・レタス・トマト・ピザは見つからない。六本木のピザ王国に、新たに仲間入りした〈スバーロ〉は、またたく間にホステスたちのたまり場になった。

なによりも、六本木交差点の北側に、イタリア料理店〈ジィオ〉ができたことは特筆に価する。店の正面には、経営者を描いた大きなスケッチ画が飾られている。頭の禿《は》げたヒゲ面のイタリア人が、両手を広げて客を歓迎しているその絵は、気のせいか、ニック・ザペッティにそっくりだ。

謝辞

ぼくが東京アンダーワールドに、初めて接点らしき接点をもったのは、一九六九年、東京西部の新宿にほど近い、東中野という町に住んでいたころのことだ。

上智大学を卒業した直後に、〈エンサイクロペディア・ブリタニカ〉日本支社の編集部門に就職したぼくは、小さな箱のようなアパートに帰る途中、毎晩のように近所の飲み屋に立ち寄った。その飲み屋で、髪を短く刈り込んだ、背の低い筋骨隆々の若い男と知り合った。

ジローと名乗るその若者は、眉《まゆ》のあたりに傷跡があって、やけに人相が悪い。見ると、スエード・ジャケットのラペルに、何やらバッジをつけている。彼が東京に拠点を置く大規模な暴力団組織、住吉連合会の組員であることを、ぼくはそれを見て知った。

ジローは、ぼくに興味をもったらしい。住吉会が経営する新宿のナイトクラブで、用心棒をまかせられていたからだ。クラブで働く東南アジア出身のホステスたちには、英語しか通じない。会話に苦労していたジローは、ぼくにマネージャー代理にならないかともちかけた。週に六回、夜だけの仕事で、月給は三十万円（当時のレートで約千ドル）出すという。

ほかにやりたいことがあったので、辞退した。しかし、その後もジローとは、妙な絆《きずな》で結ばれていった。信じられないかもしれないが、どちらも政治に関心があったからだ。

ぼくは上智大学時代に政治学を専攻し、卒論には自民党派閥をとりあげている。こういう〝難解な〟テーマに興味をもつアメリカ人は、まだめずらしかったと言っていい。なにしろ日本は、今日のような世界的経済大国にのし上がっていなかった。

研究の過程で、中曽根康弘という若き政界のホープに面会したこともある。当時「日本のジョン・F・ケネディ」と謳《うた》われ、一九八二年から八七年まで総理大臣をつとめた人物である。そう聞いて、ジローは小躍りした。自民党の熱烈な支持者なのだ。彼ばかりでなく、組の仲間はみんなそうだという。折しも、自民党はさまざまなスキャンダル（いわゆる「黒い霧」）の渦中にあり、国民の支持率は二五パーセントにまで落ち込んでいた。ジローはこれを深刻に受けとめ、選挙の際には自分も仲間も〝票集め〟に奔走しなければ、と言っていた。

彼の通常の仕事は、東中野駅前のナイトクラブやバー、パチンコ店などから用心棒代を集金することだ。コートのポケットにはいつも、札束のびっしり詰まった封筒を入れていた。ところが、彼が代金を支払っている姿を、ついぞ見たことがない。

近所のキャバレーに、ぼくをよく連れていってくれたが、そのときもカネを払う気配はみじんもなかった。

「どれでも好きな娘《こ》を選びな。よかったら、一晩貸してやるぜ。カネ？　いらねえよ、そんなもん。それともなにかい？　奥の個室でマンツーマンの〝サーヴィス〟のほうが手っとり早くていいかい？　どっちでも好きにしな」

店内の全員が彼を恐れている様子で、喜んでいただけるなら何でもやります、という態度がありありと見えた。

今まで知り合った人間のなかでも、ジローはかなり情緒不安定なほうだった。袖口《そでぐち》にかみそりの刃を隠し持っていて、喧嘩《けんか》の際には二本の指で挟んで武器にする。先を尖《とが》らせた象牙《ぞうげ》の箸《はし》をケースに入れ、コートの内ポケットに忍ばせてもいた。これも〝戦闘〟のときに役に立つらしい。

何杯か飲んだところで、突然、抑えようのない怒りの発作に見舞われることがある。きっかけは、店のサーヴィスが悪いせいだったり、過去の不幸な記憶が呼び覚まされたせいだったり……。そうなると、テーブルをひっくり返すやら、ビール瓶やコップを投げるやらで、手のつけようがない。

深夜にタクシーを停めようとして、ジローが手を挙げたのに、無視されたことがある。東京という街では、夜中にタクシーを拾うのは至難のわざなのだ。信号が変わり、徐行しはじめたタクシーの脇腹《わきばら》を、彼は腹いせに思いきり蹴《け》った。怒った運転手が車を降りてきたら、その口許《もと》に何発もパンチを食らわし、尻《しり》を蹴り上げた。

ある晩、彼が酔っぱらってしんみりと語ったことは忘れられない。おれには家族もダチもいない、とひとしきり嘆いたあと、ジャケットからジャックナイフを取り出し、自分の左の頬《ほお》を切った。

「おれは人間のクズなんだ！」

ジローはうめくように言った。「人間のクズさ……」

日本ではガイジンとヤクザに共通点がある、と彼は言う。どちらも、まともな社会から相手にされない〝鼻つまみ者〟なのだそうだ。

六畳一間の小さなアパートに、ジローは一人で住んでいた。近所のキャバレーで酔いつぶれて動けなくなり、精液のこびりついた奥の個室で、一晩明かすこともめずらしくなかった。ときどき、ふっといなくなる。あるとき、数ヶ月ほど姿をくらましてから、小指の先をなくして戻ってきた。〝サツに捕まってムショに放り込まれるドジをした〟ことへの罪滅ぼしに、自分でバッサリ切り落としたのだそうだ。

一九七二年にぼくがニューヨークへ引っ越したのをきっかけに、ジローとの交流は途絶えてしまった。四年後、〈タイム・ライフ〉社の仕事で日本に舞い戻ってきたが、彼は完全に消息を絶っていた。誰に聞いても、居場所はまったくわからないという。以来、彼には二度と会っていない。

二度目に来日したときは、東京の中心部にほど近い赤坂という街の、「リキ・マンション」と呼ばれる西洋式の複合アパートをねぐらにした。借りたのは七階の１ＤＫで、東京タワーと周辺の街並みが、パノラマのように一望できる部屋だった。日本のヤミ社会に関するぼくの考察は、この時点から第二段階へと突入する。

複合アパートといっても、二棟が一カ所に身を寄せあって建っているばかり。戦後のプロレスのヒーロー、力道山にちなんで、一方は「リキ・マンション」もう一方は「リキ・アパート」と名づけられていた。ぼくが住むころには、力道山は赤坂のナイトクラブ〈ニュー・ラテンクォーター〉で、住吉連合会系組員に刺殺され、すでにこの世を去っていたから、家主は、警察官の娘だという力道山の未亡人がつとめていた。

アパート仲間や近隣は、東京のナイトライフを象徴する、幅広い層から成っていた。〈コパカバナ〉や〈エル・モロッコ〉といった高級クラブのホステスはもちろんのこと、外国人モデルや外国人娼婦《しょうふ》も大勢いた。オーストラリア、ニュージーランド、カナダ、アメリカなどから出稼ぎにやってくる、長身で脚の長いブロンドの女性たちだ。ほかにも種々雑多な輩《やから》が巣くっていた。放浪者、ペテン師、スリ、密輸業者……。

ロビーや屋外駐車場のあたりには、ダークスーツにサングラス姿の、人相の悪い腕っぷしの強そうな男たちが、ひっきりなしにうろついていた。この連中が東声会の組員であることを、ぼくはあとになって知った。当時の東声会は、住吉連合会のライバルで、とくにプロレスの興行権をめぐって、両者はさかんにしのぎを削っていた。一九六三年の十二月には、ぼくが毎日横切る駐車場で、双方の〝鉄砲玉〟が衝突し、刃物を振り回して派手な流血騒ぎが展開されている。

リキ・マンションから歩いて五分ほどのところに、東京のナイトライフの中心地、六本木交差点があった。ぼくは毎晩のように、この界隈《かいわい》へ繰り出したものだ。深夜に腹が空くと、たいてい〈ニコラス〉というイタリアン・レストランに足をのばす。

ここはいつも、外国人、日本人を問わず、わくわくするような顔ぶれであふれかえっている。映画スター、有名なスポーツ選手……。興奮と活気で、店内の空気がビリビリと振動している気さえした。店主は、ヤミ社会の面々と頻繁につき合っている、居丈高で傲慢《ごうまん》そうな五十代の男だ。世間は彼を、ひそかに「東京のマフィア・ボス」と呼んでいた。

ぼくはこのニコラ・ザペッティと、徐々に親しくなっていった。この男とも、ある種の共通点があることを知ったからだ。同じく野球ファンの彼は、ぼくがそのテーマについて書いた本や記事を、いろいろ読んでいた。プロレスも大好きだという。ぼくはプロレスについても書いていた。

共通の知人に、リチャード・ベイヤーがいた。「デストロイヤー」という愛称で知られる、マスクをつけたプロレスラーだ。シラキュースで全米大学競技会レスリング部門の、チャンピオンに輝いた実績をもつベイヤーは、日本のプロレス界で数年活躍したあと、日本のテレビ界でコメディアンとして大成功していた。ナチスのヘルメットに水玉模様の短パンという奇妙ないでたちで、日本の国旗を振りながら、カタコトの日本語で歌をうたうのだ。力道山を打ち負かした数少ないアメリカ人の一人であり、ジャイアント馬場の親友でもあった。

ジャイアント馬場というのは、身長二メートル九センチ、体重一三五キロのプロレスラーで、ぼくの部屋のすぐ上に住んでいた。かつては力道山が寝泊まりした、八階のぜいたくなペントハウスだ。馬場がバック転の練習をする音が、ときどき聞こえてきたのを覚えている。彼が居間の床に着地するたびに、わが家の天井から小さな漆喰《しっくい》のかけらがバラバラと降ってきた。

やがて、いろいろなことがわかってきた。まず、ピザ屋の店主ニコラが、力道山や東声会という暴力団とつながっていることを知った。同時に、東京のヤミ社会や政治家、大企業などのさまざまな側面も見えてきた。

このアメリカ人は、なんという奇想天外な人生を歩んできたのだろう。しかもその幕開けは、はるかヤミ市の時代にまでさかのぼる。アメリカ兵の一人として、終戦後、真っ先に日本の土を踏んだときからだ。ニック・ザペッティはある意味で、占領時代後の日本とアメリカの関係を、象徴する存在だと言っていい。

一九八九年、心臓発作によって心臓機能の四分の三をやられ、苦しんでいたザペッティは、余命幾ばくもないことを感じ取り、君の取材に協力しようと言いだした。ぼくはすでに、東京という茫漠《ぼうばく》としたテーマで本を書こうと、取材活動を始めていた。

インタビューの収録テープは、膨大な本数にのぼった。そのなかで彼が詳細に語った体験談は、あまりにも衝撃的だったので、いつの間にかそれが本の主要部分を占めるようになっていた。

なによりショッキングだったのは、彼がどんなことを語るにも、あまりにもあっけらかんとしていることだ。盗みばかりか、もっと悪いことにも手を染めていながら、隠そうともしない。犯罪に関わる人生が大好きだ、と公言してはばからない。彼が育ったニューヨークのイースト・ハーレムでは、マフィアが尊敬され、警官は軽蔑《けいべつ》されているという。だからこそ日本のギャングに惹《ひ》かれ、留置場で自由を拘束されたばかりか、ときには命をも危険にさらすことになったのだろう。

日本にとどまる道を選んだのは、ここなら自分も大物になれそうな気がしたからだという。〝帝王〟や〝マフィア・ボス〟になって、莫大《ばくだい》な富を築き上げ、好きなときに好きなだけ美女をはべらせたかった。自分の体格へのコンプレックスを、そんなかたちで解消しようとしたのかもしれない（ハイスクール時代は、体重が五四、五キロしかなく、海軍に入隊してからようやく肉付きがよくなったという。背の低い男の例にもれず、あごを突き出し、胸を張り、肩をいからせて歩く癖がある）。彼はさらに、こんな告白までしてくれた。何十年も大酒を食らい、放蕩三昧《ほうとうざんまい》をくり返し、四回も結婚したせいで、六十四歳の若さでインポテンツになってしまった、と。

彼の人生は、まるでシェイクスピアの戯曲だ。愛欲と陰謀、裏切りと復讐《ふくしゅう》のオンパレード。最終的には〝破産〟寸前にまで追い込まれている。日本国籍を取得したにもかかわらず、日本人への憎悪で消耗し、身も心もずたずたになった。この国の法律に従って日本人の名前を名乗り、日本のパスポートを持っているものの、日本語があまりにも下手だから、ときには通訳を必要とした。

　白髪だらけの老いぼれガイジンになり果てたニックが、死を前にしてこんなことを言っていた。

「祖国を捨てて異国に永住するやつは、クソッタレだ。おれみたいに痛い目にあうのがオチさ」

　ニックから聞いた話の裏をとるのに、かなりの年月を要した。彼の取り巻きを探し出してインタビューしたり、当時を扱った本を読んだり、昔の新聞や雑誌の資料をあさったり……。

　しかしおかげで、ニックという人物の奇々怪々な人生が、まざまざと浮き彫りになった。それと同時に、半世紀にわたる日米関係の変遷を、めずらしい角度からのぞき見ることもできた。世界に比類のないほどドラマチックで、カラフルで、非常に特殊なサブカルチャーを。

『東京アンダーワールド』はこうして誕生した。

　本著を完成させるにあたって、どれだけ多くの人に助けてもらったことだろう。この場を借りて、全員にお礼を言いたい。ただし、名前を出されるのは困るという人は——その気持ちはよくわかる——除外させていただく。

〈文藝春秋〉の松井清人氏には、いくら感謝してもしたりない。東京のヤミ社会を系統立てて理解するための、いわば突破口へとぼくを導いてくれた。これを読むといい、これを調べるべきだと、さまざまな本や新聞、雑誌の記事を提供してくれたばかりではない。警察のデータ、その他の資料を取り寄せ、要点を説明したり大事な箇所を指摘してくれた。奥さんの松井みどり氏にも、深く感謝している。ぼくの古い友人であり、仕事上のよきパートナーだ（『菊とバット』や『さらばサムライ野球』をはじめ、ぼくが日本で発表した著作の大半を翻訳している）。みどりサンは、資料調べの手伝いはもちろんのこと、ぼくが日本語でスピーチを頼まれたときには、長時間かけて発音などを細かくチェックしてくれる。犯罪モノに強いベテラン・ジャーナリスト佐々木弘氏にも、心からお礼を申し上げたい。現在、〈六角文庫〉という情報センターを主宰している佐々木氏は、日本の犯罪と汚職に関する貴重な情報と資料を、たっぷり提供してくれた（二〇一三年逝去）。

それから、友人の作家、玉木正之氏にもお礼を言いたい。『和をもって日本となす』を訳してくれたが、作家としても独自の地位を確立している。貴重なアドバイスに加え、個人的な蔵書のなかから資料を提供してくれた。さらに、多忙なスケジュールを縫って、〈大宅壮一文庫〉という東京の膨大な雑誌資料センターに案内してもくれた。いつも親切にしてくれる喬子夫人、ありがとう。〈文藝春秋〉の今村淳氏、また、この仕事を始めるにあたっていろいろ手助けしてくれた〈角川書店〉の郡司聡氏、中西氏にも、お礼を言いたい。それから〈朝日新聞〉の柘一郎氏にも、あらためて感謝の気持ちを伝えよう。

元〈ボストン・コンサルティング・グループ〉の島田隆氏、日本の外務省のササエ・ケンイチロウ氏、及び〈トウェイン協会〉の理事をつとめるハーヴァード大学のウィリアム・ギヴンスは、貿易についていろいろ手ほどきしてくれた。作家のグレン・デイヴィスは、日本の右翼や、日本におけるアメリカ評議会の活動についてレクチャーしてくれた（グレンとその恩師の亡きジョン・ロバーツのように、時間や情報を惜しみなく分け与えてくれる作家は、ぼくの知るかぎりめったにいない）。弁護士のトマス・ブレークモア、ロッサー・ブロックマン、アサヒナ・シン、レイ・ラッセルの各氏は、日本の法律システムについて、何時間もかけて根気よく説明してくれた。〈グラマン〉の重役で元戦闘機パイロット、ジム・フィリップスには、感謝の言葉もない。会員制クラブの〈東京クラブ〉で何日も午後をつぶし、航空機産業の複雑な構造をぼくにわかるように解説し、ロッキード事件の全容を理解する手助けをしてくれた。日本とアメリカの技術的違いを説明してくれた〈アサヒケミカル〉の副社長ハヤノ・フサカズ博士、日本の政治を勉強するきっかけを作ってくれた、上智大学の織完教授、および〈読売新聞〉の渡辺恒雄氏にも、特別な感謝の意を表したい。

〈スターズ・アンド・ストライプス〉東京支社の偉大な記者、ハル・ドレイクは、同社の資料室を心ゆくまでひっかき回させてくれた。おかげで、どれだけ助かったかしれない。カズコ夫人、温かいもてなしをありがとう。夫妻の友人であるトシ・クーパーも、いろいろ協力してくれた。ぼくのために屋根裏部屋をひっくり返してくれたディック・ベリーとジム・ブレシンにも、お礼を言いたい。

〈夕刊フジ〉と〈産経新聞〉のベテラン編集者、阿部耕三氏にも感謝している。旧友である彼が、幾夜となく酒を交わしながら提供してくれた情報や意見が、ずいぶん糸口になった。ヤクザにくわしい〈アサヒ芸能〉の住谷礼吉氏は、情報に富んだ話をいろいろ聞かせてくれたうえに、世界最大のギャング百科事典をプレゼントしてくれた。東京のペテン師や流れ者についてユニークなレクチャーをしてくれた、リックという名のブルックリン出身者にも、この場を借りて感謝したい。

新聞や雑誌の古い資料を探すうえで、どれだけマーク・シューマーカーのお世話になったことか。マークは、ぼくがこの本の執筆に使用した〈マイクロン〉コンピュータのシステム作りにも、力を貸してくれた。ウィリス・ウィッター、宮沢ミエコ氏にもお世話になった。鎌倉在住のデイヴィッド・ハウエルとアンドウ・カガリ氏は、ぼくのおしゃべりにやさしく根気よく耳を傾け、役に立つアドバイスをしてくれた。しかも、週末に何度もご馳走《ちそう》してくれた。ワシントンDCのジョーとリース・バーナード夫妻や、サンフランシスコのロッサーとイン・ワー・ブロックマン夫妻にも、感謝の気持ちを伝えたい。リチャード・シラクーザ弁護士とエドウィン・トレス判事は、ニューヨークのイースト・ハーレムのマフィアについていろいろ解説してくれた。ニューヨーク市のデイヴィッドとジーン・ハルバースタム夫妻にもお礼を言いたい。田園調布の川村一家、コウイチ、マチコ、レイミ、ボブ・スペンサー、エルマー・ルーク、ロバート・シュワード、そして野村明男氏。スキップとミコ・オール夫妻、タカイシ・ヨシオ氏。ジャックとトシ・モシャー夫妻。エドワード・サンチェス。ティム・ポーター。中澤まゆみ氏。ササエ・ノブコ氏、〈朝日新聞〉の田中ヒデ氏と夫人。ヴィンス・コイズミ。内藤ミチとトシ夫妻。アイディとミチコ・ハル夫妻。ルーシー・クラフト。リック・ウルフ、B・J・バーケット、歳川隆雄氏。ヴェリサリウス・カトウラス。猪瀬直樹氏。キンバリー・エドワーズ、ロバート・リチャーズ。みんな本当にありがとう。

書き上げた最初の原稿をエディットしてくれたトム・スカリーと、それを読んで多くの貴重な提案とコメントをくれたグレッグ・デイヴィス、及びランディ・ウランドには、特別な謝意を表したい。そしてなにより、『菊とサラブレッド』の著者であるデイヴィッド・シャピロ、君には感謝の言葉が尽くせない。一九九七年十二月、原稿を仕上げるにあたって、新鮮な目と物書きの専門家としてのアドバイスが欲しかったころ、デイヴィッドはまるまる一週間も自分の仕事の手を休めて、ぼくの最終原稿に目を通してくれた。大きな借りができたが、君の性格は知り抜いている。その恩義を忘れようと思っても、ぜったいに忘れさせてくれないだろう。

『タイム』の優秀なカメラマンであり、ぼくの古い友人のグレッグ・デイヴィスと、夫人である〈インペリアル・プレス〉の社長、坂田雅子氏は、写真を入手する手伝いをしてくれた。小泉たえ子氏は、今は亡き夫の写真を快く貸してくれた。

ぼくを担当した〈パンテオン・ブックス〉の編集者、リンダ・ヒーレイには、とくに尊敬と感謝の気持ちを伝えたい。その忍耐と根気強さは、まさに表彰モノだ。ぼくがいくら締め切りをやぶっても、彼女は一度として揺らぐことなく、ぼくやこの企画を応援し続けてくれた。自分の今の仕事を中断し、嬉々《きき》としてぼくのアイデアに耳を貸してくれたばかりではない。非常に荒っぽい下書きに目を通し、往々にして未完成なアイデアに、明快な鋭い批判のメスを入れてくれた。彼女と亡き夫のJ・アントニー・ルーカスとともに過ごした、幾多の楽しい夕べは、けっして忘れることはないだろう。エイミー・グレイは、いつもその場にいてくれることが、何より嬉《うれ》しかった。ポール・コツロウスキー、応援してくれてありがとう。ケイト・ロウ、訴訟を回避してくれてありがとう。

　エイジェントのアマンダ・アーバンには、心の底から感謝している。まさにふりだしからゴールまでこの企画をぐいぐいと推し進める、またとない原動力になってくれた。ビンキーがいなければ、この本は日の目を見なかったことだろう。

　最後になったが、近藤、小林、早野、ノーブル家の人々に感謝する。そして、カーメル応援団、ぼくの両親、マーゴとバック、ネッドとジョセフ、デビーとティム、マット、グレイシーとコディ、ペギーとグレン、ロスとタイラー、レスリー・スティーヴ、スティヴィー、エリン、メアリー、みんなみんな、ありがとう。

　誰より感謝しなければならないのは、妻の眞智子だろう。この仕事のあいだ離婚しないでくれて、本当にアリガトー！

執筆ノート

本著を執筆するにあたっては、登場人物や事件、エピソードに関する生の情報を得ようと、当人や目撃者などに、二百回近いインタビューを試みた。とくにニコラ・ザペッティには、一九八九年秋から、彼がこの世を去った一九九二年までのあいだに、四十回近く機会を設け、マンツーマンでたっぷりと話を聞かせてもらった。友人、親戚《しんせき》、ビジネス関係者、〝敵〟など、彼の人生に関わった人々にも、テープに吹き込みながら数限りないインタビューをおこなった。

リチャード・ロアもその一人だ。過去三十年間、六本木のナイトライフを仕切ってきた彼は、周辺のバーやナイトクラブについて、驚くほど多くの情報を提供してくれた。東京でこれだけ幅広く水商売を手がけている西洋人は、おそらくほかにいない。たとえば、東京でもっとも有名なコールガールの斡旋所《あっせんじょ》〈ダニーズ・イン〉では、パートタイムのマネージャーをつとめ、金ぴかの会員制クラブ〈TSK・CCC〉では、ビジネスアドバイザーを請け負っている。

前園勝次と野村明男両氏からも、いろいろ体験談を聞かせてもらった。彼らが東京のレストランやスナック、パブなどで、働いたり経営にあたった期間は、足かけ一世紀に及ぶ。東京の米軍クラブのマネージャーを長くつとめたジム・ブレシンと、奥さんの愛京子氏にも話を聞いた。愛京子氏は、一九五〇年代の有名なテレビタレントで、映画の『ゴジラ』第一作にも出演している。力道山の恋人と噂《うわさ》されたことのある女性だ。また、〈ニコラス〉の古い常連であるハル・ドレイクとトム・スカリーにもインタビューした。両氏は、『スターズ・アンド・ストライプス』六本木支部のベテラン記者である。トマス・ブレークモア弁護士とのインタビューも、じつに実りが多かった。日本の法廷に立つことを許されたアメリカ人弁護士は、この五十年間で彼ぐらいしかいない。奥さんのフランシス・ベイカーにも話を聞いた。彼女は一九三〇年代のなかばに初めて来日したグラフィック・デザイナーだ。ほかにも、企業付き弁護士のレイモンド・ブッシェルとジェイムズ・L・アダチ、航空機コンサルタントのジェイムズ・フィリップス、警視庁のモガミ・ユタカ氏にもインタビューさせてもらった。東京の医学部を卒業した数少ない外国人の一人、ユージン・アクセノフ医師にも話を聞いた。

以上いずれも、第二次大戦末期から東京に住み、仕事をしてきた人々である。彼らが語る種々雑多な経験談は、当時の雰囲気をつかむうえでどれだけ役に立ったことだろう。

半世紀近くに及ぶ歴史を統合するのは、まことに骨の折れる作業である。人間の記憶というものは、年月がたつにつれて薄れたり、思わぬいたずらをするからだ。そこでぼくは、できるかぎりさまざまな情報源や文献、ノンフィクションの書物にあたって確かめるようにした。

その意味でとりわけ貴重だったのは、東京にある〈大宅壮一文庫〉や、戦後に出版された日本語の雑誌、定期刊行物だ。こうした資料は、戦後復興期の東京をイメージするうえで、非常に有効だった。〈国際文化会館〉や〈外国特派員協会〉〈フォーリン・プレスセンター〉〈国会図書館〉、さらには、ニューヨーク42番街にある〈ニューヨーク・パブリックライブラリー〉からも、貴重な情報が得られた。昔の新聞記事を調べたいときには、〈朝日新聞〉や〈スターズ・アンド・ストライプス〉の資料室が役に立ったし、〈米国議会図書館〉〈米国上院図書館〉〈ナショナル・アーカイヴズ〉〈米国海軍史資料館〉〈FBI・FOIPAセクション〉〈DIA・SVI・FOIA〉〈NYPD・FOIL〉、カリフォルニア州モントレーの〈ダドレイ・ノックス図書館〉、ジョン・ニューファーの情報ウェブサイト『スクリーンの裏側』、そして〈LAPDOCID〉などからも、資料や情報が得られた。

銀座の町井とその友人たちの経歴を調べるにあたっては、ジャーナリスト佐々木弘氏の主宰する、〈六角文庫〉という膨大なデータバンクがとくに役立った。さらに佐々木氏が個人的にレクチャーしてくれたおかげで、「日本のヤミ政権」と呼ばれるものの実態が、ずいぶん把握できた気がする。あのレクチャーがなかったら、理解できずに悶々《もんもん》としていたことだろう。

本田靖春『疵《きず》』（文藝春秋）、大下英治『永遠の力道山』（徳間書店）、牛島秀彦『もう一つの昭和史① 深層海流の男・力道山』（毎日新聞社）などの書物が、何とも言えぬ臨場感と情緒をまじえながら、当時の模様をさらにヴィヴィッドに再現してくれた。英語圏のほかの人たちも、ぼくと同じ楽しみを味わえるように、これらの作品がいつの日か英訳されることを願ってやまない（安藤昇の三巻におよぶ自伝『やくざと抗争』も、推薦書としてつけ加えておこう）。東京の戦後史など退屈だ、と思い込んでいる御仁には、是非これらの本を手に入れて読んでみることをお勧めする。

最後に、ジョン・ロバーツとグレッグ・デイヴィスのコレクションが、ＡＣＪやロッキード、児玉軍団に関する貴重な資料を提供してくれたことをつけ加えておきたい。

本著の会話はいずれも、ぼく自身が居合わせて耳にしたものではなく、インタビューによる伝聞や、マスコミの記事、その他の資料に基づいている。本著『東京アンダーワールド』のリサーチと準備にあたって参考にした文献は、日本語のものと英語のものを合わせれば、およそ百冊にのぼる。多くの新聞、雑誌記事を含めた、章ごとのさらに詳しい情報源は、以下のとおりである。

第一章　焼け跡ヤミ市第一号

尾津マーケットの新聞広告は、『疵』（p.136）から引用し、英訳した。『疵』は、戦後ヤクザの列伝とも言える本田靖春の名著で、高い評価を得た。

終戦直後の東京を描写するにあたっては、ジェイムズ・Ｌ・アダチ、愛京子、アサヒナ・シン、フランシス・ベイカー、ジム・ブレシン、トシ・クーパー、サトウ・テツオ、タカイシ・

ヨシコの各氏にインタビューし、その〝目撃証言〟をもとにした。

尾津のヤミ市の描写については、本田の『疵』をはじめ、GHQのセクション担当をつとめたハリー・エマソン・ワイルズの名著 *Typhoon in Tokyo*（『東京旋風』）(pp.171-176)、および、GHQの労働課に在籍したセオドア・コーエンの分厚い著書 *Remaking Japan* (pp.305, 336) に拠《よ》る。尾津の描写は、デイヴィッド・カプランとアレック・デュブロの共著で、評価の高い *Yakuza* (pp.50-51) のなかにも出てくる。

ヤクザの歴史的背景については、日本の暴力団に関する情報が八一一ページにわたって満載されている『任侠《にんきょう》大百科』（日本任侠研究会編）を参考にした。

＝ヤクザの性格について＝

『任侠大百科』によれば、高利貸し、売春、麻薬密売といった活動は、戦前の真っ当な bakuto（博徒）のそれと比べると、威厳がなさすぎるという。博徒やヤクザ一般の掟《おきて》(pp.62-82) を要約してみよう。

――親分や兄貴分の命令には、ぜったいに従え。警察《サツ》にたれこむな。ヤクザの礼儀礼節（仁義）は固く守れ、命を懸けて守れ。朝早くから、道場での柔剣道で、凍傷の手や足を叩《たた》かれても、泣かずに辛抱せよ。ケンカをするなら大物とやれ。いったんやるからには、命を懸けてやれッ！　敵は一人、味方が十人というような、多勢に無勢のケンカはするな。堅気の女には絶対に手を出すな。仲間の女を寝とるな。女がほしかったら買うがいい。たとえ酒の席でも、突《つ》き箸《ばし》をするな。立てひざはしてはならない。お客の上げ下げに手ちがいをしたら、口で謝るな。躰《からだ》で謝れ——

同百科には、ヤクザの合い言葉や掟も記されている。

恥を知れ、恥を知って面を守れ
恥を知れ、命を懸けて面を守れ

恥を忘れ面を汚がした者は
男の仲間入り今日限りの事

戦中と終戦直後におけるヤクザと東京都庁との共謀は、ワイルズ著 *Typhoon in Tokyo* に記されている（Chapter 16, Underground Empire, pp.171-180）。

戦争勃発《ぼっぱつ》当時は、五百万の住民を抱える世界最大の都市だった東京が、終戦時には人口がたったの百万人に減っていた事実は見のがせない。都民の大半が地方に疎開していたからだ。人口が戦前のレベルに戻るには、数年を要している。

四万五千という露店の数は、一九四七年十一月二十五日付の『インターナショナル・ニュース・サーヴィス』特別号に拠る。

青空ヤミ市が日本で初めて民主主義を実践した場だ、という議論は、本田靖春『疵』から引用した（p.138）。

野村ホテルの住人に関する非公式な調査は、海軍の下士官から同ホテルの支配人に転身した、ジム・ブレシンがおこなっている。

ＲＡＡ（特殊慰安施設協会）の設立の経緯や、東京に進駐した米国陸軍地上パトロール隊第一陣が、ＲＡＡのトラックと出会ったエピソード、及び〈インターナショナル・パレス〉と呼ばれる売春宿の活動状況の詳細は、コーエン著 *Remaking Japan*（pp.125-126）、『ＡＰ通信』記者のマーク・ゲイン著 *Japan Diary*（『ニッポン日記』）（pp.232-234）、ワイルズ著 *Typhoon in Tokyo*（p.328）などに記されている。

沖縄から到着した第四十四海兵師団先遣隊が、着物姿の女性に出迎えられた云々《うんぬん》のエピソードは、先遣隊を率いたニック・ザペッティ第一軍曹から直接聞いたもの。ザペッティ自身も、ときどき客として〈インターナショナル・パレス〉を利用していた。

〈売春通り〉については、アダチとブレシンが語ってくれた。占領軍のベテランたちに話を聞いたところでは、侵略者たちの性欲を満足させるのが、この施設の唯一の目的らしかったという。

〓売春について〓

この世界最古の職業は、日本ではつねに合法的とみなされてきた。実際、日本ほど売春が広くおこなわれていた国は、世界でもあまり例がない。毎年、数千人もの若い娘が、貧しい両親によって人買いに売られた。ときには、十二歳程度の幼い少女でさえ身売りさせられた。戦前の記録によると、日本の売春宿の労働人口は、五万二千人を超えていたという（ジョン・ガンサー著 *Inside Asia* 参照）。売春は一部のあいだで、一種の芸術とさえみなされていたフシがある。〝夜の女〟たちは、好きな客の名前を太股《ふともも》に刺青《いれずみ》したものだ。西洋諸国では不名誉の烙印《らくいん》を押されていたこの商売が、日本ではれっきとしたビジネスとみなされていたことも見のがせない。

この国で売春が違法となったのは、アメリカ人たちが上陸して以降のことだ。一九五六年に売春防止法が成立したものの、五八年までは実行に移されていない。それどころか、〝代用品〟として、「トルコ風呂」や「お触りバー」といったセックス産業が大流行。一九八〇年代終盤には、日本のトルコ大使館からの度重なる抗議に応えて、「トルコ風呂」という言葉だけは、漸次「ソープランド」に切り替えられていったが。

RAAの施設が、いわば〝機会均等の快楽提供所〟であったことは、特筆に値するだろう。ここでは人種、宗教、肌の色に関係なく、誰にでも平等にサーヴィスが提供された。経営者たちがやがて人種的偏見をもつようになるのは、白人のアメリカ兵たちから人種差別を教わったあとのことだ。日本の米軍基地の外では、「白人専用」や「黒人専用」のバーが、何年にもわたって日常的に存在した。

不法取引きの増大については、占領時代の目撃者であるロジャー・サディス、アーニー・ソロモン、トマス・L・ブレークモアに、直接インタビューして聞いた。

占領軍が尾津を「日本一悪質な犯罪者」と呼んだことは、ワイルズ著 *Typhoon in Tokyo*（p.175）に記されている。

八百万ドル（進駐軍から祖国への一ヶ月あたりの送金額）という数字は、ワイルズ著 *Typhoon in Tokyo*（p.3）から引用した。彼によると、占領の最初の一年間に、日本人から何らかの取引話をもちかけられなかったアメリカ人は、ほとんど一人もいなかった。

『ニューヨーク・タイムズ』のラッセル・ブラインズ記者は、*With MacArthur in Japan*（『日本占領外交の回想』）（pp.293-295）のなかで、〈占領の最初の八ヶ月以内――合法的に円をドルに換金できた時期――に、米軍は不法取引きによって、少なくとも七千万ドルを失った〉と報告している。占領時代の腐敗に関するすぐれた情報は、マーク・ゲイン著 *Japan Diary* からも得られる。ワイルズの著作 *Typhoon in Tokyo*（p.36）とゲインの著作 *Japan Diary*（pp.124-125, 178, 245-247, 262-263, 304-305, 307, 309-320）には、カプランとデュブロの共著 *Yakuza*（pp.49-50）と同様、安藤明に関するさらに広範囲な記述がなされている。

ケーディス大佐の記者会見は、一九四七年十一月十日におこなわれた。そのなかで彼はこう指摘している。「封建勢力の陰険かつ広大なネットワークが、アメリカの民主主義的政策をむしばんでいる」

ＧＨＱのＰＳＤ（公安課）に在籍していたある将校は、つぎのような警告さえした。「日本は、政治、経済、文化の各方面で、完全に暴力団に牛耳られている」（ワイルズ著 *Typhoon in Tokyo*, p.179）

アングラ政権に関する詳細な記述は、『インターナショナル・ニュース・サーヴィス』一九四七年十一月二十五日号に特集された。牛島秀彦著『もう一つの昭和史① 深層海流の男・力道山』も、序章のなかでアングラ政権についてわかりやすい議論を展開している。

ＧＨＱによる取締りの影響については、ワイルズ著 *Typhoon in Tokyo*（pp.171-180）、およびブラインズ著 *With MacArthur in Japan* に記述がある。ブラインズはこう書いている。

〈犯人割り出し担当グループは、もっぱら大規模な犯罪集団の撲滅に力を入れた。その結果、軍部からの盗品に群がるヤミ商人グループの一部が摘発されたが、この闘いは際限がなかった。簡単な金もうけの道は、あまりにも魅力的だったからだ。ヤミ市はほぼ公然と続けられた。捕まれば重い罰を受けることを、参加者はみな承知していた〉（p.294）

日本の腐敗の歴史は、リチャード・Ｈ・ミッチェル著 *Political Bribery in Japan* に詳細に記されている。室伏哲郎著『実録日本汚職史』（筑摩書房）も参照に値する。この本は、一八七二年から一九六三年にかけて起こった、日本の主要な政治家や金融業者を巻き込む、数十件のスキャンダルを取りあげている。ついでながら、その被疑者の大半が、起訴や有罪判決を逃れた。

〈昭和電工〉をめぐるスキャンダル、いわゆる〈昭電疑獄〉については、ミッチェル著 *Political Bribery in Japan*（pp.100-106）、ワイルズ著 *Typhoon in Tokyo*（pp.160, 164）、ウィリアム・チャップマン著 *Inventing Japan*（pp.49-50）を参照。一九七七年一月の『パシフィック・コミュニティ』に掲載されたカール・ディクソンの〈Japan's Lockheed Scandal: Structural Corruption〉も参照されたし。

日本の腐敗に関する研究の大半は、政界と高等教育を受けた役人との、不健全な関係をとりあげている。役人といえば、国全体を日常的に支配し、誠実で正直との定評があるはずなのだが。

＝シーメンス事件について＝

シーメンス事件はもともと、〈三井物産〉の社員を別件で追っていた特高警察の刑事が、偶然に糸口をつかんだことから発覚している。和田刑事は調査の過程で、海軍の大型無電工事を請け負ったドイツの電機企業〈シーメンス〉の社員が、収賄をめぐって同社の副支店長をゆすっている事実を知った。刑事は上司に報告書を提出。するとその直後、彼は三井物産の重役から、ゆすっていたドイツ人がベルリンに帰国し、事件はすでに解決済みだ、と聞かされた。

日本の首相や海軍大臣、法務大臣、ドイツ大使、シーメンス関係者らのあいだで、何度も秘密会合が開かれ、結局、検察および警察に、これ以上この事件を追及しないように、との通達が回された。当時の山本権兵衛首相が、元海軍大将であった事実は見のがせない。和田刑事は、事件について口外してはならない、と上司に命じられたばかりか、たびたびヤクザの訪問を受け、口外するなと脅された。

ところが一九一四年の年頭に、先述のシーメンス社員がベルリンで、同社の文書窃盗の容疑で裁判にかけられることになった。彼はその際に、シーメンス社が造船の契約を確保するため、日本の政府高官に賄賂を贈っていたことを証言。収賄者のなかには、海軍省の高官も含まれていた。

このニュースが明るみに出たとたん、日本の警察も動かざるを得なくなった。その結果、海軍関係者二名、三井物産重役三名が逮捕され、山本内閣は倒れた。シーメンスの社員も逮捕されたが、拘置所で何者かに絞殺されたために、結局、裁判にかけられるにはいたらなかった（Mitchell, p.20）。

政府に対する国民の不信感が高まり、激しい抗議デモが起こったり、批判的な記事が紙面をにぎわせた。

そうは言っても、皮肉な評論家に言わせれば、〈″国民の不信感″とはマスコミの誇張した表現にすぎない。なぜなら、こうした出来事は……この国の政治全体にはびこる病巣が、もっとも忌《い》まわしい症状として表面化したにすぎない。……体全体の健康などまったく無視して、複数の臓器がバラバラに、しかも活発に活動しているという、かなり深刻な症状である〉（ジョン・ロバーツ著 *Mitsui*, pp.186-188）。

GHQによる犯罪取締りについては、コーエン著 *Remaking Japan*（pp.128-131）を参照。

占領軍と取引きしていたビジネスマン、ジャック・ディンケンに、インタビューも試みた。彼の会社は、警視庁の再武装にひと役買っている。ディンケンは、警察に配備されていた武器が消えたのは事実であると証言し、ヤミ市の背景についても情報を補足してくれた。

テキサス銀行

ザペッティがヤミ市で手広く商っていたことは、同年代の複数の人々が認めている。たとえば、彼のCPC（民間財産管理局）時代の同僚であるジェイムズ・L・アダチ、リード・アーヴィン、ジム・ブレシン（ザペッティの友人であり、彼がねぐらにしていた〈野村ホテル〉の支配人）、そしてユージン・アクセノフ医師が、そう証言した。

満州（現、中国東北部）生まれの白系ロシア人、アクセノフは、半世紀以上にわたって東京で医療活動にたずさわった人間として、ヤミ市の活動や、当時、銀座を基盤にしていた密輸業者、さらには、彼と親しかった〈ランスコ〉の白系ロシア人たちについて、さらに詳しい情報ーを提供してくれた。

一九七〇年代の初め、東声会がソウルに拠点を移した時期に、同組織の元組員にインタビューがおこなわれたことがある。記事は結局、日の目を見るにはいたらなかったが、インタビューのなかで元組員は、終戦直後の数年間に銀座で、小切手や為替《かわせ》の不法取引きがおこなわれていた様子を、詳細に語っている（インタビュー原稿は、ジャーナリストの佐々木弘氏が提供）。

アダチは、占領軍仲間のあいだでザペッティがどう評価されていたかを、つぎのように要約している。

「〝ニューヨークのイタ公（イタリア人をさす軽蔑的な俗語）〟の典型だね。いかにも偉そうに、ヤミ市でもうけていることを自慢してたよ。当時、ヤミ市に手を出してる人間は腐るほどいたが、みんなこっそりと小規模にやったもんだ。ベラベラ吹聴もしなかった。ところがニックは違う。だからみんなに怖がられてた。おれたちはみな、あいつを〝アブない人間〟とみなしてたんだ」

ブレシンがつけ加える。

「ニックはとにかく派手で、Ｆ４戦闘爆撃機みたいなやつだった。人のことをすぐにクソミソに言うし。あいつが暴力団と関係していることは有名だったよ。おれたちが関わり合いになりたくないことに、あいつは平気で首を突っ込んでた」

アクセノフ医師に言わせれば、

「当時の彼はちょっとした有名人で、少し怖がられてたね」

ザペッティが国外追放になったのは、上野のヤミ市で警察のスパイをしていたティーンエイジャーに密告されたからだ。若者は、入念な日本の覆面警察に現行犯逮捕されたあと、CID当局が提供するわずかばかりの謝礼金に誘われて、目撃情報を提供していた。

ザペッティは、日本をあとにする前に、妻と子供たちに別れを告げたあと、〝サツにたれこんだ〟若者に〝あいさつ〟することも忘れていない。当時CIDが置かれていた帝国ビル――日比谷公園に面する、大理石と石でできた戦前の七階建ての建物――のエレベーターのなかで、ふくれっ面をした拒食症のような風貌《ふうぼう》の密告者に会ったザペッティは、相手の片腕をねじあげ、屋上へと引っぱっていった。そして真っ黒に焼けこげた東京の地平線を背景に、定石どおりの作業にとりかかった。まず鼻の骨を砕き、肋骨《ろっこつ》を何本かへし折り、両目をつぶしたあと、血だらけの肉塊になりはてた人間を、コンクリートの上に置き去りにしたのだ。

「ニューヨークじゃ、たれこみ屋はみんなそういう目にあうんだ」とニック。

東京のアメリカ大使館内部では、誰もがこう思っていた。ザペッティはニューヨークでマフィアと契約を結んだに違いない――ヴィザとパスポートを入手してやるから、日本にあるマフィアの資産を守れ、と。一九六三年から六八年にかけて、東京のアメリカ大使館でマスコミ担当をつとめていたバリー・ネムコフは、そう確信している。東京の警視庁もそう信じていたが、立証は誰にもできなかった。

当時、銀座で幅をきかせていた暴力団、住吉会と東声会の細かい情報については、犯罪モノに強いジャーナリストの住谷礼吉氏や、先に述べた元東声会組員の未公開回顧録によって確認がとれた。

〈チェイス・マンハッタン銀行〉の三万ドルの偽造小切手が売られたことは、公式の記録として残っている（販売者は三年の刑に処された）。

ハフという人物と、〈エヴァーグリーン〉という雑貨店については、『朝日新聞』のフジタ・シゲオ氏に確認をとった。

〈ホテル・ニューヨーク〉に関する情報は、東京で長く会計士を務めるイギリス人、ウィリアム・ソルターから提供された。

占領がもたらしたもの

一〇パーセントという数字（米軍支給品のうちヤミ市に流れた割合）は、一流週刊誌『週刊文春』の〈戦後史最大の謎M資金の正体〉（一九七九年十月四日号）という記事を根拠にした。二億ドルという数字（占領軍から街娼《がいしょう》につぎ込まれたアメリカ通貨）は、ワイルズ著 *Typhoon in Tokyo*（p.168）参照。

「M資金」については、長年にわたって数多くの議論がたたかわされてきた。アメリカ政府の協力があった、という説さえある。先述の『週刊文春』の三回におよぶ連載記事は、それに関する噂《うわさ》や推論をうまくまとめている（一九七九年十月四日号、十一月一日号）。

占領に関しては、コーエン著 *Remaking Japan*、ワイルズ著 *Typhoon in Tokyo*、ブラインズ著 *With MacArthur in Japan*、ゲイン著 *Japan Diary* など、すぐれた書物がいろいろある。

かつて神道の〝神〟と奉られていた裕仁天皇は、SCAP（連合軍最高司令官）の指示によって、〝人間〟に降格している。天皇とマッカーサー元帥が初めて対面したときに、それがまざまざと浮き彫りになった。

しっかりと正装して到着した天皇は、マッカーサーに出迎えられた。マッカーサーはオープンシャツにノーネクタイ姿で、勲章も何もつけていなかった。日本人は象徴を非常に大切にする国民である。彼らは、二人の男が並んでいる報道写真を見て、少なからぬショックを受けた。マッカーサーはきわめてくだけた服装で、腰のポケットに手を突っ込み、上から天皇を見下ろしている。一方の天皇は、軍服に持てる勲章をすべてつけ、気をつけの姿勢で立っている……。〝太陽神〟はまるで、自分よりはるかに背の高い人間の隣で、精いっぱい自分を誇示しようと背伸びする、普通の小柄な男のように見えた。その光景は、SCAPが下したどの宣言よりも、重大な意味をもっていた。今や国中で誰がもっとも権力があるかを、まざまざと見せつけたに等しかった。

ぼくがインタビューした人々は一様に、占領時のGIたちは過去のどの占領軍よりもはるかに行儀がよかった、と口をそろえる。大恐慌を経験した彼らは、軍隊での堅実な生活を失いたくなかったのだ。

一九四七年の終盤に新たに課された制約のなかで、とりわけひんしゅくを買ったのは、SCAPによるつぎのような新しい指針の発布だった。〈会話のないフラターニゼイション（被占領民との男女交際）は、フラターニゼイションとはいえない〉

これは結果的に、大勢のGIたちの性欲をコントロールするのが不可能であることを、アメリカ側がしぶしぶ認めたことを意味していた。ほかの国民と同様、アメリカ人にもくだらない官僚主義的な側面があることを、日本国民の前で露呈したことになる。SCAP規則三—十一条によれば、性的関係をもった日本人女性と言葉を交わしたアメリカ人は、フラターニゼイション法違反の罪で、軍法会議にかけられた。それればかりか、女性のほうも、〝SCAPの厳粛なる使命を妨害した〟かどで、日本の警察に逮捕された。ニック・ザペッティ夫妻のように、結婚したカップルだけは、告発の対象外とみなされた。

ACJ（アメリカ対日評議会）の活動状況は、メイン大学の今は亡きハワード・シェーンバーガー教授によって、事細かに記録されている。同教授はこの問題に関して、数多くの著作を発表している。例：〈The Japan Lobby in American Diplomacy, 1947-1952〉『Pacific Historical Review』46, No.3, August 1977, pp. 327-359. および〈Zaibatsu Dissolution and the American Restoration of Japan〉『Bulletin of Concerned Asian Scholars』September 1, 1973.

グレン・デイヴィスとジョン・G・ロバーツ著 *An Occupation without Troops*（『軍隊なき占領』）も参照の価値あり。

ＧＨＱの労働担当官、セオドア・コーエンは、著書*Remaking Japan*のなかで、ＡＣＪの顧問弁護士ジェイムズ・リー・カウフマンの活動について、複数の辛口のコメントをしている。日本におけるロックフェラーのビジネス活動については、一九七四年、ウィスコンシン大学歴史学部のジョン・ダワーが担当した論文〈An Untitled Essay, The Rockefellers in Japan〉、および、コリアーとホロウィッツ共著*The Rockefellers*などをもとにした。また、一九九四年三月十五日には、ＮＨＫがＡＣＪに関するドキュメンタリー『ジャパンロビー』を放映している。

占領が終わった時点で、ＧＨＱには三千七百六十人のアメリカ人男性が働いていたが、アメリカ人女性はわずかに四百五十三人しか働いていなかった。どうりで日本人女性とアメリカ人男性との結婚が多かったはずである。

第二章　占領の後遺症

二人の日本人が水死するなど、一連の〝不快な事件〟（一九五二年には東京の富士銀行支店で、ショットガンとライフルで武装した三人のＧＩによる銀行強盗事件が発生した）については、『週刊読売』の〈外国人まかり通る〉と題する記事（一九五四年十月十日号、pp.4-11）から引用した。記事には二つの風刺漫画が添えられている。一つは、戦時中のＧＩたちが東京に爆弾を投下しているもの。もう一つは、終戦後のＧＩたちが、平和を愛する市民たちを槍《やり》で脅したり、釣り針でポケットからカネを盗んでいるもの。

第五福竜丸事件については、デイヴィッド・ハルバースタム著 *The Fifties*（『ザ・フィフティーズ』）（pp.345-347）を参考にした。

ヴォイス・オヴ・アメリカのエピソードとその関連資料は、牛島秀彦著『もう一つの昭和史① 深層海流の男・力道山』（pp.110-116）に拠る。

占領直後の東京の描写は、当時、『スターズ・アンド・ストライプス』の六本木支社で働いていた、ハル・ドレイク、トム・スカリー、リチャード・ベリーの三氏に聞いた話をもとにした。日本で生計を立てていたトム・ブレークモア弁護士や、当時、米軍の兵卒だったリチャード・ロアも、思い出話をいろいろ聞かせてくれた。

東京を本拠地にする商業弁護士レイ・ブッシェルは、テッド・ルーインとかなり親しかったので、このギャンブル王に関する秘話を提供してくれた。日本の政治家に二万五千ドルの賄賂《わいろ》を握らせた、という話も、ルーインからこっそり打ち明けられたという。

〈クラブ・マンダリン〉の描写は、ときどき客として訪れていたジム・ブレシン、ジャック・ディンケンの話をもとにした。ルーインに関するその他の情報は、長年東京に住み、ルーインをよく知る航空機コンサルタント、ジム・フィリップスに直接インタビューしたり、『週刊読売』一九五四年十月十日号の〈外国人まかり通る〉や、牛島著『もう一つの昭和史① 深層海流の男・力道山』を読んで得られた。

東京の水商売に詳しい、通称〝シグ〟・フジタというコラムニストも、当時の背景について語ってくれた。藤田氏は、ルーインと児玉誉士夫が共同経営した最初の〈ラテンクォーター〉のロゴをデザインした人物で、マンダリンのPR担当もつとめたことがある。

その友人のユージン・アクセノフ医師も、当時の模様を解説してくれた。アクセノフ医師からは、五〇年代の半ばに、ルーインの〝仕事仲間〟だという韓国系アメリカ人、ジェイソン・リーの手術を担当したときの話も聞くことができた。脇腹を撃たれたリーは、東京にある彼のクリニックにやってきて、麻酔を使わずに弾を取り出せ、と命じたという。敵にやられて参るような弱虫だと思われたくなかったらしい。リーはのちに、モンテカルロの有名なカジノで、いかさまさいころを使って逮捕され、名前が世間に知られるようになった。このとき、十万ドルの罰金と国外追放の処分をくらったが、その後、シカゴでギャングのライバルから、胸部に銃弾を四発浴びている。

＝ギャンブルについて＝

日本ではギャンブルは、何世紀も前から法律で禁止されている。

数百年前の封建領主たちは、領民が安易な金もうけに奔《はし》るのを嫌って、これを禁止した。法律でギャンブルを厳しく禁じれば、民衆をコントロールできるばかりでなく、質実剛健な労働倫理を植えつけることもできる。この哲学は、現代日本の官僚たちにも受け継がれている。とはいえ、昔の大名たちは、自分たちの娯楽のために、城内でこっそりとギャンブル大会を催し、地元の博徒たちを招き入れて、賭場《とば》を仕切る手伝いをさせたものだ。
ギャンブル禁止法は現代にも受け継がれたが、戦後、競馬や競艇などの公営ギャンブルが、政府公認の活動として登場。その収益が、地方自治体と民間企業とで折半されることから、地方財政の大切な資金源となっている。

こうした戦後の現象によってもっとも得をしたのは、おそらく笹川良一だろう。エキセントリックな右翼の活動家で、かつてはムッソリーニを信奉した人物だ。児玉誉士夫や岸信介とともに、巣鴨《すがも》刑務所で臭いメシを食ったこともある。〈日本船舶振興会〉を主宰して、億万長者にのし上がった笹川は、その資力を駆使してプライヴェートな軍団を結成し、一九七四年にはみずからを「世界一リッチな国粋主義者」と呼んでいる。

このような公営ギャンブルの勃興《ぼっこう》は、潔癖主義者たちをしきりに歯がみさせたものだ。日本の社会道徳が崩壊した何よりの証拠だ、と。

〈クラブ・マンダリン〉の手入れとその後の状況については、新聞記事を参考にした。『読売新聞』一九五二年七月十七日付。『朝日新聞』一九五二年七月十八日付、一九五三年三月十七日付、三月三十一日付、七月十八日付、一九五四年八月三日付。

ルーインの密輸については、板垣進助著『この自由党!』(晩聲社)第二巻(pp.214-215)に記されている。

〈ラテンクォーター〉の描写は、牛島、ブレシン、ブッシェルを参考にした。

板垣は、ルーインがFBIに〝操られていた〟とも書いている。指示を出していたのは、当時東京でFBIの代表をつとめていた、ダイヤモンド大佐という人物。その一方でルーインは、戦時中にマニラで会った日本の国粋主義者たちや、GHQのGⅡ課報《ちょうほう》部員、およびCIA諜報部員たちとともに、ラテンクォーターを経営していたという。

牛島によれば、ルーインは戦時中、リベリアのカジノを経営しているときに、アヘンの密売を手がけるようになり、日本の軍部とも商取引きをするようになった。なかでも、戦時中、大東亜共栄圏においてもっとも有効な地元調達部隊を統率していた、児玉誉士夫という極右のリーダーとは、かなり密接な商取引きをしていたという。

板垣によれば、ルーインは戦後、米国諜報部とねんごろになり、アジアにおけるロンダリングの追跡調査に手を貸したり、同地域における共産主義者の活動を見張る手助けをした。ただしその間も、日本のヤミ帝国や右翼グループのために、拳銃《けんじゅう》密輸の輪を絶やさぬ努力は怠っていない。ルーインの通訳のケアリー・ヤマモトは、東声会とつながりがあった。

ルーインは東京にもう一軒、クラブを経営していた。麻布の〈ゴールデン・ゲート〉という店で、CIAが経営する民間航空機会社のパイロットたちのたまり場だった。この航空機会社は、台湾、香港、東京間を往復する便を運航していたが、裏で高額なポーカー賭博がおこなわれていることは有名だった。

日本のパチンコの由来や背景については、エリック・C・セデンスキーの名著*Winning Pachinko: The Game of Japanese Pinball*を参考にした。

ウラジミール・ボブロフと、レオ・ヤスコフを含む仲間たちの逮捕は、『朝日新聞』一九五三年三月十七日付にでかでかと報じられた。〈国際賭博〉という記事参照。また、国外追放の記事は、一九五三年三月三十一日付、一九五三年七月十八日付に見られる（同紙の一九五四年二月三日付も参照）。

ゴージャス・マック

力道山および、一九五〇年代に日本を襲ったプロレスブームについては、資料は山ほどある。なかでも秀逸なのは、大下英治著の力道山の伝記『永遠の力道山』だ。七〇〇ページを超えるプロレス史『日本プロレス全史』（ベースボール・マガジン社）も、貴重な情報源となった。さらに、栗田登著『力道山―人間ドキュメント』（ブロンズ社）や、猪瀬直樹著『欲望のメディア』（小学館）、一時間にわたるドキュメンタリー・ヴィデオ『力道山とその時代』（文藝春秋）、『力道山』（ポニーキャニオン）なども役に立った。

アメリカ先住民は「悪玉」……云々《うんぬん》の記述は、牛島秀彦著『もう一つの昭和史①　深層海流の男・力道山』から引用した。

帝国ホテル・ダイヤモンド盗難事件／東京拘置所

帝国ホテルのダイヤモンド盗難事件は、日本のマスコミが大々的に報じた。雑誌記事にはこんなものがあった。〈残る宝石店の生き方〉（『サンデー毎日』一九五六年二月五日号）。〈宝石強盗「ゴメンナサイ」〉（『サンデー毎日』同年三月二十五日号）。

マックファーランドの奇妙な性格や性的嗜好《しこう》は、ニック・ザペッティから聞いた話や『サンデー毎日』の記事をもとにした。逮捕後にマックファーランドの弁護にあたったレイモンド・ブッシェルも、彼の奇行についてさまざまなエピソードを語ってくれた。

六ヶ月におよんだマックファーランドの入院生活と、インシュリンによるショック療法については、『インターナショナル・ニュース・サーヴィス（ＩＮＳ）』一九五六年三月二十二日付に報じられた。自殺未遂の件は、『ＩＮＳ』同年一月二十七日付に掲載されている。起訴については『Maimichi Daily News』一九五六年二月八日付に、自白については、『ＡＰ』の一九五六年三月九日付に報じられた。『ＩＮＳ』のレナード・サファー記者は、何度かマックファーランドを記事にしている。一九五六年一月と二月の数回にわたる自殺未遂もとりあげた（たとえば、〈おれは頭がおかしい――宝石泥棒、病床にて語る〉『ＩＮＳ』一九五六年三月二十二日付）。

一九五六年三月七日、マックファーランドは裁判所宛《あ》てに長い謝罪の手紙を書き、コピーを〈共同通信〉に送った。共同通信はそれを全面掲載。最後のパラグラフは以下のとおりである。

被害者の方々に、心からお詫《わ》びいたします。アメリカ政府にも多大な迷惑をかけてしまいました。日本国民のみなさん、日本の法律を破り名誉を汚したことを、深くお詫びいたします。裁判所と国民のみなさんにお願いします。どうか私をこのまま日本に置いてください。もしもそれが許されるなら、今後の行いによってかならずそのご恩に報いるつもりです。

どうかみなさん、バカな私にお慈悲を。

敬具

ジョン・M・マックファーランドより

一九五六年五月二十七日、東京地裁でマックファーランドの判決が下された。『INS』一九五六年五月二十七日付速報、および『AP』同年五月二十八日付、参照。

マックファーランドがこのような謝罪の手紙を書いたのは、日本の犯罪裁判システムの興味深い一面を知ったからに違いない。どんな犯罪者でも、心から悔い改め、すべてを自白し、罪を認めれば、寛大な措置を受けるという。実際、犯罪者の四分の一は、供述書の最後に、〈申し訳ありませんでした〉と書くことだけを要求される。とはいえマックファーランドの場合、謝罪は功を奏さなかったようだ。

宝石強盗を幇助《ほうじょ》した〝男の愛人〟については、マックファーランドの弁護士、ブッシェル、およびザペッティに確認をとった。モリという名のその人物については、日本語、英語を問わず各マスコミが報じたが、犯行当時は未成年だったので、〝M〟という頭文字だけが使われた。日本の場合、二十歳以上が成人とみなされる。

シャタックの事件への関与は、各マスコミにとりあげられた(例『INS』一九五六年五月八日付)。ブッシェル弁護士は、マックファーランドがシャタックを面と向かって非難しているのを目撃したことがある。ザペッティもシャタックの裁判で、シャタックはハメられた、と証言した。ブッシェルは個人的にはこう確信している——シャタックは宝石を買ったにもかかわらず嘘《うそ》をついたに違いない、と。

シャタックの妻が知人の裁判官に紹介された話は、アクセノフ医師から聞いた。アクセノフ医師は、一九五〇年代半ばには、日本の外国人社会でかなり尊敬される存在となっていた。ブッシェルも似たような話をしてくれたが、裁判官のことには触れなかった。いずれにせよ、当の裁判官はすでにこの世にいない。

ドリス・リーとシャタックは、とうの昔に日本をあとにした。ドリス・リーは結局シャタックと離婚し、二十世紀の終盤にラスヴェガスで死去。シャタックはブラジルに住み、日本人向けに葬儀場を経営した。

ザペッティが拘置所と〈アメリカン・エキスプレス〉とのあいだを往復したエピソードは、

この事件を担当した警察の通訳に確認をとった（本人の希望により、名前は伏せることにする）。ついでながら、ザペッティが拘留された三十年ほど後に、元ビートルズのポール・マッカートニーは、二百二十五グラムのマリファナの不法所持で成田空港で逮捕され、拘置所で一週間過ごしたが、このときの扱いも、三十年前と基本的にはほとんど変わっていない。『人物往来』の〈帝国ホテル宝石ギャング〉と題する記事は、吉野三郎という人物が書いたもの（一九五六年三月号、pp.164-167）。

アメリカ大使館員のウィリアム・ギヴンスは、マックファーランドが府中刑務所に投獄されていた六年のあいだ、毎月面会に訪れた。府中刑務所は東京の郊外に位置し、灰色の高い塀に囲まれ、ろくな暖房もない陰鬱《いんうつ》な場所である。ギヴンスは面会のたびに、マックファーランドの唯一の希望をかなえてやったという。グルメ雑誌を差し入れてほしい、と頼まれたのだ。「彼は魚とご飯にうんざりしてたんです」とギヴンス。「体重が四五キロも減っていた。一日中グルメ雑誌をみながら、おいしいものを食べる夢でも見ていたんでしょう」

第三章　サクセス・ストーリー

一九五〇年代の六本木の光景は、トム・スカリーやハル・ドレイク、リチャード・パイル、リチャード・ロア、佐々木ミノル、住谷礼吉、ディック・ベリー、ウィリアム・ギヴンス、トマス・ブレークモアに聞いた話をもとにした。

犯罪モノに詳しいジャーナリスト、佐々木実は、〈ニコラス〉を初めて記事にした人物である。本著を書くにあたってぼくがインタビューしたとき、佐々木は当時のレストランの印象を語ってくれた。〈ニコラス〉の最初のウェイターであり、三十年のあいだ、何度か退職復職をくり返した野村明男（通称「フランク」）も、このレストランや常連に関する情報、背景などを補足してくれた。

当時のテレビの売り上げや視聴率は、講談社の『日録20世紀・週刊YEAR BOOK・第38号』、および『日本プロレス全史』というプロレス百科から引用した。

参考文献に記した力道山関係の書物のなかで、奇行について記していないものはない。彼の悪ふざけは、日本では有名だった。ニック・ザペッティと、〈ニコラス〉のチーフ・ウェイターの野村明男も、それを目撃している。

当時の暴力団の生活ぶりを知るには、『週刊東京』の〈火を吹いたコルト〉（一九五八年六月二十八日号、pp.4-9）が役に立った。ここには、横井英樹拳銃狙撃事件についても記されている。

アングラ帝国

児玉誉士夫が君臨するアングラ帝国については、さまざまな本が書かれている。

とくに有名なのは、立花隆というジャーナリストの著書で、なかでも、信頼ある月刊誌『文藝春秋』の一九七六年五月号（pp.94-130）に掲載された、〈児玉誉士夫とは何か〉という長編記事が参考になる。その他、『週刊文春』の長期連載〈児玉誉士夫とCＩＡ〉（一九七六年四月十五日号、四月二十九日号、五月十三日号、五月二十日号、五月二十七日号）、および、『週刊朝日』の〈ロッキード事件ＧＨＱ情報部、ＣＩＡそして右翼との接点を洗う。巣鴨《すがも》出所後、児玉誉士夫は何をしたか〉（一九七六年四月二十三日号、pp.173-176）も参照。

マッダ・ジンキチという人物の報告書〈How Yoshio Kodama Behaved Himself on the Continent : History of Crime of the Shanghai Adventurer〉（IPA Case No. 194, U.S.National Archives）にも詳しく記されている。大宅壮一の〈児玉誉士夫……〉（『文藝春秋』一九六一年一月号）も興味深い。児玉誉士夫自身の著書『悪政・銃声・乱世――風雪四十年の記録』（弘文堂）には、愛国主義者だった若いころの姿が描かれている。

児玉と町井の関係を知りたければ、今は廃刊となった週刊誌『朝日ジャーナル』が、一九七六年十月一日、十月八日と二回に分けて掲載した、〈児玉の陰で踊るあるフィクサー〉という記事が役に立つ。文責は同誌の編集部。これを読めば、ヤクザの組長が権力者にのしあがるまでの経緯が、手にとるようにわかる。

『週刊文春』の連載〈韓国から来た男〉（一九七七年六月二十三日、六月三十日、七月七日号）も参照されたし。

警視庁のファイルを参照できたおかげで、町井に関する事実をかなり確認することができた。

また、犯罪モノに詳しいジャーナリスト、佐々木弘の話や、東声会の元組員へのインタビューも役に立った。

牛島秀彦著『もう一つの昭和史① 深層海流の男・力道山』は、力道山と政界との結びつきを追及している点で貴重である。ぼくに言わせれば、この結びつきは日本のアングラ帝国の見取り図そのものだ。

町井と力道山の関係は、本田靖春著『疵』と、大下英治著『永遠の力道山』の各所に記されている。『疵』は、渋谷の有名なヤクザが、一九六三年に東声会系組員二名から柳葉包丁で突き刺されて絶命するまでを描いた、評価の高い人物史的ノンフィクションである。

元暴力団組長、安藤昇が、西銀座のヤクザによって耳から顎《あご》までざっくり斬《き》られた模様は、安藤の三巻にわたる自伝『やくざと抗争』(徳間書店)に描写されている。本田の著書も安藤の著書も、犯罪やヤクザの戦後の興隆を知るうえで有効だ。日本の犯罪やヤクザの歴史および文化を、八〇〇ページ余にわたってまとめた『任俠大百科』、および『公安百年史』も役に立つ。

日本では、『銀座日報』のような総会屋系の雑誌が数多く出版されている。いわば〝直接販売〟方式をとっていて、ニューススタンドでは手に入らない。日本でごくおなじみのゆすりの手口である。

CIAは児玉に、二つの点で興味をもった。自民党の陰の立て役者であり、日本における極右の陰のリーダーでもある点だ。ACJの創始者の一人である国務省元高官ユージン・ドゥーマンは、ＣＩＡが出資している秘密組織を通じて、数トンにおよぶタングステン——ミサイルの強度を高めるために使われる金属——を、日本の軍事施設から米国防総省に密輸する任務を請け負っていた。その任務を遂行するために、児玉誉士夫が雇われたらしい。一九九四年十月十六日付の『共同ニュース』によれば、ＯＳＳ（ＣＩＡの前身）の高官、ケイ・スガハラは、児玉を通じて日本からタングステンを調達し、児玉に二百八十万ドルを支払ったという。メイン大学の今は亡きハワード・シェーンバーガー教授も、未発表の論文のなかでそう指摘している。

町井と力道山の関係については、『疵』と『永遠の力道山』のなかで何度も触れられている。警視庁のファイルによれば、町井の実名は「鄭建永」。〈東日貿易〉とスカルノ大統領夫人との関係は、『週刊現代』一九六六年二月二十八日号に記されている。キタザワ・ヨーコの〈Japan-Indonesia Corruption : Bribe, It Shall Be Given You (part 1)〉（『AMPO ⑧ No.1』1976）も参照。

安保改定をめぐる国会での抗議行動については、〈アサヒケミカル〉のエンジニア、ハヤノ・フサカズ博士が、詳細に語ってくれた。ハヤノ博士は当時、東京大学の学生としてデモに参加している。当時、アメリカ大使館員だったウィリアム・ギヴンスも、抗議行動を目撃した一人として、独自の印象を語った。

ヤクザによる愛国主義的〝保安部隊〟の結成については、『公安大要覧』に詳細に記されている。猪野健治著『やくざと日本人』（三笠書房）、牛島著『もう一つの昭和史①』、アルバート・アクセルバンク著*Black Star Over Japan*（『日本の黒い星』）、および*Yakuza*にも、すぐれた描写が見られる。

「汚れた沼にも、ハスの花は咲く」という発言は、一九六四年七月十八日から同年八月二十二日まで十四回にわたって連載された、『Mainichi Daily News』のヤクザ特集〈Organized Violence Pattern in Japan〉から引用した。

児玉、町井、自民党高官、韓国代表を交えた秘密の会合については、牛島著『もう一つの昭和史① 深層海流の男・力道山』、および、前述の『朝日ジャーナル』の記事〈児玉の陰で踊るあるフィクサー〉（一九七六年十月一日、八日号）に詳しく記されている。町井自身も、『週刊現代』一九六六年七月二十三日号でめずらしくインタビューに応えた際に、そのことに触れている。

＝**銃刀法について**＝

日本では拳銃《けんじゅう》所持は徳川時代の昔から、厳重に禁止されている。徳川将軍が禁じたのは、大衆がそのような武器を手に入れたら何をしでかすかわからない、と恐れたからだ。戦国日本を統一した豊臣秀吉という有名な封建領主（一五三六―一五九八）は、「刀狩り」という制度をもうけ、民衆は刀を含むあらゆる武器を放棄しなければならない、と定めた。年貢さえきちんと納めていれば、民衆の安全は政府が保障する、というわけだ。この発想がやがて警察制度の発足につながり、副産物として、警察や当局に対するある種の畏《おそ》れが生まれたといえる。

個人の拳銃所持を厳重に禁じる銃刀法は、一九五八年から実効になった。

日本で残虐な犯罪が比較的少ないのは、自衛用の武器を持つ習慣がないからだ、とよく言われる。公共心が高いせいだとか、家名を傷つけるのを嫌うせいだ――日本人はこの意識がとくに強い――、といった文化的傾向を指摘する声もある。

東京のマフィア・ボス

〈クラブ88〉に〝嵐を巻き起こした〟事件については、ザペッティの目撃に基づいている。ザペッティと力道山、町井との関係は、チーフ・ウェイターの野村、レジ担当の小泉たえ子（のちのザペッティ夫人）、および、この三人の男を〝われわれの宿敵〟と呼んでいた当時の警視庁関係者、モガミ・ユタカから話を聞いた。

田無のヤクザとの対決は、ザペッティと小泉たえ子の話に基づいている。

ヤクザのメンバーに関しては、『公安大要覧』にさまざまなデータが載っている。『Mainichi Daily News』に一九六四年七月十八日から十四回にわたって連載された、〈組織暴力……〉と題するヤクザ関連の記事も参照。『週刊読売』一九七八年十月十五日号（pp.28-40）の〈変貌《へんぼう》する暴力集団〉と題する誌上討論もおもしろい。このなかで警察関係者は次のような趣旨の発言をしている。

「ヤクザは全部で何人いるのか、まったくわかりません。政府から頼まれて数えてみたことがあるんですが……結局は推測の域を出られませんでした」

〝血で血を洗う〟事件は、『疵』と警察の報告書から引用。

小林会の男とのもめごとは、ザペッティと当時のレジ係、小泉たえ子の話に基づいている。

住吉連合と東声会の二十人を巻き込んだ死闘は、一九六二年、六本木のナイトクラブ〈チャコ〉の前で起こった。代金の支払いをめぐる口喧嘩《げんか》が発端である。このクラブは東声会の経営。支払いを拒否したのは住吉連合の組員。詳細については、警察の報告書をチェックした。

キラー池田

ザペッティと池田グループとの喧嘩については、ザペッティ自身と、目撃した野村明男の話をもとにした。別の情報源によれば、詳細が多少食い違う。たとえば、池田がカウンターに拳銃を置いた、という証言もある。

金信洛

力道山の出生は一九七八年、前述の牛島の著書を通じて、初めて活字の形で世間に公表された。

〝在日韓国人について〟

韓国や台湾が大日本帝国の領土だった一九二〇年代、三〇年代に、日本の炭坑や工場で働くために強制連行された韓国人や台湾人は、長年にわたる弾圧と酷薄な扱いのあと、占領軍によって解放された。本国送還プロジェクトによって、二百万人以上が故郷の朝鮮半島に帰っている。しかし、約六十万の韓国人と約十万の台湾人が日本に残る道を選び、GHQに与えられた自由を謳歌《おうか》した。GHQは彼らを、日本の警察の対象外にしたからだ。

彼らの一部は暴力団を結成し、駅周辺の焼け跡に独自のヤミ市を設立。アメリカの商品を、日本人よりも楽に入手できたことから、勢力をどんどん拡大しはじめた。民主主義の風潮が高まっていたとはいえ、生粋の日本人暴力団にとってはおもしろくなかったようだ。その感情を代弁するかのように、当時の日本の暴力団組長が、数年後に著した自伝のなかで、朝鮮人の〝侵入〟についてこう記している。

特権を利用して隠匿《いんとく》物資の摘発、それも強盗同様に押し入ったり、電車の中では平然と酒を飲み、女にからみ、混雑して立錐《りっすい》の余地もない座席を一人でぶんどり大の字に寝ころんでいたり……。

いま思ってみれば、日本の軍隊にいたため抜かれて奴隷のように搾取された彼らにすれば、百年目にめぐってきたわが世の春だったのだ。劣等意識の裏返しの報復気分で、思う存分ふるまいたかったのであろう。

その気持もよくわかるが、現実に目の前でひどい目にあっている同胞を見過ごし、彼らの横暴の前に膝《ひざ》を屈することは耐えがたかった。（安藤昇『やくざと抗争②〈疾風篇〉』p.119）

日本の暴力団のボスたちは、それなりの手を打つことにした。日本刀や拳銃、ときにはマシンガンさえ持ちだし、アメリカのMPの目を盗んでは、渋谷、上野、新橋界隈《かいわい》で壮絶な抗争をくりひろげ、成り上がりのよそ者たちを徐々に制圧しはじめたのだ。

東声会と住吉連合との縄張り争いは、韓国人ヤクザと日本人ヤクザとの確執を象徴している。戦後、住吉会は、構成員数千人を抱える東京でもっとも大規模な暴力団へと発展し、以前、正統派博徒が軽蔑《けいべつ》していた活動分野へと手を広げていった。東京の港湾業界を席巻したばかりではない。麻薬密売業界や芸能界、さらには、力道山のプロレス興行にまで触手を伸ばしたものだ。

だからといって、東声会がおめおめと引き下がるわけがなかった。一九五六年三月のある日の午後、浅草の伝統的な寺で暴力団関係者の葬儀がおこなわれた際に、住吉連合の銀座勢力は大きな痛手をこうむった。十七世紀に建立されたという仏教寺院で法要が営まれている間に、参列者のなかの四人が喪服から38口径のピストルを取り出し、やはり列席していた住吉連合銀座支部のボスに向けて発射したのだ。硝煙がおさまったときには、ボスは息絶え、東声会の銀座の縄張りはしかと確保されていた。

町井は権力を拡大するにつれ、力道山との親交を深めていった。自分と同じように力道山も朝鮮人だと知ったからだ。やがて町井は、住吉連合が歯ぎしりするのをしり目に、日本プロレスリング協会の会計監査役を横取りし、力道山の東京興行を一手に引き受けるようになる。同時に町井は、黙って力道山を東声会の正式なメンバーとし、「最高顧問」という肩書を提供した。上には組長しかいない。ヤクザたちに妙な魅力を感じていた力道山にとって、このプレゼントは世界チャンピオンのタイトルを勝ち取ったと同じような名誉に感じられた。まもなく警察は彼の〈クラブ・リキ〉を、内部の報告書のなかで「東声会支部」と呼ぶようになる。

力道山の性格描写は、彼について書かれた本や、彼をよく知る人物にぼくがインタビューした内容に基づいている。そのなかには、ザペッティはもちろんのこと、日本で「デストロイヤー」として知られるプロレスラーのリチャード・ベイヤー、力道山をよく知るもう一人のプロレスラー、力道山がしばしば威嚇《いかく》した〈野村ホテル〉の支配人、ロジャー・サディス、警視庁関係者のモガミ・ユタカなどが含まれている。

ベイヤーは、リキが死ぬ数ヶ月前、遠征で一緒に日本旅館に投宿したときのエピソードを語ってくれた。リキはかならずフトンの下に拳銃を隠し、その晩の〝水揚げ〟を入れたブリーフケースをしっかりと握りながら眠ったそうだ。障子のほうから音がすると、即座に拳銃を片手に飛び起きた。おれはねらわれていると、うわごとのようにくり返していたという。

ヤクザの元組長、安藤昇は、『やくざと抗争』という自伝のなかで、力道山との果てしない戦いについて触れている。力道山の暗殺計画が失敗に終わったことや、リキの配下のトップ・レスラー三人を、部下に命じて誘拐《ゆうかい》しようとしたことなどが記されている。安藤は、自分の組の縄張りである渋谷という大きな歓楽街に、力道山がバーを開店したことに腹を立てていた。また、リキに暴力をふるわれたナイトクラブのホステスが、安藤に仕返しを求めてもいた。げんに力道山は、カネによる決着をみるまで、身を隠していた。

力道山の朝鮮訪問は、『スポーツニッポン』一九六三年一月十一日付に報じられた。『東京中日新聞』は、リキの朝鮮行きと同時に彼の出生を明らかにした『AP』の記事を翻訳し、一九六三年一月十一日付で発表している。

北朝鮮の雑誌記事は、力道山の最初の妻とのあいだにできた娘が書いたもの。彼女は当時、ピョンヤンに住んでいた。最初に掲載したのは、『Ryutsu Hyoron』の一九八四年三月九日号、十六日号。同年六月には、〈力道山にも祖国があった〉というタイトルで、『Tong Il Hyoron』という月刊誌に日本語版も掲載されている（pp.118-135）。そのころには、娘は〈朝鮮民主主義人民共和国体育委員会〉の会長と結婚していた。この組織は、朝鮮半島一の力道山ファンといわれる金日成《キムイルソン》の、強力な後ろ盾があることで有名だった。

力道山の事件は、各紙に大々的に取りあげられたばかりでなく、のちに出版された力道山関係の書物のなかでも詳細に記されている。もっとも詳しいのは、村田自身が、『週刊新潮』のインタビューに応えた記事〈犯人が語る力道山刺殺の真相〉（一九八九年二月九日号、pp.127-128）だろう。『週刊サンケイ』の〈事件その後〉（一九八二年十二月二日号、pp.176-179）には、刺した直後の村田の言葉が引用されている。『アサヒ芸能』の〈プロレス三国志〉（一九九二年八月十五日号、pp.60-64）も参照。

CIA陰謀説は、牛島著『もう一つの昭和史① 深層海流の男・力道山』および〈力道山にも祖国があった〉に記されている。力道山の娘は、『夕刊フジ』一九九一年八月一日付のインタビューに応じた（p.1）が、そのなかで、父親が死んだのは全面的に日本のヤクザのせいだと述べ、CIAにはいっさい触れていない。

ニック・ザペッティは個人的な思い出をこう語っている。

「力道山はいいやつだよ。いったん知り合いになると、本当にいいやつなんだ。世界一いい友だちさ。何だってやってくれる。ただ、酒が入ると人が変わる。とんでもないクソッタレになっちまう。もちろん問題は、しらふのときがほとんどないことさ」

第四章　オリンピック後のアングラ経済

〈七年前まで、東京の道という道、街という街を知りつくしていた私にも、どこがどうなっているのかさっぱりわからなかった〉

安藤昇は、一九六四年に服役六年の刑期を終えて出獄したときの感想を、『やくざと抗争③〈完結篇〉』(p.126)のなかでそう述べている。

オリンピック・ブーム時の経済データは、政府白書に拠《よ》る。バーの軒数二万五千という数字は、レジャー開発センター白書より。

一九六〇年代の六本木の描写は、ぼく自身の体験や、ザペッティ、トム・スカリー、ハル・ドレイクへのインタビューを元にした。〈ミカド〉の描写は、〈グロリア・ジャパン〉のナカオ・ヒロオ社長、リチャード・ロア、ドワイト・スペンサーの話、および、ぼく自身の経験に基づいている。

国防費とビジネス交際費との比較は、政府白書から引用(データは国防総省提供)。

〈コパカバナ〉の描写と背景は、『週刊新潮』一九七八年五月二十五日号の〈コパカバナと離婚女房の店〉(pp.40-44)に拠る。『週刊サンケイ』一九七九年八月九日号(pp.24-27)〈政財界の内情を知りすぎた男〉、および『週刊文春』一九七九年四月五日号〈エル・モロッコ〉も参照。いずれも何らかの形で、クラブと暴力団との関係に触れている。コパカバナにしばしば出入りしていたという、犯罪モノに強いジャーナリストの佐々木弘も、情報を提供してくれた。

コパカバナに関する情報は、〈グラマン〉の航空コンサルタント、ジム・フィリップス、ナカオ・ヒロオ、リチャード・ロア、毎晩のように通っていたニック・ザペッティなどからも得られた。ぼく自身も何度か足を運んだことがある。

〈東日貿易〉がスカルノに女性を斡旋《あっせん》したことは、『週刊現代』一九六六年二月二十八日号(p.51)に載っている。前述の『週刊新潮』一九七八年五月二十五日号にも、東日貿易がデヴィとスカルノの結婚に手を貸した旨が記されているし、ジャーナリストの佐々木弘も、ぼくのインタビューのなかでそう語っている。

東日貿易は一九六〇年代にスキャンダルを起こし、多くの新聞や雑誌で取《と》り沙汰《ざた》された。

東日貿易の久保満沙雄社長は、町井と親交がある。また、会社の後ろ盾として児玉や、当時の自民党の大立て者、河野一郎がついている。

スカルノは東京にくるたびに、高樹町にある久保の豪邸に投宿した。

東日貿易とデヴィの関係は、『週刊現代』一九六六年二月二十八日号の記事、前述の『週刊新潮』の記事、および、一九七六年『AMPO⑧'No.1』のなかのキタザワ・ヨーコ〈Japan-Indonesia Corruption: Bribe, It Shall Be Given You (Part 1)〉で取りあげられている。一九七六年三月十九日付の『Asahi Evening News』では、トミノモリ・エイジが〈The Structure of Sponging (1)〉という記事のなかで、インドネシアにおける東日貿易の主要なライバルであり、のちのパートナーでもある〈キノシタ商店〉の活動状況に言及している。

コパカバナのホステスたちが産業スパイまがいのことをしていた、という情報は、ジャーナリストの佐々木弘、航空コンサルタントのジム・フィリップス、ニック・ザペッティなど、同クラブの常連たちから入手した。ホステスたちの活動は、一九七八年五月二十五日号の『週刊新潮』にも取りあげられている。それによれば、コパカバナは〝航空機販売戦争〟の〝夜の決戦場〟だったという。

一九五七年のロッキード問題は、『Pacific Community 8, No.2』（一九七七年一月号）のなかの、カール・ディクソンによる〈Japan's Lockheed Scandal: 'Structural Corruption'〉に詳しく記されている。また、アントニー・サンプソン著*The Arms Bazaar: From Lebanon to Lockheed*や、『文藝春秋』の立花隆の記事〈児玉誉士夫とは何か〉でも取りあげられている（後者は、児玉が〈パティク フィリップ〉の時計を提供したエピソードにも触れている）。

町井が〝人相の悪い〟部下たちに、オリンピックが終わるまで東京を離れろ、と命じたという話は、一九六四年七月から八月にかけて『Mainichi Daily News』で連載された組織暴力関連記事を参照。

〈キャラバン・サライ〉については、『週刊文春』〈夜の観光（興業）に乗り出した昭和の怪物〉（一九六六年六月九日号、pp.38-42）で取りあげられている。かつて常連だったナカオ・ヒロオ、リック・ロア、ドワイト・スペンサーからも、生の体験談を聞くことができた。児玉のセリフは、文春の記事から引用。

児玉と総会屋のデータは、文春の立花隆の記事〈児玉誉士夫とは何か〉に拠る。〈野村證券〉

が児玉に〝顧問料〟を支払っていたという話は、一九七七年六月十二日付の『Japan Times』に報じられている（記事には〈児玉は中元として二百万円を、歳暮として三百万円を野村證券から受け取っていた〉とある）。一九九二年四月一日付『共同ニュース』の〈Black Current〉と題する記事によれば、この証券会社は児玉に二千万円を支払ったという。同記事はさらに、野村證券の瀬川美能留《みのる》社長の言葉も引用している。瀬川は、自民党のハヤシ・カツヨシにこう語ったそうだ――上場企業であろうと、公的な顔と私的な顔があるものだ。われわれは児玉先生に毎年、顧問料として二千万円を支払っている。見返りに、先生はわれわれのためにいろいろな問題を解決してくれる。二千万円払うだけの価値はあると、私は思っている――。

総会屋は日本全国に約五千人いると推定される。内訳はおおむね、株主総会の円滑な進行を主な仕事としているタイプと、私的な出版物を発行して企業相手にゆすりをはたらくタイプにわかれるようだ。往年の児玉は、総会屋の七五パーセントを牛耳っていたと思われる。

警察関係者のコメントや、関連データは、『週刊読売』一九七八年十月十五日号〈変貌《へんぼう》する暴力集団〉から引用した（pp.28-40）。

六本木の帝王　東京のマフィア・ボス

オリンピック後の〈ニコラス〉店内の模様については、ザペッティ、野村明男のほか、ユージン・アクセノフ、マーティ・スタインバーグ、ラリー・ウォレス、ローレン・フェッツァー、ジョーとリース・バーナード夫妻など、当時の常連の話をもとにした。

町井の指つめ事件は、いくつかの出版物が取りあげている。たとえば、『朝日ジャーナル』一九七六年十月一日、八日号の〈児玉の陰で踊るあるフィクサー〉という記事や、一九七七年に『週刊文春』で連載された〈韓国から来た男〉（六月三十日号）が言及しているし、カプランとデュブロの共著 *Yakuza* にも描写が見られる。

安藤昇は、自伝『やくざと抗争』のなかで、ナイフで襲われた場面や、顔の傷を麻酔なしで縫ったことなどを、生々しく描写している。東声会の組員が、日本刀を振りかざした男と丸腰で対決し、左手首を切り落とされた事件は、警視庁の東声会関係ファイルに記されている。「日本刀がキラリと光った瞬間に……」云々《うんぬん》は、小説家で元安藤組組員の安部譲二に、ぼくがインタビューしたときの発言。

デイヴが車のなかに連れ込まれたエピソードは、野村明男の目撃証言に基づいている。柔道家モーリスの事件は、ザペッティが目撃した。マイク・サリヴァンの喧嘩騒動も、ニック・ザペッティから聞いた。サリヴァンと松原の喧嘩は、その夜、〈トムズ〉のカウンターで働いていた野村明男が目撃している。テーブルで飲んでいたハル・ドレイク記者も、目撃者の一人として証言した。その後の出来事については、同じく『スターズ・アンド・ストライプス』でサリヴァンの同僚だったドレイクとトム・スカリーが語ってくれた。スカリーは、サリヴァンが東声会から身を隠しているあいだ、ウィスキーなどの差し入れをしている。ぼくはサリヴァンにインタビューを申し込んだが、断られた。

ザペッティの逮捕については、警視庁麻布署に確かめた。手入れとショットガン押収については、アメリカ大使館員バリー・ネムコフの確認をとった。FBIの訪問は、小泉たえ子とザペッティの証言に基づいている。ザペッティを「外国人要注意人物ナンバーワン」と呼んだのは、警視庁外国人関係部署のメンバーであるモガミ・ユタカ。

ザペッティの罪状は多岐にわたる。〈ニコラス〉の店内の明るさを測るため、光度計をもって現れた警官に、怒って襲いかかったこともある。食事を妨害されたことに腹を立てたザペッティは、光度計もろとも警官を階段から突き落としたのだ。警視庁からかなりの罰金を科されたことは言うまでもない。酔って街中で車を乗り回し、どこに駐車したか忘れることもしばしばで、そんなときは翌朝、警察に電話をかけて、車を探せと命じたりした。

初めて東京拘置所に放り込まれて以来、ザペッティとモガミ・ユタカとのあいだには、ある種の友情が芽生えている。当時のモガミは、外国人犯罪者に尋問するための通訳チームに属していた。モガミによれば、ザペッティほどの変わり者には会ったことがないという。ときには、昔のガールフレンドの居所を探すといった、軽い頼み事も引き受けた。その見返りに、いつでもただでピザを食べさせてくれたという。たまには翻訳もしてやった。

とはいえ、モガミはあくまで誠実な男だった。ラッキー・ルチアーノ率いるギャング団の代表から、〝おいしいニンジン〟を目の前にぶら下げられ、日本にカジノを開く手伝いをしてほしい、と頼まれたときも、きっぱりと断った。それどころか、律儀に上司に報告したから、ルチアーノの子分は国外追放処分になった。

ザペッティとの関係は、やがて尻《しり》すぼみになっていく。同僚の警察官たちから白い目で見られたせいばかりではない。モガミの奥さんからも、「あんなうさんくさい人間とはつき合わないで」、と言われたからだ。

マカオ国籍の男の殺害については、ぼくがインタビューした際に、ザペッティ自身が「じつはおれが手配して殺《や》らせた」と言っていた。

ザペッティはアクセノフに、「マフィアのボスになるのは、おれみたいな生まれの人間にとっては最高の名誉なのさ」と語っている。

アメリカ大使館で一九六三年から六八年までマスコミ担当をつとめたバリー・ネムコフは、ぼくのインタビューのなかで、ザペッティは一九六〇年代を通じて、アメリカ大使館や警視庁から「東京のマフィア・ボス」とみなされていた、と証言している。さらに、ニックが依然としてニューヨーク・マフィアに雇われ、極東の彼らの資産を管理する仕事をまかされているに違いないと、関係者の大半が信じていた、とも述べた。

合法的な逃げ道

ここにあるビジネスデータは、ＡＣＪ（アメリカ対日評議会）に拠《よ》る。コカ・コーラの話は、

〈バーソン・マーステラ〉の元職員トマス・スカリーから聞いた。ＩＢＭの話は、ＩＢＭ日本支社の代表から聞いた。ＩＢＭの日本での奮戦ぶりは、ホーズレイとバックレイ著*Nippon, New Superpower*（『超大国ニッポン』）に記されている（pp.141-147）。

『やくざ非情史　血の盃《さかずき》』は、一九六九年の日活映画。

ぼくは一九六九年から七二年まで、〈エンサイクロペディア・ブリタニカ〉に勤めていたから、販売状況についてはよく知っているが、同社のＧＭである鈴木トシロウにインタビューして、さらなる情報を得た。

ランズバーグの話は、すべてジェイムズ・Ｌ・アダチ弁護士から聞いたもの。彼の事務所には、関係書類がそろっている。

養沢川計画については、トマス・ブレークモア、フランシス・ベイカー、ジム・フィリップスに聞いた。さらに、ロッサー・ブロックマン、イン・ワ・マー・ブロックマン夫妻、サトウ・テツオが背景を補足してくれた。

＝トマス・ブレークモアについて＝

ブレークモアは、東京で史上もっとも成功した外国人弁護士だといえる。日本の民法や刑法を、英語に翻訳した人物だ。日本の法律を知り尽くしているから、膨大な法規の細部を指摘することで、手ごわい役人たちをぎゃふんと言わせることができる。そんなまねができる西洋人は、彼ぐらいしかいない。

狩猟好きで有名なブレークモアが、飼い犬の純血アイリッシュセッター二頭のあいだに生まれた子犬を、役所に登録し忘れたエピソードは語り草だ。日本の規則によれば、生まれた子犬は生後六週間以内に登録しなければならない。ところがブレークモアは、まる六ヶ月もたってから、登録用紙を保健所に提出した。すると担当の役人は、期限切れだ、なす術はない、と突っ返した。ブレークモアは負けずに言い返す——いや、ぜったい何とかなる——。そして年季の入った民法全書を引っぱり出し、読み慣れたページを開いて、オクラホマ訛《なま》りのある流暢《りゅうちょう》な日本語で、役人に読んで聞かせた。「両親の婚姻のあとに生まれた子供は、嫡子とみなされる」「この法律は、人間ばかりでなく動物にも適用できるはずです」ブレークモアは根気よく説明した。「同じ生き物なのですから、人間に当てはまることが、動物に当てはまらないわけがありません」

ブレークモアは役人に、自分はアメリカ人だが、日本の司法試験にパスした正真正銘の弁護士であることを伝えたうえで、法律の専門家として解釈させてもらえば、子犬の両親は〝コモン・ロー（非成文式慣習法）〟上、まぎれもなく正式な婚姻関係にある、と論じた。自分は二頭の犬と、千葉の農場で数年間生活を共にしているから、個人的にそれを証言してもいい。犬たちのためにも、子犬たちの将来のためにも、何らかの手を講じてやるべきではあるまいか……。

役人はあいかわらずうさんくさい顔をしていたが、結局はこの男の知識にはかなわないとあきらめ、犬の登録用紙をしぶしぶ受理した。彼以外の外国人にはできない偉業である。

第五章　ミス北海道

アメリカ人僧侶《そうりょ》の名前はロバート・ホィーラー。「最高に素晴らしい」という意味の「シュゼン」という日本名をさずけられている。

「なぜわたしにそんなことをおっしゃるのかしら」というたえ子のセリフは、小泉たえ子自身とニック・ザペッティから聞いた。

日本のキャリアウーマンに関するデータは、パトリック・スミス著 *Japan: A Reinterpretation*（『日本人だけが知らない日本のカラクリ』）(pp.158-159)、および、『政府白書：一九九八年版』に拠る。日本社会における女性の役割については、ジョージ・フィールズがすばらしいエッセイを書いている。*From Bonsai to Levi's*, chapter 3 参照。

「いいお嬢さんテスト」や、ザペッティとゆみ子の結婚生活の詳細は、ザペッティ自身が語った。彼はもっとも浅ましい関係だったことを、何のためらいもなく認めた。ゆみ子は、ザペッティから協力を求められても、インタビューには応じてくれなかった。彼女はその後再婚し、宗教の道に入ったらしい。

ザペッティの娘のパトリシアは、父がゆみ子を〝座敷牢《ろう》に監禁〟したことなど、二人の関係について大筋を認めている。

ミンク牧場の詳細は、ザペッティとユージン・アクセノフから聞いた。アクセノフはザペッティが別の事業にも大失敗したいきさつを目撃している。ヌートリアの飼育に手を出したのだが、台風による洪水とともに、毛のふさふさした小動物数百匹が、村中にばらまかれてしまった。

乗っ取り

〈日本交通〉の〝乗っ取り〟の詳細は、ザペッティや小泉たえ子、当時〈ニコラス・エンタープライズ〉の職員だったヴィンス・イイズミ、モガミ・ユタカへのインタビュー、および裁判記録に基づいている。日本交通の重役は、今は亡い。ヴィンスは次のように証言している——。日本交通の連中は、契約が実効となったあと、〈ニコラス〉がいかに儲《もう》かっているかを目の当たりにしたとたん、東京のピザ・ビジネスからザペッティを追い出そうとしたに違いない。その証拠に彼らは、「ニコラス」という元来の店名をザペッティが使えなくなるように、巧みな小細工をしたではないか——。

〝乗っ取り〟のあと、裁判所の命令によって、日本交通だけが〈ニコラス〉という店名の使用を許されている。以降、ザペッティは自分のレストランを、〈ニコラ〉と呼ばざるを得なくなった。隣の『インターナショナル・クリニック』から、一部始終を目撃していたアクセノフ医師が、背景となる情報を補足してくれた。ニックに頼まれて、裁判所で通訳をつとめたり、法律関係の書類を翻訳したモガミ・ユタカからも、話が聞けた。

東京地方裁判所

東京の法律システムがどうなっているのかを知るために、東京で弁護士活動をしているトマス・L・ブレークモア、レイモンド・ブッシェル、ロッサー・ブロックマン、アサヒナ・シン、ジェイムズ・アダチの各弁護士に話を聞いた。

横井の不正な資産隠しと銃撃事件については、安藤昇の自伝『やくざと抗争』に詳しく記されている。また、『週刊文春』一九六五年八月一日号の〈安藤昇と横井英樹七年目の対決〉(p.75)や、『平凡パンチ』一九六五年八月二日号の〈再びの対決〉(p.29)も参考にした。蜂須賀侯爵家が借金を取り立てるために、友人をつうじてヤクザを雇ったという話は、『やくざと抗争』に出ている。

横井の襲撃事件は、戦後史のなかでも指折りの奇妙な事件である。安藤昇というヤクザの組長が、横井から借金を取り立てようとしたところ、無礼な拒否にあって腹を立て、襲撃を命じた経緯は、先述の自伝のなかで克明に記されている。さらに安藤は、逮捕直後に異例のエッセイを書いてその動機を説明し、『文藝春秋』一九五八年十月号(pp.232-237)に発表した。彼は殺し屋に、横井の右腕をねらえ、痛い目にあわせるだけでいい、と命じたことを明らかにしている。しかし残念ながら、弾は横井の左腕に当たって骨ではじけ、体の中に入ってしまった。命さえもあやぶまれる重症だ。襲撃の直前、横井は二人の取引相手と会議をしていたが、そのうち一人は、柔道の黒帯をもつ腕っぷしの強い男だった。

「プロジェクトに協力していただけるなら、あなたのために命をかけてもいい」黒帯男は約束した。

ところが、拳銃をもった男がいきなり会議室に飛び込んできたとたん、黒帯のビジネスマンは横井たちを見捨て、さっさとテーブルの下に逃げ込んだ。

「近ごろの人間は信用できない」横井はのちにそう語っている。一九六五年八月、安藤と横井は、この事件を題材にした映画『血と掟《おきて》』の宣伝のために、レストランで会い、食事をしながら『週刊文春』のインタビューに応えた。

安藤は、伊豆の〈パン・アメリカン航空〉別荘に潜むなど、全国指名手配の網をかいくぐりながら、一ヶ月余り逃亡生活を続けたが、郵便局の指名手配写真を見た地元の住人に通報され、御用となった。その後、東京拘置所で『文藝春秋』に有名な懺悔《ざんげ》録《ろく》を発表。戦後の日本をだめにしているのは経済界の〝暴力〟だと、しきりに嘆いたものだ。

横井襲撃事件が何カ所にも出てくる『血と掟』は、〈松竹〉の配給で一九六五年に封切られた。蜂須賀侯爵はすでに亡い。横井は、この本を書いている時点では刑務所暮らしをしていたが、一九九八年、八十五歳で死去。安藤は映画会社を経営していた（二〇一五年逝去）。組織犯罪から〝足を洗った〟あと、不法賭博で二度逮捕された。

弁護士に関するデータは、政府白書（法務省編）、東京弁護士会、アメリカ弁護士協会に拠る。また、『エコノミスト』一九九二年七月十八日号の特集〈法律職に関する調査〉と、ジャック・ハドルストン著 *Gaijin Kaisha*（chapter 4）も役に立った。

ヒルトンと東急の事件については、担当したトマス・L・ブレークモア弁護士から直接聞いた。リチャード・ハローランの *Japan-Images and Realities* も、この事件を取りあげている(pp.154-155)。

日本交通の訴訟については、ザペッティ自身と、彼のために裁判所で通訳をつとめたり書類を翻訳したモガミ・ユタカから話を聞いた。

ザペッティの弁護団の一人であるアサヒナ・シンは、裁判前の作戦について情報を提供してくれた。

第六章　障子の陰で

一九六九年、（相撲の）八百長が発覚し、三人の力士が永久追放になった。相撲界の八百長はいわば公然の秘密で、一九九六年には、元力士が暴露本を出版し、角界の親方たちを告発している。彼らはカネ欲しさから、部屋の下っ端力士たちにわざと負けろと命じたという。この著者と元横綱の後援会副会長は、同じ日に同じ奇病によって死亡した。警察はいずれも病死と判断。

CIAが自民党に政治献金をしていたという噂《うわさ》は、東京で何年も前からささやかれてきたが、党サイドはそのたびに強く否定している。『New York Times』は一九九四年十月九日、CIAから自民党保守政権に、数百万ドルの秘密資金が送られていたと報じた。この資金は、冷戦のあいだ日本を、アジアにおける共産主義活動への砦《とりで》とし、社会主義者による反政府運動をチェックしたり、日本における米軍基地建設反対の市民運動を粉砕するための、主要な秘密活動の一環だった。

『New York Times』は、一九五五年から五八年にかけてCIAの極東政策を担当していたアルフレッド・アルマー・ジュニアの言葉を引用している。「われわれはたしかに資金を提供していた。自民党からの情報が欲しかったからです」

彼はさらに、CIAが自民党に発足当初から資金を提供したのは、党を支援するためばかりでなく、党内部に情報源を獲得するためでもあった、と述べている。

ケネディ政権のころ、国務省諜報《ちょうほう》局の局長をつとめていたロジャー・ヒルズマンによれば、自民党と自民党議員への資金援助は、一九六〇年代の初めには「あまりにも定着し、日常的におこなわれていた」ために、極秘とはいえ、アメリカの対日政策の基本とみなされていたという。

極東政策担当の国務次官、ヒルズマンは、『New York Times』一九七六年四月二日号のなかで、次のように述べている。

「わたしから見れば、その方針は完全に納得のいくものでした」

これを受けて、日本研究の第一人者であるマサチューセッツ工科大学のジョーン・ダワー教授はこう語った。

「政府内でも民間レベルでも、アメリカ人がいかに戦後日本の構造汚職を助長し、一党独裁による保守的な民主主義を促進する手助けをしてきたかが、この発言によって露呈されました。これは新事実です。……われわれは自民党を見て、腐っているとか、一党独裁の民主主義はよくないとか、あれこれ批判をしている。しかし、その間違った構造を作り出すのに、われわれアメリカ人が一役も二役もかっているわけです」

『朝日新聞』一九九四年十月十日、十二日付は、その〝窓口〟として、ある自民党代議士を名指しした。『Asahi Evening News』一九九四年十月十日付も、〈CIAは日本資金グループを抱えていた〉と題する記事を掲載。

『週刊文春』のシリーズ〈CIAと児玉誉士夫〉(一九七六年四月十五日号、四月二十九日号、五月十三日号、五月二十日号、五月二十七日号)、および『週刊朝日』〈ロッキード事件GHQ情報部、CIAそして右翼との接点を洗う。巣鴨出所後、児玉誉士夫は何をしたか〉(一九七六年四月二十三日号 pp.173-176)も参照。

一九九四年に『New York Times』の記事が出たあとでさえ、自民党はCIAから資金を受け取っていることを、頑として認めようとしない(一九九四年十月十一日の『朝日新聞』『Japan

Times』その他の英字新聞日刊紙の一面を参照）。

票の売買については、一九七六年三月十九日付『朝日新聞』および『Asahi Evening News』に掲載された、トミノモリ・エイジの〈The Structure of Sponging (1)〉を参照。

暴力団による自民党支持は、党の発足当初から公然の秘密である。一九五〇年代の自民党の大立て者、大野伴睦は、神戸の暴力団、山口組の田岡一雄組長が仕切る、港湾労働者協会の顧問をつとめていた。一九六〇年代に、警察が田岡の自宅を家宅捜査したとき、机のなかから佐藤栄作首相の名刺が発見されている。自民党代議士のなかには、岸元首相のように、ヤクザの葬式や結婚式などの会合に、平然と参加する者も少なくない。実際、暴力団組長が、仲のいい地元議員と並んで事務所を構えているケースも多々ある。

『Far Eastern Economic Review』（一九九一年十一月二十一日号）によれば、自民党の主要派閥リーダーの三塚博は、一九八九年、自選区の汚職を暴露する本の出版に圧力をかけるため、暴力団を雇ったという。同号は『「Ｎｏ」と言える日本』を著した石原慎太郎議員が、一九九〇年に、水野健などの悪名高き経済ヤクザから、不法な政治献金を受け取って告発されたことも報じた。さらには、匿名のヤクザのこんなコメントを引用している。「ヤクザは自民党の一部だ」(p.30)

日本における党内部の票の売買については、『Pacific Community』（一九七七年一月号）のなかの、構造汚職に関するカール・ディクソンのエッセイがおもしろい。

浜田幸一についての情報は、『共同ニュース』一九九二年四月一日付の〈Black Current〉に拠る。カプランとデュブロの共著 *Yakuza* のなかにある、浜田のプロフィールも興味深い（pp.110-111）。小佐野賢治がロサンジェルス空港でロッキードから二十万ドルを受け取ったこと、小佐野がそのカネを、浜田の賭博による借金穴埋めに使ったことが、一九八〇年三月（本文は一九八四年四月）、東京高等裁判所で初めて明らかになった。事件解明に関する報道は、『Asahi Evening News』一九八〇年三月十四日付と、三月二十五日付の続編、および『The Daily Yomiuri』一九八四年三月七日付の〈浜田の損失補塡《ほてん》に使われたロッキードの裏金〉と題する記事、一九九二年四月一日付『共同ニュース』『Japan Times』の長編記事〈Black Current〉を参照。『読売新聞』一九七七年三月十一日付によれば、FBI、IRS、および移民局の合同調査によって、小佐野がラスヴェガスのアメリカン・マフィアにつながりがあったことが判明している。

〈シーザーズ・パレス〉東京支店の社員が、賭博の借金取り立ての際に「殺す」と脅迫して逮捕、起訴された事件は、『The Daily Yomiuri』一九七五年六月二十一日付、二十九日付、三十日付、および七月十一日付に報じられている。『Japan Times』一九七五年六月二十一日付、七月十三日付、十月十九日付、十二月十九日付も参照。逮捕、起訴された人間のなかには、東京弁護士会の元会長と、オクダという東宝映画プロデューサーも含まれていた。オクダは、『Never So Few（戦雲）』を共同プロデュースしたときから、フランク・シナトラと交流がある。

娼婦《しょうふ》マリア・ショイカ・ハンナロアについては、ぼくがリチャード・ロアにインタビューしたときの話をもとにした。ロアは当時、パートタイムで〈ダニーズ・イン〉の支配人をつとめていた関係で、マリアを非常によく知っていた。外国人のパトロンもいろいろ知っていたが、当然のことながらいずれも名前を明かしたがらない。初代店長ダニー・スタインは、すでに故人。〈ダニーズ・イン〉もかなり昔に廃業した。

一九七八年十一月十一日付『朝日新聞』は、〈三面鏡〉のなかで、マリアの人生について詳細に報じている。『朝日新聞』一九七八年十一月十日、十一日、十九日、二十八日付、同年の『毎日新聞』十一月十一日、二十八日付、『読売新聞』十一月十一日、二十八日付も参照。また、彼女の殺害と犯人逮捕については、『Japan Times』一九七八年十一月十一日号。犯人の自白については、『朝日新聞』一九七八年十一月二十八日の夕刊に報じられている。

(「部屋に入ると、彼女から金を求められた。自分は拒否し、風呂場に入った。出てきたら、彼女が財布を探っていた。それを見てカッとなり、気がついたら彼女の首を絞めていた」)

一九七七年、赤坂署がマリアと仲間たちに一斉取締りをおこなったとき、数人が検挙されたが、全員が無罪放免になっている。結局、日本人男性たちは、若い女性たちの〝サーヴィス〟を受けたことを、積極的に証言したがらなかったからだ。やむなく日本の覆面警察官が囮《おとり》捜査をおこなったが、女性たちは引っかからなかった。変装があまりにも下手だったからだ。

航空機業界の内情については、〈グラマン〉の重役であり、日本で長期にわたって航空機コンサルタントをつとめる元戦闘機パイロット、ジム・フィリップスにレクチャーしてもらった。航空機業界の重鎮たちが好んでたむろした〈コパカバナ〉に関する情報は、フィリップスや、佐々木弘、リチャード・ロア、ニック・ザペッティにインタビューした話や、ぼく自身の経験に基づいている。

カーンがグラマンのために賄賂《わいろ》交渉をしたという話は、『Mainichi Daily News』一九八〇年十月十七日付（p.17）、『共同ニュース・サーヴィス』に、次のように報じられた。「起訴状によれば、〈日商岩井〉、および〈グラマン〉の元コンサルタント（カーンのこと）は、グラマン社のE2C早期警戒機を日本に売りつけた報酬として、松野頼三元防衛庁長官ら数名に、かなり高額の賄賂を支払う極秘契約を結んだことが判明した」

カーンは一九九七年にワシントンDCで死去。彼に関する情報源は以下のとおり。『週刊ポスト』〈戦後史を塗り変える独走スクープ！〉（一九七八年一月一日号、一月六日号、一月十三・二〇日号）。〈日商岩井と岸人脈の「点と線」をえぐる〉（一九七九年一月二十六日号）。〈グラマン疑惑の金流を徹底直撃・第2弾！　岸人脈と田中人脈の〝達者度〟を洗う〉（一九七九年二月二日号）。『朝日ジャーナル』〈戦後史の黒幕ハリー・カーン〉（一九七九年二月二日号）。『週刊現代』〈謎の男＝ハリー・カーンの正体は「ＣＩＡ」の確証を摑《つか》んだ〉（『一九七九年二月十五日号）。〈ジョン・ロバーツと立花隆による〈白い黒幕〉（『文藝春秋』一九七九年三月号）。『Insight』一九七九年四月号〈Japan Inc. Exit Harry J. Kern〉。

グラマンのスキャンダルがはじめて明るみに出たのは、ワシントンDC証券取引委員会のファイルナンバー1―302〈フォーム8K、一九七九年一月の最新レポート、グラマン社について〉という報告書だった。

デイヴィスとロバーツ著 *An Occupation without Troops*（pp.32-33）も参照。

〈TSK・CCC〉に関する引用や描写は、オープニング・セレモニーを取材した雑誌の記事に拠《よ》る。たとえば『週刊新潮』の〈「夜の東京」占領史にまた1ページ追加した「町井久之」という男〉（一九七三年七月二十六日号 pp.32-36）、『週刊文春』連載〈韓国から来た男〉（一九七七年六月二十三日号 pp.152-157、六月三十日号 pp.146-150、七月七日号 pp.144-149）。また、ザペッティとロアから聞いた話や、ぼく自身の経験に基づいている。*Yakuza* という本にも、町井の経歴がまとめられている（pp.191-197）。

〈キューピッド〉というバーでの出来事と後日談は、リチャード・ロア自身から聞いた。

ロッキードと小型ナポレオン

ロッキード事件と児玉の役割については、さまざまな名著がある。アントニー・サンプソン著 *The Arms Bazaar: From Lebanon to Lockheed* および、猪瀬直樹著『死者たちのロッキード事件』もそのひとつ。

ほかにも参照すべきは、『週刊読売』一九七六年二月二十八日特別号の〈ロッキード献金〉、同年四月三日号の〈ブラック《黒い》・ロッキード〉（吉原公一郎：pp.42-45）。『文藝春秋』一九七六年五月号〈児玉誉士夫とは何か〉（立花隆：pp.94-133）。『The New Republic』一九七六年四月十日号〈The Money Changer〉（タッド・スカルツ著）。『朝日ジャーナル』一九七六年六月十一日号〈君は児玉を見たか〉。および、一九七六年二月四日、六日、五月四日開催のアメリカ上院94評議員会〈外交委員会多国籍企業小委員会における公聴会〉。

先述の『Pacific Community』七七年一月号のディクソンによる記事。『週刊文春』一九七九年二月一日号〈ハワイ会談クリマホテルの密室で何があったか〉（pp.156-160）。『The Nation』一九八二年二月十三日号〈The Selling of Japan〉。『Japan Times』一九九二年四月一日号〈Black Current〉。コーチャンの法外な出費については、猪瀬直樹『死者たちのロッキード事件』（文春文庫）に記されている（pp.223-224）。

「賄賂は〝必要経費〟」という発言は、サンプソン著*The Arms Bazaar*（p.223）から引用。賄賂については、ウィリアム・ホーズレイとロジャー・バックレイの*Nippon, New Superpower*（p.129）、およびディクソンの構造汚職に関する記事にも述べられている。ジェイコブ・M・シュレシンジャーは名著*Shadow Shoguns*のなかで、田中のかなりあやしい政治資金集めについて、かなり掘り下げた研究をおこなっている。

「CIAにその気があれば、いつでも止められたはずだ」というコーチャンの発言は、サンプソンの*The Arms Bazaar*（p.223）に拠る。『New York Times』の一九七六年四月二日付は、C

ＩＡのつぎのような発言を引用した。「ロッキード事件が浮上したとき、われわれは逐一、ＣＩＡに報告しながら事を進めていた。ワシントンはわれわれの行動にことごとく賛成した」「よくもまあこのおれを逮捕できたもんだ」という田中角栄のセリフは、ホーズレイとバックレイの *Nippon, New Superpower*（p.129）から引用。

無記名小切手紛失の謎《なぞ》と、ロサンジェルス国際空港で小佐野に支払われた二十万ドルについての立花隆の推理は、『ロッキード裁判とその時代１』（朝日新聞社）（pp.132-135, 184-186, 196-199）に拠る。『潮』一九七六年十一月号の立花隆のインタビューも参照されたし。極秘の選挙資金献金疑惑については、『Mainichi Daily News』の〈ニクソン、ロッキード事件に関与の噂〉一九七六年三月十五日付（p.4）を参照。

ロッキード事件の後日談は、猪瀬直樹の『死者たちのロッキード事件』に記されている。町井の組織への影響は、『週刊文春』の連載〈韓国から来た男〉、および『週刊新潮』〈銀座の占領の終焉《しゅうえん》を告げる〈ＴＳＫ・ＣＣＣ〉の挽歌《ばんか》〉（一九七七年五月二十六日 pp.42-46）、同じく『週刊新潮』〈クラブ〉（一九七七年一月八日号 pp.130-131）。

田原総一朗の〈ロッキード疑獄は詐欺事件か？〉（『週刊文春』一九七九年三月一日号 pp.46-47）も参照。

謎

キッシンジャーの裁判所命令については、タッド・スカルツ著〈Money Changer〉（『The New Republic』一九七六年四月十日号）に記されている。

『Mainichi Daily News』一九七六年六月十三日付は、ロッキード事件と何らかのつながりをもち、〝謎の死〟をとげた八人の人物をあげている。そのなかには、ロッキード事件を調査中、東京湾に身を投げた警察官も含まれる。猪瀬の名著『死者たちのロッキード事件』は、そのあたりを詳細に記述している。

小佐野の判決については、『朝日新聞』一九八四年四月二十七日付夕刊（p.1）参照。

全日空の若狭に対する最高裁の判決が一九九二年に下ると、日本の新聞は一斉にこれを取りあげた。会社側のコメントも添えられた。

田中角栄が自分の目的に合うように、いかに巧みにシステムを変えたかについては、猪瀬の名著が指摘している。

ロッキード事件に関するもっとも権威ある完成度の高い書物は、やはり何といっても、一九九四年にペーパーバックで出版された、立花隆の『ロッキード裁判とその時代』全四巻だろう。

日本人ニック

コリアゲート事件の関連資料は、一九七六年三月十七日付のアメリカ議会レポート〈国際関係国際組織小委員会の公聴会：アメリカにおけるＫＣＩＡの活動〉に拠る。『Japan Times』一九七七年六月四日付も参照。

　藤田の訴訟については、ザペッティ、および、この件に関わりの深いヴィンス・イイズミ、野村明男、モガミ・ユタカに話を聞いた。藤田はすでに故人。藤田と仲のよかった野村はこう語る。「藤田のやったことはたしかに悪い。しかし、やりたくなった気持ちもわかる。彼に対するニックの扱いはひどすぎた」

　〈グロリア〉のトラブルについては、当時渦中にあった同社の重役、リチャード・ウォーカー、ナカオ・ヒロオ、フィル・ヤナギにインタビューした。

米国麻薬取締局《DEA》が直面した文化の壁

　セッションズ長官とミューラー検事総長は、一九九一年十一月に上院で証言した。一九九三年の上院報告書〈新しい国際犯罪者と組織犯罪〉参照。

　上記の五十九ページにわたる上院報告書以外にも、日本におけるＤＥＡ活動の資料として、一九八四年二月に『共同ニュース』からリリースされた、フラノ・ヒロアキの〈日本のコーザノストラ（秘密犯罪組織）〉を参照した。さらに、アメリカの某犯罪捜査官（名前は伏せてほしいとのこと）や、一九九〇年代の初めから『New York Times』の東京支社に勤務し、この問題を追求しているスティーヴ・ワイズマンにもインタビューした。六本木の麻薬密売状況や、勝新太郎の逮捕に関する資料は、『週刊朝日』一九九一年六月七日号〈六本木コネクション〉に拠る。今は廃刊となった『マルコポーロ』一九九一年十一月号（pp.60-69）の特集記事〈ヤクザの経済学〉（溝口敦）も参照。

第七章　富の大移動

＝為替レートについて＝

一九四九年に定められた一ドル＝三百六十円のレートは、一九七一年に、当時の大統領リチャード・M・ニクソンが、他国の通貨に対応して変わる変動相場制を導入するまで続いた。この対策は、ひとつには、三十億ドルにのぼる対日貿易赤字を緩和するのが目的だった。わずか数ヶ月で、一ドルは三百円に落ち、さらに二百四十円にまで下がった（七〇年代の終わりには、百九十円台になっている）。レーガン政権になってから、ドルはようやく息を吹き返し、一九八五年二月には、一ドル＝二百六十三円台にまで持ち直した。

日本人のいわゆる「ニクソン・ショック」は、二つのことを指す。一つは、金とドルの交換停止だが、もう一つは、ニクソンがヘンリー・キッシンジャーに関する爆弾発言をしたことだ。それによれば、キッシンジャーは日本政府に相談も報告もすることなく、中国と外交関係を結ぶための極秘交渉をすすめていたという。日本政府はこれを屈辱と受け取った。

とはいえ、通称「ドルショック」は、かつてないほど日本人の財布の紐《ひも》をゆるませ、日本の経済成長にますます弾みをつけることになった。

一九八五年のG5プラザ会議については、ジェイムズ・ファロウズ著*Looking at the Sun*を参照。この時期の日本の貿易や経済状況については、旧通産省、旧大蔵省、その他の政府白書に拠る。バーやナイトクラブの数については、港区役所が親切に教えてくれた。教育関係のデータは、*World Almanac*を参照。

「人類史上最大の富の移動」と名づけたのは、〈ドイツ銀行〉東京支店の経済学者ケネス・コーティス。

「アメリカ人は差別主義者……」はジョン・ロバーツの主張。

日米貿易に関するその他のデータや情報は、在日米国商工会議所およびボストン・コンサルティング・グループから提供された。

建築関係のデータは、(旧建設省の協力により)政府白書を参照した。それによると、一九九〇年代の日本における車の台数は、七〇年代と比べると倍に増えたが、道路スペースは一割しか増えていない。このデータによって、高速道路の建設工事の増加を正当化しているフシがある。パトリック・スミス著*Japan: A Reinterpretation*(pp.180-182)は、建築の現状に関する優れたエッセイである。シュレシンジャー著*Shadow Shoguns*(pp.240-241)も参照。

養豚をめぐるトラブルについては、ザペッティ、アクセノフ、ヴィンス・コイズミから話を聞いた。養豚のデータは、政府白書(農林水産省)に拠る。

経済ヤクザ

〝谷〟は六本木のヤクザの仮名である。

宮代のアメリカでの逮捕は、カプランとデュブロの共著 *Yakuza*（p.248）に拠る。宮代のプロフィールとインタビューは、『週刊大衆』〈これが大学卒の『親分衆』だ〉一九九〇年一月二十九日号（pp.38-47）に紹介された。『Japan Times Weekly』一九九一年八月三日、十日号も、マーク・シリングのコラム〈After Dark〉のなかで、彼のインタビューを掲載している。

小林楠扶が総裁選で中曽根に手を貸したことは、『Mainichi Daily News』で一九九一年五月四日から十二回にわたって連載された〈政治家と暴力団――邪悪な同盟〉というシリーズの、第一回に記されている。中曽根は一九八二年の自民党総裁選の際に、小林の率いる右翼団体〈日本青年社〉の抗議責めにあった。彼らは街頭演説によって、中曽根が、ロッキード事件で収賄の罪に問われている自民党の大立て者、田中角栄とつながっていることを、執拗《しつよう》に抗議しつづけた。しかし、中曽根の知り合いが、あるルートを通じて頼み込むと、いやがらせはたちまち止んだ。

〈一九八五年の警察の調査によれば、小林会の六本木支部だけで、百件以上の恐喝をおこなっている〉というデータは、一九八五年十月十五日付の『朝日新聞』夕刊（p.11）に報じられた。小林会に関するその他のデータは、一九九三年六月二十日付の『読売新聞』に拠る。

村田勝志の生活と行状は、『週刊サンケイ』〈事件のあと〉（一九八二年十二月二日号）、『サンデー毎日』一九八九年四月九日号（pp.220-221）、『週刊新潮』一九八九年十二月二日号（pp.129-131）、大下英治『永遠の力道山』参照。

＝村田勝志的〝古き良きヤクザ〟の消滅＝

一九八〇年代の初め、数年にわたってヤクザ・ブームが復活した。火付け役となったのは、元ヤクザが、ヤクザと刑務所生活を小説仕立てにした『塀の中の懲りない面々』である。このベストセラーをきっかけに、著者の安部譲二は次々に作品を生みだした。ヤクザの妻を題材にした家田荘子の『極道の妻たち』もベストセラーとなり、映画も大ヒット。これに続けとばかりに、この種の本と映画が続々と世に出た。山之内幸夫著『悲しきヒットマン』もその一つ。大阪の古物商が盗みをはたらいていた、という実話を元にしたこの本も売れに売れ、映画にもなった。渋谷のヤクザ、花形敬の人生を綴った『疵』というノンフィクションも、大きな話題を呼び、映画化されている。

社会学者はこの現象を、つぎのように説明している——日本人は極道の世界や、名誉、義理といった厳格な道徳律に惹《ひ》かれる。こうした伝統的な価値観が、現代の日本社会から姿を消しつつあるからだ、と。安部も諸手《もろて》を挙げて賛成するだろう。彼の周辺でも、〝真の極道〟がなりをひそめようとしているからだ。考えてみれば皮肉な話である。昔の博徒やテキヤも、安部と同世代のヤクザに対して、似たような嘆かわしい思いをしていたことだろう。

インタビューのなかで、安部はこう語った。「東京オリンピックの前までは、ヤクザ稼業といえば昔から、一定の心構えと規律にしたがって生きることを意味していました――つまり、何も恐れることなく、他人のために自己を犠牲にしてきた。ぼくの知り合いのヤクザは、義理と仁義を何より大切にしていたもんです。ところが、日本がどんどんリッチになるにつれて、状況が変わりはじめた。最近のヤクザは、カネ儲《もう》けにばかり目の色を変える傾向があります」

失われつつある古いタイプのヤクザといえば、ムショ仲間の村田勝志をおいてほかにない、と安部は言う。力道山を刺したことで、日本列島にその名を知らしめた、かの有名な村田勝志である。

村田には、当局でさえ一目置いているフシがある。かつて不法賭博容疑で村田を逮捕した警察官も、彼を褒めずにはいられない。「あの男はじつに頭がいい。警察の目を盗んで賭博場を経営するコツを、ちゃんと心得ています。性格的にもしっかりしている。ある程度の裁量がなければ、ヤクザの組長にはなれませんからね」

昔と今のヤクザに関する記事としては、『The Economist』〈Honorable Mob〉（一九九〇年一月二十七日号 pp.21-24）が優れている。

経済ヤクザについては、『Far Eastern Economic Review』一九九一年十一月二十一日号のカバーストーリー〈Power to the Yakuza〉が参照の価値あり。
〈八〇年代の終わりには、マネーロンダリングによる年間収益が、とうとうドラッグによる収益を超えた〉という情報は、『Business Week』一九九三年五月二十四日号（p.30）〈A Japanese Laundry Worth $1 Billion?〉に拠る。

一九九三年に米国上院が、延々と続いた公聴会のあとで提出した〈新しい国際犯罪と、アジアにおける組織犯罪に関する報告書〉も、有効な情報源となった。これはおもに、ロンダリングや、水野健、イスタニ・ミノルなどの事例に焦点を当てている。

水野健に関する記述や、外為法違反については、上記の資料にも出ているが、以下の資料も参照。『Japan Times』一九九二年三月二十九日付（p.2）〈Fraud Suspect Amassed Huge Gambling Debts〉。『Mainichi Daily News』一九九二年四月二十九日付〈Golf Club Developer Declared Bankrupt〉、同年五月十四日付〈Four Charged with Tax Evasion in Golf Club Membership Sales〉、同年六月十四日付〈Mizuno Illegally Funneled over 32 Billion Yen to U.S.〉。『Asahi Evening News』一九九二年六月十二日付（p.4）〈Ken International Ordered to Pay 13.4 Billion Yen in Back Penalty Taxes〉。『Mainichi Daily News』一九九二年八月二十日付（p.4）〈U.S. Agents Seize Ken Mizuno Resort〉、同じく『Mainichi Daily News』同年十月十六日付（p.12）〈Mizuno Group Pleads Guilty in Golf Membership Scam〉。

以下も参照。『Los Angeles Times』一九九二年八月十九日付（p.D-2）〈Agents Seize Palm

Springs Resort of Japanese Tycoon〉。同じく『Los Angeles Times』同年三月十六日付（p.A-1）〈High Roller's Past, Fortunes Fueled Probes〉（カール・シェーンバーガー筆）。『U.P.I』一九九三年十月五日付〈Mizuno's Former Company Agrees to $65 Million Forfeiture〉。『Los Angeles Times』一九九三年十月五日付（p.D-3）〈Japanese Firm Agree to Forfeiture〉（カール・シェーンバーガー筆）。『週刊文春』一九九一年九月十二日号（pp.194-197）〈ゴルフ業界の問題児水野健という男〉。『朝日新聞』一九九七年三月二十五日付夕刊（p.14）〈水野健元社長に懲役十一年、茨城CC会員権乱売で東京地裁判決〉。

銀行、ボブ・ホープ、プレスコット・ブッシュ

ヤクザ関連会社〈ボブ・ホープ・カントリークラブ〉の詐欺事件は、アメリカ人リチャード・ロアから直接聞いた話。ロアはこの会社の営業主任をつとめていた関係で、詐欺事件の巻き添えをくった。当時、ホープの弁護士をつとめていたエド・バーナーに、事件の詳細について確認をとることができた。浜田社長とニクラウスを知るゴルフ場設計士、デズモンド・ミュアヘッドからも、そのヴェンチャー・ビジネスの詳細を確認できた。『スポーツ・イラストレイテッド』東京支部長をつとめる、日本の元ゴルフチャンピオン、金田武明も協力してくれた。金田は当時、この話にはのらないほうがいい、とニクラウスを説得したが、ニクラウスは聞く耳をもたなかったという。金田によれば、ニクラウスは数年後に、君の忠告に耳を貸せばよか

つた、と悔やんだそうだ。

=ヤクザによる乗っ取りについて=

ヤクザ関連の金融業者は、〝融資〟という手段を巧みに利用して、まんまと企業を乗っ取っている。旧大蔵省の——日本の管理資本主義はアメリカのシステムよりも優れている。なぜなら、わが国のシステムはレバレッジド・バイアウト（外部からの借入金をテコにした企業買収）を許さない——という主張は、どう考えても見当はずれだ。

その恰好《かっこう》の例が、一九八五年に六本木の裏通りにオープンしたレストラン〈アラビアン・ナイト〉の乗っ取り事件だろう。イラク人ビジネスマンが経営するこの店は、六本木じゅうで一、二を争う美しいレストランだった。黄金色の建具をはじめ、装飾品は中東から直輸入したものばかり。もちろんシェフも、アラビア料理を得意とする中東の達人だ。

イラク人経営者は、商売をはじめるにあたって、二、三百万ドルを費やした。そのほかに土地や建物の賃貸料として、日本の銀行から二百万ドルの融資を受けている。ところが、客の入りはいまいちだし、コストが驚くほど高い。しかも、精肉業者や、野菜業者、おしぼり業者など、全員が店の日本人支配人の友だちで、市価の二倍の料金を請求していたことを、オーナーはあとになって知った。

気がついたときには、従業員への賃金や銀行ローンの返済などで、三千万円ほど足りなくなっていた。そのぐらいの金額なら、中東の知り合いに頼めばかならず調達できる――そう思ったイラク人経営者は、仲介者の紹介で、東京のサラ金業者をたずねた。派手なスポーツカーを乗り回している、若い韓国人だ。レストランを担保にするなら、三千万円を三十日間貸してやってもいい――彼はそう言った。

イラク人が同意し、書類にサインすると、サラ金業者はさっそくスーツケースを取り出した。なかには、ピン札ばかりの百万円の札束が合計三十、びっしりと耳を揃《そろ》えて並んでいる。金貸しはそのなかから、〝手数料〟と称してさっさと三百万円を差し引き、さらに〝仲介料〟として三百万円を仲介者に渡した。契約書のインクが、まだ乾いてもいないというのに、結局イラク人の手元に残ったのは、二千四百万円だけ。

イラク人経営者は、言われたとおり手数料を払った。ところが、あてにしていた中東からの三千万円の送金が遅れたために、三十日後には、自分のレストランへ入ることもできなくなった。金貸しの差し金で、数人のヤクザに行く手をはばまれたからだ。その金貸しが、店の新しいオーナーになっていた。

金丸と、彼の受け取った不正献金については、日本語でも英語でも出版物が山ほどある。一九九五年三月九日付の『朝日新聞』は、不正な資金がどのようにばらまかれたか、一ページをフルに使ってわかりやすく図解している。

『Asahi Evening News』一九九一年八月十五日付の政治欄と『共同ニュース』の〈Black

Current〉は、暴力団組長石井進、証券会社、および自民党の活動を要領よくまとめている。自民党とヤクザとの関係について稲川会が証言した公開裁判の内容は、〈Black Current〉を参照。

一九九一年十一月二十一日付『Far Eastern Economic Review』のカバーストーリーは、ヤミの社会に顔のきく大阪の金融会社社長、オオデ・ジローの言葉を引用している。「ヤクザは自民党の一部である。両者は助け合い、友情、協力、支援の関係にある。直接的なつながりはないが、一線を画するものもない。いわば全員が灰色なのだ」

金丸信は、一九九二年八月二十七日、副総裁を辞任するむねを発表し、〈東京佐川急便〉から五億円の不法献金を受け取ったことを認めた。この驚くべき告白は、一九九二年十一月二十八日付『朝日新聞』朝刊に一面トップで報じられ、他の日刊紙も一斉に取りあげている。一九九二年十一月二十七日、金丸は病院のベッドでこう証言した――一九八七年の自民党総裁選で、竹下登候補にいやがらせをしていた右翼グループを、稲川会の石井進会長が抑え込んだのは事実である――。この告白も、翌朝、日本の日刊紙の一面をにぎわせた。

それ以前に、東京佐川急便社長、渡辺広康は、裁判前の供述のなかで、金丸から「右翼のいやがらせを止めさせなければ、総裁選で竹下登が勝てない。手を貸してほしい」と頼まれたと証言している。そこで渡辺は、稲川会の石井に助けを求めたという（『Asahi Evening News』〈Kanemaru's Reliance on Gangs Comes Out〉一九九二年九月二十四日付p.4）。

金丸は一九九三年三月六日に逮捕され、受け取った不法献金について全面的に認める供述をしている。大半は建築関係の業界からだ。彼の長い供述書の抜粋は、一九九三年七月二十八日付の『Mainichi Daily News』に英語で掲載されているので、興味のある方は参照されたし。『Economist』一九九六年四月六日号(p.108)の〈Obituary, Shin Kanemaru〉には、彼のカラフルな経歴が詳細に記されている。

石井進、東京佐川急便、証券会社による策謀は、『Tokyo Insideline』一九九二年十月号、十一月号、十二月号に要領よくまとめられている。豊かな情報をもとに、日本の政治を多少不遜《ふそん》な形で追及するこの月刊誌は、歳川隆雄という人物によって発行され、一九九七年には『The Oriental Economist』の一部となった。東急株の買い占め事件については、一九九一年八月二十四日付の『Asahi Evening News』を参照。

東急株の暴落、野村證券スキャンダル、東京佐川急便事件などについては、一九九〇年代初めに日本で出た膨大なマスコミ報道を参考にした。その一部は以下のとおり。『週刊朝日』〈米国なら大蔵省幹部も刑務所行きだ!〉(一九九一年七月二十六日号)。『週刊朝日』〈田淵・野村証券会長の辞任で済むのか!〉〈ヤクザと政治家に喰われた二千億円〉いずれも一九九一年八月二日号。『週刊ポスト』の〈ヤクザの企業化はここまで進んでいる〉と題する石井進の独占インタビュー(一九九一年八月二日号 pp.36-40)や、『週刊朝日』〈野村証券幹部は「相場操縦」を認めていた〉(一九九一年九月六日号)も役に立った。

『共同ニュース』一九九二年四月二日付の〈Black Current〉は情報に富んでいる。尊敬に足る週刊誌『週刊朝日』の〈8人の死者たちの東京佐川急便事件〉(一九九二年十二月十八日号pp.27-29)も興味深い。この記事は、竹下登元首相の筆頭秘書をつとめていた青木伊平の自殺について触れている。青木は一九八九年四月二十六日、竹下が辞任を発表した日の翌朝、東京の自宅マンションで手首と足首を切り、首を吊《つ》った(辞任と自殺のあと、青木が一九八九年、〈リクルート・コスモス〉という不動産会社から、優先株のかたちで五千万円を受け取っていたことが発覚。しかし、青木を自殺に追いやったのは、それ以外の要因だろう、というもっぱらの噂《うわさ》である。警察当局は彼の死を、東京佐川急便事件での隠蔽《いんぺい》工作ではないかと見ている)。同記事は、地元島根県で竹下の筆頭秘書をつとめていた桑原安俊の死についても論じている。桑原も一九九一年六月に、やはり首吊り自殺をした。戦後の政治スキャンダルに関わった政治家側近のなかで、償いや口封じのために自殺をした人物は、これで二十五人。さらに、この事件に関わっていた元国会議員が、一九九一年、〃マスコミから逃れるため〃に東京の病院に入院中、〃肺に水がたまって〃不慮の死を迎えたケースもある。

竹下は、スキャンダルのために辞任を余儀なくされた戦後四人目の首相となった。後任は、女性スキャンダルによってわずか三ヶ月で退任に追い込まれている。その後四年間で、さらに二度の首相交代劇が展開された。

〈ウェスト通商〉に関する出来事や、そのアメリカでの活躍ぶり、プレスコット・ブッシュとの関係、そして、同社がヤクザの看板会社である事実が発覚したことは、米国証券取引委員会から得た資料をもとに、日本の〈共同通信〉が記事をまとめ、一九九一年六月八日付の『朝日新聞』『日刊スポーツ』『日本経済新聞』『Asahi Evening News』『Japan Times』が一斉に報じた。

ほかにも以下の記事を参考にした。『Far Eastern Economic Review』一九九二年三月十九日号の〈Web of Intrigue〉。一九九二年六月十七日付『Washington Post Service』の〈The Presidents' Brother Is Sued〉(ロバート・I・マッカートニー)。『Mainichi Daily News』一九九二年二月十八日付〈Sagawa Tied to Yakuza over Golf Course in New York〉。

クレージー・ウォンと金塊詐欺師

金の詐欺事件については、ニック・ザペッティと、東京で長く宝石商を営むオメ・アサクラ(通称〝クレージー・ウォン〟)、そしてウォンの訴訟に関する書類を翻訳したモガミ・ユタカから話を聞いた。フランコとロベルトは行方不明。

「赤坂の組長」の話は、野村明男とザペッティの妻たえ子に確認した。

この事件に関しては、各人の言い分が微妙に違う。ウォンは次のように主張する――ザペッティの言うとおり、四万ドル分のレシートを受け取ったかもしれないが、よく覚えていない。しかし、取引総額のレシートは、ニセモノを買わされた数日後に、間違いなく受け取った――。

ザペッティはその件については触れなかった。ザペッティに言わせれば――クレージー・ウォンはプロなのだから、残りが本物か偽物か見分けがついて当然だ――。するとウォンはこうきり返す――すべての包装をはがして確認しなかったのは、三十年来の〝友人〟であるニックを信用したからだ――。

クレージー・ウォンは、すべてザペッティのたくらみだと確信している。自分の仕事がうまくいかなくなったから、カネに困ってやったのだ、と。

「ニックがホントに被害者なら、わしにあやまるべきね」とウォン。「こんなことになったのは、あいつのせいだもんね。でも、あのおとこ、ちーっともあやまらない。奥さんのたえ子に話つけにいったら、あたしには関係ない、言われたよ。勝手に亭主を告訴して、ケイムショに放り込んだらいいかが、言われたよ」

自分は日本の暗黒街とは無関係だ、とウォンは言う――普通のまじめな宝石商である。たまにヤクザもうちの店に来て、商品の売り買いをするが、それはかりはどうしようもない。フランコとロベルトの持ち込んだ金が密輸品かどうかは、自分には見分けがつかなかった――。

ニックが一九九二年に死んだあと、ウォンは訴訟相手をニックの未亡人に切り替えようとしたが、認められなかった。フランコ、ロベルト、ザックの消息は、その後まったく不明。ザペッティは国際警察に捜査を依頼したが、結局、居所をつきとめられなかった。ザペッティはこの詐欺事件に決着をつけられないまま、墓に入った。ウォンはその後五年間で、二度盗難にあっている。東京に着々と侵出している中国系マフィアによって、数十万ドル相当の現金と商品を盗まれた。

第八章　黒い騎士

この章は、ザペッティ、野村明男、ザペッティの息子のヴィンス・コイズミ、小泉たえ子、レロン・リー、バリー・ネムコフ、モガミ・ユタカ、そして、日本交通訴訟の際にザペッティの主任弁護士をつとめた、田中コウゾウらのインタビューをもとにした。ヴィンス・コイズミは、父親はこの訴訟に勝てるわけがなかった、と断言する。田中弁護士も同感で、こう述べている。

「ミスター・ザペッティは、自分の状況をまったく把握していなかった。わたしが弁護をつとめなければ、一銭ももらえなかったはずです。ほかの弁護士にできるわけがない。ところがあの一族は、わたしを非難するのです。ザペッティ家の人たちは誰一人、わたしに感謝してくれない。彼は体調がよくなったとたんに気が変わって、もっとたくさんカネをもらえる権利がある。などと言いだした。あの人はときどき、めちゃくちゃなことを言いだすんですよ、まったく！」

もちろんザペッティ自身は、それどころか、裁判に勝てるチャンスをみすみすふいにした、と地団駄を踏みながら墓に入った。ほかの多くのガイジンと同じように、日本国籍を獲得したおかげでひどい目にあった、とぼやきながら。

ザペッティは、聞いてくれる相手なら誰にでも、自分が性的不能になったことを嘆いた。とはいえ、同情したアメリカ大使館員のバリー・ネムコフが、アメリカでとてもいい人工ペニスの新製品が出た、と教えてやると、たちまちザペッティの商売心が頭をもたげた。大量に輸入して、日本の男たちに売ってやろう――ザペッティは本気でそう思った――あいつらのイチモツはお粗末だから、アメリカ製のでかいのを欲しがるに決まってる――。

ザペッティは法廷で弁護士から渡されたメモを、ぼくに見せてくれた。夜中に弁護士事務所に押しかけたエピソードは、ザペッティ本人がおもしろおかしく語ってくれた。

リオ・ブラボー

「怠け者」「識字率が低い」という発言は、一九九二年一月に桜内義雄衆議院議長によってなされたもの。桜内はこう言った。「アメリカの労働者は、働かずに高いサラリーを欲しがる。彼らの三〇パーセントは字が読めないから、注文書もろくに判読できない」

中曽根も、一九八六年にこんな発言をしている。「アメリカの知的レベルは日本よりも低い。黒人やプエルトリコ人、メキシコ人が多いせいである」これについては、『Independent』一九九二年一月三十一日号に掲載され、『Singapore Straits Times』に再掲載された、テリー・マッカーシーの記事〈Why Japanese Are Rude about Foreigners〉を参照。

＝ジャパン・バッシングについて＝

最も重要な同盟国である日本に対して、アメリカ人が示す精神的拒絶反応は、興味の不足や無知に起因していることが多い。それはときには、あきれる発言を生む。一九九一年、ヒューストンの役人は、日本人旅行者から「ジャパン・バッシングとは何ですか」と質問されたとき（この英語は、日本では「オーケー」と「セックス」の次に知られている）、大まじめでこう答えた。「道を歩いている日本人が、別の日本人の頭を棒でぶん殴ることです」

その少し前には、東京大学からやってきた日本人に、ワシントンDCの議員がこんな質問をした。「北日本と南日本はいつ統合されるんですかね」

一九九三年の調査によれば、貿易をめぐってアメリカと日本がもめていることさえ、アメリカ人の五人に二人が気づいていないという。

＝自由貿易について＝

半官半民の巨大産業、NTTによる一九九〇年代初めの商業活動ほど、日米の資本主義の違いを浮き彫りにするものはないだろう。NTTは、海外から仕入れているポケベルに、世界的規準を無視した値段をつけた。そのあげく、海外の大手製造業者に、価格を半値近くまで引き下げるよう要求。そのような法外な要請に応じることができたのは、〈モトローラ〉だけだった。ところが一ヶ月もしないうちに、モトローラは日本側から、値段をもとに戻してほしい、と頼まれた。日本のメーカーが足並みを揃《そろ》えられないからだという。アメリカでは、最安値に合わせようとするのが普通なのだが（ロバート・M・オール博士へのインタビューに拠《よ》る）。

ヴィンスが父親の商売を継ぎたがらない理由が、もう一つある。経営方針をめぐって争いが絶えないからだ。父親と義母のたえ子が、単なる〝プライド〟から六本木店の存続を主張することが、ヴィンスにとっては不満でしかたがない。

「六本木の店はさっさと処分して、横田店に力を入れるべきなんだ。客の入りがずっといいんだから」とヴィンス。「でも、二人は六本木に店を構えるというステータスに固執しているのさ」

『ものぐさ精神分析』（一九七七年、東京・青土社）の著者、岸田秀の理論は、宮本マサオという心理学者の理論と好対照を成す。アメリカで教育と訓練を受けた宮本によれば、日本人は彼のいわゆる「ナルシスト的幼児性」に侵されている。

マイケル・クライトン著 *Rising Sun* に関するコメントは、元〈文藝春秋〉編集者の松尾秀助によるもの。「日本問題の専門家」とは、ケント・カルダーのこと。

ザペッティはインタビューのなかで、妻である小泉たえ子との夫婦喧嘩について、事細かに話した。ぼくばかりではない。聞いてくれる人間なら誰彼かまわずしゃべったと言っていい。

しかし彼女は、この問題に関して正式なインタビューに応じようとはしなかった。とはいえ、ぼくもほかの多くの人間と同じように、レストランのなかで二人が口論している場面を、幾度となく目撃している。チーフ・ウェイターの野村明男は、夫婦の関係をこう表現する。

「二人は愛し合っている……しかし同時に、憎み合ってもいる」

本文中のたえ子の資産は、ザペッティが一方的に見積もったものである。店内の照明と音楽をめぐる言い争いは、ぼく自身も目撃した。

ニュージャージーに住むニックの妹は、ザペッティ夫妻が一緒にいるところを見て、たえ子の献身ぶりに感動したという。

「北海道のビューティー・クイーンは、どちらかというとニックのお金に惹《ひ》かれていたフシがあるわ」一九九八年のインタビューに応えて、メアリー・ザペッティはそう言った。

「でも、たえ子は違う。たえ子は心からニックのことを愛してた。断言してもいいわ」

「トランジスター・セールスマン」という表現は、もともとフランスのシャルル・ド・ゴール大統領が使ったもの。フランスを訪れた池田勇人《はやと》首相のことを、ド・ゴール大統領はこう表現した、「〝政治家〟を期待していたら、やってきたのは、トランジスター・セールスマンでした」。以来、この言葉があちこちで流用されるようになった。

レーガン大統領は、フジサンケイグループから日本に招かれた。ザペッティに言わせれば「貿易で日本に勝たせてやったご褒美さ」。

ドナルド・トランプと横井に関する資料は、『Vanity Fair』一九九五年五月号の〈Trump's Tower〉を参照。

ザペッティはアメリカのファイナンシャル・オペレーター、T・ブーン・ピケンズにも手紙を書いて、〈できることはどんなことでもする〉と協力を申し出ている。

一九八〇年代の終盤、ピケンズは、大手自動車企業〈トヨタ自動車〉に部品を供給している〈小糸製作所〉の、〝支配持ち分（会社の経営を握るのに十分な株式保有）〟に相当する二六パーセントの株を購入した。ところが、下請け会社や部品製造会社との封建的な関係があまりにも根強いために、ピケンズは重役会にさえも参加できなかった。トヨタは、小糸製作所の株の一九パーセントを所有しているだけだが、最大の得意先であるために、小糸の重役ポストを三つも確保していたのだ。ピケンズは日本人の独占的な商業活動について、延々と声高に抗議し続けたが、日本政府はまったく耳を傾けようとしなかった。――トヨタは企業共同体であって、海外の企業買収家のおもちゃではない――彼らはそう言った。ピケンズはザペッティの手紙に返事をよこすことなく、最終的にはあきらめて株を手放した。

転落

株の損失補塡《ほてん》スキャンダルは、一九九〇年代の初めにマスコミを大いににぎわした。興味深いことに、当時の大蔵大臣は橋本龍太郎。彼は、弊風を粛正すると誓ったにもかかわらず、首相になってからも、別の一連の金融スキャンダルに関係し、一九九八年には辞任に追い込まれている。

石井進に関する資料は、『週刊ポスト』一九九一年八月二日のインタビュー記事に基づいている(pp.36-40)。

東京の株式市場の暴落や、野村證券スキャンダル、佐川急便事件に関する資料は、スキャンダルが発覚した一九九〇年代の初めの新聞その他のマスコミ報道を参考にした。たとえば、『週刊朝日』一九九一年五月三十一日号の金丸信へのインタビュー(pp.20-24)。『週刊朝日』〈米国なら大蔵省幹部も刑務所行きだ!〉(一九九一年七月二十六日号)。『週刊朝日』〈田淵・野村証券会長の辞任で済むのか!〉および〈ヤクザと政治家に喰われた二千億円〉(いずれも一九九一年八月二日号)。『週刊ポスト』一九九一年八月二日号の石井進のインタビュー記事も参照。『週刊朝日』〈野村証券幹部は「相場操縦」を認めていた〉(一九九一年九月六日号)。『共同ニュース』一九九二年四月二日付の〈Black Current〉。『週刊朝日』の〈8人の死者たちの東京佐川急便事件〉(一九九二年十二月十八日号 pp.27-29)。

稲川会系の破産は、『Asahi Evening News』一九九二年六月五日付の〈Late Inagawa-kai Boss Left Billions Debts: Family〉に報じられた。

外国人を毛嫌いするホーリングス上院議員の無神経な発言は、『Mainichi Daily News』〈Hollings's Stupid Remarks〉(一九九二年三月七日付)に辛辣《しんらつ》に取りあげられた。サウス・カロライナ州のアーネスト・ホーリングス上院議員は、一九九二年三月二日、地元の工場でこの発言をおこなった。ホーリングスはのちに――自分はジャパン・バッシングをしたつもりはなかった。キノコ雲うんぬんの発言も、単なるジョークのつもりだった――と弁解している。問題となったホーリングスの発言は以下のとおり。「キノコ雲の絵を描いて、その下にこんなキャプションをつけるといい『怠け者で字もろくに読めないアメリカ人が作ったアメリカ製。日本で実験使用』とね」。この発言は、少し前の一九九二年一月に、衆議院議長、桜内義雄が「アメリカ人労働者は怠け者で識字率が低い」と発言したのを受けてなされた。

最後の北海道行きと、〝復讐《ふくしゅう》計画〟は、ザペッティ本人が語ったもの。

エピローグ

一九九三年三月六日に金丸信が脱税容疑で逮捕されたとき、新聞や雑誌が一斉に、東京佐川急便スキャンダルと、その後の金丸と暴力団との結びつきについて報じた。『Asia week』一九九三年七月十四日号参照。三月六日の金丸の供述は、『毎日新聞』一九九三年七月二十六日付に全面掲載された。そこには、彼がいかにして建設業界や運輸業界、セメント業界から、極秘の献金を受け取っていたかが記されている。その他『The New Republic』一九九三年七月号の〈The Tremor: Japan's Post Cold War Destiny〉（チャーマーズ・ジョンソン）や『Economist』〈Shin Kanemaru Obituary〉（一九九六年四月六日号 p.108）。シュレシンジャー著 *Shadow*

Shoguns (pp.245-246) も参照。

〈ガイジンたちに警告する……〉云々《うんぬん》の手紙は、『Tokyo Insideline』が英語に翻訳し、一九九二年五月三十一日号に掲載した。

＝一九八五年のプラザ会議について＝

日本の政治・経済評論家たちは、一九九〇年代をつうじて、読経のようにプラザ合意を非難し続けた。しかし、むしろ糾弾すべきは、バブル期に銀行その他の金融機関が、不安定きわまりない担保をもとにして、法外な額のローンをほいほいと許した事実ではないのか。地価と株価の異常な高騰は、いずれ下落をまぬかれるわけがない。バブルがはじけたとき、案の定、株は暴落し、銀行の手元には大量の不良債権が残された。借り手であるヤクザたちは、ローンの返済を拒否し、担保である不動産の明け渡しをも拒んでいる。

住専のローンについては、一九九〇年代半ばに、日刊紙や週刊誌が一斉に取りあげた。日本語の資料としてとくに有効なのは、『週刊文春』〈銀行「不良債権」実は暴力団融資〉(宮脇磊《らい》介《すけ》)(一九九五年十二月七日号 pp.38-41)。英語の資料として興味深いのは、『Business Week』国際版のカバーストーリー〈The Yakuza and the Banks〉(一九九六年一月二十九日号)。

＝日本の証券市場について＝

個人投資の比率は、一九五〇年の六〇パーセントが、一九九七年には二二・四パーセントと著しく下落している。日本の公開株は、系列や株式持ち合いシステムなどのせいで、五〇―七〇パーセントは市場の外で取引きされているのが現状だ。たとえば三菱自動車工業、三菱地所、三菱重工業、東京三菱銀行、三菱商事は、互いに株を持ち合っている。

住友銀行の支店長射殺事件は、『サンデー毎日』〈支店長はなぜ殺されたのか?〉(一九九四年十月二日号 pp.26-30) 参照。

橋本龍太郎らを名指した『週刊現代』の記事(一九九七年五月二十一日号)は、『International Herald Tribune』のヴェリサリウス・カトウラスが一九九七年五月二十一日号で引用した (p.13)。暴力団とのつながりについて、一九九七年に大胆な発言をした自民党代議士とは、糸山英太郎である。この発言は『月刊宝石』一九九七年十月号 (pp.66-78) の〈政治家と暴力団の壮絶「癒着《ゆちゃく》関係」〉と題する記事に掲載された。グレゴリー・クラーク博士はこの問題を、『International Herald Tribune』一九九七年十月八日号のなかで、〈Japan and Its Economy Have a Crime Problem〉と題して取りあげた。

水野健に関する日米の協力については、『UPI』一九九五年十月五日付の〈Movie Mansion Sold for $1.8 Million〉に記されている。

デイヴィッド・E・カプランは、『US News & World Report』一九九八年四月十三日号の〈Yakuza Inc.〉(pp.40-45) のなかで、アメリカ人投資家たちに、一九九〇年代終盤に日本で投資活動をする場合の危険性について警告している。『週刊ポスト』一九九八年八月十五日号〈橋龍「売国」政権は日本を米国の植民地にした!〉参照。CIAとFBIの日本における犯罪捜査の情報は、六角文庫情報センターで得ることができた。『週刊実話』一九九八年六月二十五日号も役に立った。

=後続する汚職について=

一九九八年には、国会議員が大手証券会社関連の汚職と収賄容疑で追いつめられて自殺をはかったり、証券会社の重役や総会屋が逮捕される事件が相次いだ。こうした現象自体は、ある意味で今までの状況とさほど変わらない。驚くべきは、トップ官僚を巻き込む事件が頻発していることだ。複数の大蔵官僚が収賄で逮捕され、一人は自殺し、重要ポストにあった二人——そのうち一人は大蔵大臣——が退任に追い込まれている。やがて、銀行関係者たちが豪勢な接待と引き換えに、投機関係の情報やインサイダー情報を得ていたことが発覚。その責任をとって、日銀総裁が辞任する事態に発展した。日本銀行の上級官僚が汚職の疑いで逮捕されるという、前代未聞の事件も起こっている。

こうした現象は単に、続発する汚職事件——たとえば日本最古の証券会社〈山一証券〉が、インチキ決算と露骨な汚職の末に、倒産に追い込まれるなど——を防止できずに、業を煮やした検察当局が、にわかに正義の刃を振りかざした結果なのだろうか。それとも、日本人がますます不誠実になっているせいか。あるいは、役人が無能化しているせいなのか……。

上級官僚たちが定年の五十五歳に近づくにつれ、異常なほど浮き足立ってくるせいだ、という説がある。不況は永久に終わる気配がないし、「ビッグ・バン」によって金融規制が緩和され、金融セクターで真剣勝負が始まるだろう。そんな社会情勢を考えて、定年間近の役人たちが退職後の就職先を心配しているからだ。数年来のつき合いの企業から高給で楽な仕事をもらうという、伝統的な天下りの道を確保できるかどうかを、ひたすら気に懸けているからだ、と。

いくら検察ががんばっても、社会の基本的な事実は変わらない。日本の選挙民は、政治家に〝えこひいき〟を期待しているフシがある。西洋諸国よりも、その意識はおそらく強い。政治家は公に、収入の四倍から五倍の金銭をばらまいている。そのうえプライヴェートでも、収入の二倍は出費しているだろう。その使途は、非常勤スタッフへの支払いや、地方議員の応援のための足代、地元の選挙管理事務所関係者への結婚祝いなど、枚挙にいとまがない。野心的な自民党代議士なら、派閥の力を強めるために、積極的に金策を練り、カネをばらまく必要があるだろう。しかも、選挙キャンペーンにマスコミを利用することには制約があるし、戸別訪問も法律で禁じられている。要するに日本では、アメリカやほかの国と比べて、候補者が選挙民に接する機会が少なすぎるのだ。これでは金権政治が避けられるわけがない。必要悪として社会に受け入れられ、一切の改革が拒絶されるのもうなずける。スキャンダルは際限なく続き、概して大衆はまったく無関心。ビジネス界、政界、ヤミ社会の悪しきトライアングルは、意気揚々と前進を続けることになる。

リチャード・ミッチェルは、名著*Political Bribery in Japan*のなかで、アメリカにも日本と同じくらい政治腐敗はあると認めた上で、根本的な違いを一つ挙げている。

アメリカでは昔から、賄賂《わいろ》は不道徳、という発想が広く深く根づいている。賄賂禁止法が成立した時代でさえそうだ。賄賂に対する強い道徳的反発は、刑罰に代わる一種の懲罰を生み出した。賄賂を渡したり受け取ったりした人間は、世間から激しく軽蔑《けいべつ》されるのだ。それにひきかえ日本では、政治的な賄賂がまったく別の結果を生むような文化的素地がある。賄賂を受け取った政治家は、公衆にさらされて恥ずかしい思いをしつつも、道徳的罪の意識は感じてないフシがある。おまけに、収賄の事実を認めても、政治的キャリアに傷がつくどころか、その後もあいかわらず権勢を思うままにするケースが少なくない。

ミッチェルは、この件に関する刑法の内容や形式は日本もアメリカもあまり大差ない、と指摘した上で、こうつけ加えている。

ただし起訴にこぎつけるのは、日本のほうがむずかしい。なぜならアメリカでは、役人に金銭を渡しただけで賄賂とみなされる。贈賄側が金銭と引き替えに、収賄側から何らかの便宜をはかられたかどうかを、立証する必要はない。ところが日本ではまったく事情が違う。金銭を受け取った役人が、その見返りとして何か便宜をはかったか、しかも、そのカネが賄賂であることを承知していたかどうかを、検察は立証しなければならないのだ。(p.155)

日本では政治的賄賂が今後も横行することだろう。なぜなら、いくら新しい政治的リーダーを選出し、政治改革を実行したとしても、文化的素地まで塗り替えることは不可能だからである。(p.157)

要するにミッチェルは、日本の政治システムは根本的に腐っているし、金権政治が深く染みついている、と言いたいらしい。

サイデンステッカーの引用は、*Tokyo Rising* の pp.242-243 に拠《よ》る。

ロサンジェルス警察組織犯罪部門代表の名前は、ケン・ベノー(すでに退職)。町井とロスのロンダリングに関するベノーのコメントは、『Mainichi Daily News』一九九二年三月三日付の〈With New Law, More Yakuza Going Overseas〉という記事のなかにある(共同経営権の半分は、ケネス・ロスという元カリフォルニア州議員が所有している。ロスは、自分は悪いことは何もしてない、と強く否定し、共同経営者である町井の前歴についても、詳しいことは知らない、と主張している)。

田代の毎日新聞社襲撃事件は、各日刊紙に取りあげられた。『読売新聞』〈言論への短絡的な暴力を絶て〉(一九九四年九月二十五日)。『Mainichi Daily News』〈暴力団組長、毎日新聞社を銃撃し、逮捕〉(一九九四年十月十三日)。『Mainichi Daily News』〈毎日新聞銃撃犯人、懲役六年〉(一九九五年二月二十五日)。

『サンデー毎日』一九九四年十月二日号の〈Sunday Headline〉も参照(p.21)。

＝在日韓国人について＝

一九九三年の統計によれば、在日韓国人の若者の約八〇パーセントが、日本名を使用している。『朝日新聞』の社説によれば、〈この現象は、日本名を使わなければ彼ら(在日韓国人)がよそ者視されたり不利な状況に置かれるという、日本の憂鬱《ゆううつ》な風潮を具現するものにほかならない〉(『朝日新聞』一九九五年五月五日)。

＝日本経済について＝

日本の長い不況に関する情報としては、一九九八年半ばのデータほど興味深いものはあるまい。複数の情報によれば、世界の貯蓄の三分の一を日本人が所有しているという。金額にすればおよそ十兆ドル。一人当たりに換算すると八万五千ドル、一家族当たりなら二十五万ドルというからすごい。さらに日本人は、海外にも八千億ドルの資産をもっている。一ドル＝百四十円に下がってもなお、この数字なのだ。おまけに、世界有数の製造基盤と、質のよい労働力を備えているとあって、いくら不況の波が押し寄せ、経済が伸び悩み、五兆ドルの借金があると嘆いても、日本が世界第二の経済大国である事実は動かない。本著が書かれた時点で、日本はアメリカのTボンド（財務省長期債券）の二千億ドル相当を所有してもいる。これをすべて解約すれば、アメリカの公定歩合に大きく影響し、ひいては世界中の経済に大混乱をきたすことだろう。

日本の犯罪事情に詳しい宮脇磊介が、おもしろいことを指摘している。先述の十兆ドルは、経済ヤクザが借りている金にほかならない。しかもその金は、アメリカの株式市場に預けられているという。言いかえれば、ダウ平均株価が上がれば上がるほど、日本の犯罪組織の懐が潤うということだ。

＝インタビューした人々＝

アンドウ・カガリ。アベ・コウゾウ。アベ・ジョウジ。ジェイムズ・L・アダチ。アイ・キヨウコ。ユージン・アクセノフ。ミラード・〝コーキー〟・アレキサンダー。ロバート・アクイリーナ。アサヒナ・シン。オメ・〝クレージー・ウォン〟・アサクラ。アサクラ・コウスケ。ジエイムズ・ベイリー。リース・バーナード。リチャード・ベリー。モナ・ベイヤー。リチャード・ベイヤー。トマス・L・ブレークモア。フランシス・ベイカー。ジム・ブレシン。アラン・ブース。マーク・ブラジル。ロッサー・ブロックマン。イン・ワ・マー・ブロックマン。B・J・〝ジャグ〟・バーケット。レイモンド・ブッシェル。ジョン・キャロル。リュウ・チャン。アン・クリステンセン。グレン・クリステンセン。トシ・クーパー。グレン・デイヴィス。グレッグ・デイヴィス。ジャック・ディンケン。ビル・ドーマン。ハル・ドレイク。カズコ・ドレイク。クラーク・フログリー。ジョン・フジ。〝ジグ〟・フジタ。フランク・ギブニー。フランク・ギブニー・ジュニア。カール・ゴッチ。ハリー・ゴッドフレイ。ウォード・グラント。クランド・ハーバマン。デイヴィッド・ハルバースタム。ハナブサ・ユウジ。ハヤノ・エツコ。ハヤノ・フサカズ。ヒラノ・ヒロシ。ウィリアム・ホースレー。アンドリュー・ホーヴァッド。デイヴィッド・ハウエル。イマガワ・マリコ。イマムラ・アツシ。イノセ・ナオキ。イシハラ・シンタロウ。イシカワ・ヒロシ。ヴィンス・イイズミ。H・イケダ。レイド・アーヴィン。イタクラ・コウジ。カネダ・タケアキ。デイヴィッド・カプラン。カワムラ・コウイチ。カワムラ・マチコ。カワムラ・レイミ。カワムラ・ジロウ。

ユージン・キム。コバヤシ・ノリコ。コンドウ・マチコ。マイク・ナップ。エヴェレット・ナップ。ジェシー・クハウルア。ジョン・ラガント。レロン・リー。ヴィッキー・リー。J・アントニー・ルーカス。エルマー・ルーク。マエゾノ・カツジ。マツイ・キヨンド。マツイ・

ミドリ。M・マツイ。マツオ・ヒデスケ。ウィリアム・ミラー。ミヤモト・マサオ。モガミ・ユタカ。デズモンド・ミュアヘッド。レスリー・ナカシマ。ナカザワ・マユミ。ナカオ・ヒロオ。クリス・ネルソン。バリー・ネムコフ。ジョン・ニューファー。ノムラ・アキオ。ノムラ・カツヤ。ダン・ノムラ。ヌマタ・ジロウ。カン・オリ。ミコ・オール。スキップ・オール。ネッド・オオシロ。ドゥーグ・パーマー。ノリコ・パーマー。ジム・フィリップス。ティム・ポーター。ジョン・ロバーツ。リチャード・ロア。サカタ・マサコ。ウィリアム・ソルター。エドワード・サンチェス。ササキ・ヒロシ。ササエ・ケンイチロウ。ササエ・ノブコ。サトウ・ケイコ。サトウ・テツオ。ブルース・スコット。マーク・シュリーバー。トム・スカリー。ロバート・シュワード。デイヴィッド・シャピロ。ヒトミ・シャピロ。デレク・シアラー。シマダ・タカシ。リチャード・シラキューサ。ドワイト・スペンサー。ロバート・スペンサー。アーニー・ソロモン。アルバート・スタンプ。マーティン・P・スタインバーグ。アルバート・ストーヴァル。ロジャー・サディス。スミヤ・レイキチ。スズキ・トシロウ。タカイシ・ヨシコ。タケムラ・ケンイチ。タマキ・マサユキ。タナカ・コウゾウ。タニ・マサヒロ。タナカ・ヒデ。トシカワ・タカオ。エドウィン・トレス。ウィリアム・トリプレット。ツゲ・イチロウ。ダグラス・ヴィクトリア。エズラ・ヴォーゲル。ラリー・ウォレス。リチャード・ウォーカー。ジョン・ホィーラー。スティーヴン・ワイスマン。ジュアン・ウィリアムズ。フィル・ヤナギ。ヤマギワ・ジュンジ。ヨネヤマ・アツシ。ニック・ザペッティ。メアリー・ザペッティ。パトリシア・ザペッティ。ローズ・ザペッティ。ジャック・ハワード。ミヤワキ・ライスケ。ダン・ソーヤー。リック・ジェイスン。

一対一のインタビューを拒否した人のなかに、町井久之（健康上の理由から）とジョセフ・ニコラがいる。ザペッティの二回目と四回目の結婚相手、小泉たえ子は、テープに吹き込みながらザペッティと話しているあいだ、ときどき加わったが、一対一のインタビューには応じようとしなかった。その他、東京の暴力団員三名と、警視庁のメンバー一名、ロサンジェルス警察の関係者一名が、ぼくのインタビューに応じてくれたが、いずれも名前を伏せることを条件にした。

レイ・ダンストン、マイク・サリヴァン、たえ子、ゆみ子、芳恵、谷、ザックは、インタビューを拒んだり、名前を出されるのを嫌がったためいずれも仮名とした。

訳者あとがき

原書にざっと目を通しただけで、目まいがしてきた。この分では、資料探しだけで一生かかってしまうだろう。

「ボブさん、『東京アンダーワールド』の資料を貸していただけませんか？」

当時、赤坂のマンションに住んでいたロバート・ホワイティング氏に、電話で助けを求めた。

「どうぞ、どうぞ。トラック一台分あるよ」

「…………!!」

やっぱり一生かかるかも……。

さっそく届いた資料は、さすがに〝トラック一台分〟こそなかったが、ボブさんが〝適当に見つくろって送った〟分量は、段ボールにぎゅう詰めで二個分。

几帳面《きちょうめん》なボブさんらしく、膨大な資料はきちんと章ごとに分けられていた。翻訳に役立つようにと、大半は日本の新聞、雑誌、書籍だ。その内容は、終戦直後の事件から力道山刺殺事件、ロッキード裁判にいたるまで、時代も分野もかなり広範囲。当然のことながら、古い言葉や専門用語があふれている。日本人でも、読みこなすのはけっして容易ではない。これをすべて日本語で読破し、執筆に使ったボブさんは、偉い！

マスクとメガネで埃《ほこり》や紙魚《しみ》と闘いながら、資料をめくっていく。どの資料にも、欄外にびっしりと英語でメモが書き込まれている。英語で use と走り書きされている部分は、引用したい箇所だろう。彼がどんなところに興味をもち、取材された日本人がどんな答えかたをしたかが、手にとるようにわかって、欄外を読んでいるだけでもおもしろい。感心したり、ニヤニヤしているうちに、ふとわれに返った。いい加減にしないと、この翻訳はホントに一生終わらない……。

ロバート・ホワイティング氏は、一九四二年、アメリカのニュージャージー州に生まれた。日本に住み着くようになったのは、カリフォルニア州立大学から上智大学に編入したのがきっかけだ。以来、ユニークな視点に独特のユーモアとエスプリを交えながら、上質な日米比較文化論を書きつづけている。とりわけ、一九七七年に発表した『菊とバット』は、日米両国で高い評価を得た。野球関係者であろうとなかろうと、来日を前にした外国人が、いまだに〝バイブル〟代わりにするほどだ。

すでに述べたとおり、ホワイティング氏は緻密《ちみつ》なリサーチをしないと気が済まない性質《たち》だから、寡作である。『菊とバット』から十数年ぶりの一九九〇年に、二番目の大作『和をもって日本となす』を発表し、世間の評価をさらに不動のものにしたと思ったら、その後、ふたたび長い長い充電期間に入ってしまった。

十年に一度、話題作を発表するとあって、彼の次作に対する出版界の期待は、いやがおうでも高まった。出版社がしのぎを削っているという噂は、訳者の耳にも何度か届いていた。軍配は角川書店にあがった。ビールでボブさんを〝釣り〟ながら、虎視《こし》眈々《たんたん》と次作をねらい続けた編集部の郡司氏はこう語る。

「十年間、ずーっと待ってたんですよ。今さら逃してなるもんですか!」

著者も気が長いが、編集者もかなり気が長い。

ホワイティング氏は転んでもただでは起きない——いや、ビールを飲んでもただでは酔わない。飲みながら、全身を目と耳にして人間を観察している。ガイジン野球選手やプロレスラー、ビジネスマンたちに、驚くほどズバリとホンネを語らせる秘訣《ひけつ》は、彼のビール腹にあるとみた。

六本木の〈ニコラス〉は、戦争直後の在日アメリカ人たちが、誰にも気兼ねなく愚痴をこぼし、のびのびと英語で語り合える場所だった。プロ野球の助っ人たちは、アンパイアや監督を思いきり罵倒《ばとう》した。日本人のガールフレンドを見せびらかしにやってくる、若いビジネスマンもいた。「ピザトースト」ではなく、ホンモノのピザをまともな値段で食べたい一心で、撮影の合間にかけつけるハリウッドスターもいた。彼らの多くは、不可解な日本人の行動や物価の高さを、しきりに嘆いたものだ。

ガイジン版梁山泊《りょうざんぱく》ともいえるこのレストランに、毎晩のように顔を出し、ひたすらビールを飲んでは誠実な聞き役に徹していたホワイティング氏に、店長のニックが波瀾万丈《はらんばんじょう》の生涯を語る気になったのは、ごく自然の成り行きだったに違いない。

ホワイティング氏は、本の〝語り手〟を選ぶのがうまい。『さらばサムライ野球』では、クロマティにジャイアンツを語らせて大成功している。『日出づる国の「奴隷野球」』では、日本の球界でもっとも嫌われているエイジェント、団野村氏に焦点を当て、世間の評価を一変させた。

そして今回も、ニックというじつにユニークな元GIに目をつけた。イタリアン・マフィアに縁《ゆかり》のあるこの人物は、したたかで、カネもうけに目がなく、やることはダイナミックだが大ざっぱ。警察に目をつけられるのを勲章とみなしているフシがある。しかも、けた外れの女好き。その一方、情にもろくて、おっちょこちょいで、だまされやすい、愛すべきガイジンだ。これほど〝おいしいキャラクター〟は、日本人のなかには見つからない。

『東京アンダーワールド』は、そんなニックの目を借りた、奇想天外な戦後史である。日本の戦後を綴った書物は山ほどあるが、政界とヤミ社会と〝不良ガイジン〟との関係を、これほど赤裸々に綴《つづ》ったものはかつてない。戦後の日本人の魂をゆさぶった、かの力道山が、ニックと直接かかわった人物として登場するのも、本書の醍醐味《だいごみ》だ。テレビの誕生に居合わせた世代が読めば、懐かしさもひとしおだろう。

アメリカでも、一九九九年に *Tokyo Underworld* として出版されるや、『ニューヨーク・タイムズ』『タイム・マガジン』『シアトル・タイムズ』『ザ・ネイション』などの各書評がいっせいに取りあげ、著者の元には講演の依頼が殺到した。ロサンジェルスで講演したときには、聴衆のなかにいたロス市警の警官とＦＢＩの捜査官が、真剣な顔でボブさんのところへやってきて、こうささやいたという。

「危険だから、空港までパトカーで送ってやろう」

ニコラ・ザペッティ氏は、残念ながら本の完成を見ずして、一九九二年に世を去った。訃報《ふほう》を聞いたホワイティング氏の、悲しみと無念は察するにあまりある。糖尿病におかされてボロボロになった彼を、かいがいしく看取った大和撫子《やまとなでしこ》のザペッティ夫人は、毎朝、葉巻とコーヒーを遺影にたむけていたと聞く。戦後の喧噪《けんそう》と活気が、遠い昔話になろうとしている。


本書の執筆にあたって、ロバート・ホワイティング氏はおよそ二百名にインタビュー。その半分は日本人だという。翻訳者泣かせなことに、原書では日本人名がすべてローマ字で記されている。年齢も、国籍も、現住所もまちまちだし、肩書も電話番号も、彼が執筆にあたった十年のあいだに、かなり変わっているに違いない。著者に聞いても、「漢字？　わからなーい。名刺？　持ってるけど、ダッカの倉庫に眠ってる」。

やむなく、公平を期して、巻末に列挙した名前をすべてカタカナで表記し、肩書もすべて削除することにした。この場を借りて失礼をおわびしたい。

弁解をもうひとつ。本書のようなノンフィクションの翻訳は、日本語をいったん英語にし、それをもう一度日本語に戻す、いわば伝言ゲームのような作業である。しかも時代がかなりさかのぼっているから、オリジナルの資料が見つかればむしろラッキーだ。編集者や校正者も、一生懸命探してくれた。それでも見つからなかったものについては、ニュアンスだけは伝えたつもりだが、元来の文章とは微妙に違っていることをお断りしておきたい。

ついでにもうひとつ。日本語版は英語版と、ところどころ異なっている。英語版に後れをとるまじと、英語版のゲラの段階から翻訳の作業をはじめた。ところが、一九九九年の春にアメリカで初版が出たあと、著者から原文の追加と変更が、どれだけなされたことだろう。ロバート・ホワイティング氏は、かなりしつこい性格なのである。一本気で完璧《かんぺき》主義の彼は、単純なスペリングミスさえも許せない。名著は、こういうしつこいライターから生まれるのだ。また、映画化が決まってから、著者と映画関係者の話し合いによって、原書では削除していたエピソードを、日本語版で復活させることにしたことも、断っておく必要があるだろう。

最近は、そのまま英語として通用する日本語が増えてきた。英語版でも、zaibatsu、gaijin、honne、tatemae など、ごく一般的なもののほかに、netsuke（根付け）、daibutsu bensai（代物弁済）、wakon-yosai（和魂洋才）など、かなりマニアックな日本語がローマ字で記されている。それをすべてローマ字かカタカナで表記しようと思ったが、この本の性格上、かなり読みにくくなると判断し、ふつうに漢字やカタカナ、ひらがなで表すことにした。参考のために、英語版でローマ字表記になっているおもな日本語を、ここに紹介しておこう。

売買契約　博徒　暴力団　奉行
武士道　代物弁済　談合　特高警察
不良ガイジン　極道　愚連隊
インチキガイジンレスラー　人脈　地上げ
上納金　経済ヤクザ　国体　構造汚職　お中元
お歳暮　プロレスブーム　料亭　盃《さかずき》
総会屋　退職金　財閥　本音・たて前　テキヤの親分
和　和魂洋才　焼き肉屋　ヤクザ

長い間、翻訳作業をあたたかく見守り、資料調べに時間と労力を惜しまず、さまざまな障碍《しょうがい》をクリアしてくれた角川書店のみなさん、事実確認に御協力くださったジャーナリストの溝口敦さん、本当にありがとうございました。とりわけ、気のながーい郡司聡さんに、この場を借りてお礼を申し上げます。おかげさまで一生かからずに済みました。

松井みどり

【参考文献】

英語の本

Abramson, Ann., *The Rockfellers in Japan (The Role of American Big Business in the Reshaping of Postwar Japan)*, Unpublished ms., Department of History, University of Wisconsin, 1975.

Asahi Shimbun, *Japan Almanac*. Published annually by Asahi Shimbun, Tokyo (in English and Japanese).

Axelbank, Alex., *Black Star over Japan.* New York : Hill&Wang, 1972.

Blakemore, Thomas L., trans. *The Criminal Code of Japan (1947)*. Tokyo : Nippon Hyoronsha, 1950.

Brines, Russell, *With MacArthur in Japan*. New York : Lippincott, 1948.

Buruma, Ian., *Behind the Mask*. New York : Pantheon, 1984.

Chapman, William., *Inventing Japan*. New York : Prentice Hall, 1991.

Cohen, Theodore., *Remaking Japan : The American Occupation As New Deal*. New York : Free Press, 1987.

Collier, Peter, and D. Horowitz., *The Rockfellers*. New York : Holt, Rinehart and Winston, 1976.

Crichton, Michael., *Rising Sun*. New York : Ballantine, 1993.

Curtis, Gerald L., *The Japanese Way of Politics*. New York : Columbia University Press, 1988.

De Vos, George and Chang Soo Lee., *Koreans in Japan*. Berkeley : University of California Press, 1981.

Dower, John., *Empire and Aftermath*. Cambridge : Harvard University Press, 1979.

Emerson, John K., *The Japanese Thread*. New York : Holt, Rinehart and Winston, 1978.

Fallows, James., *Looking at the Sun*. New York : Pantheon, 1994.

Field, Norma., *In the Realm of a Dying Emperor*. New York : Pantheon, 1991.

Fields, George., *From Bonsai to Levi's*. New York : Mentor, 1985.

Finn, Richard B., *Winners in Peace : MacArthur, Yoshida and Postwar Japan*. Berkeley : University of California Press, 1992.

Gibney, Frank., *Japan, The Fragile Superpower*. New York : Norton, 1975.

Gunther, John., *Inside Asia*. New York : Harper, 1938.

Halberstam, David., *The Fifties*. New York : Villard, 1993.
Halberstam, David., *The Reckoning*. New York : Morrow, 1986.
Hartcher, Peter., *The Ministry : How Japan's Most Powerful Institution Endangers World Markets*. Boston : Harvard Business School Press, 1998.
Holstein, William J., *The Japanese Power Game*. New York : Scribners, 1991.
Horsley, William and Roger Buckley., *Nippon, New Superpower Japan since 1945*. London : BBC Books, 1990.
Johnson, Chalmers., *Conspiracy at Matsukawa*. Berkeley : University of California Press, 1973.
Johnson, Chalmers., *MITI and the Japanese Miracle*. Stanford : Stanford University Press, 1983 ; Tokyo : Tuttle, 1986.
Kahn, Herman., *The Emerging Japanese Superstate*. New York : Prentice Hall, 1969.
Kaplan, David E., and Alec Dubro., *Yakuza*. Reading, Mass : Addison-Wesley, 1987.
Kennedy, Paul., *The Rise and Fall of the Great Powers*. New York : Random House, 1987.
Kodama, Yoshio., *Sugamo Dairy*. Tokyo : Taro Fukuda, 1960.
Livingstone, Jon, Moore, Joe, and Oldfather, Felicia., *Postwar Japan : 1945 to the Present*. New York : Random House, 1973.
Manchester, William., *American Caesar*. Boston : Little, Brown, 1978.
MacGill, Peter., *Tokyo.* American Express Travel Guides. London : Mitchell Beazley, 1993.
Mitchell, Richard H., *The Korean Minority in Japan*. Berkeley : University of California Press, 1967.
Mitchell, Richard H., *Political Bribery in Japan*. Honolulu : University of Hawaii Press, 1996.
Morris, Ivan., *Nationalism and the right wing in Japan*. New York : Oxford University Press, 1960.
Owen, John., *Authority without Power : Law and the Japanese Paradox*. New York : Oxford University Press, 1991.
Prestowitz, Clyde V.Jr., *Trading Places : How America Allowed Japan to Taka the Lead*. New York : Basic Books, 1988.
Rome, Florence., *The Tattooed Men*. New York : Delacorte Priss, 1975.
Sampson, Anthony., *The Arms Bazaar : From Lebanon to Lockheed*. New

York : Viking Press, 1977.
Schlesinger, Jacob M., *Shadow Shoguns*. New York : Simon&Schuster, 1997.
Seidensticker, Edward., *Tokyo Rising : the City Since the Great Earthquake*. New York : Knopf, 1990.
Singer, Kurt., *Mirror, Sword and Jewel : A study of Japanese Characteristics*. New York : George Braziller, 1973.
Smith, Patrick., *Japan : A Reinterpretation*. New York : Pantheon, 1997.
Sweeny, Charles, W. Maj. Gen., *War's End*. New York : Avon, 1997.
Thayer Nathaniel B., *How the Conservatives Rule Japan*. Princeton : Princeton University Press, 1969.
Van Wolferen, Karel., *The Enigma of Japanese Power*. London : Macmillan, 1989.
Waley, Paul., *Tokyo : City of Stories*. Tokyo : Weatherhill, 1991.
Wildes, Harry Emerson., *Typhoon in Tokyo : The Occupation and Its Aftermath*. New York : Macmillan, 1954.1978 octagon Book
Woodall, Brian., *Japan Under Construction : Corruption, Politics and Public Works*. Berkeley : University of California Press, 1996.
Yanaga, Chitoshi., *Big Business in Japanese Politics*. New Haven : Yale University Press, 1968.
Yanaga, Chitoshi., *SCAPINS*. Tokyo General Headquarters Supreme Commander for the Allied Powers, 1952.
Yanaga, Chitoshi., *Japan's Subtle Apartheid : The Korean Minority Now*. Pamphlet published by Research / Action Institute for Koreans in Japan. March 1990.

日本語の本

▼安部譲二『塀の中の懲りない面々』文藝春秋・1986年
▼安藤昇『やくざと抗争』徳間書店・1972年
▼荒原朴水『増補版　大右翼史』大日本一誠会出版局・1974年
▼朝日新聞社編『東京この30年―変貌した首都の顔1952―1984』朝日新聞社・1984年
▼ジャイアント馬場『個性豊かなリングガイたち』ベースボール・マガジン社・1987年
▼ダレル・ベリガン著／近代思想社編集部訳『やくざの世界―日本の内幕』近代思想社・1948年

▼ベースボール・マガジン社編／著『日本プロレス全史』ベースボール・マガジン社・1995年
▼藤田五郎編『公安大要覧』笠倉出版社・1983年
▼　〃　『公安百年史―暴力追放の足跡』公安問題研究協会・1978年
▼　〃　『任侠大百科』任侠研究会・1986年
▼　〃　『任侠大百科別冊』任侠研究会・1987年
▼本田靖春『疵―花形敬とその時代』文藝春秋・1983年
▼猪野健治『児玉誉士夫の虚像と実像―現代の黒幕』創魂出版・1970年
▼　〃　『やくざと日本人―日本的アウトローの系譜』三笠書房・1973年
▼アントニオ猪木『たったひとりの闘争』集英社・1990年
▼猪瀬直樹『死者たちのロッキード事件』文春文庫・1987年
▼　〃　『欲望のメディア』小学館・1990年
▼石原慎太郎・盛田昭夫『「No」と言える日本』光文社・1989年／英語版は石原慎太郎のみの筆者名で *The Japan That Can Say No* として出版・ニューヨーク Simon & Schuster・1991年
▼板垣進助『この自由党！』全二巻・晩聲社・1976年
▼岸田秀『ものぐさ精神分析』青土社・1977年
▼警察庁編『警察白書』大蔵省印刷局・毎年出版
▼児玉誉士夫『悪政・銃声・乱世　風雲四十年の記録』弘文堂・1961年
▼　〃　『われ敗れたり』協友社・1949年
▼A・C・コーチャン著／村上吉男訳『ロッキード売り込み作戦：東京の70日間』朝日新聞社・1976年
▼栗田登『力道山―人間ドキュメント』ブロンズ社・1981年
▼ミスターX『プロレス激動40年史の読み方』ポケットブック社・1995年
▼室伏哲郎『実録日本汚職史』ちくま文庫・1988年
▼元大鳴門親方『八百長　相撲協会一刀両断』鹿砦社・1996年
▼大下英治『永遠の力道山―プロレス三国志』徳間書店・1991年
▼立花隆『巨悪vs言論―田中ロッキードから自民党分裂まで』文藝春秋・1993年
▼　〃　『ロッキード裁判傍聴記』朝日新聞社・1981年（第一巻）；1983年（第二巻）；1983年（第三巻）；1985年（第四巻）（四巻とも1994年に朝日新聞社から文庫『ロッキード裁判とその時代』として出版された）
▼高橋郁男他『東京時代―都市の肖像―』創樹社・1984年
▼高階秀爾・芳賀徹編『世界都市の条件』筑摩書房・1992年
▼田岡一雄『山口組三代目　田岡一雄自伝』徳間文庫・1982年

参考文献

▼東京都港区編『港区史』東京都港区・1960年、1979年
▼東京都渋谷区編『新修渋谷区史』東京都渋谷区・1966年
▼牛島秀彦『もう一つの昭和史①　深層海流の男・力道山』毎日新聞社・1978年
▼　〃　『力道山—大相撲・プロレス・ウラ社会』第三書館・1995年
▼社会問題研究会編『右翼事典—民族派の全貌』双葉社・1970年
▼山之内幸夫『悲しきヒットマン』徳間書店・1989年
▼ザ・デストロイヤー『4の字固めのひとりごと』ベースボール・マガジン社・1984年
▼ジョン・G・ロバーツ；グレン・デイビス著／森山尚美訳『軍隊なき占領—ウォール街が「戦後」を演出した』新潮社・1996年
▼マーク・ゲイン著／井本威夫訳『ニッポン日記』筑摩書房・1963年
▼ジャクソン・N・ハドルストン著／村松増美・渡辺敏訳『ガイジン会社』サイマル出版会・1993年
▼ジョン・G・ロバーツ著／安藤良雄・三井礼子監訳『三井—日本における経済と政治の三百年』ダイヤモンド社・1976年
▼佐賀純一『浅草博徒一代—伊地知栄治のはなし』筑摩書房・1989年
▼　〃　著／ジョン・ベスター訳『The Gambler's Tale A Life In Japan's Underworld』講談社インターナショナル・1991年
▼エズラ・F・ヴォーゲル著／広中和歌子・木本彰子訳『ジャパンアズナンバーワン—アメリカへの教訓』ＴＢＳブリタニカ・1979年
▼リチャード・ハロラン著／木下秀夫訳『日本—見かけと真相』時事通信社・1970年

日本の映画とビデオ

▼『力道山とその時代』文藝春秋・1994年
▼『力道山』ポニーキャニオン・1978年
▼『血と掟』松竹映画・1965年
▼『やくざ非情史　血の盃』日活・1969年／ビデオは『日活名作映画館』1994年

重要な日本語の雑誌記事

〝児玉の陰で踊るあるフィクサー〟『朝日ジャーナル』1976年10月1日号 pp.12-16、同年10月8日号 pp.14-19
〝児玉誉士夫とは何か〟『文藝春秋』1976年5月号 pp.94-130

公文書

各多国籍企業、合衆国外交政策関係局。米国上院外交関係委員会多国籍企業関係小委員会における公聴会。1976 年 2 月 4 日、 6 日、 5 月 4 日のロッキード航空会社に関する第 94 回議会第 2 セッション、パート 14。発行は外交関係委員会。ワシントンＤＣの政府印刷局 1976 年。70－4670

新国際犯罪およびアジア組織犯罪レポート。発行元は政府関連事件委員会の常設小委員会調査部。米上院。1922 年 12 月の第 102 回議会第 2 セッション。ワシントンＤＣの政府印刷局 1993 年。pp.102－129

本書は、二〇〇〇年に小社より刊行され、〇二年に角川文庫化された作品を復刊したものです。

底本には二〇〇五年の六刷を使用しました。

ロバート・ホワイティング（Robert Whiting）

1942年、米国ニュージャージー州生まれ。カリフォルニア州立大学から上智大学に編入し、政治学を専攻。出版社勤務を経て、執筆活動を開始、日米比較文化論の視点から取材を重ねた論考が注目を集める。77年『菊とバット』（サイマル出版会、文春文庫）、90年『和をもって日本となす』（角川書店、角川文庫）はベストセラーとなった。本書『東京アンダーワールド』は取材・執筆に10年の歳月を費やし、単行本と文庫で20万部を超えている。他の著書に『サクラと星条旗』『イチロー革命』（以上、早川書房）、『ふたつのオリンピック　東京1964/2020』（KADOKAWA）など。

（訳）松井みどり（まつい・みどり）

翻訳家。東京教育大学文学部英文科卒。訳書に、ロバート・ホワイティング『ニッポン野球は永久に不滅です』（ちくま文庫）、『イチロー革命』（早川書房）、『日出《い》づる国の「奴隷野球」』（文藝春秋）、テリー・マクミラン『ため息つかせて』（上下巻、新潮文庫）などがある。

東京《とうきょう》アンダーワールド

ロバート・ホワイティング　松井《まつい》みどり（訳）

2024年 3月 10日　初版発行

発行者　山下直久
発　行　株式会社KADOKAWA
〒102-8177　東京都千代田区富士見2-13-3
電話　0570-002-301（ナビダイヤル）

装 丁 者　緒方修一（ラーフイン・ワークショップ）
ロゴデザイン　good design company
オビデザイン　Zapp!　白金正之
印 刷 所　株式会社暁印刷
製 本 所　本間製本株式会社

角川新書

ISBN978-4-04-082484-0 C0298